満州教育史論集

竹中憲一著

緑蔭書房

はじめに

本書は一九八八〜九八年の約一〇年間に発表（初出は巻末参照）した満州（主として関東州・満鉄付属地）における日本の中国人教育に関する論稿（第二章・第三章参照）と主として在満日本人に対する中国語教育（第五章参照）を中心にまとめたものである。合わせて満州における中国人教育の端緒となったロシアの関東州租借地における実態（第一章参照）、満州の朝鮮族に対する中国・日本の教育（第五章参照）、満鉄付属地全域にわたる教育行政に尽力した保々隆矣略伝（第六章参照）を所収した。付論として、筆者が一九八一年より八六年にかけて、北京の在中国日本語研修センターにおいて、中国人日本語教師の研究に携わった五年間で得た情報に基づき、中国における日本語教育の実情を紹介した。

満州教育史は戦前の日本の植民地教育史の一部を構成するものであり、従って日本の植民地政策と表裏一体の関係にある。中国人教育・在満日本人教育の主眼は日本の植民地統治の深化を図ることであり、それに必要な人材の育成をめざすものであった。日本の植民地政策は帝国主義的性格を帯び、日本国内の延長として同化主義を伴なうもので、満州統治に先行する台湾、朝鮮における教育の主眼は日本語教育による同化教育であった。満州における教育政策もその影響を大きく受けた。人材の上でも台湾、朝鮮で教育に携わった日本人教育官吏が移動して満州教育を主導した。しかし、同じ日本植民地教育といっても、台湾、朝鮮とは事情が異なる。台湾、朝鮮においては強力な武断政治をもって同化教育が行なわれたが、満州、とくに満州国成立前に、関東州、満鉄付属地においては、東三省政権の教育事業と競合し、強い緊張関係にあり、従って、中国の教育政策をある程度尊重しつつ、日本語教育を軸としながら日本の政策を少しずつ浸透させようという教育であった。

一方、在満日本人に対する中国語教育は、日本植民地満州の諸分野で活躍する日本人人材の育成を目的とし、中国人との意思疎通を図る上でも必須の課目であった。関東州では関東都督府が行政権を掌握しており、内地延長主義教育が優位であったため中国語教育の実施は遅かった。それに対し満鉄付属地では、行政権は限定的で、植民地経営を中国との相対的緊張の中で進めざるを得ず、日常業務においても中国人従業員との意思疎通が求められ、日本人に対する中国語教育は必須で、「適地適応主義」教育が強調された。しかし、初期の日本人教師の殆どが内地の師範学校出で、中国語も中国の事情にも不案内で、渡満後に短期的な研修で対応せざるを得ず、生徒数の増加に対応できなかった。こうした需要を満たすためにも自前の教員養成学校の設立が求められ、満州教育専門学校の設立に至る。

第一章　露治時代における関東州の教育

本章は一八九八年三月、関東州を租借し統治を開始したロシアの教育事業を論じたもので、満州における中国人教育の嚆矢をなすものである。一九〇〇年、旅順に旅順市立初等プーシキン学校を設置し、ロシア人子弟の初等教育を開始した。一九〇三年七月に学校は改組され、ロシア人児童とは別に、中国人児童のための旅順露清学校が設置された。大連でも一九〇二年、ロシア人を対象とした大連小学校、中国人初等学校等が設置された。新興地である旅順、大連に対し、遼東半島の中心都市金州にも一九〇〇年一一月、金州露清学校が設置された。

ロシア人の関東州における対中国人教育は、ロシア語教育を主としたものであり、それはロシアが関東州の統治で最初につきあたった「言葉の壁」にあった。施政開始時、ロシア語を解する中国人は皆無に近かった。中国人に対しては通訳、下級役人を養成するための速成のロシア語教育が主で、貔子窩、旅順、金州に露清学校が設置された。しかし、露清学校に入学し、教育を受けた中国人は少数で、ロシア統治以降も中国人に対する教育は旧来の書房教育が主流を占めていた。

ロシアの関東州租借時代の教育は自国子弟に対する教育と中国人の下級役人養成のためのロシア語教育にとどまっていた。これらロシアの教育事業・施設は日露戦争の敗北で全てが水泡に帰す。

第二章　日本の関東州、満鉄付属地における中国人教育――「満州国」成立以前

本章では関東州及び満鉄付属地における日本の対中国人教育事業の沿革を明らかにし、日本の中国に対する植民地教育政策を考察する。日本の関東州、満鉄付属地における教育事業は日露戦争を契機として始まった。

一九〇五年九月五日の日露講和条約により、遼東半島租借地と東清鉄道南部支線（長春・旅順間）の譲渡を承認させ、南満州への勢力拡大の地歩を固めた。さらに、一二月二二日の日清満州善後条約で、日本がロシアから獲得した遼東半島即ち関東州租借地と鉄道及びそれに付帯する諸権利の譲渡を清国に承認させた。一九〇六年八月、関東都督府が置かれ、日本の関東州租借地と鉄道付属地の経営が正式に始まった。

関東州と満鉄付属地において、初期の中国人教育政策をめぐっては異なる意見の対立があった。即ち、一つは日本語による教育を普及して「内地化」を図ろうとする台湾転勤組の官吏が主張する同化主義教育政策であった。他方を代表するのが東亜同文書院出身で南金書院民立小学堂の初代院長の岩間徳也（次章参照）で「適地適応教育」を主張した。この二つの教育政策がそれぞれ妥協を図りながら関東州の中国人教育政策の輪郭を形づくっていく。

第三章　南金書院民立小学堂と岩間徳也

日露戦争下、金州軍政署の発議によって南金書院民立小学堂が創設された。小学堂は日露戦争の軍政下で最初に対中国人普通教育が行われた学校である。本章では小学堂での対中国人教育の実態を明らかし、初代院長岩間徳也

の動向・言論と合わせて日本の教育政策の実情と問題点を考察する。

租借地での教育は基本的には日本の教育方針に基づく教育が重視された。公学堂南金書院は関東都督府立となり、一九〇六年三月、「関東州公学堂規則」が公布された。日本語教育、道徳教育、実業教育の三本を柱とした教育を行うことが示された。日本語教育を中心とした同化教育政策が主流となっていた。

前章にもある様に小学堂でも二つの教育路線の対立があった。東亜同文書院出身の院長岩間は、全てをこの規則によって運営することに抵抗し、書院独自の教育方針を打ち出した。即ち「関東州公学堂規則」の三本柱の内、実用教育を教育方針の重点におき、道徳教育は「個人」に限定し、日本語教育は除いた。岩間は中国人に対する同化政策はかえって反発を招くだけと考え、日本語教育を中心とした同化教育には異議を唱えた。当然この二つの対立はエスカレートしたが、一九二〇年、書院長を辞任するまでこの方針を貫いた。

第四章　清末民国期の中国の間島における朝鮮人教育政策についての一考察

本章では清末から民国期にかけて、主として中国がどの様な朝鮮人教育政策を行ない、それに対して朝鮮人がいかに民族のアイデンティティを守ろうとしたかを明らかにする。

間島は中朝両国の封禁地に属し、空白地域であった。清末から民国期にかけて朝鮮人の土地所有も進み、間島の朝鮮化が進んだ。その結果、間島における中国の支配権の空洞化が起こり、「韓国併合」により「日本臣民」となった朝鮮人によって、日本の植民地となる可能性も生まれた。こうした状況の中で、間島の朝鮮人を自分の支配下におこうとする熾烈な「綱引き」が日中両国間で行なわれた。中国は朝鮮人教育に関して「圧迫」と「懐柔」という方策を用いた。「画一墾民教育弁法」を公布し、間島の朝鮮人学校に対し、中国の教育制度に基づく同化政策を強制しようとした。民国になると一九二〇年代の教育権回収運動の下で、日本の支配から朝鮮人を切り離し、朝鮮人教育機関を一斉に撤廃し、中国の教育制度下に置こうとした。これに対し、朝鮮人側も厳しい中国化政策に危機感を抱き、朝鮮人子弟が民族感情を失い中国化してしまうことに対し、各々の民族には民族特有の教育が必要であると要請した。中国と妥協を図りながらも自らのアイデンティティを守ろうとした。

第五章　「満州」における中国語教育

満州（関東州・満鉄付属地）では、中国人に対して日本語教育を行なうだけでなく、母国語教育（中国語）が行なわれた。一九二二年の「関東州公学堂規則」の改正以後、日本語科目より中国語科目の時間数の方が多くなる。一方、在留日本人の子弟に対し、早い時期より初等・中等教育から大学教育にいたるまで公的機関において中国語教育が行なわれていた。

関東州は租借地であり、満鉄付属地は国際法上日本の行政権があいまいな地域で、強制的な政策を実行に移すことはできず、周りの地域と妥協をはかりつつ日本の植民地政策を浸透させていく「適地適応政策」が採られた。さらに、満州の植民地経営の主体は南満州鉄道株式会社（満鉄）にあり、満鉄の事業は、鉱業、電気、教育、衛生、土木等に及び、日本人の増大につれ、日常業務においても中国人従業員と意思疎通をはからねばならず、日本人に対する中国語教育が必要となった。この満鉄会社内での中国語教育を必要とする意識が、付属地における満鉄社営の教育機関に反映した。この様に、初期の満州における中国語教育は、租借地という条件を背景として生まれた植民地政策と満鉄という植民地経営主体と中国人を相手に仕事をしようという一旗組の要求という三つの要素を背景に持っていた。本章は日本の満州における中国語教育を在満日本人教育の視点から検討を加えたものである。

在満日本人教育の在り方をめぐって、「内地延長主義」教育と「適地適応主義」教育の二つの考え方が教育の現場で終始問題となったことは第二章、第三章でもふれた。満鉄付属地では、一九〇八年「南満州鉄道付属地小学校規則」が公布された。満鉄付属地における日本人教育が開始され、最初から中国語が科目として配当された。しかし、当初は、中国語は全て中国人教員が担当し、日本人教員は一人もいないという現状であった。規則を実行に移すには中国語担当日本人教員の養成は急務であった。満鉄ではあらゆる機会をとらえて教師研修が試みられた。満蒙開拓の鍵は日本人が多数移住し、かつ永住して仕事をすることが必要であり、身近な会話程度でも中国語ができ、満州事情を理解できる人材の養成が必要となってきた。

関東州の小学校では満鉄付属地と異なり正科として中国語教育が始められるまでに一五年の歳月を要した。それは関東州の当時の状況を反映したもので、日本人に対しては「内地延長主義」教育を行ない、中国人に対しては同化教育を行なった。従って、「内地」の教科目でもない中国語は殆ど顧みられなかった。しかし、「内地延長主義」的な意識は、中国の排日運動とそれにともなう日本の植民地政策の見直しによって変更を迫られることになる。

中等教育は、関東州では「関東都督府中学校規則」が公布され、関東都督府中学校が開始され、随意科目として清語（中国語）が初めて配当された。中学校卒業後すぐに現地に就職する生徒に対して、中国人と接触が多いため中国語教育が必要と判断された。満鉄付属地での中学校設置は関東州より遅く、一九一九年四月の奉天中学校が最初であった。一九二一年に制定された「南満州鉄道株式会社中等学校規定」には中国語は正科として扱われていた。

満州における中国語は普通教育よりも実業教育において重視され、上級学校進学を目ざす中学校は名目的に中国語科目を設置するに留まったが、中等実業校には正科として設置された。

師範教育における中国語教育は、関東州では当初、中国人教師が中国語教育に当っており、中国人教員養成を目的として一九〇八年、旅順公学堂に速成師範部が設置された。日本人教員研修の最初の試みは、一九一二年から満鉄の教員三人を選んで、二年間、奉天、北京に留学させ、中国語、中国事情の実地研究に従事させることから始まった。小学校、中学校で中国語を担当する教育の殆どがこれら留学生によって占められ、この制度は教育機関の満州国移管まで続けられた。

一九一三年、満鉄では教員講習所を設置し、本格的な教員研修を開始した。一九一五年、教育研究所に改組し、教員研修と同時に教育に関する調査研究を行なう機関となった。一九二〇年頃から教員研修制度の見直しを求める声が上った。一九二四年、満州教員専門学校が設立された。従前の効果不十分な点を改め、「真に環境に適応した教員を養成」しようとした。この設立によって内地で師範教育を受けた教員を満州で再教育するという方式でなく、満州の地で師範教育を行なう方式がとられるようになった。

関東州、満鉄付属地においては、早くから公的教育機関において日本人に対する中国語教育が行なわれていたが、正科でなく任意の科目にすぎなかったため、中国語の教科書も編集されず、編集作業が始まったのは昭和に入ってからであった。一九二五年、「中国語加設」の通牒が公示され、満鉄付属地の小学校で中国語が正科となり、二七年には関東州の小学校でも同様の措置がとられた。これを受けて、関東庁・満鉄合同の教科書編集組織である南満州教育会教科書編輯部において教科書編集が行なわれるようになった。一九二八年から三〇年にかけて『初等支那語教科書（稿本）』五冊が刊行され、同時に『初等支那語教科書（稿本）教師用』五冊も発行された。さらに、一九三六年には中等学校用の『中等支那語教本』が発行された。

第六章　保々隆矣略伝

本章は満州教育専門学校の創設者であり、広範な満鉄付属地全域にわたる教育行政を一手に握る重責を負った保々隆矣の略伝である。関東州では関東都督府が直接教育事業を行なったが、満鉄付属地は行政権があいまいであるため満鉄に委託するかたちで行なわれ、教育事業も満鉄が行なった。保々は一九二〇年一月、学務課長として満鉄に入社した。多くの異なった民族を内包する大陸の教育政策に期するものであり、「内地延長主義」教育の現況に対して「適地適応教育」を標榜して、精魂を尽くして革新的な教師養成学校の設立を説いた。従来、付属地の教員は内地の師範学校の新卒者を採用し、渡満後、再教育を行ない配属するというシステムを採っていた。しかし、再教育の時間的制約もあり、教員が満州の事情を十分に把握できないまま配属されることが多く、満州の地に適合した教育が十分に行なうことができないでいた。その欠陥を解決するために、満州の地で教員養成を行なう満州教育専門学校を設立した。

付　中国における日本語教育

筆者は一九八一年より一九八六年にかけて北京の在中国日本語教師研究センターにおいて、中国人日本語教師の研修に携わった。本センターは外務省・国際交流基金の「対中国日本語教育特別計画」に基づき、一九八一年から一九八五年までの五期にわたって全国の大学の日本語教師に対し、日本語・日本文学の研修を行なう機関として北京に設置された。五年間に五九五名が研修に参加し、その間に得た情報に基づき中国における日本語教育を作成した。一九七八年、中国教育部の主催による全国外国語教育会議が開かれ、中国の外国語教育の三つの方針が決定された。第一の外国語教育の質を高めるという方針に沿ってセンターは設立された。中国における日本語教育の主流は大学である。大学には日本語を専門とする日本語専攻科と一般外国語科目としての公共日本語の二つのコースがある。全国外国語教育会議で大学の公共外国語を強化するという方針はこれまでの専攻科偏重の外国語教育を見直すことにあった。もう一つ、中学校の外国語教育を重視することは日本語教育に限っていえば不十分であった。その他、日本語教育は、学校教育以外の機関と日本からの援助による学校において行なわれた。

目次

第二章　日本の関東州、満鉄付属地における中国人教育――「満州国」成立以前――　59

第五章　「満州」における中国語教育——173

第六章　保々隆矣略伝草稿

満州教育史論集

第一章　露治時代における関東州の教育

はじめに

一八六〇年一一月、ロシアは第二次アヘン戦争の戦乱に乗じて、清国に対しウスリー江以東をロシア領として認めさせ、続いて一八七一年、極東の軍事拠点としてウラジオストックに軍港を完成させた。しかし、同軍港は冬は凍結し使用不能となり、有事の際、欧州からの軍隊の移動にも時間がかかるために、シベリア鉄道の建設が急務となってきた。一八九四年一月、日本は日清戦争によって、台湾、遼東半島等の割譲及び二億三千万両の賠償金を得た。これに対しロシア、ドイツ、フランスはいわゆる三国干渉を行ない、日本はこれに屈し、ロシアの本格的な「満州」侵略が始まった。ロシアの「満州」侵略についてはベ・ア・ロマノフ著、ロシア問題研究所訳『露西亜帝国満州侵略史』（一九三四年　ナウカ社）に詳しい経過が述べられている。

一八九六年四月、大蔵大臣ウィッテはペテルブルグに李鴻章を招き、次の様な対日秘密同盟条約を結ぶ(1)。

一、日本に対する陸海軍による相互支援体制を整える。

二、双方の同意なしに単独講和を行なわない。
三、戦時下においては清国の港をロシア軍艦に使用させる。
四、満州横断鉄道の建設権を露清銀行に供与する。
五、戦時下においてはロシアは満州横断鉄道を軍事利用のために使用できる。

一八九七年一一月、ドイツは宣教師二人が殺害されるという事件を口実に、膠州湾を占領した。そこでロシアはドイツの進出から清国を守る為と称して旅順、大連の租借を迫った。清国は初めロシアの租借要求を拒絶したが、結局、一八九八年三月、次の様な「露支遼東半島租借条約」(2)を結ぶことになった。

第一条　露西亜国海軍カ北部支那ノ海岸ニ安全ナル根拠地ヲ所有スヘキヲ確保セムカ支那国皇帝陛下ハ露西亜国カ旅順口及大連湾右両港接続ノ両水面ヲ租借シテ自由ニ処分シ得ヘキコトニ同意ス尤モ右租借ハ前記両域ニ対スル支那国皇帝陛下ノ主権ヲ何等侵害セサルモノトス
第二条　前記基本条約ニ依リ租借セラレタル地域ノ境界ハ大連湾ヨリ北方ニ向ヒ陸上ニ於テ右地域ノ充分ナル防御ヲ確保スルニ必要ナル地点ニ亙ルモノトス正確ナル境界確定線及其ノ他本条約ノ規定ニ関スル詳細事項ハ（中略）別途ノ議定書ニ依リ之ヲ決定スヘシ境界線確定ノ上露西亜国政府ハ租借地域ノ全範囲及其ノ接続水面ニ対シ完全且排他的ナル権利ヲ教授スヘシ
第三条　租借期限ハ本条約調印ノ日ヨリ二十五年トシ且右期限後更ニ両国政府ノ互認ニ依リ延長スルコトヲ得
（以下略）

さらに、ロシアは同年五月、ペテルブルグにおいて「遼東半島租借地及中立地域境界確定ニ関スル追加協定」を結び、「旅順口大連湾及遼東半島ハ遼東西海岸ノ亜当湾北側ヨリ亜当山分水線（分水線ハ租借地ニ含マル）ヲ通過シ貔子窩湾北側近ク遼東東岸ニ至ル[3]」地域を租借地とすることを清国に認めさせた。

一連の条約によって、ロシアは租借地において、行政権、軍隊統率権、築城権、一般防衛権等を獲得した。一方清国は、（一）ロシアの租借権は清国主権に抵触するものでないこと、（二）清国住民の残留権、（三）清国住民に対する裁判権、（四）旅順口、大連湾における清国艦艇はロシア艦艇と同等の権利を有すること、（五）金州城の施政管轄権の保留を認めさせた。[4]つまり、清国はロシアの軍事行動の自由は認めたが、土地については一時的貸借を認めたにすぎず、その土地に住む清国民への統治権については条約上保留した。しかし、ロシアの軍事占領を認めたことで、主権の行使に支障をきたし、これによって様々な問題を引き起こすことになる。後に、この租借地を引き継いだ日本の関東州統治の根底にも、この問題が影を落としている。例えば、行政権一つ取ってみても、ロシア側の条文には租借地におけるロシアの「完全且排他的ナル権利ヲ享受スヘシ」という文言が入っているが、『光緒条約[5]』による中国語原文は「専帰俄国租用」（専らロシアの租借に帰す）となっており、「完全且排他的」という文言は入っていない。このことは、C・ウォルター・ヤングが『南満州鉄道付属地に於ける日本の管轄権』において指摘したように、「東支鉄道の建設及経営ニ関スル契約」に、中国語原文の条文にはないロシアの「絶対的且排他的行政権」（同文は「絶対的」と訳されている）が認められるという文言がロシア側の示したフランス語原文に記されていたという事実とも関連している。[6]

（1）鈴木隆『日本帝国主義と満州一九〇〇～一九四五』塙書房　一九九二年　一四ページ
（2）関東庁『満蒙権益要録』一九三二年　五二ページ
（3）同前

(4) 植田捷雄『支那租借地論』日光書院　一九四三年　四六ページ

(5) 王鉄崖編『中外旧約章匯編』三連書店　一九八二年　七四一ページ。外務省『満州ニ於ケル露国ノ事業』では「露国ノ侵有ニ属スルモノトス」と訳されている。

(6) C・ウォルター・ヤング著、菊地清訳『南満州鉄道付属地に於ける日本の管轄権』満鉄資料課　一九三三年　七ページ

一　ロシアの関東州統治

一八九八年三月二九日、ロシアは「遼東半島ノ南端、貔子窩及び亜当湾ニ至ル迄ノ地ハ、清国ノ好意ニ依リ露国ニ於テ二十五箇年間租借ス」[1]という告示を出し、ウラジミロウィチの率いる陸戦隊が旅順の黄金山にロシア国旗を掲揚し、関東州の統治を開始した。[2]なお、「関東州」（квантунская область）という名称は租借時にロシアが命名し、日本がそれを踏襲したものである。その由来については山海関の東という意味と、金州以南を関東半島と呼んでいたことによるという説がある。[3]

租借成立の当初はロシアの行政組織は未整備で、旅順、大連の警察を除いては一般行政は殆ど手付かずの状態であった。[4]例えば、ロシア官憲と清国官憲の間では、徴税権一つとっても紛争が絶えなかった。また、駐留ロシア兵による暴行事件、誘拐事件が頻発し、ロシアの支配に対し「稍モスレハ諸方ニ一揆起ラントスル形勢」「関東州ハ露国占領後一年余無政府ノ状態」[5]が続いていた。

一八九九年三月、山東省に「扶清滅洋」をスローガンとした義和団の乱が起こり、乱は翌年六月には「満州」にも波及した。ロシアはこの機会を捉えて、「満州」占領を企てた。クロパトキン陸相はアレキセーフ将軍を満州派遣軍司令官に任じ、国境地帯に約一〇万の軍隊を結集させ、同年八月、ハルピンを占領し、さらに、一〇月には奉天、吉林、錦州、鉄嶺、営口の主要都市をことごとく占領し、これらの地域で軍政を敷いた。さらに、ロシアは

関東州をロシアの東方経営の基地とすべく、旅順に太平洋艦隊を配置し、大連を自由港とし関税を免除し、営口に並ぶ「満州」の貿易港とする計画を進めた。(6)

一八九九年八月、「臨時関東州庁官制」(仮関東州統治規定)が制定され、先のアレキセーフ将軍が関東州長官に任じられた。アレキセーフは関東州陸軍総司令官及び太平洋海軍総司令官を兼ね、関東州における軍政、民政を統括する文武の最高長官としての権限がロシア政府から与えられた。「臨時関東州庁官制」によると関東州は陸軍省の管轄に属し、(7)旅順、亮甲店、金州、貔子窩、島嶼の五行政区に分け、その下を一九の「連合村」、五一の「村会」、一五〇二の「部落」に分け、それぞれ「連合村長」「村会長」「部落長」を任命して治めさせた。民政部は行政一般及び警察、裁判を管轄し、財政部は徴税、会計、商工業調査等を行なうことになっていた。(8)ただし、金州では依然として清国官憲のロシア施政に対する抵抗が続き、他の区とは異なる臨時特別行政という制度が採られていた。(9)

教育事業については民政部の管轄となっていたが、旅順、大連の軍事施設、市街地の建設が優先され教育事業については殆ど顧みられなかった。「臨時関東州庁官制」に示された教育に関する条文は、次の二ヵ条だけである。(10)

第一二条　州長官ハ陸軍軍隊、軍衙及陸軍諸学校ニ関シテハ遠隔地軍管区司令長官ト同一ノ権限及任務ヲ有シ、且ツ黒龍江沿道軍管区司令官ト直接交渉スルコトヲ得

第二〇条　州長官ハ教育事項ニ関シテハ、学校庁兼学校条令第六二条乃至第六七条ニ掲クル権限ヲ有ス

上記の条文から関東州長官は軍関係の教育機関、文部省管轄の普通教育機関に対し、ロシア文部省の公布した教育法令に基づき管理運営権を行使できるとされている。ロシアの支配地域であった黒龍州、沿海州、バイカル州、

サハリンにおいても同じような教育制度が採られていた。(11)

一九〇二年一月、日英同盟が締結され、ロシアの「満州」における独占的行動に反対する日本・イギリス両政府の意思が表明された。これに対しロシアは清国と「満州還付条約」を結び、「満州」からの撤兵を約束し、一時的な小康状態を迎えたが、ロシアは六ヵ月以内とされた撤兵を履行せず、ロシア宮廷内では完全占領論が優位を占めるに至り、ロシアは極東支配強化の布告を次々と打ち出した。これまでの「臨時関東州庁官制」に替わって「臨時極東統治条令」が公布された。その条令で示された教育に関する条文は次の通りである。(12)

第一三七条　文部省管轄ノ学校ヲ除クノ外鉄道会社ノ管轄地内ニ於ケル学校ハ会社ニ於テ起案シ大蔵大臣ノ承認ヲ経太守ノ認可シタル特別ノ規則ニ基キ鉄道会社総裁之ヲ管轄シ且ツ会社ノ資金ヲ以テ之ヲ設置ス

第一四三条　太守府管内ニ於ケル文部省ノ管轄ニ属スル総テノ学校ヲ統轄シテ極東学事管区ヲ編成ス

第一四五条　極東学事管区ノ学事監督官ハ帝国内ノ他ノ学事管区ニ於ケル学事監督官ノ享有セル権限及特権ヲ有スルノ外尚左ノ権限ヲ有ス

（ハ）初等学校ノ補助金及其ノ校舎設備費トシテ設ケタル金額ヲ適当ニ配布スルコト

（ニ）下級学校ノ視学官（男女）ヲ任命スルコト

第一五二条　極東学事管区監督官ハ自ラ又ハ其ノ代理者ヲ経テ州行政会議ノ協賛ヲ求ムル為左ノ事項ヲ行政会議ニ提出ス

（ニ）地方会ノ資金ヲ以テ学校ヲ建設スヘキ計画ヲナシ相当ノ金額ヲ同会ノ予算ヘ編入スヘキコト及地方会ノ一般経費ノ剰余金並地方会予算ニアル予備資金ヲ学事ノ為支出スヘキ計画

「臨時極東統治条令」の趣旨は「満州」をロシア本国の延長とし、皇帝の任命する極東太守をもって極東統治の主務者とし、内政、軍事、外交の統治権を与えるとした点である。そして、初代の極東太守に関東州長官アレキセーフが任命された。

さらに、学校経営については太守に直属する学事監督官にその権限が集められ、補助金の分配、視学官の任命などを行なえるとし、学事監督官は地方議会の承認を得て学校を建設する権限を持つとされている。但し、東清鉄道の会社管轄地内の学校は鉄道会社の経営に委ねるとされている。これは満鉄が鉄道付属地の学校経営を行なう由来となっている。

(1) 満鉄調査課『露国占領前後ニ於ケル大連及旅順』一九一一年　四ページ
(2) 矢野太郎編『露治時代ニ於ケル関東州』関東庁　九三一年　一八ページ
(3) 顧明義他編『日本侵占旅大四十年史』遼寧人民出版社　一九九一年　四ページ、ロシア語訳については日中歴史資料センター研究員の尾形洋一氏の御教示による。
(4) 高橋嶺泉『満鉄地方行政史』満蒙事情調査会　一九二七年　二九一ページ
(5) 前掲『露国占領前後ニ於ケル大連及旅順』五ページ
(6) 猪間驥一他『日本人の海外活動に関する歴史的調査』第二五冊「関東州篇」大蔵省管理局　一九四七年　二五ページ
「大連自由港建議ニ関スル勅令」より
(7) 編著者不明『露国絶東行政一斑』一九〇四年　五一ページ
(8) 前掲『露治時代ニ於ケル関東州』五七ページ
(9) 井上謙三郎編『大連市史』大連市役所　一九三六年　一一二ページ
(10) 矢野太郎訳『露治時代関東州法規類集』二ページ
(11) 前掲『露国絶東行政一斑』八四ページ
(12) 前掲『露治時代関東州法規類集』五三ページ

二　ロシアの教育事業の背景

ロシアの施政が始まると軍隊や東清鉄道の建設作業員を中心に多くのロシア人が関東州に移り住んだ。一九〇一年当時の関東州の人口は次の通りである。(1)

	ロシア人	外国人	日本人・朝鮮人	中国人
旅順	八、六三二(五九八)	一、一五八(五七)	八七九(一一)	一八、五八〇(八七九)
大連	一、五一四(一四〇)	二二(—)	三八三(一二)	二三、七六八(二、四八三)
大連湾	八二(七)	一(—)	五九(一)	三六四(八九)
金州	一〇(—)	—	—	六、九六九(二、五二五)
貔子窩	一六(—)	—	—	六、〇五五(一〇〇)
その他	七二(五)	—	—	二一六、三五六(八七、五八六)
計	一〇、三二六(七五〇)	一、一八一(五七)	一、三二一(一二四)	二七二、六一八(九三、九三七)

注　( ) 内は児童数を示す。

ロシア人についてみると、前年の一九〇〇年末にはわずか一、〇〇〇人余りにすぎなかったが、一年間で約一〇倍に増加している。(2) なかでも旅順のロシア人人口の増加はめざましく、一九〇三年には軍人一三、五八五人、一般人四、〇二四人、計一七、六〇九人となっている。これは旅順の人口の四一・九%に当たり、旅順がロシア人の街となっていたことをうかがわせるものである。

一九〇三年、旅順におけるロシア人の職業は次の通りである。(3)

	商人	軍人	官公吏	自由業	婢僕	労働者	大工	石工	鍛冶屋	暖炉職	機械職	ペンキ職	其他ノ職工	運搬業	娼妓	其他ノ職業	無職
男	一六四	一三五七九	一九二	二九〇	九二	三二	二六	六	一二五	五	七	四	九四	三八三	〇	五一三	一三九
女	四	―	―	八八	七一	―	―	―	―	―	―	―	二三	二	四二	一三	―
児童	―	六	―	一二	四	―	―	―	―	―	―	―	―	―	―	一	―
計	一六八	一三五八五	一九二	三九〇	一六七	三二	二六	六	一二五	五	七	四	一一七	三五八	四二	五二七	一三九

軍人が全体の八八・七％を占めており、旅順は軍人の街ともいえる。ロシア人の中には「一攫千金ノ巨利ヲ博セムトスル山師連ニシテ頗ル不穏ナル分子」(4)もいたが、軍人の中には三五八人の将校団が含まれており、官公吏、技師、医師等といった中流以上の俸給生活者、知的職業に従事する者も少なくなかった。しかし、これらのロシア人は極東の地に永住しようという者は少なく、帰還命令を待ってその日暮らしの生活におぼれる者が多かった。ロシアの大連建設に参加した上田恭輔は当時のロシア人の生活について次の様に述べている。(5)

男性的分子は其の自由なる時間の大部分をカルタと飲酒に費やした。そして此の傾向は高級官吏程甚しかつた。若い者も其の地位と給料に応じて、上級者に負けず之に倣ふた。酒宴はあらゆる事件を口実にそしてあらゆる形式に依つて行はれた。…公の酒宴が終ると家に帰つて又……追加……最後と云つた具合に際限なく飲み続けられた……宗教上の大祭日には無論家々で大散財がある。その内主人の誕生日、子供の命名日と云つた内輪の祝祭日がある………甚しきに至つては内務大臣シヒキギンが暗殺されたと云つてまで飲んだ。……一人の官吏がカルタに負けて、自分の妻君を取られて了つたこともあつた。

本国を遠く離れた極東の地ではたらくロシア人に日常的ロシアの家庭生活を復活させ、ロシア人の定住を促進する必要があった。すでにロシア人街の建設計画はできており、まず、高級官吏を永住させるために国庫より五〇、〇〇〇ルーブルの住宅建設費を出し、一、〇〇〇乃至三、〇〇〇ルーブルの建築費を貸与し、四〇軒余りの高級官吏の住宅が建設されていた。さらに、一般のロシア人住宅、病院、寺院、劇場、公園、学校等を建設する計画があった。(6) 永住者を多くするには家族連れの住める環境をつくる必要があったのである。

一九〇一年のロシア人学齢児童は旅順五九八人、大連一四〇人で(7)まだ多くはなかったが、徐々にではあるが増えつつあった。永住者の増加を促進するには、彼らが安心して家族を迎えられるように、住宅だけでなく、彼らの子供たちを収容できる教育施設の建設を急がねばならなかったが、一九〇三年、旅順市の教育費支出は八、〇〇〇ルーブルで、全支出の二・六四%にすぎず(8)、新しい施設を作るには不十分であった。

日本人の「満州」での人口増加が進むのは日露戦争以後であるが、すでに、一八九一年シベリア鉄道が起工されると、日本人の石工、大工、鍛冶屋等が「満州」に渡り鉄道工事に携わっていた。(9) ただ、関東州への日本人の往来が始まるのは旅順からハルピンへの東支鉄道南部支線の工事が始まってからである。職業としては男性は商人と理髪師、洗濯業等の職人が多く(10)、女性は「娘子軍」とよばれる「醜業婦」が多かった。例えば、当時の旅順の日本人女性の八〇・四%がこの職業に従事していた。(11)

中国人の人口増加は旅順、金州、大連では異なっている。旅順は早くから清国北洋艦隊の基地として栄え、一八九四年当時、軍属と軍商を合せてすでに約二万人余りの中国人が住んでいた。(12) 金州は副都統衙門が置かれ、遼東半島の政治の中心として古くから栄えてきた地であった。また、大連は青泥窪と呼ばれ五〇余りの農家が点在する村落にすぎなかったが、ロシアの占領以降に街づくりが進められ急激に人口が増加していた。[13] 中国人の多くは大連、旅順の市街地の建設のために天津、山東省からの出稼ぎ労働者が殆どで、旅順には五、〇〇〇人余り、大連には一一、〇〇〇人余りがいたといわれている。[14]

関東州では、科挙制度の廃止とともに、金州の南金書院も閉鎖され、公的な教育機関はなかったが、経済的に条件のある中国人子弟は書房で教育を受けていた。一九〇〇年の書房数二〇三ヵ所、書房生数一、八九九人であったが、翌年にはそれぞれ二八三ヵ所、二、九六八人に急増している。これは関東州がロシアの租借地となり経済的、文化的に活性化したことが教育の普及につながったものと考えられる。ロシアは植民地支配を定着させる上でも在来の書房教育中に自国の教育を浸透させていく必要があった。

(1) 関東庁庶務課調査係『千九百年千九百一年ニ於ケル関東州統治状況ニ関スル「アレキセーフ」総督ノ上奏文』一九三一年　一〇九～一一一ページ
(2) 同前　八ページ
(3) 同前　九ページ
(4) 前掲『千九百年千九百一年ニ於ケル関東州統治状況ニ関スル「アレキセーフ」総督ノ上奏文』一八ページ
(5) 上田恭輔『露西亜時代の大連』一九一八年　六二ページ
(6) 旅順図書館『露治時代の旅順』一九三六年　一一ページ～
(7) 前掲『千九百年千九百一年ニ於ケル関東州統治状況ニ関スル「アレキセーフ」総督ノ上奏文』一〇九ページ
(8) 前掲『露治時代ニ於ケル関東州』一七〇ページ
(9) 入江寅次『邦人海外発展史』井田書店　一九四二年　四三三ページ
(10) 前掲『露国占領前後ニ於ケル大連及旅順』一六ページ
(11) 前掲『露治時代ニ於ケル関東州』一七五ページ
(12) 前掲『露国占領前後ニ於ケル大連及旅順』一ページ
(13) 同前

(14) 前掲『露治時代ニ於ケル関東州』六五ページ

三　旅順におけるロシアの教育

1　旅順市立初等プーシキン小学校

一九〇〇年、ロシアは旅順に旅順市立初等プーシキン学校（以下、プーシキン学校と略す）を設置し、ロシア人子弟の初等教育を開始した。校名はロシアの詩人プーシキンの名を取ったものである。先の『露治時代ニ於ケル関東州』はプーシキン学校について次の様に述べている。

旅順小学校ハ最初旅順二級制小学校ト称シ、露国児童ニ徳育及初等智育ヲ施シ、又支那人ノ子弟ニ露語及初等教育ヲ授クルヲ目的トシ、露西亜部及支那部ノ二部ヲ設ケ、各部共上下二級ヨリ成リテ其ノ修業年限ヲ二箇年トシ、露西亜部ニ国籍（支那人ヲ除ク）、宗教、階級等ニ関スル制限ヲ設ケス、七歳以上ノ児童ニ対シ無試験入学ヲ許シ、支那部ハ七歳乃至十四歳ノ支那人ヲ無試験入学セシメ……

プーシキン学校ははじめ「旅順二級制小学校」と称していたが、その後「旅順小学校」に改名されたとあるが、『千九百年千九百一年ニ於ケル関東州統治状況ニ関スル「アレキセーフ」総督ノ上奏文』（以下『上奏文』と略す）は「旅順市立二級『プーシキン』学校ハ市立『プーシキン』初等学校ヨリ改造セラレタルモノナリ」と述べている。また『関東州教育史』は「市立初等プーシキン学校」から「市立二級プーシキン学校」に改名されたと述べている。おそらく創設期のプーシキン学校は、一八八〇年頃ロシア宗務院によって推進された識字教育を主とした「読み書き学校」（シコーラ　グラーモトイ）[1]に類似したものとして開設されたが、一九〇二年二月、ロシア文部省の管轄となり、授業内容も中等学校入学の予備養育を目的としたものとなり、旅順市立二級プーシキン学校と改組されたものと思われる。改組の理由について『上奏文』は次の様に述べている。

現今ニ於ケル住民ハ何レモ移住者ニシテ専ラ官職ヲ帯ヒ或ハ商業ニ従事セルモノニシテ即チ初メヨリ一定ノ目的ヲ有スルモノトス斯ノ如キ事情ニ依リ州内ニ於ケル露国学齢児童ノ教育問題ハ極メテ錯雑セリ即チ私人中教育事業ヲ採ルヘキモノ存セサリシ為勢ヒ児童ニ対スル家庭教育ハ不能ノ状態ナリトス而シテ此カ為初等学校即其ノ課程カ予備教育ノ頗ル一様ナシサル児童ニシテ而カモ其ノ生活状態種々ナルモノヲ教育スル為適当スヘキ学校ノ必要ヲ感セラレタリ……

『上奏文』によれば、先にも述べた様に駐留ロシア人は将校、官公吏、医師、技術者といった知的職業に従事する者が多く、子弟の教育にも熱心であったこと、ロシア国内の支配階級が伝統的に行なっている家庭教師による教育、外画人経営の私立学校入学、外国留学といった教育が関東州では不可能な条件下にあったことを挙げ、中等学校入学の予備教育に相当する教育が必要であると述べている。『上奏文』は関東州の教育の状況を反映したものであるが、ロシア国内の教育制度の改革と歩調を合せたものとも考えられる。先に述べたロシア国内の「読み書き学校」は設置の翌年には学校数九、二一七校、生徒数一七九、一七八人に増加し、その後も全国に普及していった。一九〇二年「読み書き学校に関する法令」が公布され、二年制と四年制の学制が敷かれることになった。[2]こうしたことから旅順市立二級プーシキン学校への改組はロシア国内の教育改革と軌を一にした改組であったと考えられる。

一九〇三年七月、プーシキン学校は再び改組される。これまでロシア人男女児童、中国人児童を一校舎内に収容していたものをそれぞれロシア人男子児童のための旅順市立男子四級制プーシキン男子小学校、ロシア人女子児童のための旅順市立初等女学校、中国人児童のための旅順露清学校の三枚に分け、それぞれ独立の学校とした。その理由の一つは「教育上種々ナル弊害アルコトヲ認ムルニ至リ」[3]とある。ギリシャ正教による教会学校が主であったロシアでは男女共学ということは認められないことであった。また、中国人と同一校舎で授業が行なわれることによって露清両国の生活習慣の違いによる「弊害」が生じたものと思われる。これは日本支配下においても日中共学問題に関して同様の問題が起こり、結局は分離教育という方針が採られるようになったこととも通じる。

もう一つの理由は先の改組時にアレキセーフが述べた状況以上に、関東州(特に旅順)のロシア人の間に教育熱が高まっていたことによるものである。

一九〇三年当時のロシア人の教育水準を知る手がかりとして、旅順におけるロシア人の識字率を挙げると次の様になる。[4]

	男	女	小児	計
文字ヲ解スル者	一、〇九五人	七九三	二三七	一一、九八八
文字ヲ解セサル者	四、六九三	三三七	五九一	五、六二一
識字率	七〇・〇%	七〇・二%	二八・六%	六八・一%

成人の識字率が七〇%となっている。一八九七年のロシア国内の国勢調査統計によると、識字率は男子三九%、

女子一七％、平均二七％となっており、(5)ドイツの九七％、イギリスの九二％、フランスの八五％と比べて非常に低くかった。しかし、旅順の識字率が七〇％と高いのは、先に示した職業別表にも示されているようにロシア本国から派遣された将校、官公吏、技術者といった教育水準の比較的高いロシア人が旅順に居住していたことによるものである。経済的に余裕があり、知的水準が高い保護者たちは、自ずと子女教育に対し熱心であった。しかし、極東の地ではロシア国内で一般的に行なわれている家庭教師による教育は望めず、外国人経営の私立学校もなく、初等教育以上の上級学校を希望する者は芝罘、天津の外国人学校に入学するしか方法がなかった。(6)そこで帰国後、子女がロシア国内の教育機関に編入できるだけの教育水準を求め、そうした教育施設の充実が求められたのである。プーシキン学校が当初の識字学校から二回の改組を経て中等教育の予備学校となった理由も保護者たちの子女教育に対する熱意の表れといえよう。

『上奏文』によると、プーシキン学校の課程は一八七二年公布の「初等国民学校ニ関スル規程」に準拠して行なわれたとある。この規程は初等教育の趣旨として宗教的、道徳的教育と基礎的な一般教育的知識を伝えることとされ、その教科目は宗教、ロシア語（読み方、書き方）、算数（加減乗除の四則）、唱歌となっていた。(7)ロシア国内では初等学校を国民教育省から宗務院の管轄下に移す動きがあり、プーシキン学校でも宗教講話を中心としたギリシャ正教の影響の強い授業が行なわれていたと思われる。教科目の中の唱歌は賛美歌教育と思われる。ここで注目すべきことは正規の課程以外に毎日一時間中国語教育を行なったということである。(9)これはロシア国内の学校教育においてラテン語、フランス語、ドイツ語といった教養語学として教育されていた外国語とは異なり、関東州統治にとって緊急を要した中国語を解するロシア人を一人でも多く養成しようという目的に沿って行なわれたものである。

一九〇〇年及び一九〇一年の在籍者数は次の通りである。(10)

	一九〇〇年			一九〇一年		
	男子	女子	計	男子	女子	計
一学年	一七	一八	三五	二三	二一	四四
二学年	八	三	一一	一〇	八	一八
計	二五	二一	四六	三三	二九	六二
中国人部	?	?	四〇	?	?	六〇

一九〇三年には男子生徒が一一九人、女子生徒が五八人に倍増しているが、これは一九〇一年のロシア人児童（一四歳以下の児童）数が一四〇人であったものが、一九〇三年には八一七人に増加したためである。[11] 旅順のロシア人児童数が八一七人に増加したことは、家族連れが多くなりロシア政府の移住促進政策が功をそうしつつあったことの表れといえよう。

中国人部については、在籍者数は一九〇〇年の四〇人から翌年は六〇人に増加している。[12]『露国占領前後ニ於ケル大連及旅順』には「支那科（注　中国人部）ヲ設ケタリ是レハ特ニ市費ヲ以テセリ全生徒百余名」という記述がある。ロシア人が四〇％以上占める旅順においては、小商人をはじめロシア人相手の職業に従事する中国人は簡単なロシア語ができたという。ましてロシア語の簡単な通訳ができるというだけで、一定の地位に就くことができた時代であった。中国人部の在籍者数「生徒百余名」という数字もあながち過剰な表現とはいえない。

なお、旅順市立初等女学校については詳しいことは分らない。

（1）文部省調査普及局調査課『ロシア教育の歴史』一九二九年　五五ページ
（2）同前、なお「旅順市立二級プーシキン学校」の「二級」について、『関東州教育史』は「二学年編成の事」という注をそえているが、『ロシア教育の歴史』『帝政ロシア教育史研究』等には「二学級制」という解釈が記されている。
（3）前掲『露治時代ニ於ケル関東州』一一五ページ
（4）同前　一七五ページ
（5）世界教育史研究会『世界教育史大系』一五巻『ロシア・ソビエト教育史一』講談社　二五九ページ
（6）前掲『露西亜時代の大連』二五ページ
（7）前掲『ロシア・ソビエト教育史一』二三七ページ
（8）『関東州教育史』一九三二年　第一輯（槻木瑞生編『満州・満州国』教育資料集成第一五巻所収　エムティ出版　一九九三年）
（9）前掲『関東州教育史』第一輯　六八ページ
（10）嶋田道彌『満州教育史』文教社　一九三五年　六五七ページ
（11）前掲『露治時代ニ於ケル関東州』一七四ページ
（12）前掲『千九百年千九百一年ニ於ケル関東州統治状況ニ関スル「アレキセーフ」総督ノ上奏文』一二七ページ

2　陸軍予備学校

一九〇〇年、旅順に「将校ノ児童ヲシテ幼年学校ニ入学セシムヘキ準備ヲ目的」[1]とした陸軍予備学校が設置された。先にロシアの教育機関は軍管轄の学校と文部省管轄の学校があったことを述べたが、陸軍予備学校は陸軍直轄の学校である。募集対象は「関東州在勤陸軍将校及之ト同一ノ特権ヲ享受セル高等文官ノ児童」で、「陸軍諸学校入学試験規則」に照らして身体検査を行ない、将来軍務に耐えうると認められる生徒を入学させた。九歳から一一歳までを第一学年とし、一〇歳から一二歳までを第二学年とし、一定の学力に達しない者は予科に入学させた。学費は通学生が年五〇ルーブル、寄宿生が寄宿費を含め年二五〇ルーブルとなっていた。[2]

旅順はロシアの極東最大の軍事基地であり、一九〇三年当時は旅順のロシア人の七七・二％に当る一三、五八五人の軍人が駐留していた。その中には中将四人、少将六人、大佐二〇人、中佐一六人、少佐一人がおり、その他に将校三五八人がいた。(3) さらに、多くの高等文官が在留していた。その多くは家族連れで赴任しており、こうした高級軍人、高等文官の子弟を対象とした陸軍省直轄陸軍予備学校が旅順に設置されたのである。

　陸軍予備学校は、その目的を「幼年学校ニ入学セシムヘキ準備」としているが、ここでいう「幼年学校」とは、「陸軍貴族幼年学校」のことで、この制度ができたのは一七三二年のことである。(4) ロシアの貴族は子弟を学校で教育するか、家庭で教育するか選択する必要があった。多くは家庭教師による家庭教育が主で、七歳から一二歳まては読み書きと宗教、一二歳から一六歳までは算術とフランス語、一六歳から二〇歳までに数学、地理、歴史を教えるというのが通例となっていた。そうでない場合はフランス人、ドイツ人の私営の学校で教育するということもあった。しかし、極東の他においては学校教育しか選択できず、一部の特権的階層のために特に陸軍予備学校が開設されたものと思われる。

　生徒数は次の通りである。(5)

	一九〇〇年		一九〇一年		一九〇三年	
	男子	女子	男子	女子	男子	女子
予科	四	一〇	一〇	｜	？	｜
一年	四	五	七	｜	？	｜
二年	｜	二	三	｜	？	｜
計	八	一七	二〇	｜	二八	｜

一九〇〇年は男子の生徒数より女子の生徒数の方が多い。本来の陸軍幼年学校が男子校であったにもかかわらず、女子が在籍している。ロシア人の女子はプーシキン学校の女子部に入学することになっていたが、カースト的教育制度の下では貴族の女子は平民の子弟の通うプーシキン学校に入学することは忌避され、例外的措置として男子の陸軍予備学校に入学させたのであろう。なお、一九〇一年以降女子生徒が在籍していないが、これは女子部が改組されたことによるものである。

在籍者数の少なさは限定された少人数教育が行なわれていたことを物語っている。『上奏文』が示した一九〇三年の旅順のロシア人の家族を含めた階層別人口によると、「士族」階級が七四一人おり、その内、一二〇人が児童となっている。[6] ここでいう「士族」に相当する階層の子女が陸軍予備学校に入学したものと思われる。

(1) 前掲『千九百年千九百一年ニ於ケル関東州統治状況ニ関スル「アレキセーフ」総督ノ上奏文』四二ページ
(2) 前掲『満州教育史』六五七ページ
(3) 前掲『露治時代ニ於ケル関東州』一七四ページ
(4) 佐々木明『帝政ロシア教育史』亜紀書房　一九九五年　一四一ページ
(5) 前掲『千九百年千九百一年ニ於ケル関東州統治状況ニ関スル「アレキセーフ」総督ノ上奏文』一二六ページ
(6) 同前　一一三ページ

3　ラリオノワ私立予備女学校

一九〇一年、陸軍予備学校付属女子部が廃止され、全員中途退学を余儀なくされた。そこで旅順陸軍軍医部長夫人のエー・ラリオノワがロシア皇帝から年額二五〇〇ルーブルの補助をうけ、私立予備女学校を開設し、女子部の生徒をそっくり収容することにした。[1] 学校は夫人の名前をとってラリオノワ私立予備女学校と呼ばれた。教育内容は初等女子教育を授けることを目的とし、修学年限は予科一年と本科二年の三年制であった。[2] 校名に「予備」

を加えたのは、女子ギムナジヤ（中等女学校）に入学するための予備教育を目的とするということを示したものであろう。

一九〇一年の生徒数は予科一〇人、第一学年八人、第二学年二人、計二〇人であった。[3] ロシア国内では女子教育は貴族の女子を対象とした学校とそれ以外の学校に分かれており、男子以上に入学資格が厳しく審査されていた。このラリオノワ私立予備学校は貴族階級の女子を対象としたものであった。

（1）前掲『満州教育史』六五八ページ
（2）前掲『露治時代ニ於ケル関東州』一一六ページ
（3）前掲『千九百年千九百一年ニ於ケル関東州統治状況ニ関スル「アレキセーフ」総督ノ上奏文』一一七ページ

4　旅順実業中学校

関東州にはロシア人の中等教育機関はなく、ロシア人子弟が増加するに従って、中等教育機関を設置する声が上がった。

先にロシア人児童の増加を示したが、一九〇三年のロシア人の若年層の年令構成は次の通りである。[1]

	男	女	計
一　歳　以　下	八三	七二	一五五
一歳から四歳	一一九	一三七	二五六
四歳から一四歳	二〇〇	二一七	四一七
一五歳から二四歳	七、八六六	四〇七	八、二七三

当然のことながら一四、五歳から一七、八歳までの青少年の中に、初等教育卒業者が含まれており、かなりの人数がいたことが分かる。

一九〇〇年、アレキセーフはロシア人の実業学校と高等女学校を旅順に開校すべく、文部大臣に誓願書を提出した。誓願に答え一九〇一年八月黒龍江総督府の学監マリガリトフが旅順を訪問し、実業中学校建設計画を発表した。その内容は技師、職人、商人等の子弟に実業的知識を授けることを目的としたもので、外国語としてドイツ語、英語、中国語を置き、本科を五年制とし、別に六年制の商業科、予備科、補習科を設け、生徒数が増加した場合は商業科を独立させるというものであった。しかし、結局、日露戦争が始まり、計画だけに終ったようである。[2] 一八七一年ロシアでは七年制の古典中学校（ギムナジヤ）に対し、大学入学を禁止した六年制の実科中学校（レアーリノエ　ウチーリンチエ）が設置されるようになり、都市商工業者の子弟が入学した。[3] おそらく旅順においてもこうした階層の子弟のために実業中学設置の準備が進められていたものと思われる。

（1）前掲『露治時代ニ於ケル関東州』一七五ページ
（2）前掲『関東州教育史』第一輯　六五ページ
（3）前掲『ロシア・ソビエト教育史二』一一一ページ

四　大連におけるロシアの教育

大連は露治時代は「ダルニー」（遠隔の）と呼ばれ、[1] 旅順が軍港を中心とした軍、官地域とするれば、大連は商業地域として発展していた。一八九九年八月公布された「臨時関東州官制」には「ダルニー市ノ経営ハ大蔵大臣ノ指揮ヲ受ケ東清鉄道会社之ニ委任ス」（九十九条）と定められ、東清鉄道会社が大連市の建設の中心となった。東清鉄道会社は大連市の港湾管理、水道、電灯、市内交通、電信電話、屠殺場、市場、病院などの経営が委託されており、教育機関についても東清鉄道の経営となっていた。先の『上奏文』によって述べた様に、一九〇一年当時、大連には一、五一四人のロシア人が居住しており、居住人口の六・三%を占めていたに過ぎなかったが、一九〇三年には一四、四三四人となり、[2]一挙に一〇倍近くに増加し、大連市のロシア人人口は三四・九%を占めるまでになった。一九〇一年初めには東清鉄道南満線が一部運転を始め、同年夏には旅順、大連間に列車が往復するようになった。さらに、一九〇二年末には東清鉄道がハルピンまで全線開通し、同時に朝鮮、日本の諸港間に定期航路が開かれ、[3]大連の経済は活況を呈していた。

大連にはロシア人を対象とした大連小学校、中国人初等学校が設置され、また、大連男女中学校の開設準備が進んでいた。

大連小学校は、「露国人三学級制小学校」[4]とも呼ばれており、一九〇二年八月、[5]東清鉄道会社の社営としてギリシャ正教の教会の一部を校舎として開設された。修業年限五年の初等教育を目的としたものである。開校当時は教員四人、男子生徒三八人、女子生徒三二人が在籍していた。授業料は無料で、教育内容はロシア国内の初等教育に関する課程に準拠し、他に賛美歌、舞踏の授業があり、女子には手芸、男子には木工の授業が加えられていた。[6]教会の敷地の一部に建てられたということは、一九世紀末よりロシア国内で勢力を強めつつあった宗務庁の管轄する「教区学校」[7]と同じ様に宗教色の強い教育内容であったと思われる。

中国人初等学校は、一九〇二年東清鉄道会社によって経営された中国人子弟を対象とした初等学校である。ロシア人教員一人、中国人教員一人、男子生徒一七人が在籍していた。[8]

大連男女中学校は「八学級商業学校」「男女商業学校」「男女準中学校」とも呼ばれている。『関東州教育史』『満州教育史』『露治時代ニ於ケル関東州』にある断片的な記述によると次の様になる。

一九〇一年八月、先の旅順実業学校設置と同時に大連に初等教育を終えた生徒のために、中等教育機関を設置すべく、先の学監マリガリトフによって開設計画が示され、後の関東軍陸軍倉庫付近に校舎建設が進められていたが、日露戦争のために開校にいたらなかったという。『露西亜時の大連』には「住民（注　ロシア人）の為に一層便宜を計る可く男女商業学校及び之に附属する寄宿舎の建設に取り掛つた。此等の建物は既に落成し、屋根さへ葺かれ、而して只内部の仕上げと窓及び戸扉とのみが残されてあつた。此等の商業学校は単に大連市のみならず、更に広大なる範囲に亙る各地の生徒をも収容する予定であつたので、此等通学男女学生の為めに寄宿舎が設けられてあつた」（二五ページ）とある。『露国占領前後ニ於ケル大連及旅順』が「男女準中学校」という名称を用いていることから、ロシア国内の四年制の初級中学校（プロギムナジヤ）と思われる。ただし、普通学校なのか実業学校（商業学校）なのか詳しいことは分からない。なお、この学校が後に満鉄本社の建物の基礎となった。(9)

（1）前掲『大連市史』二八ページ
（2）『露治時代ニ於ケル大連市』一八ページ
（3）篠崎嘉郎『大連』一一ページ
（4）前掲『露治時代（明治三十五・六年）ニ於ケル大連市』関東庁　一九三一年　四八ページ、前掲『大連』一四ページ
（5）前掲『満州教育史』六五八ページは「一九〇三年設立」となっている。
（6）前掲『露治時代ニ於ケル大連市』四四ページ
（7）前掲「ロシア・ソビエト教育史一」二三九ページ
（8）前掲『露治時代ニ於ケル大連市』四四ページ
（9）前掲『大連市史』一三六ページ

五　中国人に対するロシア語教育

ロシアが租借地関東州を経営するには、先ず中国人との言語の壁を取り除く必要があった。中国人とロシア人は文化、言語を異にする民族であり、意思疎通をはかるには大きな努力を必要とした。ロシア語のできる中国人はシベリア、沿海州に移住した中国人、朝鮮人が主であり、初期の頃は関東州においては数える程しかいなかった。中国におけるロシア語教育の歴史は次の通りである。

一八六〇年、清国は外交上の通訳養成を目的とした京師同文館を設立し、英語、フランス語と並んでロシア語教育を開始した(1)。

一八九六年、清国は外交交渉の必要からロシアの国境に近い吉林省琿春に中俄書院を設置し、満州族子弟に対するロシア語教育を行なった(2)。

一八九九年、清国外交部（外務省）は東清鉄道建設のため北京に俄文専修館を設置し、毎年九〇人の中国人通訳を養成した。

一九〇〇年、ロシアは営口占領直後に俄華文学堂を設置し、中国人子弟に対するロシア語教育を行なった(3)。

（1）教育科学叢書『中国近代学制史料』第一輯　華東師範大学出版社　一六〇ページ
（2）李澍田主編『琿春史志』長白叢書　吉林文史出版社　一九九〇年　二七三ページ
（3）外務省通商局編『満州事情』第二輯「営口」一九一一年（?）三五一ページ

1　貔子窩市初等学校

ロシアの関東州租借地における種々の事業が拡大していくにつれて、ロシア語を解する中国人が必要となり、中国人に対するロシア語教育が始まった。その一つが貔子窩市初等学校である。同校の設立年月日については詳しいことは分からないが、臨時関東州庁が設立された翌年の一八九九年に開設されたといわれている。(1) 後述する「関東州露清学校規則」が公布された後に、貔子窩市初等学校は貔子窩露清学校という校名に変更された。『上奏文』は、特に「貔子窩ノ学校ニ於テハ学校長ノ勉励ト其ノ職務ニ忠実ナルトニ依リ成績遥ニ見ヘキモノアリ」と高く評価している。

貔子窩は順治年間からジャック貿易港として栄えた港街で、油房（榨油工場）、製塩業が栄え、安東と並ぶ貿易額を誇っていた。(2) ロシア人は一九〇一年、一六人しか住んでいなかったが、早期に露清学校が設置された。それは大連開港に当たり、この地の中国人貿易商と連携を図り、商業港として大連と黄海沿岸のつながりをつける布石としようとしたものと考えられる。

「貔子窩市初等学校規則」は次の通りである。(3)

第一条　本校ハ支那人ノ子弟ニ露語会話及ヒ初等露文ヲ教授スルヲ目的トス
関東州ニ要スル教育アル通訳ノ養成モ亦本校ノ目的トスル所ナルヲ以テ本校ハ共ニ清語ヲモ教授スル
第四条　本校ハ上級及ヒ下級ノ二学級ヲ分ツ、本校ノ修業年限ハ二箇年トス
第一〇条　本校ノ教授ハ二名ノ教師之ヲ掌ル
但シ露語担当者ハ必ス露国人、清語担当者ハ必ス清国人タルコトヲ要ス

第一一条　小学校教師ノ免許ヲ有スルモノハ本校ノ露語教師トナルコトヲ得
第一三条　本校生徒ノ定員ハ六十名トス
第一四条　年齢七歳乃至十五歳ノ支那人子弟ハ本校ニ入学スルコトヲ得
　但シ最初ノ二箇年間ハ十五歳以上ノ者と雖モ入学ヲ許可ス
第一五条　本校ハ入学試験ヲ行ハスシテ入学ヲ許可ス
第一六条　本校ハ毎年九月一日ヨリ翌年六月一日マテノ期間何時ニテモ入学ヲ許可ス
第一七条　本校ハ無月謝トス　教科書ハ無料給与ス
第一八条　教授ハ毎年九月一日ヨリ翌年六月一日マテ継続ス、但シ日曜日露国祭日及ヒ清国祭日日ハ休業トス
第一九条　本校ハ正式ノ露語ヲ教授ス
　特ニ烏蘇里地方土人間ニ慣用スル不正ナル発音及ヒ訛音ノ修正ニ注意スルヲ要ス

組織的には、貔子窩市初等学校は民政長官の管轄に属し、学校事務は関東州学務課長の指導を受け、校長は民政長官夫人が名誉職として当ることになっていた。学校の運営資金は貔子窩市が負担し、生徒の入退学、卒業等の学校運営は市代表、担当教員などからなる教育会議によって進められた。授業は教員免許を有するロシア人教員と中国人教員の各一人が担当することになっていたが、貔子窩露清学校の場合はロシアに帰化した朝鮮人教員が担当していた。募集対象は、関東州内在住の中国人子弟に限り、就学年齢は七歳より一五歳とされ、開校二年間に限り一五歳以上の者も入学を認めた。卒業後はロシア語通訳として関東州民政署に採用されるという特権が与えられた。(4)特に条文には「正式ノ露語ヲ教授ス」という一項が入っており、その注として「烏蘇里地方土人間ニ慣用スル不正ナル発音及ヒ訛音ノ修正ニ注意スルヲ要ス」と記されていた。これは沿海州辺りに住む中国人、朝鮮人の間

で使用されている中国語訛りのロシア語が広まることを防止しようとしたためであると考えられる。一九〇〇年、一九〇一年は定員六〇人に対し四〇人の入学者があった。授業内容はロシア語の読方、書方、簡単な会話、算術、中国語等となっていた。

（1）前掲『満州教育史』六六一ページ
（2）関東庁臨時土地調査部編『関東州事情』「貔子窩管内」満蒙文化協会　八三七ページ
（3）前掲『露治時代関東州法規類集』一八七ページ
（4）前掲『関東州教育史』第一輯　五一ページ

2　旅順露清学校

先に述べた様に旅順のプーシキン学校は一九〇〇年から中国人子弟を入学させてロシア語教育を行なっていたが、「一定ノ課程ナク全ク教師ノ意見ニ依リ露語ヲ教授シ其ノ結果ハ甚タ不良ニシテ特別委員カ旅順ノ学校ニ於テナシタル一年末ノ試験ノ結果ニ依レハ生徒ノ多数ハ露語ニ於テ僅ニアルフアベツト知ルノ外何等知識ヲ有セサリキ」(1)という状態であった。結局、プーシキン学校中国人部は一九〇三年、「露清学校規則」に準じて旅順露清学校として改組された。就学年齢は八歳から二〇歳までとし、修業年限は四年とされた。学期は八月一五日に始まり、翌年六月一五日に終わり、学年末には保護者同伴で試験を行い、成績優秀者は州内の下級官吏に採用されるという特権が与えられた。また、毎年ロシアへの公費留学が二人認められた。旅順露清学校の授業内容は次の通りである。(2)

第一学年
露語（アルファベット）、読書及び作文、簡易なる会話

第二学年
品詞、名詞及び動詞の変化法、書取、詩及び簡易なる物語類暗唱、算術
第三学年
初等文章学、書取、やや高尚なる物語の読方、作文、算術、地理
第四学年
簡易なる事務、公私文書の作成、会計法、地理（ロシア、シベリア等）、歴史（ロシア、露清関係）、行政法、連合村長、書記及び警察官の職務に関する知識、災害及び火災時の救護法

これら授業内容は後述する「関東州露清学校規則」に準じて作成されたものと思われる。

(1) 前掲『千九百年千九百一年ニ於ケル関東州統治状況ニ関スル「アレキセーフ」総督ノ上奏文』四四ページ
(2) 前掲『関東州教育史』第一輯　四七ページ

3　金州露清学校

旅順、大連が新興地であるのに対し、金州は盛京将軍の直轄する金州副都統配下の清朝の旗官が駐在する遼東半島の中心都市であり、いわば保守色の強い土地柄であった。李鴻章、張蔭桓の独断と疑惑に満ちたロシアの関東州租借について清国政府内部にも多いに異論があったことはいうまでもないが、地元金州の地方官吏は公然と抵抗した。また、清国側は一八九八年「遼東半島租借及中立地域境界確立ニ対スル追加協定」の「金州城ノ施設及警察ヲ支那国ノ管轄タラシメムトスル支那国政府ノ請求ニ同意ス」(1)という条項を根拠として、関東州租借地において金州だけは清国の施政及び警察権が認められる地域であるという立場を採っていた。そのためロシア軍と清国守備軍

との間で武力衝突が起こり、ロシアは徴税不能といった状態が続いていた。ロシア軍の参謀をして「我等力遼東占領以来既二九個月ヲ過キシ当地方ノ住民ハ未タ其占領ヲ知ラサル」[2]と嘆息させたほど、ロシアの金州施政は困難を極めた。

一九〇〇年七月、アレキセーフは義和団の乱による騒乱状態を利用して、治安の維持を口実として金州城にロシア兵一千余人を派遣し、副都統閻錫山、海防同知馬宗武等を捕虜とした。[3]続いてロシアは金州城外の劉家屯からロシアの地方行政機関である民撫署を城内に移し、ロシアの金州支配が始まった。

同年一一月、金州露清学校が設置された。アレキセーフは開校にあたり、「此ノ地ハ旧関東州ニ於ケル政治ノ中心ナルカ故ニ同市ニ於ケル露清学校ノ設立ハ最重要ナリトスルニ在リ是レ此ノ機関ニ依リ支那青年ニ露国思想ヲ伝フルコト最容易ナレハナイ」[4]と述べている。アレキセーフが特に金州露清学校の重要性を言及したことは、金州においては依然として中国の抵抗が大きく、露清学校を設置し親露的人材を一日も早く養成する必要があったのである。

ここで注目すべきことはアレキセーフが「露国思想ヲ伝フルコト」と述べていることであり、関東州にロシアの植民地支配を定着させるには、ロシア語だけでなくロシアの思想文化を理解できる人材の教育が必要であり、露清学校がその任務を負うべきであるという認識を持っていたことである。

金州露清学校は文昌廟内の南金書院の校舎を廃し、その廃材を利用して城東門外に校舎が建設された。[5]ロシアの支配に抵抗した地方官吏の多くは南金書院で学んだ者も多く、また、旧来の科挙制度に支えられた教育制度の象徴である南金書院の建物を破壊することによって、新しい教育を広めていこうというロシアの意図を示したものといえよう。

授業科目と週当たりの配当時間は、ロシア語一二時間、漢文（中国語）三時間、地理二時間、算術六時間、遊戯

（体操）六時間、服務（奉仕活動）一時間となっており、さらに、課外として農業を課した。計三〇時間の内一二時間がロシア語の授業に当てられている。教員はロシア人一人、中国人一人、朝鮮人一人の計三人であった。学費は免除され、教科書は無償供与された。生徒は一九〇〇年には四二人、一九〇一年には四五人が在籍していた。(6)

（1）前掲『満蒙権益要録』一一七ページ
（2）前掲『露国占領前後ニ於ケル大連及旅順』
（3）岩間徳也「明治三十三年露国の金州城占領始末及び大正十一年支那の旅大回収運動」『満蒙』一九三七年五月号　一六〇ページ
（4）前掲『千九百年千九百一年ニ於ケル関東州統治状況ニ関スル「アレキセーフ」総督ノ上奏文』四四ページ
（5）前掲『満州教育史』六六三ページ
（6）前掲『関東州教育史』第一輯　五四ページ

4　「関東州露清学校規則」について

「関東州露清学校規則」の公布年月日について詳しいことは分からない。『上奏文』には「露清学校ノ規則改正ハ千九百年九月二十八日臣之ヲ認可シ」という記述がある。このことから一九〇〇年九月以前に規則が公布され、さらに「改正」が行なわれたと考えられる。しかし、それ以前の対中国人教育施設は貔子窩市初等学校（後の貔子窩露清学校）とプーシキン学校中国人部の二校であり、わずか一年余たらずの間に「公布」そして「改正」というのも不自然である。ここでいう「改正」というのは、先に述べた「貔子窩市初等学校規則」を基礎とし「関東州露清学校規則」が作成されたのではないかと考えられる。「関東州露清学校規則」は一九〇〇年一一月に開校した金州露清学校から新に適応されることになった。「関東州露清学校規則」は次の通りである。(1)

第一条　関東州露清学校ハ関東州各官衙ニ於テ採用スヘキ露語ニ通スル支那人ノ職員ヲ養成スルヲ目的トス
第二条　露清学校ハ年齢一〇歳乃至二〇歳ノ男子ヲ入学セシム
第三条　教授科目左ノ如シ
露語ノ会話、読書、作文、初等算術、初等地理、初等歴史、村長並書記、警察署員及通訳事務ノ練習
第四条　本校ノ修業年限ハ四箇年ニシテ之ヲ四学級ニ分チ左ノ科目ヲ教授ス
　第一年級
　露語ノ字母、読書、作文、簡易ナル会話、一〇以下ノ数ノ範囲内ニ於ケル加減乗除
　第二年級
　読書、作文、書取、会話、百以下ノ数ノ範囲内ニ於ケル加減乗除
　第三年級
　文典、書取、通常加減乗除、地理及歴史ノ初歩
　第四年級
　行政ニ関スル文書、通訳村長書記ノ事務練習、地理、歴史、諸等数
第五条　第一年級ハ予備学校ノ性質ヲ有スルモノニシテ無試験入学ヲ許ス
第六条　入学期ハ毎年九月一五日トス
第七条　本校ハ関東州在住ノ支那人ノ子弟ヲ入学セシム
但シ各学校ニ於ケル生徒数ハ一〇〇名ヲ限度トス
第八条　学校ハ無月謝ニテ教授シ教科書ハ無料之ヲ貸与ス
第九条　教授ハ毎年九月一五日ニ始マリ翌年七月一五日迄継続ス

但シ露国及清国祭日及日曜日ハ休業

尚清暦正月ニハ二週間、五月五日及ヒ八月一五日ノ祭日ニハ各三日間休業ス

第一二条　修学卒業生ニ対シテハ特別ノ資格書ヲ交付シ通訳村長助教師及ヒ其ノ他州内行政官衙ノ職員タルヘキ優先権ヲ付与ス

第一四条　学校ニ左ノ職員ヲ置ク

高級教師（校長ヲ兼ヌ）

下級教師

通訳

支那人教師（清語ヲ教授ス）

改正された「関東州露清学校規則」を「貔子窩市初等学校規則」と比べると学校の目的が単なるロシア語通訳養成に止まらず、「官衙ニ於テ採用スヘキ露語ニ通スル支那人ノ職員」を養成するとされた点が異なっている。先に述べた様にロシアは「臨時関東州庁官制」により「連合村」「村会」「部落」に分け、それぞれ「連合村長」「村会長」「部落長」を任命して、治安、徴税、一般行政を行なわせようとした。しかし、中国民衆のロシアに対する抵抗は大きく、「反抗土民を銃殺する等百方威力を用ひて」支配しなければならないといった「無政府状態」にあった(2)。敢えてロシアの「走狗」となる中国人は少なかった。そこで親露的下級役人を養成することが急務となっていたのである。「関東露清学校規則」の特徴は第一は教科目に「行政ニ関スル文書、通訳村長書記ノ事務練習」といった実用業務を設けたことである。第二は就学年限を一五歳から二〇歳に引き上げ、修業年限を四ヵ年としたことも即戦力となる人材を必要としていたからであろう。第三は卒業生に「州内行政官衙ノ職員タルヘキ優先権ヲ付

与ス」という文言を条文に加えたことである。第四は寄宿舎制度を発足させ、遠距離の生徒も通学できるようにしたことである。市街地の生徒だけでなく、下級役人として実際の職場となる農村部の生徒に入学の条件を与え、将来的には「村会」派遣の公費生の受け入れも予定に入れていたものと思われる。各露清学校の生徒数は次の通りである。[3]

	一九〇〇年	一九〇一年	一九〇二年	一九〇三年
貔子窩露清学校	四〇	四〇	?	四五
金州露清学校	四二	四五	?	四五
旅順露清学校	四〇	六三	?	三五
計	一二二	一四八	?	一二五

「関東州露清学校規則」は各学校の定員を一〇〇人と定めているにもかかわらず、生徒数が四〇人余りに止まっており、各学年の生徒数累積による増加も見られない。入学者数の停滞、退学者の増加、入学人員制限等が考えられるが、詳しいことは分からない。

次に、一九〇一年の各市の教育費と全支出に占める教育費割合は次の通りである。[4]

旅順市	大連市	貔子窩市	金州市
一一、九四〇	一、四〇〇	二、二三三	六、三五〇
六・五％	一七・六％	八・八％	一三・三％

注　単位はルーブル

各市の支出の中で最も大きな比率を占める項目は警察費、衛生費であり、全支出に占める教育費の比率は高いとはいえないが、生徒一人当たりの教育費に換算すると、貔子窩市の場合は年間五五・八ルーブル、金州市の場合は年間一四一・一ルーブルとなる。当時のロシア人大工の一ヵ月の賃金が四〇ルーブルから七五ルーブルであったことを考えると高いといえよう。(5)

(1) 前掲『露治時代関東州法規類集』一八三ページ
(2) 前掲『満鉄地方行政史』二九九ページ
(3) 前掲『千九百年千九百一年ニ於ケル関東州統治状況ニ関スル「アレキセーフ」総督ノ上奏文』一二七ページ
(4) 同前　一二三ページ～
(5) 前掲『露治時代ニ於ケル関東州』五三ページ

六　ロシア語教育の普及

ロシアの関東州における対中国人教育はロシア語教育を主としたものであった。それはロシアが関東州の統治を始めて、最初につきあたった問題は「言葉の壁」であったからである。沿海州に住むロシア語を解する中国人、朝鮮人を急遽呼び寄せ、急場をしのごうとしたが、施政開始時期の山積した問題に対応できる状況ではなかった。中国人は日清戦争後の日本の軍政時期には、中国語のできる日本人が多く、会話はできなくても漢字を介した筆談による意思疎通程度はできたので、中国語のできないロシア人を不思議がったという。表記も文法も大きく異なるロシア語を学ぼうとする者は少数であった。

しかし、ロシアはロシア語を関東州の公用語とし「臨時関東州庁官制」にも「官公衙ニ於ケル公文書ハ全テ露語を使用ス」[2]と定めた。そのため官庁に提出する公文書はロシア語に翻訳する必要があり、中国人は高い翻訳料を払わなければならなかった。また、「一般行政及公共的役所ニ於ケル事務ハ露語ヲ以テ処理スルヲ原則」とされ、「公衆ニ対スル規則、告示、訓令等ハ総督ノ命令ニ拠リ欧州語ノ一ト支那語ノ翻訳ヲ添フル」[3]と定められていた。

一九〇三年の旅順市のロシア語の普及状況は次の通りである。[4]

	男	女	小児	計
多少露語ヲ解スル者	一、一七九	二〇	七	一、二〇六
其他ノ欧州語ヲ解スル者	八五	―	―	八五
欧州語ヲ全然解セサル者	一六、八七〇	二、七五五	二、五七八	二二、二〇三
計	一八、一三四	二、七七五	二、五八五	二三、四九四

ロシア語を多少でも理解できる者は男子が六・五％、平均で五・一％いる。ロシアの支配が始まって五年間で六・五％が多少でもロシア語を解することができるようになったということは、かなりの普及率といえよう。但し、「多少露語ヲ解スル」という内容がどの程度のロシア語の水準であったのかは示されていない。旅順の場合は、金州、貔子窩と違ってロシア人と中国人の比率が三対四であり、多くの中国人がロシア人に雇用されており、中国人は日常的にロシア人と接触する機会が多く、仕事や日常生活においてロシア人の話す簡単なロシア語は理解できたものと思われる。このことはロシア語を解する者の男女の比率がロシア人との接触の多い男性が多く、女性は極少数であったことによってもうかがえる。ちなみに、一九三九年当時の関東州における日本語を解する中国人

は六～七％に過ぎなかった。(5)

施政開始時はロシア語を解する中国人は皆無に近く、多少でもロシア語を解する者は通訳として採用された。しかし、これら通訳の中には露清間の商業取引に介在して不正を働く者、機密事項を漏して情報料を取る者が表れるようになった。そこで、ロシアはプーシキン学校のロシア人子弟に毎日一時間の中国語教育を行なったり、ロシア人将兵、官公吏の為に付属夜間部を設けて中国語教育を行ない、ロシア語の普及を急いだ。(6)

(1) 前掲『千九百年千九百一年ニ於ケル関東州統治状況ニ関スル「アレキセーフ」総督ノ上奏文』一〇九ページ
(2) 前掲『露治時代関東州法規類集』二一ページ
(3) 前掲『露西亜時代の大連』一六ページ
(4) 前掲『露治時代ニ於ケル関東州』一七三ページ
(5) 大石初太郎「関東州の日本語教育」『国語文化講座』第六巻　朝日新聞社　八五ページ
(6) 前掲『関東州教育史』第一輯　六八ページ

おわりに

ロシアは「関東州租借条約」によって関東州の租借を中国に認めさせ、旅順を軍港とし、大連を商業地とする計画を立てた。一九〇一年には旅順、大連のロシア人は、軍人を除き一〇、一四六人に達し、その職業は官公吏、東清鉄道関係者、商人等であった。中国人は四二、三四八人で、その内一六、〇〇〇人余りは天津、山東省からの出稼ぎ者であった。ロシアは関東州にロシア人を永住させ、支配を安定させるため住宅、寺院、病院、公園、劇場等の整備されたロシア人街を作り、ロシア人の永住の条件を整えようとした。ロシア人子弟のための教育事業もその一つである。ロシア人子弟のためにプーシキン学校、陸軍予備学校、ラリオノワ私立初等女学校、大連小学校等を設置した。これらはロシア国内のカースト制的教育制度に基づいて設置されたものであった。授業内容はプーシキン学校でロシア人に対して毎日一時間の中国語の授業を課した以外は、母国と同じ教育課程で授業が行なわれた。一方、中国人に対しては通訳、下級役人を養成するための速成のロシア語教育が主で、貔子窩、旅順、金州に露清学校が設置された。しかし、露清学校に入学し教育を受けた中国人は少数であった。ロシア統治以降も中国人に対する教育はロシアの教育制度と無縁の旧来の書房教育が主流を占めており、それら書房は増加傾向にあった。

ロシアの関東州租借時代の教育は、自国子弟に対する教育と中国人の下級役人養成のためのロシア語教育に止まっていた。特に、中国人に対する教育は、租借地施政の重点が市街地建設や東清鉄道建設に注がれ、教育に対しては十分な方策を打ち出すに至らず、露清学校以外には見るべきものがなかった。これらロシアの教育施設は日露戦争の敗北で全てが水泡に帰した。

第二章　日本の関東州、満鉄付属地における中国人教育

――「満州国」成立以前――

はじめに

一九〇五年九月五日の日露講和条約により、日本はロシアに対し、朝鮮への優越的地位、樺太南部の割譲、遼東半島租借地と東清鉄道南部支線（長春・旅順間）の譲渡を承認させることによって、南満州への勢力拡大の地歩を固めた。ついで、同年一二月二二日の日清満州善後条約で日本がロシアから獲得した遼東半島即ち関東州租借地と鉄道及びそれに付帯する諸権利の譲渡を清国に承認させた。一九〇六年八月一日、勅令第一九六号により関東都督府が置かれ、日本の関東州租借地と鉄道付属地の経営が正式に始まった。「関東都督府制定理由書」によると、「遼東租借地ニ於ケル中央機関トシテ関東都督府ヲ設置シ軍隊ヲ統率シ外務大臣ノ下ニ租借地ノ政務ヲ統理セシムルト共ニ南満州鉄道路線ノ保護及鉄道会社業務ノ監督ヲ担任セシムトス」とある。つまり、関東州は期限付きではあるが台湾と同じ植民地であり、日本の行政権が及ぶことをうたっている。また、南満州鉄道の譲渡に伴う鉄道に付属する付属地経営については「鉄道沿線ノ付属地ハ租借地ノ一部ニアラスト雖帝国ニ於テ鉄道継承シ之ヲ管理スル権ヲ有スルカ故ニ此ノ地域ニ対シ必要ノ行政ヲ為スヘキ当然ナリトス而シテ此等行政ノ中土木衛生教育等官憲ニ於テ

直接施行スルヲ必要トセサル事項ハ鉄道会社ヲシテ担任セシメ都督府ハ単ニ之ヲ監督スルニ止メ」とある。鉄道付属地は単に鉄道路線に沿った帯状の敷地にとどまらず駅を中心に市街地に及んでおり、満鉄会社が土木、衛生、教育などの地方経営を担当施行した。

関東州と満鉄付属地において、日本は特に現地中国人の教育を重視する政策を採った。満鉄付属地の歳出に占める教育費は一九〇八年度二三％、一九〇九年度二八％、一九一〇年度三二％という伸びを示し、歳出の一位を占めているが、その一部は付属地居住中国人子弟の教育に使われた。(1) その教育内容は当然のことながら植民地教育にほかならないが、一概に植民地教育といっても日本の他の植民地とは事情が異なる。台湾、朝鮮においては強力な武断政治をもって同化教育が行なわれたが、関東州、満鉄付属地においては、とくに付属地の場合、地続きの東三省政権の教育事業と競合するかたちで教育が行なわれ、強い緊張関係にあり、台湾、朝鮮とは異なる教育政策が採られた。それは中国の教育政策をある程度尊重しつつ、日本語教育を軸としながら日本の政策を少しずつ浸透させようという教育であった。本章では関東州及び満鉄付属地における日本の対中国人教育事業の沿革を明らかにし、日本の中国に対する植民地教育政策を考察するための手がかりとしてまとめたものである。

(1) 満鉄地方残務整理委員会編『満鉄付属地経営沿革全史』一九三九年　龍溪書舎復刻版　一九七七年　九二ページ

一　日露戦争以前の関東州における中国側の初等教育

日本の関東州、満鉄付属地における教育事業は日露戦争を契機として始まったが、それ以前の状況について見ると次の様になる。清国治下の各地の孔子廟には府州県学、書院の設置があり、民間の教育機関として私塾、書房が

	中学堂		小学堂					
	学童数	生徒数	高級小学堂	生徒数	両級小学堂	生徒数	初級小学堂	生徒数
奉天省	4	341	10	532	95	7869	1208	37566
吉林省	4	331	2	80	18	1341	6	324
黒龍江省	2	169	2	90	12	914	64	1280
合計	10	841	14	702	125	10124	1278	39170

あった。一九〇三年当時、関東州における書房数は三七〇ヵ所余り、生徒数は五、四〇〇名余りであった。(1) 清国政府は戊戌変法とそれに続く国内の風潮に刺激されて科挙制度を廃止し、中央教育行政機関である学部を設置して、学制近代化の第一歩を踏み出そうとしていた。すなわち、一九〇二年八月に公布された「欽定学堂章程」と、一九〇四年一月に公布された「奏定学堂章程」の実施がそれである。これまでの科挙を基軸にした教育機関を改組し、省ごとに大学堂、府ごとに中学堂、州県ごとに小学堂、養蒙学堂を設置する計画だったという。(2) 日露戦争以前の関東州の具体的な教育状況に関する資料が少ないが、清国政府学部総務司編『第一次教育統計図表』によってその概略を知ることができる。

一九〇七年当時、東北三省の初級教育事業は次の通りである（表参照）。

中学堂は修業年限四年、小学堂は高級、初級に分かれていて修業年限はそれぞれ三年となっており、他に高級初級をあわせた両級小学堂があった。東北三省の中で関東州を含む奉天省（現遼寧省）の小学堂普及率が吉林省、黒龍江省に比べて極めて高く、関東州の教育普及率も高かったことが類推できる。

（1）関東庁編『関東庁施政二十年史』一九二六年　一九二ページ
（2）斎藤秋男『中国現代教育史』田畑書店　一九七三年　一七ページ

二　ロシア統治時代の教育

一八九七年一二月、ロシア艦隊が旅順に入港し、翌年三月、清朝政府に迫って「旅順・大連租借地条約」を調印させ、遼東半島はロシアの租借地となる。さらに、一九〇〇年七月、義和団事件を機に北京に進攻したロシアは一七万の軍隊をもって東北三省を占領し、ロシアの事実上の東北史領が始まる。

東清鉄道沿線を中心とするこの時期のロシアの中国人教育については資料が乏しく詳しい状況についてはよく分からないが、『露治時代関東州法規集』（外務省編訳、国立公文書館蔵）によると次の様に定められている。

第一四二条　大守管内ニ於ケル文部省ノ管轄ニ属スル統テノ学校ヲ総括シテ極東学事管区ヲ編成ス

第一四四条　極東学事管区ハ浦塩斯徳ニ駐在セル学事監督官ノ管轄ニ属ス

ロシア文部省の下に極東学事管区があり、学事監督官がウラジオストークに配属されていたことが分かる。さらに、第一三八条に「文部省管轄ノ学校ヲ除ク外鉄道会社ノ管轄地内ニ於ケル学校ハ会社ニ於テ起案シ大蔵大臣ノ容認ラ経テ大守ノ認可シタル特別ノ規則ニ基キ鉄道会社総裁之ヲ管轄シ且ツ会社ノ資金ヲ以テ之ヲ設運ス」とある。つまり、東清鉄道会社の管轄地域内における学校経営は会社が当たるということである。これは満鉄付属地において関東都督府の管轄下に満鉄が学校経営に当たるという組織形態が、ロシア統治時代にすでに施行されていたものとして注目される。

関東州においては、一八九八年三月、ロシアの租借地となりロシア臨時民政庁の下で、ロシア人子弟の教育を行なう旅順市第二級（二年編成）プーシキン学校、陸車予備学校、エー・ラリオノワ私立予備女学校、大連小学校などが設置された。中国人子弟の教育機関としては、旅順、金州、貔子窩にロシア語教育を目的とした露清学校が設置された。(1) 一九〇〇年九月、ロシア臨時民政庁の公布した関東州露清学校規則は次の通りである。

第一条　関東州露清学校ハ関東州各官衙ニ於テ採用スヘキ露語ニ通スル支那人ノ職員ヲ養成スルヲ目的トス
第二条　露清学校ハ年齢十歳乃至二十歳ノ男子ヲ入学セシム
第三条　教科目左ノ如シ
　露語ノ会話、読書、作文、初等算術、初等地理、初等歴史、村長並村書記、警察署員及通訳事務ノ練習
第四条　本校ノ修業年限ハ四ヵ年ニシテ之ヲ四学級ニ分チ左ノ科目ヲ教授ス

ロシアが露清学校を設立し中国人教育に力をいれたのは、ロシア側に中国語、中国事情に精通した人材が極めて乏しく、租借地の行政、鉄道事務を円滑に進める上で支障をきたした結果であった。租借地の中国人にロシア語教育をすることによって、露清間の意思疎通を図ろうとしたのである。

しかし、露清学校は授業料、教材費免除の待遇を与えたにもかかわらず生徒の応募は定員の半数にも満たなかった。さらに、ロシア臨時民政庁は、露清学校より修業期間を短縮したロシア語通訳養成を目的とする初等学校を貔子窩に設立した。その初等学校規則によると、

第一条　本校ハ支那人ノ子弟ニ露語会話及ヒ初等露文ヲ教授スルヲ目的トス。関東州ニ要スル教育アル通訳ノ養成モ亦本校ノ目的トスルトコロナルヲ以テ本校ハ露語ト共ニ清語ヲ教授ス

となっている。修業期間は露清学校より二年短縮し二年制とし、生徒は七歳から一五歳の中国人子弟を対象としている。初等学校の設立はロシアの「満州」占領をめぐって日本との緊張関係が高まる中で、より実務的な通訳養成が急務となったためと思われる。ロシアの中国人教育はロシア語教育を主としたもので、中国側の旧来の教育体制

に影響を及ぼすものではなかった。ちなみに一九〇三年当時、関東州租借地におけるこれらのロシア側の初等教育機関に在学した生徒数は二九五人であった。[2]

(1) 前掲『満州教育史』六五七～六五八ページ
(2) 同前

三　日露戦争以降の関東州における初等教育

日露戦争中の一九〇四年一二月、金州南金書院民立小学堂が金州軍政署の指導と土地の有力者によって金州露清学校の跡地に設立された。「日本が満州の地で教育事業に関与した最初の学校である」[1]という。校長に東亜同文書院出身の岩間徳也を迎え、清国「奏定学堂章程」に基づき、修身、読経、講経といった伝統的な書院教育から始め、翌年から歴史、地理、格致（理科）、体操などの科目を増やしていった。この金州南金書院民立小学堂をみると、設立にあたっては地元の自主性に依拠し、在来の伝統的な儒教教育を破壊することなく、徐々に近代的教育課目を加えていくという方針が採られたことが分かる。校長の岩間徳也は関東局文書課編『関東局施政三十年業績調査資料』（一九三七年発行）の中で「民族同化主義に反対し教科書改正を進言す」と題して次の様な一文を書いている。「私は語学のみに依り民族の同化せしめんとする趣旨には反対でありました。日支人相融和し相互の福祉を増進し、永遠の国利を扶殖せんとするには人材の養成を必要とし、一面には時勢、民度、地方習慣等に留意し教育の効果を切実ならしめ、（中略）既に台湾に於いて施政の当初語学に依る同化主義を採用して実施したが其の結果面白からずして改正した実例も聞いて居りました。関東都督府施政当初台湾から転勤して官吏が多かったため台湾当初の教育方針を取入れて立案せられたものが多かったと思はれます」[2]。

『満州教育史』によると、翌年四月、遼東守備軍の軍政長官神尾光臣は各地の軍政委員に対し、中国人教育に関して次の様な通牒を出した。

> 清国官民ヲ誘掖指導シ其民物ヲ開発シ（中略）民族ノ風気未タ開ケサルノ今日一気完備セル秩序的ノ学堂設立は得テ望ムヘキニアラス専ラ簡易卑近ヲ旨トシ就学ノ志望アル者ヲシテ成人児童ニ論ナク入リ易ク学ヒ易キノ便アラシムレハ足ルヘシ（中略）其ノ授業課目ハ奏定学堂章程ニ準拠シ之ヲ取捨折衷シ之ニ日語ノ一科ヲ加フルコトトセハ可ナランカ（中略）聘用教師ハ勿論日本人ナルヘク（後略）(3)

この通牒の出された年の六月に大連公学堂、一〇月に旅順公学堂が設立された。さきの岩間徳也の回想にもあるように、関東州における初期の中国人教育政策を巡って異なる意見の対立があった。一つは「語学的普通教育を普及せしめ(4)」それによって「内地化」を図ろうとする台湾転勤組の官吏の主張する教育政策であり、もう一つは清国の「奏定学堂章程」と関東州の特殊性を尊重しつつ、徐々に植民地教育を浸透させていこうとする東亜同文書院出身者、地元有力者の主張する教育政策である。(5)この二つの教育政策がそれぞれ妥協を図りながら関東州の中国人教育政策の輪郭を形づくっていくことになる。

一九〇五年九月、日露講和条約が調印され、日本は関東州租借地、南満州鉄道及び付属地を引き継ぎ、一九〇六年三月、「関東州公学堂規則」が公布され公的な中国人教育が始まった。

この関東州公学堂規則は、一八九八年八月に公布された「台湾公学校規則」に極めて近いものであった。

台湾公学校規則（一八九八年）　　関東州公学堂規則（一九〇六年）(6)

第一条　公学校ハ本島人ノ子弟ニ徳教ヲ施シ実学ヲ授ケ以テ国民タルノ性格ヲ養成シ同時ニ国語ニ精通セシムルコトヲ以テ本旨トス

第一条　公学堂ハ支那人ノ子弟ニ日本語ヲ教ヘ徳育ヲ施シ並生活ニ必須ナル知識技能ヲ授クルヲ以テ本旨トス

どちらも日本語教育と実学教育に重点を置くことをうたっている。日本語教育に関して「関東州公学堂規則」では「各教科ノ教授ハ相関連シテ補益セシメ特ニ日本語ノ応用ヲ自在ナラシムヘシ」とし、中国語の授業においても「日本語ニ熟シタル生徒ニハ其ノ意義ヲ日本語ニ解釈セシメンコトヲ務ムヘシ」と規定している。つまり中国人にとって母国語である中国語の授業にも日本語の作文をしてもよいということである。しかし、実際の日本語教育の現状は台湾に比べて比重が少ない。上の表は「台湾公学校規則」（一九〇七年改正）と「関東州公学堂規則」（一九〇八年）の時間割配当を比較したものである。

		第１学年	第２学年	第３学年	第４学年
修　身	台　湾	2	2	2	2
	関東州	1	1	1	1
中国語	台　湾	5	5	5	5
	関東州	8	9	9	9
日本語	台　湾	9	12	13	14
	関東州	6	6	7	8
算　術	台　湾	4	4	5	5
	関東州	5	5	5	5

上の表にあるように関東州の日本語の授業時間数は台湾の半分強にすぎず、逆に台湾に比べ中国語教育の比重が大きい。つまり、台湾と関東州では日本語と中国語の比重が逆転している。関東州では公学堂規則第一条に「支那人ノ子弟ニ日本語ヲ教ヘ」とうたってはいるものの週六時間位の日本語教育にすぎず、実際にどれだけ成果があったか疑問である。台湾は日本にとって植民地であり台湾島民に対し「抗敵撃攘」「順良撫育」の政策で臨み、同化政策を強引に推進できた。しかし、関東州はあくまでも租借地である上にもともと他の地域に比べ教育普及率の高い地域で

あり、境界外の中国人と融和を図りながら植民地教育を行なう必要があった。こうしたことから台湾の経験をそのまま導入するわけにはいかなかったものと思われる。

一九一五年一月、日本は袁世凱軍閥政府に対し関東州の租借権、満鉄の権益延長を含む「対華二十一ヵ条要求」を出した。さらに第二次「満蒙独立運動」にみられる日本の露骨な侵略姿勢に対し、民衆の排日ナショナリズムが起こり、一九一九年の五・四運動によって全国的排日運動へと発展した。こうした中国国内の排日ナショナリズムと時期を同じくするように日本国内でも対満蒙政策の見直しが始まる。関東都督府は、その設置当初から外交権を含めた権限の拡張を求め奉天総領事との紛争が絶えなかった。関東都督府は、一九〇六年八月に公布された「関東都督府官制」によれば外務大臣の監督下にあるが(7)、都督は陸軍大将又は中将の中から任命されることになっており、都督府の中の「陸軍部」が在満軍隊を統率する権能を与えられていた。都督府においては陸軍が大きな力を持っていたことはいうまでもない。軍部は「関東都督府官制」五条の「都督ハ特別ノ委任ニ依リ清国地方官憲ト交渉事務ヲ掌握ス」という規程によって外交権を与えられていると解釈していた。軍部は「軍事」「外交」の二つの権力を手中にして「満蒙権益権」の拡大を掲げ武力進出を意図していた。これに対し弊原喜重郎に代表される外務省・財界主流は内政不干渉主義を提起し、軍部の武力進出をおさえる立場に立った。外務省サイドとしては関東都督府の「外交権」を認めるにはいかなかったわけである。一九一八年九月、陸軍色の強い寺内内閣が倒れ、原敬内閣が成立し、関東都督府の改造が行なわれた(8)。一九一九年四月「関東庁官制」（勅令九四号）が公布され、関東都督府は廃止された。具体的には、一、関東庁が置かれ、その長として文官である関東長官が当たることとなり、長官の文官制が確立した。二、関東軍司令部が設置され、軍権が分離された。三、渉外事項に関しては外務大臣の監督を受けることが明記され、庁内に外事部が設置され、外事部長には奉天総領事が当たることになった(9)。

しかし、日本の満蒙政策を含む対中国外交政策の見直しとは裏腹に、中国国内の排日運動は一向に収まらず、関東州では一九二三年三月の返還期限を前に旅大回収運動が起こり、さらに、教育権回収運動へと発展し、日本の対中国人教育を大きくゆさぶった。当時の教育権回収運動についは、阿部洋氏の詳しい研究がある。[10] こうした背景の下で、一九二三年三月、「関東州公学堂規則」改正が行なわれたが、改正された規則は日本の「小学校令」に極めて近いものになった。

小学校令（一八九〇年）

第一条　小学校ハ児童身体ノ発達ニ留意シテ道徳教育国民教育ノ基礎並其生活ニ必須ナル普通ノ知識技能ヲ授クルヲ以テ本旨トス

関東州公学堂規則（一九二三年）

第一条　公学堂ハ児童身体ノ発達ニ留意シ徳育ヲ施シ其ノ生活ニ必須ナル普通ノ智識技能ヲ授クルヲ以テ本旨トス

「関東州公学堂規則」の改正によって「日本語ヲ教ヘ」という言葉が消え、代わりに「児童身体ノ発達ニ留意シ」という言葉が補われた。日本語教育を止めたわけではないが、日本語の授業時間は二割程度少なくなり、代わりに中国語の授業が多くなった。学年編成も四年制の初等科と二年制の高等科に分かれ、高等科からは歴史、地理、理科を加えた。ただし歴史、地理の内容は日本史、日本地理の比重が大きかった。また、休日の規定も清明節、端午節、中元節、仲秋節といった中国の伝統的習慣を尊重したものに改正された。

（1）阿部洋「旧満州における日本の教育事業と教育権回収運動」同氏編『日中教育文化交流と摩擦』所収　第一書房　一九

八三年　一三五ページ
(2) 関東局官房文書課編『関東局施政三十年業績調査資料』一九三七年　一〇一〜一〇四ページ
(3) 満蒙文化協会編『満蒙』一九二六年一〇月号「関東州中国人教育二十年史」岩間徳也　一五五〜一五八ページにも同様の内容の紹介がある。
(4) 台湾総督府「公学校令草案に関する地方長官宛諮問書」一八九八年
(5) 前掲『関東局施政三十年業績調査資料』一〇三ページ
(6) 台湾教育会編『台湾教育沿革誌』一九三九年　二二九ページ
(7) 山崎丹照『外地統治機構の研究』高山書院　一九四三年　二七三ページ。同書には、関東都督府の監督官庁が、外務大臣から内閣総理大臣となり、再び外務大臣へと変転したことが詳しく書かれている。
(8) 栗原健編著『対満蒙政策史の一面』原書房　一九六六年　三七〜五九ページ
(9) 前掲『外地統治機構の研究』二七〇〜二七三ページ
(10) 阿部洋『日中教育文化交流と摩擦』第一書房　一九八三年　一三三〜一六六ページ

四　満鉄付属地における中国人初等教育

日露戦争中、日本の占領地拡大にともない、東北各地に軍政署が置かれ、同時に軍政署の経営による教育機関が設置された。その最初は、一九〇四年九月営口軍政署管内に設置された瀛華実学院である。この学校は中国人教育を目的とし、普通科目のほかに日本語を科目に採り入れた中等教育機関として出発し、特に小学校を併設した。中学二年の時間割りによると、週二六時間の授業の中で日本語の授業が九時間を占めており、日本語教育に重点が置かれていた。営口ではさらに「専ラ語学其ノ他商業に関スル学術技能ヲ教ヘ」ることを目的とした営口商業学校が設立された。ここでは商業科目の他に日本語六時間、英語三時間が加えられた。営口商業学校には日本人教育を目的とした夜間部が設置され、商業科目の他に中国語と英語の授業が行なわれた。「満州」における中国語教育の端緒を開いたものとして注目される。続いて同年一二月、安東軍政署管内に同じく中国人教育を目的とした日新学堂が設立された。その翌年一〇月には、日新学堂内に日本人教育を目的とした尋常高等小学校が付設された。(1)

しかし、占領地での日本の軍政署による中国人教育は中国側の反発を招ねき、生徒募集は遅々として進まなかった。営口軍政官与倉中佐は「教育についても清国人は初め非常に嫌厭していたので、軍政署は百方手を尽くしてこれを諭すことに努めたのである。開校当初は種々懇諭して入学の勧誘をするに拘らず、僅々数名の生徒を収容することが出来たに過ぎなかった。のみならず折角入学した生徒も中途退学者が多く、その状寧ろ滑稽に近いものであった(2)」と回想している。一九〇六年一二月、日本軍の軍事撤退方針に伴ない、瀛華実学院、営口商業学校は併設の日本人小学校を除いて中国側に移管された。(3)

一九〇六年七月、満鉄設立委員会が設置され、同年八月逓信、大蔵、外務の三大臣による政府命令書が出され、満鉄付属地の教育事業を満鉄経営の傘下に置くことが決まった。

一九〇九年六月、満鉄は「満鉄付属地公学堂規則」を公布し、付属地における中国人初等教育を始めた。同規則第二条は、教育の目的として「公学堂ハ学生身体ノ発達ヲ図リ教育ヲ施シ実学ヲ授ケ兼テ日本語ヲ教フルヲ以テ本旨トス」とある。「徳育」「実学」「日本語」の三本を軸としたもので、ほぼ「関東州公学堂規則」を踏襲したものとなっている。ただ、修学年限が初等科四年、高等科三年の計七年で「関東州公学堂規程」より高等科が一年長くなっている。また、教科目は日本語を除けばほぼ清国「奏定学堂章程」に沿ったものになっている。

満鉄付属地における中国人初等教育は一九〇九年六月に設立された蓋平公学堂に始まる。(4)蓋平公学堂が設立されてから以降の満鉄付属地における公学堂設立の状況は次頁の表の通りである。(5)

関東州と満鉄付属地では中国人教育の内容に違いが見られる。これは関東州が租借地であり、地理的に遼東半島の区切られた地域にあるのに対し、満鉄付属地（関東州内の会社所有地を除く）は鉄道沿線の駅周辺の会社所有地

	修身	読経講経	中国語	作文	習字	算術	唱歌	体操	図画	手工	歴史	地理	理科	日本語	計
公学堂初等３年	—	6	8	2	3	6	2	3	—	—	—	—	—	6	36
奏定学堂章程	2	12	4	—	—	6	—	3	—	—	1	1	1	—	30

年度	公学堂数	生徒数			卒業者数	学級数	教員数	中国人戸数	中国人人口
		男子	女子	計					
1910	2	31	—	31	—	2	3	3114	25807
1911	2	189	2	191	—	5	8	3967	30880
1912	4	417	—	417	—	9	11	5305	38841
1913	5	714	19	733	47	21	26	6396	44224
1914	7	743	19	762	183	24	30	7478	49618
1915	7	793	73	866	164	30	45	8487	57554
1916	8	805	72	877	187	30	41	9264	63104
1917	8	867	89	956	189	29	47	12499	76018
1918	8	847	69	916	175	28	54	12676	89286
1919	9	988	113	1101	159	31	50	15238	99398
1920	11	1250	150	1400	151	46	90	17552	102415
1921	11	1488	154	1642	233	50	84	27995	105958
1922	11	1619	158	1777	318	52	88	36047	120419
1923	11	1775	203	1978	434	56	89	22276	150520
1924	11	1808	241	2049	387	52	91	25744	168357
1925	11	1870	248	2118	407	62	86	25915	179954
1926	11	1931	267	2196	457	64	89	26011	185654

に限られ、付属地と隣接する中国側教育機関と半ば競合するかたちにあったこと、関東州は内閣総理大臣の直属機関である関東都督府の直接管轄下にあったが、満鉄付属地は満鉄という会社の経営事業として行なわれ、中国人居住者にどこまで拘束を及ぼしうるか疑わしかったからだ。

満鉄付属地においては、日本の中国人教育事業に対し関東州よりさらに強い中国民衆の無言の抵抗に遭った。蓋平公学堂の編集した同校沿革史の中で日本人教師は開校当時の「杞憂」を次の様に述べている。(6)

一、教育の必要を感ずる父兄が少なく家事の助けをなしつつある児童が引き続き就学し得るや否や

二、支那官憲の態度如何

三、従来の書房教育と文明式学校教育とはその趣きを異にせるにせよ村民の本

校教育に満足するや否や

四、村民中には本校設立は日本の兵士を養成する為めなりとの疑念を抱けるものあり

蓋平公学堂の日本人教師の「杞憂」は日本の植民地教育と現地中国人との間の矛盾を反映したものであるといえる。

「杞憂」一については、父兄の教育に対する意識は低く、全国的にみて教育普及率が高いとされている奉天省であっても当時の就学率は一〇％弱に過ぎなかった。また、生徒募集にはどこの公学堂も苦労していた様である。学費免除、学用品支給、交通費支給という優遇措置を設けても蓋平公学堂の最初の入学者は三一名であった。その三一名も各地の警察官にむりやり連れてこられた生徒たちであった。父兄たちの中から、むりやり連れてこられ家業を手伝うことができなくなったのだから、日当を支払うべきであるという主張すら出たという(7)。公学堂の中途退学者は平均七五％と高い。開校当時、蓋平県には中国側の普通学堂は一八六校、生徒数は六〇四五名が在校していたことを考えると公学堂の教育面での影響力は極めて小さい。

「杞憂」二については、中国側の反応は極めて厳しいものがあった。付属地内の中国側機関では学校建設や公学堂通学を禁止する訓令を出すところもあった。満鉄付属地は国の中の国という行政権のあいまいな地域であり、中国側官憲との間に教育問題に限らず紛争が絶えなかった。

「杞憂」三については、こうした「文明式学校教育」に対する民衆の抵抗は、日本の公学堂教育を巡る問題というより、中国国内の教育改革の問題でもある。当時、清国政府が定めた「初等小学堂章程」によって設立されたいわゆる洋式学校を巡って各地で学堂打ち壊し事件が相次いでいたことの延長にある問題である。先に台湾で同じ問題にぶつかった伊沢修二は、その対策として「経書の読書は、大要旧に依るも、修身の基礎は、教育勅語に則らし

め[8]」と述べている。関東州、満鉄付属地においても中国の民衆の中に根強く残っている四書五経、修身教育重視の封建主義的傾向を巧みに利用し、その中身を教育勅語にすり変えるという巧妙な方策も実行された。

「杞憂」四については、民衆の中には根強くあった様だ。各地で公学堂で体操を教えるのは、日露戦争で戦死した兵士の補充のための訓練であるという噂が流れた。奉天公学堂堂長坪川与吉の回顧によると、修学旅行で大連行きの汽船に中国人生徒がなかなか乗り込まないので、訳を尋ねると、自分たちを日本に連れていって日本の兵隊にするらしいという噂が広がり、乗船を拒否した、という話も伝えられている。[9]

民衆の「杞憂」は必ずしも「杞憂」に止まらず、現実に推し進められている日本の対満蒙政策に対する抵抗と見るべきだろう。

「満鉄付属地公学堂規則」はその後二回改正された。一九一四年の改正では「日本語ヲ教フル」という条項が入いり「関東州公学堂規則」に近い内容になった。しかし、一九二四年の改正では再び「日本語ヲ教フル」の条項が削除され、日本語教育は初等科一、二年で廃止され、三、四年でそれぞれ「近易ナル話方、読方、書方、綴方」を目標にし、週二七〇分になった。これは中国語が一、二年で週四五〇分、三、四年で四〇五分と配当されていることに比べ少ない。また高等科の修業年限が三年から二年になった。これは北洋軍閥政府教育部が「学校系統改革令」を公布し、アメリカの六・三・三制の学制を導入したことに合せての改正である。教科課程も中国側の作成した「暫行小学課程標準」に基づいて改正され、教科書も中国側の編集した教科書が採用されるようになった。また、名称も公学校と改められた。この改正は一九二三年の「関東州公学堂規則」改正の内容とは異なり、かなり中国側の教育方針を大幅に採り入れたものとなった。

先の『満鉄付属地経営沿革全史』によると、一九二二年に支那人教育主任会議が開かれ、その主任会議の席上、長春公学堂堂長より「㈠初等科の日本語を全廃すること。㈡教科書は全部支那のものを用ひること。㈢初等科担任の教員は専ら支那人教員を以て充当し、教授用語は支那語を本体とすること、㈣其の他施設等は学堂所在地方の支那側学校に準ずること」という四項目の提案が出された。

特に、初等科の日本語全廃については「支那人の公学堂に入学する目的は日本語を学ばんが為である（中略）日本語を全廃することにすれば、折角公学堂に学びながら目的を達することが出来ないことになる。」という意見が出され、「初等科の日本語全廃」は賛成八名、反対一〇名で否決された。さらに協議を重ねた結果、「㈠教員の大部分は支那人教員を以て充当し、一部日本人教員を加へる、㈡教科目中日本語を重視せず一部に課す、㈢教科書は日本語以外は全部支那側制定のものを用ひて、㈣教授用語は日本語以外は全部支那語に依る、㈤其の代り高等科に於ては現在よりも一層日本語的色彩を加へる。」という結論に達した。さらに、その二年後の公学堂規則から「日本語ヲ教フル」という条項が削られ、初等科一、二年の日本語が廃止されたとある。教科書が「暫行小学課程標準」によって選定されるようになった背景はこの辺にある様だ。

満鉄付属地公学校教科課程によると、日本語以外に日本に関する教科内容は示されていない。例えば地理や歴史の科目は「中国及世界歴史ノ大要、中国及世界地理ノ大要」となっている。関東州公学堂規則が「歴史ハ支那及日本ニ於ケル史実ノ大要ヲ授ケ以テ両国文化ノ由来ヲ知ラシメ兼テ東亜ノ大勢ヲ解シ睦隣ノ念ヲ涵養スルヲ以テ要旨トス」、「地理ハ…東亜地誌ノ大要ヲ会セシム…日本其他諸外国ノ地理ノ概要ヲ授クヘシ」とある様に、従来の日本事情を重視する教育方針を踏襲しているのと対蹠的である。東北三省に及んだ教育権回収運動を前にして、満鉄付属地と関東州では公学堂教育についての方針転換を余儀なくされたが、提出された方針には大きな違いがあったことが分かる。

例えば、公学堂などの中国人教育機関の運営に多額の教育費を出すことに疑問をもつ論調を生みだした。[10]しかし、公学堂教育に携わる人々からは中国人教育の充実を叫ぶ声が出された。長春公学堂長小林治郎は、『南満教育』の中で満鉄が中国人初等及び中等教育に要した経常費は多くない、もっと経費を出すべきであり、中国人教育の内容を充実させることによって、教育権回収運動に対応すべきであるといっている。[11] また、先に挙げた『満州教育史』によると「一部の論者は中国人教育に愛想をつかして之を廃止せよとまで極論する者がある。論者の如く中国人教育を廃したならば排日はやむだらうか。たとへ排日はやまずとも失ふ所がないであらうか。今日日本が中国に対して行なってゐる恩恵的の事業としては恐らく教育の外には何物もないといってよからう。[12]」と述べている。

（1）前掲『満鉄付属地経営沿革全史』二九九ページ
（2）同前　三〇七ページ
（3）外務省通商局編『満州事情』第二輯　一九一一年　三五一ページ
（4）南満州鉄道株式会社編『南満州鉄道株式会社十年史』一九一九年　八四〇ページ
（5）前掲『満鉄付属地経営沿革全史』五一九ページ
（6）前掲『満州教育史』三七九ページ
（7）山口二郎「二十年前を顧みて」『南満教育』一九二六年一〇月号　七〇ページ
（8）伊沢修二「台湾公学校設置に関する意見」一八九七年　信濃教育会編『伊沢修二』六一二ページ
（9）坪川与吉「中国人教育を顧みて」『南満教育』一九二六年一〇月号　一〇四ページ
（10）同前　一〇六ページ
（11）小林治郎「中国人教育を回想して将来に望む」『南満教育』一九二六年一〇月号　二〇ページ
（12）前掲『満州教育』八五一ページ、『満州公論』一九二八年六月号　安藤基平氏の論文の引用

五　関東州における蒙・小学堂及び普通学堂

関東州においては中国人教育を目的とした公学堂が設立され、将来は既成の中国土着の旧教育機関に替わるものとして出発した。しかし、公学堂教育の普及は遅々として進まず、民間の初等教育に相当する書房の方が多数を占

めていた。当時の関東州の書房は、一九〇八年が四七五ヵ所、一九〇九年には六二四ヵ所と増加傾向にあった。[1]そこで関東州都督府は公学堂の修業年限を短縮し、公学堂の初等科レベルに相当する蒙・小学堂を設立して、書房教育に対応しようとした。一九〇八年六月、その準備として、まず、旅順公学堂と金州公学堂に速成師範科を付設して蒙・小学堂開設のための教員養成を行ない、一九一〇年二月、金州民政支署より蒙学堂設立の告諭を出し生徒募集を開始した。募集に先立ち、金州民政支署署長村上庸吉は次の様な告諭を出している。

公学堂ハ其ノ数多カラス、或ハ教育ノ普及シ難キヲ恐ル。而シテ各村ノ間書房ヲ設ケタルモノ其ノ数渺カラスト雖モ未ダ一トシテ旧習ヲ拘守シ古ニ泥ミ今ニ通セサルノ弊ニ陥ラサルハナシ。本署長茲ニ見ル所アリ今般蒙学堂規則ヲ制定シ、管内各会公私民ヲシテ本規定ニ拠リ蒙学堂ヲ設立セシメ、一ハ以テ遠村ノ子弟ヲ新学ヲ習得セシメ、一ハ以テ該子弟ヲシテ他日公学堂ニ入ルノ予備ヲナサシム

蒙・小学堂教育は旧来の書房教育を改革することを目的とし、「新学」を教え、公学堂の予備教育であると位置付けられている。その後発表された蒙・小学堂規則によれば「支那人児童ニ初等普及教育ヲ施シ、児童身体ノ発達ニ留意シ、徳育ヲ施シ、日本語ヲ教ヘ、日常生活ニ必須ナル智識技能ヲ授ケル」ことを目的とし、教科は修身、日本語、中国語、算術、体操の五科目とし、修業年限を三年とした。各村に一、二ヵ所を設立することを方針とした。しかし、金州だけでも五〇余りの村があり、各村に一、二ヵ所の蒙・小学堂を開校しようとすれば少なくとも七、八〇ヵ所の蒙・小学堂が必要になり、教師だけでも二〇〇名余りを必要とすることになり、師範教育の後れている状態では規則を実行するには初めから無理があった。[2]

一九一五年六月、関東都督府は蒙・小学堂規則改正を行なった。改正に伴なって、これまで金州管内では蒙学

	蒙・小学堂数	生徒数			教員数	書房数	生徒数	教員数
		男子	女子	計				
1910	24	1088	—	1088	33	438	6145	438
1911	48	2447	33	2470	69	252	3653	242
1912	63	3724	176	3910	108	230	3629	233
1913	90	6349	390	6741	182	—	—	—
1914	102	8765	431	9196	232	—	—	—
1915	106	10435	520	10955	273	—	—	—
1916	114	11136	1448	12548	300	—	—	—
1917	116	12564	1848	14412	322	—	—	—
1918	116	12875	2127	15002	339	—	—	—
1919	117	13758	2571	16329	380	—	—	—
1920	116	14314	2701	17369	389	—	—	—
1921	115	14569	2800	17369	400	—	—	—
1922	118	15155	2901	18056	419	—	—	—

堂、旅順管内では小学堂という異なった名称を使っていたものを統一して普通学堂とした。修業年限を四年とし、教科目の中に農業科を加えた。農業科を加えたことは、蒙・小学堂の生徒の殆どが農家の子弟であることを配慮したものと思う。さらに、一九二三年に再改正して教科目に図画、手工、唱歌、実科（男子）、裁縫（女子）を加え、さらに、修業年限一年の補修科を加えた。蒙・小学堂の推移は次の通りである(3)。

蒙・小学堂数、生徒数は創設当初から六、七年間は増加し、それによって既成の書房数、生徒数が減少している。しかし、一九一八年頃から蒙・小学堂数、生徒数はほぼ横ばい状態になり、一旦減少した書房の生徒数は一九一九年を境に増加に転じる。これは先に述べた中国各地の排日運動の高まりと、教育権回収運動が背景にあることはいうまでもない。関東州民政署は蒙・小学堂の生徒数の停滞と書房生徒数の増加という状況に対応するための対策として、一九二二年、「関東州書房規則」を制定した。書房に対する規制をねらったものである。それによると、書房教科目の中に日本語を加え、教員資格を厳しくした。さらに、一九二七年再改正を行ない、書房の授業内容、開設者及び教員履歴などを提出し認可を受けることを義務づけ、違反すると書房の閉鎖を含む罰則規定が定められた。関東州では従来の書房教育への規制を強め、日本側の普通学堂への生徒入学を図ろうとしたものと思われる。こうした日本の半ば強引とも思われる政策の「成果」は中国人就学率の上昇として表われている。

一方、満鉄付属地においては蒙・小学堂の様な初等教育施設は増設されなかった。これは、先に述べた様に満鉄付属地の教育事業が沿線の都市をつなぐ点と線にすぎず、付属地に接する中国側の教育機関と競合する形にあったために、関東州のように日本の教育政策を押しつけることができないで、中国側の教育政策をある程度尊重した政策を採らざるをえない情況にあったからである。こうした情況のもとで、満鉄付属地においては満鉄による日本側の教育機関の他に補助学校制度が作られた。つまり、中国人教育事業に対し満鉄が経費を補助し、教員を派遣するといった方法によって影響力を図ろうとしたのである。一九一〇年三月、設立された奉天外国語学校が最初の満鉄による補助学校となった。その後、一九一三年には海城東語学校、遼陽日語学校、吉林同文商業学校、安東中日懇親学堂が補助学校となり、さらに、鞍山私立公学堂、熊岳城女子小学校、安東華商公立小学校、昌図小学堂などが補助学校となった。前記の『満州教育史』によると、一九三四年四月末現在、公学堂の児童数は本科別科合わせて五、八六三名であり、補助学校の児童数は四、〇〇〇名余りであったとある。つまり、補助学校は満鉄付属地の初級教育においてかなり大きな比重を持っていたことが分かる。(4)

(1) 関東局編纂『大正二年関東都督府第八統計書』満州日日新聞社　一九三六年　一五二ページ
(2) 岩間徳也「関東州中国人教育二十年史」満蒙文化協会編『満蒙』一九二六年一〇月　一六九ページ
(3) 同前の岩間論文と前掲『大正二年関東都督府第八統計書』によって作成
(4) 前掲『関東庁施政二十年史』一九二ページ

おわりに

日本の関東州、満鉄付属地における日本の対中国人教育政策の本質は以上のような経過を伴ないながらも、基本的には同化主義教育にあった。しかし、その同化主義教育は台湾で行なわれた強制力をもった同化教育とは異なり、旧来の中国側の教育制度と妥協を図りながら同化教育を進めるというものであった。また、関東州と満鉄付属地とでは教育の内容は異なり、満鉄付属地では関東州に比べ、同化主義を正面に掲げることを避ける政策が採られた。これは日本側の植民地に対する政策の違いに起因するものであるが、中国側の排日運動、教育権回収運動の波及によって、若干同化主義を希薄にした面もあったと考えられる。本章は「満州国」成立前の日本の関東州と満鉄付属地における初等教育の沿革をおったものであるが、これは「満州国」における日本の植民地教育史のいわば前史であって、今後における「教育史」研究の出発点とするものである。なお、この「前史」についても、具体的な教科書に表われた同化教育、中国人側の反応について検討を加えていきたい。なお、統計表は『関東都督府統計要覧』『南満州鉄道株式会社十年史』『南満州鉄道株式会社第二次十年史』などによった。また、法令等については『現行学事法規』『法令全書』『明治以降教育制度発達史』（教育史編纂会）などを参照した。

（1）前掲『満州教育史』三六七ページ

関東州、満鉄付属地における教育に関する年表

西暦	元号	満州教育関係	参考事項
1895	明28		4日清講和条約調印　5三国干渉により遼東半島を放棄
1898	明31	旅順市立初等プーシキン学校などが設置される（ロシア文部省の直轄）。以後、中国人子弟にロシア語教育を行うことを目的とした露清字校が大連、旅順、金州などに設立された。1903年の生徒総数は137人。	3ロシア大連・旅順港の租借権と東清鉄道敷設権を獲得
1900	明33	8小学校令改正（尋常小4年に）（日）　8小学校教科書の検定制度が発足（日）　11金州露清学校設立	11満州に関する露清協定（ロシアの満州支配）
1904	明37	1奏定学堂章程公布（中）12金州軍政署管内に金州南金民立書院が設立され、中国人教育がはじまる	2日露戦争
1905	明38	4遼東守備軍軍政長官神尾光臣、中国人教育に関する通牒をだす　6大連公学堂設立　10旅順公学堂設立	9日露講和条約調印
1906	明39	1関東州民政署小学校入学児童を募集　3関東州公学堂規則発布　3関東州小学校規則発令（民政署令第13号）　5大連小学校尋常高等小学校、旅順尋常高等小学校設立　7遼陽小学校設立　10奉天小学校設立	1満州経営委員会成立　8関東都督府官制公布　11南満州鉄道株式会社設立
1907	明40	3関東州小学校令改正（尋常小6年、高等小2年又は3年に）　3関東州学校数員任用に関する件を発令（勅令51号）　3撫順千金寨小学校　7見習夜学校開設・各地の学校に付属して設置　9瓦房店公立小学校設立　9大石橋公立小学校設立　9貔子窟公学堂設立　10満鉄鉄道付属地の教育を会社経営に移管	6東清・満鉄連絡協定調印　7第一次日露協約調印
1908	明41	2関東都督府小学校規則を発令（府令第5号）　2満鉄南満州鉄道付属地小学校規則を制定（社則第21号）　3公学堂規則改正（修業年限は土地の事情により4年に短縮可となる）　5各小学校に教育勅語謄本下賜　7満鉄付属地小学校在外指定校となる　7最初の在満朝鮮人学校間島普通（中央）学校が設立　10金州公学堂女子部を付設　清朝の学部の調査『東三省政略』によると当時（1908年）旧奉天省内には普通学堂2071校、師範学堂3校という統計がある。	10南満京奉鉄道連絡協約調印
1909	明42	3関東都督府中学校設立（旅順中学校）　3文部省布告により満鉄付属地小学校の生徒卒業生は転入学に関して市町村立小学校と同等と認定される　3幼児運動場規程制定　各小学校に幼児運動場を	7満州独立守備隊編成　9日清の満州五案件に関する調印　10伊藤博文ハルピンで暗殺

		設置　４満鉄付属地小学校教務研究会規程制定　６公学堂蓋平に設置される　８南満州教育会設立	
1910	明43	１市立奉天外国語学校設立　２金州民政支署蒙学堂規則を布告、旅順では小学堂と称した。金州、旅順に蒙学堂、小学堂が設立される。　３満鉄付属地補習学校規則制定　瓦房店、蓋平、大石橋、熊岳城等に実業補習学校が設立される　４旅順鉱業学校設立　４満鉄付属地教務研究会設立　７関東州最初の日本人指定高等女学校旅順高等女学校設立　７関東都督府は教育に関し学校職員及生徒に諭すという告諭を発表　植民地教育の徹底をよびかける　９満鉄図書閲覧場規定を定め、沿線主要地に図書閲覧場を設置、同時に巡回図書室を開始　９大連商業学校設立	８日韓併合条約調印　９朝鮮総督府官制公布　７日露現状維持協定調印
1911	明44	２瓦房店小学校等６校に「御真影」下賜　５南満州工業学校設立　６南満医学堂設立	８朝鮮教育令公布　10辛亥革命
1912	明45	３遼陽公学堂設立　６日語学堂規則公布　７最初の日語学堂鉄嶺日語学堂設立	１中華民国成立
1913	大２	３満鉄教員講習所設立　４満鉄付属地実科女学校規則制定　４本渓湖日語学堂設立　４満鉄資金援助により営口実業学堂設立　５遼陽、奉天に実科女学校設立　７安東中日懇親学堂設立　12吉林中日語言学校設立　11関東視学委員規定制定　満鉄付属地教員北京留学制度発足	
1914	大３	１大連図書館竣工　３満鉄付属地公学堂規則制定公布　４関東州教科書編纂委員会設置　４朝鮮総督府管轄の安東普通学校設立	７第一次世界大戦起こる
1915	大４	３関東州公学堂規則改正（修業年限、学制改正）４教育研究所（旧満鉄教員講習所）設立　４師範児童表彰規程制定　４朝鮮総督府直轄局子街普通学校設立（朝鮮族教育）　６関東州普通学堂規則制定　11満鉄経理係が付属地学校の教育事務を管理　11満鉄付属地小学校児童訓練要目制定　11即位大典祝賀儀式が各教育機関で挙行	１対華21カ条要求　５対華21カ条要求調印
1916	大５	５関東州普通学堂規則公布　５朝鮮総督府直轄頭道溝普通学校設立	
1917	大６	３満鉄会社視学規程制定　３南満中学堂規則制定　４南満中学堂設立　４奉天中学堂設立　６満鉄付属地教育研究会設立　教育研究所教科書編纂協議会発足	５奉天省独立宣言　５日華軍事協定締結　10ロシア革命起こる
1918	大７	３南満州工業学校職業教育部を設置　４教育研究所小学校教員養成部（１年課程）を設置　４旅順師範学堂設立	８シベリア出兵　11第一次世界大戦終結
1919	大８	３満鉄会社中学校規則（社則15号）制定　４奉天中学校設立　７満鉄地方部学務課が教育を管轄	３万歳事件　４関東庁官制公布　５五四運動始まる

		11関東庁中学校規則制定	
1920	大９	２私立大連語学学校設立　３満鉄会社高等女学校規則制定　４奉天高等女学校設立　６中国人生徒向け学校生徒学資補給規程制定　７教育従事員養成規程制定　10日露協会学校設立（ロシア語教育）	４東支鉄道回収　10間島事件　11治外法権撤廃運動
1921	大10	３満鉄会社商業学校規則（社則７号）制定　４長春商業学校設立　10満鉄学校生徒学資補給規程制定　10朝鮮総督府管轄奉天普通学校設立　12関東庁満鉄教科書編集事業を統一し南満州教育会内に教科書編集部を設置	７中国共産党成立
1922	大11	１満鉄会社幼稚園規則制定　３満鉄会社家政女学校規則制定　３満鉄付属地実業補習学校規則制定　３満州医科大学設立（南満医学堂昇格）　４旅順工科大学設立（旅順工科学堂昇格）　５関東庁私立学校規則制定　９満鉄地方部学務課に地方視学委員会設置　11満鉄語学検定試験規程制定、実施	４第一次奉直戦争　８関東州租借地回収運動　８満州銀行設立
1923	大12	４満鉄会社農業学校規則（社則２号）制定　４満鉄会社公学校規則制定　４熊岳城農業学校、公主嶺農業学校設立　５野村奨学金取扱規程制定	３中国「対華21カ条」の破棄を通告
1924	大13	８満州教育専門学校設立　12関東庁専門学校入学検定規則制定	５対支文化事務局設置　９第二次奉直戦争
1925	大14	３満鉄付属地尋常小学校５、６年に中国語を正課に準じて課す　７関東庁支那語奨励規程制定　８満鉄南満州中等教育研究会設立　９教科書編集部発行の教科書配給か編集部の直営となる	４治安維持法公布　５五三〇事件
1926	大15	６関東庁公立学校官制公布	１張作霖、東三省独立宣言　７北伐開始　７中国共産党大連地方委員会成立　東北三省大旱害
1927	昭２	４関東州小学校支那語加設規程制定　５関東庁中学校規則、関東庁高等女学校規則改正　６関東州及満鉄付属地青年訓練所規則制定　文部省、朝鮮、満州教科書編纂協議会開催　６満鉄付属地内の朝鮮人教育を朝鮮総督府より満鉄に移管	１東北三省政府日貨の流通を禁止　５第一次山東出兵　６東方会議開催　９奉天２万余の排日デモ
1928	昭３	７満鉄営口、遼陽に商業実習所開設　７満鉄熊岳城に農業実習所開設	５済南事件　６張作霖爆死
1929	昭４	３撫順工業実習所開設　７関東庁中学校支那語教員資格制定　10大連聾唖学校設立	６中華民国政府を承認
1930	昭５	４関東庁家政女学校規則制定　４大連女子商業学校設立	10第二間島事件
1931	昭６	４関東庁中学校規則改正	７万宝山事件　９柳条湖事件
1932	昭７		３「満州国」建国宣言

第三章　南金書院民立小学堂と岩間徳也

はじめに

関外に広がる「満州」の地は、古来、満州族発祥の地であり、清朝は「満州」を聖地として漢族の移住を制限し、同時に漢族との同化を嫌い、満州族が漢語を学び、科挙の試験を受けることをも禁じていた。(1) こうした清朝の封禁政策と科挙制限政策は「満州」における教育の発展を大きくさまたげる結果となった。「満州」に教育の近代化のきざしが見えてきたのは一九〇五年（光緒三一年、明治三八年）頃からである。この教育の近代化は清朝の洋務派（開明派）による教育改革と日露戦争による占領地軍政下の教育宣撫工作という二つの流れが合流するかたちで進められた。

まず、中国の教育改革の流れについていえば、趙爾巽が盛京将軍に就任し、各分野の近代化に着手したことが挙げられる。趙爾巽は両湖総督張之洞等とともに、科挙教学体制の廃止と近代学堂（学校）の設立を上奏した洋務派官僚の一人であり、特に教育改革を重視した。一九〇五年、趙爾巽は、日本の教育制度を模して作られた「奏定学堂章程」に基づき教育行政を整備し、初等教育に重点を置く方針を定め、小学堂（小学校）の設置を進めた。[2] また、小学堂の増設に伴う教員不足を解決するために速成の師範教育を行なう師範簡易学堂、師範伝習所を設置した。さらに、一九〇六年（光緒三二年、明治三九年）、教員養成のために八ヵ月から一〇ヵ月の日本への短期の留学制度を実行に移し、同時に日本からも日本教習（日本人教員）を招請し、授業を担当させた。[3]

奉天省における小学堂、師範学校（伝習所含む）の設置、日本への留学生派遣の状況は次の通りである。[4]

	一九〇三年	一九〇四年	一九〇五年	一九〇六年	一九〇七年
小学堂	一	四	三八	六〇五	一、二七一
同生徒数	四〇	一一九	二、一二一	二五、九四二	四七、五七三
師範学校	〇	〇	五	一八	三〇
同生徒数	〇	〇	二四四	九四七	一、四四一
日本への留学生数	〇	〇	一	一三	四一

趙爾巽が就任した一九〇五年以後、急速に教育改革が進められたことがうかがえる。また、日本への留学生の特徴として、一九〇六年度は男子が主で、留学先も早稲田大学、東京高等師範学校予備科に集中していたが、一九〇七年（光緒三三年、明治四〇年）度は女子が主で、留学先も実践女子学校に集中していた。[5] これは奉天省では実践女子学校の下田歌子と毎年一五人の女子留学生を派遣する特約を結んでいたことによる。徐々にではあるが、女子教育が重視されてきたことが分かる。

次に、日本の日露戦争後の占領地軍政の流れについていえば、軍政署による教育事業が挙げられる。一九〇四年

（光緒三〇年、明治三七年）五月、安東県軍政署が開設され、「満州」における軍政が始まる。満州軍政委員派遣要領によれば、占領地の守備と行政を行なうために「我軍ノ前進ニ従ヒ満州内地ニ於ケル民心ヲ鎮撫シ各其業ニ安セシムル為ニ軍政委員ヲ派遣ス」(6)とある。その軍政は行政一般、衛生、土木、教育等に及んだ。軍政下の教育事業について、陸軍省編『明治三七八年戦役　満州軍政史』は次の様に述べている。(7)

凡ソ我カ帝国ノ勢力ヲ満州ノ各地ニ扶植シ確乎不動ノ根拠ヲ造成シ而モ将来永遠ニ之ヲ保確セントスルニハ須ラク地方官紳ヲ掖励シテ各城市ニ学校ヲ興シ日本教師ヲ聘セラシメテ一般教育ノ普及ヲ図ルト同時ニ日本語ヲ教授シ以テ人智ヲ開発シ我カ国ノ文物制度ニ親炙セシメサルヘカラス

日露戦争後、ロシアの権益を引継ぐと同時に占領の既成事実を「確乎不動」のものとするために学校を開き、日本語教育を行ない、日本文化の浸透に努め、さらに、中国の学校に日本教習の招請を援助することを述べている。また、関東総督府「軍政実施要領」には「日本語ヲ解スル士民ヲ雇員傭人ニ用ヰ時トシテ優等者ヲ我高官ノ帰朝ニ伴ヒ或ハ賞品感状ヲ与フル如キハ奨励ノ一助トシテ将来採ランﾄスル所ナリ」（関総副政第二八八号、明治三八年一二月）(8)とある。当時、軍政下において日本語を解する中国人は数える程しかいなかったし、中国語を解する日本人も殆どが軍事通訳として前線にかり出されていた。かつてロシアが各地に露清学校を設け、ロシア語教育を行ない下級役人を養成しようとしたのと同じ様な方法が採られたのである。(9)

つまり、当時の日本の対中国人教育の主な目的は、①占領地の宣撫工作による軍事占領の既成事実を作ることと、②占領地の下級役人の養成にあったといえる。

軍政時期（一九〇四年五月～一九〇六年九月）に日本の軍政署が何らかのかたちで関与し、設置された中国人に対する学校は次の通りである。

復州日文学堂	一九〇四年七月	復州	（『満州軍政史』一六二ページ）
営口瀛華実学院	一九〇四年八月	営口	（『営口軍政志』二九六ページ）
南金書院民立小学堂	一九〇四年一二月	金州	（『南金書院民立小学堂三十周年記念誌』七ページ）
安東日清学堂	一九〇四年一二月	安東	（『満州軍政史』六七ページ）
蓋平師範学堂	一九〇五年四月	蓋平	（同前一八二ページ）
大連公学童	一九〇五年六月	大連	（『関東州教育史』一三二ページ）
営口商業学校	一九〇五年六月	営口	（『営口軍政志』二七八ページ）
旅順公学堂	一九〇五年九月	旅順	（『関東州教育史』一五一ページ）
遼陽師範学堂	一九〇五年一〇月	遼陽	（『満州軍政史』二六八ページ）
遼陽半日学堂	一九〇五年一二月	遼陽	（同前　二七七ページ）
復州学堂	一九〇五年一二月	復州	（同前　二二〇ページ）
遼陽日清語学校	一九〇六年一月	遼陽	（同前　二七九ページ）
安東病院付属医学校	一九〇六年四月	安東	（同前　九〇ページ）
法庫門日本語学会	一九〇六年六月	法庫門	（同前　三五三ページ）

以上の様に各都市において、日本の軍政下の学校が開設された。これらの学校は（一）日本語学校、（二）師範学校、（三）実業学校、（四）普通教育学校と多岐にわたっていた。日本語学校は復州日文学堂を嚆矢として、安東

日清学堂、遼陽日清語学校、法庫門日本語学会等がある。師範学校は蓋平師範学堂、遼陽師範学堂があり、清国の教員養成の求めに応じて設置された。実業学校は営口瀛華実学院、営口商業学校があり、どちらも商業交易の中心である営口に設置されている。普通教育学校は南金書院民立小学堂、大連公学堂、旅順公学堂である。これら三校はいずれも清国の行政権の及ばないロシアの租借地である関東州に設けられ、ロシアの租借地を引き継ぐ方針の下で早い時期から普通教育が行なわれたものと考えられる。

さらに、日本の軍政署は学校の設置と同時に「教習」というかたちで日本人教員を清国の学校に派遣した。一九〇五年（明治三八年）一〇月、遼東守備軍軍政長官は管内の清国の州県の知事、兵站司令官に対し「日本教師増聘ノ勧諭セラレンコトヲ希望ス」という通報を出し、翌年一月には関東総督府参謀長通牒というかたちで、日本人教師の招聘の仲介を行なう旨を公布している。一九〇六年（明治三九年）四月の関東総督府の調査による「清国官憲傭聘本邦人人名表」によると、遼陽六人、海城二人、蓋平一人、復州一人、安東一人の計一一人が派遣されている。

この中国の教育改革と日本の軍政に関わる二つの流れは、旧来の科挙を基盤とする教育制度を否定し、近代学校教育を確立するという点において共通点を持っていた。そのため相互に補い合うかたちで「満州」の教育改革をうながしたが、その意図するところは異なっていた。

当時、趙爾巽等が進めた清国の教育改革は、危機に瀕した封建専制体制を再編成するためのものであった。各村に一ヵ所の蒙学堂、小学堂（初等教育機関）を設け、「強迫教育」（義務教育）を実施した。先に示した奉天省の教育の普及状況は当時の教育改革が如何に急激に進められたかということが分かる。しかし、「強迫教育」の下で行なわれた教育内容は授業時間の約半分を忠君、尊孔、尚文、尚武、尚美を基本とする「国民道徳」教育にあてていた。そこには清朝の封建支配体制を教育によって補強しようという意図があった。(10)

一方、日清戦争後、欧米列強の中国分割と利権獲得競争はますます激しさを増し、特に「満州」の独占的支配をめざすロシアは日本、イギリスと衝突を引き起こした。日本国内では「清国保全論」が盛んに論じられ、民間団体である東亜同文会等による中国での学校経営が始められつつあった。軍政下での教育事業はこうした情勢の反映であった。

清国が日本の教育制度を模倣し、近代的学校を設置するという政策は、中国進出を図ろうとする日本にとって、歓迎すべきことであり、日本は教習の派遣、留学生の受け入れ、軍政地における師範教育などの積極的「援助」を行なった。

(1) 守田利遠編述『満州地誌』下巻　丸善　一九〇六年　二六七ページ
(2) 王鴻賓他著『東北教育史』遼寧教育出版社　一九九二年　三二六ページ
(3) 徐世昌編『東三省政略』復刻版　一三九二ページ
(4) 同前　一九三四ページ
(5) 同前　一三〇〇ページ
(6) 大山梓著『日露戦争の軍政史録』芙蓉書房　一九七三年　七一ページ
(7) 陸軍省編『明治三七八年戦役　満州軍政史』第一巻　一九一五年〜一九一七年　五ページ
(8) 前掲『日露戦争の軍政史録』二七八ページ
(9) 拙稿「日本の関東州、満鉄付属地における中国人教育」『人文論集』第三一巻　早稲田大学法学部　一九九二年
(10) 前掲『中国現代教育史』一九ページ

南金書院民立小学堂跡

一　南金書院民立小学堂の成立

旅順攻防の砲声の中一九〇四年一一月、金州軍政署の発議によって南金書院民立小学堂（以下、小学堂と略す）が創設された。小学堂は日露戦争後の軍政下で最初に対中国人普通教育が行なわれた学校である。[1]この「南金書院」「民立」という名称には小学堂創設の由来が含まれていた。『公学堂南金書院創立三十周年記念誌』（一九三四年）（以下、『記念誌』と略す）は次の様に述べている。[2]

金州に元書院があったが廃滅に帰したので、金州の有力者が醵金し同治八年（西紀一八六九年）書院を孔子廟内の東北（今の文昌宮付近）に再建して南金書院と称し、学田よりの収入を以て其の維持経営に当てた。

清朝は一八四三年（道光二三年）、金州に奉天府直轄の副都統（軍司令官）を置き、満軍八旗、漢軍三旗、蒙軍一旗の一二旗を配して、遼東半島の防衛の要所とした。[3]南金書院の建物は現在は紡績工場となっているが、当時の建物の一角が今も残っている。南金書院は「書院」という名称を使っているが、実際は「県学」と同じで、毎月一回金州付近の紳士の子弟を集め、科挙の予備試験の様なものを行ない、成績優秀者を表彰するといった科挙奨励機関であった。(4)

一九〇四年（明治三七年）五月、斉藤季治郎陸軍少佐（後に旅順軍政委員、統監府臨時間島派出所所長を務める）が金州軍政委員に着任し、日本の占領地行政が始まった。まだ南山の戦闘が続いている時であった。金州は日清戦争、三国干渉、ロシアの満州「占領」と清国、日本、ロシアとめまぐるしく支配権が入れ替わった地域であり、「生民安意適従スル所ヲ知ラザル」(5)状態にあったという。軍政署の署員は憲兵下士官以下二四人であったが、その中の一部は第三軍とともに偵察任務についていたので、軍政に当たっていた署員は少数であった。その上、金州軍政署の管轄地域は広大であったために、管轄地域を五つの民務区に分けて、中国人の民務長の下に会長、村長を任命して軍政に当たらせた。第一民務区だけでも二五七の村があり、ロシア支配時期に下級行政員を務めた中国人を更迭し、親日派の中国人と入れ替えようとしたが、日本の軍政に協力できる「民務長ヲ得ルノ一段ニ至リテハ最モ困難ヲ極メタ」(6)とある。軍政署は日本人憲兵の下に中国人巡査を配し警察権を握り、裁判事件を審理する権限を有し、公租公課の徴収を行ない、さらに、土木、衛生、教育事業を行なった。(7)

金州軍政署は先に述べた「満州軍軍政委員派遣要領」に基づいて占領地の教育工作に着手した。まず、陸軍通訳野村正と陸軍大学教授劉雨田（満州銀行創設者）の二人によって「四民其の堵に安んずるに到り、地方教育を振興し、人心を定め智見を啓き、彼我の利益を増進すること」(8)を主旨とした学堂設立の議が提案された。この提案に、憲兵大尉峰幸松、陸軍中尉土屋鼎等が賛同し、さらに、金州第一区民務長劉心田、軍政署参事李義田、地元の有力者王永江（後の奉天省長）等に図り、同年一〇月、学校開設が実行に移されることになった。

まず、南金書院同学会（校友会）を基盤とすることにし、同学会の事業として学堂設立を決めた。推持費は同学会の会員、地元の有力者の負担とし、校舎は東花園内の旧露清学校校舎を当てることにした。同年一一月、同学会の演説会が開かれ、学堂新設の趣旨とともに児童入学の呼掛け、寄付の要請が行なわれ、その結果、六九人から運営費として五、九三〇元が集まり、金州の有力者である閻培昌、倪鴻逵、曹正業、王永紅の四人が監理として学校運営に当たり、劉心田が学堂の民務長になることが決まった。(9)

こうして、「軍政実施要項」に基づき「清国官民ヲ誘掖シテ各城市ニ学堂ヲ設立」(10)するという方針が実行に移された訳である。

開校に先立ち「南金書院民立小学堂暫行試弁章程」(11)が定められた。章程の「第四条　総教習聘請日本人総理学務兼教授以新学。第五条　教習選挙清国人教授漢学」に基づいて、総教習として東亜同文書院商務科第一回生の岩間徳也を迎え、「新学」を担当させ、中国人教習に「漢学」を担当させることが決まり、早速生徒募集が始められた。『記念誌』によると「一二月一日、金州城内三百余名の書房生徒に就き、選抜試験を施行し、五八名の入学を許し」とある。つまり、公募ではなく書房の生徒を対象に選抜試験を行なったということである。当時、華中、華南の農村では毀学（学堂打壊し）暴動が起こり、「新学」に対して強い抵抗運動があった。(12)こうした事情は金州も同じで、通常の募集方法では「新学」を教育する学堂には生徒は集まらないということが予想された。そこで既成の書房を取り込み、書房生を対象にした生徒募集が行なわれたのである。

次に金州の教育環境について見てみよう。当時の金州の教育状態について次の様な記述がある。(13)

金州郡ニ至リテハ教育文学ノ事始ト云フベキモノナシ城東若干村落ニ就テ之レヲ査スルニ其文字ヲ能ク識ル者一百二十人巾僅ニ一人ヲ見ルニ過ギス故ヲ以テ三村四村動モスレバ遂ニ文字アルモノヲ発見スル能ハザル事アリ唯金州城裏ハ文字アル者稍多ク城西ハ城東ニ比シテ識字ノ多キヲ覚フ

城内においては文字を読める者がいるが、郊外は字を読める者が殆どいない状態であったことが分かる。小学堂創設以前の識字状況についての資料がないので、参考までに一九一一年（明治四四年）の調査を示すと次の様になる。(14)

	識字甲	識字乙	識字丙	無識者	識字率
金州街	一四三	七三四	一、八五六	五、三三四	三三・九
大孤山	三六	七〇	三九七	四、一五三	一〇・八
南山	二六	二三三	四八六	四、七九五	一三・五
二十里堡	四六	一二六	一二九	三、二五七	八・五
玉皇頂	三〇	二〇三	二五二	五、七七七	七・八

注　識字甲はやや高等なる読書力あるもの　識字乙は簡易なる読書をなし得るもの　識字丙は自己の姓名を書き得るもの

この調査は上記の東亜同文会の調査報告とほぼ符合する。農村部でも金州城に近い大孤山、南山地区は識字率が高く、遠い二〇里堡、玉皇頂は低くなっている。当時の教育の主流は書房教育であり、識字率も書房数の多少に関係していた。比較的高い識字率を有していた金州街には、二〇ヵ所余りの書房があり、教員二三人、生徒三三一人がいた。(15)

書房には普通は八歳から一〇歳で入学し、『三字経』『百家姓』から『論語』『大学』『中庸』といった儒教の経典の素読を中心にして進んでいくという旧態依然としたものであった。

つまり、金州では一般民衆が近代学堂教育を受けるだけの教育水準に達しておらず、旧来の書房教育が主流であり、華南、華中の地域と同じ様に民衆の間に「新学」に対しなじめない状況があった。同時にロシアに替わって支配者となった日本への反発もあり、軍政署が前面に出るのではなく、小学堂運営の主体を民間の有力者に預け、書房に通う生徒に対して、小学堂入学を進めたというのもこうした状況を反映している。旧来の「南金書院」という名称を付けたのは、南金書院同学会が主宰したということと同時に、「新学」を教育する学堂という印象を少しでも弱めようとすることもあったであろう。また、「民立」という名称は地方の篤志家の寄付によって運営されるという点では実際のところ「民立」であるが、書房教育以外はその殆どが清国の「官立」であった状況にあって、「民立」と称することによって清国の教育政策にも一定の距離をおいていることを表明したものともいえる。

（1）軍政署と関連のある学校としては復州日文学堂が同校より三ヵ月創設が早いが、普通教育を行なったという点に於いては南金書院民立小学堂が嚆矢である。
（2）三宅俊成著『南金書院民立小学堂創立三十周年記念誌』（『記念誌』と略す）南金書院同学会　一九三四年　三ページ
（3）金州民政署『金州要覧』一九三〇年　一ページ
（4）前掲『記念誌』三ページ
（5）東亜同文会編『東亜同文会報告』第六七回「金州政治要略」一九〇五年　一五ページ
（6）同前　二ページ
（7）前掲『日露戦争の軍政史録』七六ページ　ここでは営口の例があげられている。
（8）前掲『記念誌』六ページ
（9）同前　七ページ
（10）前掲『満州軍政史』一六ページ
（11）前掲『関東州教育史』第三輯　一一〇ページ（前掲『「満州・満州国」教育資料集成』第一五巻所収）
（12）阿部洋著『中国近代学校史研究』福村出版　一九九三年　一六一～二一六ページ
（13）前掲『東亜同文会報告』第六四回　一六ページ

(14) 岩間徳也著『南満州支那人教育論』一九一四年　三〇ページ（前掲『「満州・満州国」教育資料集成』第一巻所収）
(15) 前掲『東亜同文会報告』第六四回「金州一班」一一八ページ

二　総教習岩間徳也の着任

岩間徳也は、一八七二年（明治五年）三月、秋田県に生まれ、秋田中学を卒業した。一時、代用教員をしていたが、一九〇一年（明治三四年）、東亜同文書院商務科一回生に入学し、卒業後、一年ほど外務省の嘱託をしていた。(1) 岩間の卒業成績は六一人中一〇番で、全学年平均は甲（八〇点以上）という成績であった。「漢字新聞」（時事文）、「漢文尺牘」（手紙文）はいずれも甲であったが、「支那語」の成績は乙（七〇点以上）であった。また、商務科に籍をおいていたが「商業算術」は丙（六〇点以上）であまり振るわなかった様である。(2) 岩間の卒業した一九〇四年（明治三七年）は日露戦争の最中で、同窓生六一人中二五人が従軍通訳として戦場にかり出されている。(3) 他に同窓生としてアメリカで哲学博士を修得した坂本義孝、『順天時報』の主筆となった山田勝政、立憲民政党の重鎮となった一宮房次郎、盛京新聞の社長となった染谷保蔵などがいた。(4) 岩間の他に日本教習となった同窓生には蓋平師範学堂の亀淵龍長（長崎出身）、営口商業学堂の高島大次郎（京都出身）がいた。一九〇六年（明治三九年）当時、中国全土には中国の教育事業に関与している日本教習、教育関係の顧問など六百人余りおり、(5) 岩間もその中の一人であった。岩間の招聘のいきさつについてはよく分からないが、おそらく東亜同文書院の院長の根津一の推薦によるものと考えられる。根津は一八八五年（明治一六年）陸軍大学に入学し、その後、参謀本部支那課に配属され、荒尾精とともに東亜同文書院の創設に参加した陸軍きっての「支那通」であった。(6) 日清戦争に従軍して諜報活動に当たっていたが、一八九四年（明治二七年）一一月、金州陥落後、金州でしばらくのあいだ武官知事を務め、旅順前線のために「支那の人夫、馬車、魚菜、薪炭を供給せしむる為に厚く土民を安撫し、懇切に待遇」したとある。(7) 根津は当時、軍政署の仕事をしていたことから金州の親日人士と人的関係があったものと思われる。

根津は一九〇四年（明治三七年）一二月、各地の軍政署の慰問と「満州」に学校建設の可能性をさぐる視察旅行を行なっている。根津は寺内陸軍大臣のお墨付をもって、旧知の西守備軍司令官、神尾守備軍参謀長を訪ね、学校設置の構想を示し、協力を求めた。(8) 根津は大連から各軍政署を回り、学校設置の必要性を説いて歩いた。根津の『山州根津先生伝』には「満州」旅行の記述の中に岩間が登場する。(9)

先生は直ちに南満州主要都市を巡回し、軍政署の周旋にて各管内の支那人有力者を会同し、学校基本金として二〇万円を募集し、その教頭として書院卒業生岩間徳也氏を聘し、先ず速成師範生を養成し、之れを各地に分派して小学校の教師たらしむることを企画せり。

さらに、『山州根津先生伝』「年譜」には「『満州に於ける新教育制度施設私案』を岩間徳也氏に托し起草す(10)」という記述がある。これら二つの記述から根津は岩間を高く評価し、岩間に「満州」における東亜同文書院の学校経営の中心的人物になることを希望していたことがうかがえる。岩間に託した「満州に於ける新教育制度施設私案」の内容については分からないが、岩間の金州着任が二月であり、根津の視察旅行と重なる。根津は自分の構想を岩間に直接話し、「満州に於ける新教育制度施設私案」をまとめるように委託したに違いない。

根津は翌年一九〇五年（明治三八年）三月、上海に戻ってから「満州」における「学校経営案ノ大綱」を発表している。おそらくこの大綱には「満州に於ける新教育制度施設私案」の要旨が含まれているものと考えられる。根

津の示した「学校経営案ノ大綱」は次の様なものである。(11)

人口ノ粗密物産集散其他ノ事情ニ鑑ミ南満州ヲ一、二、三等地及特別地ノ四種トシ
一等地ハ奉天ト定メココニハ大中小学及専門学校ヲ設ケ
二等地ハ金州、蓋平、海城、遼陽、岫厳、鳳凰城ノ六トシココハ師範学校ヲ設ケ之ニ高等初等ノ小学校ヲ付属セシメ
三等地ハ熊岳城、皮子窩、復州及之ト同等ノ地点トシココニハ高等初等小学校ヲ設ケ別科トシテ日本語及ニ三普通学ヲ授ケ
特別地ハ商業地トモ言フベキ旅順、大連、営口、大孤山、安東県、大東溝ノ六トシ此地ニアリテハ普通学堂ヲ設ケ日英両国語ヲ主トシ之ニ商業学科ヲ加味スルモノトス

根津の構想は東亜同文書院の卒業生を日本教習として「満州」の学校に送出すという形で実現した。根津の視察以後、一〇人以上が日本教習として教壇に立った。岩間も根津の構想を担う一員として金州に着任した。岩間は二月四日付で「大清帝国盛京省金州庁南金書院民立小学堂監理閻培昌、曹正業、倪鴻逵、王永紅」と契約書を交している。それによると、期間は一九〇五年（明治三八年）一月一日から一二月三一日までの一年間、給与は月銀一〇〇元支給、帰国時に一時金一〇〇元支給、住居は学堂が用意するというものであった。岩間の給与は同学堂中国人教員の給与の五倍に相当する。(12) ちなみに「俸給規定」によると、一九〇三年（明治三六年）、師範学校卒の小学校教員の初任給が一五円であった。岩間とほぼ同時期に日本教習となった東亜同文同書院の亀淵龍長（長崎出身）、辻忠次（栃木出身）、犬飼大助（北海道出身）、野村正（宮城出身）等は給与月額銀一八〇元から一三〇

元が支給され、契約期間も三年から五年と長かった。[13] これら岩間との給与、契約期間の格差は、小学堂の教習と師範学堂の教習という教鞭をとる場の違いによるものである。

（1）国立教育研究所編『国立教育研究所集録』一九八二年五月号「三宅俊成氏インタビュー記録」七八ページ
（2）前掲『東亜同文会報告』五四回　八六ページ
（3）同前　九〇ページ
（4）滬友会編『東亜同文書院大学史』一九五五年　一六ページ
（5）王桂等『中日教育関係史』山東教育出版社　一九九三年　五七九ページ
（6）清水董三編著『東亜同文書院創立二十周年・根津院長還暦祝賀記念誌』一九二一年　九八ページ
（7）同前　一二〇ページ
（8）東亜同文書院同窓会編『山州根津先生伝』一九三四年再版　四一二ページ
（9）同前　九七ページ
（10）同前　年譜　四七二ページ
（11）前掲『満州軍政史』一九～二〇ページ、日本外務省記録『清国雇聘本邦人一覧』明治四一年版、明治四二年版
（12）前掲『記念誌』一二ページ
（13）前掲『満州軍政史』一九～二〇ページ

三　南金書院民立小学堂の開校

旅順攻防の続く一九〇四年（明治三七年）一二月一〇日、民立小学堂は旧露清学校の跡地を借りて、先ず漢文科（古典漢語）の授業を開始した。岩間の着任が手続き遅延によって遅れたため漢文科の授業を先行させる措置を採ったのである。翌年二月、岩間の着任を待って授業内容、学堂の組織及び内規を決め、三月二三日より日本語を含む普通科の授業を開始した。『記念誌』は開校に当たって次の様に述べている。[1]

岩間先生赴任当初は土着人教育の全権をゆだねられ、当局より何等の干渉もうけなかったが、教育方針の基礎を清国政府制定の奏定学堂章程等に置き、土地の事情を考慮し、台湾流の同化主義的教育を廃し、土着民の人材を養成し、彼我の福祉を増進し、感情を融和し永遠に国利を扶植するにあった。

つまり、小学堂の教育方針として、①「清国奏定学堂章程」に準拠すること、②土地の状況に適応した教育内容とすること、③日清双方にとって利のあるものとすることという三つが柱となっていた。

「清国奏定学堂章程」に準拠するという方針は既に「遼東守備軍軍政長官令」によって示され、占領地の軍政署の方針となっていた。しかし、一九〇五年（明治三八年）一月、日本は旅順を占領すると、講和への模索を始めた。講和に最も積極的であったルーズベルトに「平和克復後ニ於ケル満韓、旅順ニ関スル我政府ノ意思並ニ希望」を示し、アメリカの理解を求めた。同年四月「日露講和条約予定の件」が閣議で決定され、「遼東半島租借権」をロシアから受け継ぐことを方針と定めて後、占領地軍政政策に変化が表われる。(2) 教育についていえば、関東州が日本の租借地として条約上認められれば、中国人に対しても日本の教育方針に従って教育を行なう必要が出てくる。

将来的に日本の租借地において中国の教育方針である「清国奏定学堂章程」に準拠した教育を行なうことは、日本の教育方針と矛盾することになるのである。つまり、軍政下の教育は清国の領土内で行なう教育であるから「清国奏定学堂章程」に準拠してしかるべきであるが、租借地での教育は日本の教育方針に基づいて教育すべきであるということになる。しかし、岩間は租借地となった後も「清国奏定学堂章程」を尊重する姿勢を堅持した。

（1）前掲『記念誌』八ページ

（2）ロシアの遼東半島租借権を日本が受継ぐことは、すでに外務省の「満州占領地施政方針」（一九〇四年六月）等によって方針は決まっていたが、具体的教育政策に反映するのは関東都督府設置以後であると考えられる。

四　教育内容と教員

小学堂の教科目は修身、読経講経、中国文字、算術、地理、中国歴史、格致（理科及実科）、図画、読詩、体操、東語（日本語）となっていた。読詩と東語以外の教科目は「清国奏定学堂章程」に基づく「清国小学堂章程」に含まれるものである。読詩は南金書院からの知識人教育の伝統を重んじて配当されたものと思われる。小学堂の教科目[1]、授業時間を「清国小学堂章程[2]」と比較すると次の様になる。

教科目	修身	読経講経(漢文)	中国文字	算術	歴史	地理	格致(理科)	体操	(読詩)	(東語)	計
清国小学堂章程	二	一二	四	六	一	一	一	三			三〇
南金書院民立小学堂	二	一二		五	一	一	一	三	二	三	三〇

注　（　）は南金書院民立小学堂の科目名

小学堂の授業内容は、一つは日本語と読詩を除いて「清国小学堂章程」と配当時間はほぼ一致していることである。「読経講経」の授業時間が全体の四割を占めている。「修身」の内容は「実践道徳ノ要旨ヲ授クルヲ以テ目的トシ朱子小学ヲ指摘シ…」とあり、「読経講経」の内容は「孝経論語ヲ読ムコト毎日四十字以内トシテ兼浅近ノ義理ヲ講ス」というものであった。「読経講経」の授業が重視されていたことが分かる。これは「清国小学堂章程」に準拠したというだけでなく、生徒募集の対象を旧来の「読経講経」の授業を受けていた書房の生徒としたこともあり、「歴史」「地理」「格致」「体操」といった「新学」の科目を急に増やすことには抵抗があったものと考えられる。もう一つは日本語の授業が少ないことである。小学堂より一〇ヵ月後に開校した旅順学堂の授業時間配当では、日本語が一〇時間と大きな比重を占めているが、小学堂は三時間と少ない。(3) ここにも日本語教育を主とした関東都督府の教育方針と「清国奏定学堂章程」に準拠しようとする小学堂の対中国人教育政策の違いが表われているといえる。

担当教員は岩間を総教習として、中国人教習五人であった。この五人の教習は県、州の科挙の試験に合格した附生、童生の資格を持ったものであり、倪正祥は一八年、曲江浜は一三年、曲克傑は九年、徐駿声は七年、曹徳祥は六年の教歴を持つ書房の教師であった。(4) 岩間が「日本語」「算術」「歴史」「地理」「格致」を担当し、五人の中国人教習が「修身」「読経講経」「読詩」を担当したものと思われる。

岩間が中国語で授業を行なったのか、日本語で授業を行なったのか分からない。岩間の卒業した東亜同文書院は、週一〇時間以上の中国語の授業があり、中国語教育が重視されていた。(5) 先にも述べた様に、卒業後すぐに日露戦争の従軍通訳を務めるだけの水準を持つほどであったことを考えると、岩間は「支那語」の成績は「乙」ではあったが、おそらく中国語で授業を行なうだけの水準にあったと考えられる。ただし、上海で勉強した岩間の中国語が遼東半島の南に位置し、方言の強い金州の地でどれだけ通じたかは定かでない。

小学堂の教科書は「漢文以外の教科書は日本より購入して来たるものを用ひた」(6) とある。初期の頃は口述が主で、「修身」「地理」「理科」「読詩」は口述授業で教科書はなかった。当時、各軍政署においては『東語初階』『東語真伝』『東文易解』『東亜普通読本』といった日本語教科書が使用されていた。(7) 南金書院民立小学堂で使用された『東語初階』(泰東同文局)は台湾総督府学務部長伊沢修二の編集になるもので、台湾で使用されたものである。五〇音図は中国語の漢字音を当て、日本語の基本文型を中国語と対応させて示すなどの工夫がなされている。また、『東語初階』以外にも日本の『尋常小学校読本』(国定教科書)が教科書として使用された。歴史は『普通新歴史』という教科書が使用され、内容は「支那上古中世近代史」について授業が行なわれた。地理は「郷土地理及支那地理ノ大要」について授業が行なわれていた。

(1)前掲『関東州教育史』第三輯　一一四ページ
(2)前掲『中国近代学校史研究』一四ページ
(3)前掲『関東州教育史』第三輯　一四六ページ
(4)同前　一一八ページ
(5)六角恒廣著『中国語教育史の研究』東方書店　一九八八年　三二七ページ
(6)前掲『記念誌』八ページ
(7)前掲『満州軍政史』第一巻　一五ページ

五　生徒の状況

第一期生五八人(増員して七九人)を第一班四〇人、第二班二六人、第三班一三人の三班に編成した。第一期生の年令構成は次の通りである。(1)

一〇歳　二　一一歳　一〇　一二歳　二二　一三歳　一三　一四歳　一二　一五歳　一二　二三歳　一

平均年齢が一二歳で、最年少と最年長の年齢差が一三歳あった。年長者の中には妻帯者もいたという。特に一期生は書房生を対象として募集をしたために年齢が高かった。先に述べた様に書房には八、九歳に入り一四、五歳まで勉強するのが普通であったからである。また、先にも述べた様に書房の教育は『三字経』『百家姓』から始まって『小学』『四書』と進むため、修業年限によって程度がまちまちであったために、クラス編成においても教育程度を考慮して三班に編成された。そのため各学級の人数にばらつきが見られる。学級編成は「読経講経」の授業内容によって第一班が「孟子又は論語を講読して居る者」、第二班が「詩経又は易経礼記書経等を講読する者」、第三班が「左伝を講読する者」という風に分けられていた。(2) この点はかなり無理をして入学させたための結果であり、小学堂としても生徒の程度に合わせた授業を行なわざるをえなかったものと思われる。

生徒数の推移は次の通りである。(3)

	入学	退学	本科卒	初等科卒	高等科卒	師範科卒	関東州入学者
一九〇六	八一	三	―	―	―	―	一九七
一九〇七	四九	二一	―	―	―	―	二五二
一九〇八	二一八	四六	一〇	―	―	―	四七三
一九〇九	一一八	二七	一二	―	―	二三	四七三
一九一〇	二三〇	一一九	九	―	―	二九	七九一
一九一一	一七八	一九一	四六	―	―	三〇	八三一
一九一二	二五〇	一三一	六四	―	―	四一	一、二七六
一九一三	三七八	三一七	一四二	―	―	―	一、四八四
一九一四	三〇九	二六八	七五	―	―	三九	一、二三三
一九一五	二〇九	二五七	―	六三	二五	三〇	一、〇三九
一九一六	二八二	二八六	―	八二	一二	二三	一、二七六
一九一七	二七一	一二五	―	七〇	四一	―	一、二九五
一九一八	二七二	一三七	―	五五	五九	―	―

注　一九〇六年以前の統計は記されていない。一九〇五年一二月入学した生徒は五八人、翌年二月に追加入学をした生徒二〇余人である。

注　関東州全体の入学者数は『関東都督府統計書』『関東庁統計書』によった。

入学者数についていうと、一九〇七年（明治四〇年）に入学者数が半減している。これは、後述するが、関東都督府が小学堂に「府立化」を迫り、岩間等がこれに反対し学堂が混乱したためと思われる。一九〇八年（明治四一年）、一九一一年（明治四四年）の増加は、それぞれ校舎の増築工事が前年に完成して、募集定員を広げたためと思われる。[4]一九一三年（大正二年）から一九一四年（大正三年）、一九一五年（大正四年）にかけて入学者数が激減し、その後回復することなく横這い状態が続いている。これは関東州全体の傾向である。これは徐々に盛んになってきた排日運動の影響であろうと思われる。次に、特徴的なことは退学者が非常に多いことである。特に一九一一年（明治四四年）、一九一五年（大正四年）は退学者が入学者を上回っている。また、関東州全体の入学者数も一九一〇年（明治四三年）から一九一一年（明治四四年）にかけて殆ど増加していない。一九一五年は対華二一ヵ条条約に反対する排日運動の影響と考えられる。運動は四月の新学期をはさんで二月から九月にわたって展開されたので、一九一三年（大正二年）、一九一四年（大正三年）にわたって退学者が増加している。関東州全体の入学者数も前年度より一五％減少している。なお、一九一三年度の卒業生が急増しているのは、一九〇八年（明治四一年）の入学年度に二一八人が入学したためである。

次に、一九〇五年（明治三八年）創立当初の生徒の保護者の職業は次の通りである。[5]

職業	商業	農業	教師	官吏	工業	計
生徒数	四六	一六	七	六	四	七九

比率　五八・二　二〇・三　八・八　七・六　五・一　一〇〇・〇

七九人中、金州城内に居住する者は六六人、城外の村落に居住する者が一三人であった。また、保護者の一七・七%が「紳士」（資産家）に属しており、(6)裕福な家庭の子弟が多かった。

一九一八年（大正七年）の統計によると、城内の五五・八%が商業従事者であり、(7)小学堂の保護者の比率はほぼ一致している。当時の金州城内の商業事情について「商家三百十一戸其重ナルモノ五十八戸ニ過ギズ此地ノ商業ハ単ニ城内及付近村落ノ供給ヲナスニ止マリ別種ノ製品商品ナシ」(8)という報告がある。規模は小さいとはいえ山東省の烟台から外国産品、紹興酒、砂糖等を海路移入し、また、営口、蓋平、奉天の商品を陸路移入し、「満州」各地に移出する中継地点として栄え、周辺の地域に比べて商業が発達していた。そのため珠算、簿記、読書きの知識を求め書房に通う商家の子弟も多く、民立小学堂に入学した生徒も多かったものと考えられる。

次に農業についていえば、金州城外の職業別戸数は農業が七五%占めていることからみても農業従事者の比重が高い。(9)当時の金州管内の農家の経済状況を上流（地租五三・五円）、中流（地租三二・四円）、下流（地租一五・六円）に分けると、下流農家は年間一三四・八円の欠損を出しており、全農家の約六割を占めていた。(10)また、子弟の年間教育費は上流農家で五〇円、中流農家で一五円となっているが、年間欠損を出している下流農家の子供は教育には無縁の存在であった。こうしたことからも小学堂に入学した農民の子弟はその殆どが富裕地主の子弟であったと考えられる。

また、教員の比率が高い。ここでいう教師とは「教書人」（書房の教師）を指し、当時「教書人」は金州城内に二三人おり、(11)その三〇・四%が子弟を学堂に入れたことになる。一般に書房の教師は学堂に書房生の約二四%をとられ、経営的には大きな痛手を受けていたにもかかわらず、子弟を学堂に入学させている。経営面では矛盾を持ちながらも近代教育という点については一般人より理解を持っていたことが分かる。

(1) 前掲『記念誌』九ページ
(2) 同前　九ページ
(3) 同前　七二ページ
(4) 同前　三九ページ
(5) 同前　一〇ページ
(6) 前掲『関東州教育史』第三輯　一二〇ページ
(7) 前掲『関東州事情』下巻　一九二二年　三八七ページ
(8) 前掲『東亜同文会報告』第六四回「金州一班」一二ページ
(9) 前掲『関東州事情』下巻　三八九ページ
(10) 前掲『南満州支那人教育論』二九ページ
(11) 前掲『東亜同文会報告』第六四回「金州一班」一八ページ

六　学校経費と生徒規則

創立当時の小学堂経費（予算）は次の通りである。[1]

人件費　二、五三六・〇〇元（岩間給与一、二〇〇・〇〇元、教習五人分一、〇〇〇・〇〇元、雇人四三人分二五六・〇〇元、労費三九・〇〇元、その他八〇・〇〇元）

必要経費　銀一、三六九・八四〇元（備品費三八七・一九元、消耗品費二八・八五元、火食費三九四・八〇〇元、雑費二〇〇・〇〇元）

運動会費　銀五〇・〇〇元
修理費　　銀五〇・〇〇元
予備費　銀一五〇・〇〇元

人件費が全体の六六・九％を占め、岩間の給与がその四八・一％を占めている。備品は開校したばかりで、授業用用具、黒板、標本、書架等に費やされた。生徒一人当たりの経費は約五三元と高かった。一九〇四年（明治三七年）一二月、授業開始にあたり、「学当院規」（学則）を公布した。(2)

一、授業は九時から始まるので遅刻しないこと
一、授業は静粛に聞くこと
一、食物、玩具を学堂に持ち込まないこと
一、平日は冠婚葬祭病気以外に休まないこと
一、学堂の器物を破損した時は弁償すること
一、登校中喧嘩をしたり騒いだりしないこと
一、賭博をした者は即時退学させる

当時の書房教育は科挙という目標を失い荒廃し、そのため書房内の規律が乱れていた。書房生は勝手に休み、小さい者は玩具を持ち込み、大きな者は賭博に興じる者もいた。一年毎に開閉し、生徒数も一定せず、教師の自宅を書房に充てている場合が多く、授業時間も一定しないところも多かった。(3)小学堂開校に当たってこうした書房規

律の乱れを小学堂に持ち込まれることを恐れての予防策であった。書房は一般に一年を通して出席することになっており、日の出から日没までが授業時間となっており、教師の与えた本を丸暗記することを主としていた。そのため授業開始が九時ということ、一週間を一サイクルとして一時間毎に内容の違った教科目を教師が黒板を背にして授業が行なわれるということは、生徒達にとって未知の体験であった。

小学堂は「清国奏定学堂章程」に基づいた学校とはいえ、金州の住民から見ると奇異に感じることが多かった。そのため「洋書房」と呼ばれ軽蔑され、生徒の中にはそれが原因で登校しなくなるものもいたという。(4) しかし、華中、華南で見られたように毀学事件が起こったという記録はない。こうした毀学事件が起こらなかった原因としては次の様な背景があった。

① 各地の毀学事件の大きな原因は学堂経費を新税の加徴という形で庶民の負担としたことにあるが、小学堂の場合は篤志家の寄付によって開校運営されたために庶民の負担は殆どなかったこと
② 日本の軍政下で学堂設置に対して多少強権的色彩があったこと
③ 地元の有力者が経営の中心にいたこと
④ 南金書院の伝統を引き継いで開校したこと
⑤ 本来経済的に矛盾する関係にある地元の書房を巻き込んで生徒募集を行なったこと

これらの背景はいずれも民立小学堂の特色でもあった。

（1）前掲『記念誌』一一ページ
（2）前掲『関東州教育史』三輯　一一二ページ
（3）前掲『満州教育史』一七一ページ
（4）前掲『記念誌』一六ページ

七　組織改編

岩間は、一九〇五年（明治三八年）一二月任期満了ということで帰国した。同年二月の着任であるから仕事は実質一〇ヵ月ということになる。この間、岩間は中国人教習に対して新教育について理解を求め、「方案を立てる等全く夙夜力を尽され、学校の内外より絶大なる信用を博し」[1]、小学堂において不可欠の存在となっていた。岩間の帰国後、劉雨田等が訪日して秋田まで行って再任を求めた。劉雨田等の熱意に動かされ、女子部の設立を条件として、翌年一月に再び渡「満」し、小学堂の総教習に着任した。

そして、岩間の着任の二ヵ月後の一九〇六年（明治三九年）三月、「関東州公学堂規則」（関東民政署令第一四号）が公布された。同規則は対中国人教育を次の様に定めている[2]。

第一条　公学堂ハ支那人ノ子弟ニ日本語ヲ教ヘ徳育ヲ施シ並其ノ生活ニ必須ナル普通ノ知識技能ヲ授クルコトヲ以テ本旨トス

対中国人教育についての方針が決まり、日本語教育、道徳教育、実業教育の三本を柱とした教育を行なうことが示された。この三本柱の順番が示す通り、まず第一に日本語教育に重点を置くことが定められている。同規則は一八九八年（明治三一年）一月に公布された台湾の対中国人普通教育の方針を定めた「台湾公学校規則」にならったものである。関東州民政長官石塚英蔵をはじめ関東州の官僚、教育関係者は台湾からの転任組が多く、関東州に台湾の教育方針を採りいれた。「関東州公学堂規則」の公布は、前年の一九〇五年（明治三八年）一二月、「満州に関する日清条約」によって関東州が日本の租借地となり、対中国人教育を公的機関で行なうことを表明したものであり、これまでの軍政署で行なわれてきたいわば暫定的な教育から正規の教育への転換を意味していた。関東州では、当時、既に大連公学堂（一九〇五年六月創立）、旅順公学堂（一九〇五年九月創立）が設置されており、前者は浅井政次郎堂長（出征第五師団付通訳）、後者は中堂謙吉堂長が台湾から転出して、関東州の教育行政にも関わっていた。「関東州公学堂規則」は浅井、中堂が既に実行していた教育方針を成文化したもので、「規則」草案は浅井が起草したといわれている。(3)

岩間の小学堂は「民立」ということもあって、創設の頃は学堂運営に関して関東民政署の規制を受けることは殆どなかったが、関東州民政署は「関東州公学堂規則」の公布にともなって、小学堂に対して関東州民政署管轄として「関東州公学堂規則」を遵守させようとした。まず、金州民政署長より劉心田、閻培昌等の学童監理に対し、小学堂を関東都督府府立と改組し「関東州公学堂規則」の下で運営するよう要請があった。「府立」化に対して岩間総教習を初め学堂監理一致して強く反発した。(4) 岩間は「規則」が公布された頃を回想して次の様に述べている。(5)

> 私は語学のみに依り民族を同化せしめんとする趣旨に反対でありました。日支人相融和し相互の福祉を増進し、永遠に国利を扶植せんとする人材の養成を必要とし、一面には時勢民度地方習慣に留意し、教育の効果を切実ならしめ、生活の向上を図る為特殊科目を加ふることも当然であって、修業年限の如きも地方の状況を考慮して定むるべきを至当とし、徒らに年限の長きを以て効果的なりと見るは大なる誤りで之が為に反て就学を厭ひ又中途退学者を出す結果を生むことに為ります

岩間はここで、①日本語教育偏重ともいえる台湾の経験を関東州に持ち込むことは、教育的効果が望めないこ

と、②関東州の中でも大連、旅順といった日本人居住者の多い市街地とは違って、広大な農村部を控え、日本人居住者も極めて少ない金州地区においては日本語教育はそのまま「生活の向上」につながらないこと、③金州地区では既に書房で三、四年勉強している生徒を入学させているので、三、四年で卒業させることも可能で、修業年限を六年に延長すると教育費もかさみ中途退学者を多くするだけで金州の現状にそぐわないことの三点を指摘し、批判している。

学堂と民政署のやりとりは三ヵ月に及んだが、一九〇六年（明治三九年）六月、南金書院の名称を残し、教科目の変更、人事移動を行なわないという条件で、小学堂は関東州公学堂南金書院（公学堂南金書院と略す）と改称し、関東都督府の府立学校となった。岩岡は総教習から書院長に、教習は教員に、監理は評議員にそれぞれ改称された。(6) いわば教育の根本的間選にかかわる相違点は棚上げにし、関東都督府が小学堂に現状を容認するかたちで落ち着いたわけである。

（1）前掲『記念誌』一四ページ
（2）前掲『関東州教育史』第三輯　七五ページ
（3）同前　九ページ
（4）前掲『記念誌』一五ページ
（5）前掲『関東局施政三十年業績調査資料』一〇三ページ
（6）前掲『記念誌』一七ページ

八　関東州公学堂南金書院以後の沿革

1　教育方針

公学堂南金書院は関東都督府立となり、「関東州公学堂規則」の下で運営されることになった。しかし、岩間は全てを「関東州公学堂規則」によって運営することに抵抗し、一九〇八年（明治四一年）、「公学堂南金書院教育ノ方針及要旨」(1)を発表して、公学堂南金書院独自の教育方針を発表した。その「方針及要旨」は次の通りである。

教育ノ基礎ヲ個人ノ道徳及経済的生活ニ置キ児童ヲシテ其ノ思想及能力ヲ専ラ生産的実用的ナラシメ以テ着実勤勉ナル良民タラシメンコトヲ期ス

この「方針及要旨」が「関東州公学堂規則」と異なる点は、①道徳教育を「個人」に限定していることと、②教育の重点を実用教育においていること、③日本語教育をうたっていないことである。

①の道徳教育については、「関東州公学堂規則」のいうところの「徳育」の内容は、台湾で進められてきた「国民精神の涵養」を図る日本人への同化教育を意識したものであった。例えば、浅井大連公学堂堂長は「勅語ノ御主旨ニ基キテ生徒ヲ養成」すべきことを主張し、行事として「勅語奉読式」を行ない、公学堂の祝祭日に「教育ニ関スル勅語下賜記念日」を加えたのも一つの表われである。(2)岩間はこうした大連公学堂の教育方針に対して「古来風俗習慣ヲ異ニシ国籍ヲ異ニスル清国児童ニ存スル倫理教育ハ、之ヲ如何ニスベキカ、我本邦児童ト同視スルコト

ハ因ヨリ不可ナリ、台湾児童ノ例ニ倣フモ亦当ラズ、例令之ニ対シテ直ニ忠君愛国ヲ説クモ、彼等ハ其ノ適従スル所ニ迷フベク、教育勅語ノ聖旨ヲ敷衍スルモ彼等ハ遵奉ノ念ヲ起サザルベシ[3]」と「教育勅語」を軸とした同化教育に異議を唱えている。

岩間は道徳教育にあえて「個人」という語を入れることによって「徳育」の内容を限定し同化教育につながる「国家」の介入を避けた。岩間は道徳教育一般を軽視した訳ではなく、在来の儒教道徳を重視した。岩間は着任早々孔子廟の再建を地方有力者に建議し、春秋二回の祭礼を主宰している。以前は、祭礼参加者は城内の有力者に限られていたものを一般人にも開放し、儒教教育の場ともしている[4]。また、公学堂南金書院の教育においても毎朝の「孔子廟遥拝」、月一回の「孔子廟清掃」、「孔子廟祭典参列」「聖語掲示」「儒教に関する図書閲覧奨励」といったことを行なった[5]。岩間は朝会でよく儒教道徳について生徒に中国語で話をしていたという[6]。

次に②の実用教育については、「関東州公学堂規則」においても「生活ニ必須ナル智識技能ヲ授クル」とうたわれているが、実際は実用教科目の設置を当局に申請してもなかなか許可が出ず、空文化しているのが現状であった。岩間は先の「公学堂南金書院教育ノ方針及要旨」の「教授ノ方針」の中で実業教育について「各教科ヲ通ジ実用ニ置キ教授ノ方法及材料ヲシテ凡テ実際生活ニ適切ナラシメンコトヲ期ス」と述べている。

中国では古来「心ヲ労スル者ハ人ヲ治メ、力ヲ労スル者ハ人ノ治ル所」という考えがあり、学問の目的は科挙に合格し官となることであり、「力ヲ労スル」農業や工業を学校でわざわざ学ぶということは中国人にとって理解しにくいことであった。

岩間は金州の人口の六割が山東省から移住してきた貧困層であることを挙げ、主知主義を避け「教育ノ手段ニ依リ彼等ノ智見ヲ開キ技能ヲ授ケ因リテ而シテ産業ノ改善発達ニ資スルカ如キハ其最モ要トスル所ナリ[7]」と実用教育の必要を説いている。岩間が最初に金州に赴任した時、持ってきた授業用の掛図類は殆ど実用教育に関するものであったという。[8] 岩間は実用教育の具体的な方策として次の三点を挙げている。[9]

一、土人教育ハ彼等ノ経済的実生活ヲ基礎トシ農業又ハ手工等ノ実科ヲ中心トシ職業的陶冶ニ努ムヘシ
二、土人教育ハ知識教授ヨリモ訓練ニ重ヲ置キ着実勤勉ナル品性ヲ陶冶スルニ努ムヘシ
三、土人教育ハ抽象的学理ノ教授ヨリハ技能ノ修練ヲ多クスヘシ

その具体的例として、第一回卒業生を宮城県農業学校に留学させ、実用教育の準備を始めた。一九一五年（大正四年）、関東都督府の認可を得て、補習科に農業部、工業部を設け二年制の実用教育を始めたことがある。農業部の授業内容は、修身、日本語、漢文（中国語）、数学、理科、図画、作物、肥料、土壌、農具、養蚕、造林、畜産、農業経済法規、測量、農産製造、実習で、週三六時間の配当となっていた。[10]

次に③の日本語教育について言及していないことであるが、これは「関東州公学堂規則」の教育趣旨である「日本語ヲ教ヘ」という文言を意識的に無視したものといえる。

「関東州公学堂規則」の公布直後に、授業要旨が石塚民政長官（台湾民政部出身）より、次の様に指示されている。[11]

一、各教科目ノ教授ハ互ニ関連シテ補益セシメ並ニ日本語ノ応用ヲ自在ナラシムヘシ
二、漢文科――此ノ科ノ授クルニハ常ニ其ノ意義ヲ明瞭ニシ、日本語ニ熟シタル生徒ニハ其ノ意義ヲ日本語ニ解釈セシメンコトニ努ムヘシ

上記の指示は、古典漢文の授業も日本語によって解釈することを求めたもので、関東州当局が日本語教育をいかに重視していたかということをうかがわせるものである。先に述べた様に施政初期の頃は台湾からの転出官が関東州の行政を牛耳っていたため、台湾の植民地経営の方策が大きく影響した。「新領土ノ人民ヲシテ速カニ日本語ヲ習ハシムベシ[12]」という伊沢修二の言語政策が当然のことの様に関東州に打ち込まれ実行に移された。岩間は日本語教育に反対していた訳ではない。日本が租借地として経営していく上において日本語教育は必要であるが、日本語教育によって「国民たるの性格を涵養」しようということに反対であった。岩間は近代化の過程で遅れをとったとはいえ、高度な文明を有し、「保守的気分ニ富ミ古来劣等種族ニ接触シ自尊ノ念ニ強キ[13]」中国人に対して同化教育を行なうことはかえって反発を招くだけであるという考えから、日本語教育を中心とした同化教育には異議を唱えたのである。

(1) 前掲『記念誌』二〇ページ　発表された時期については不明である。「明治四十一年の印刷物による」という記載がある。
(2) 前掲『関東州教育史』第三輯　二四ページ
(3) 同前　二三ページ
(4) 前掲『記念誌』三四ページ
(5) 同前　五九ページ
(6) 前掲『国立教育研究所研究集録』4「三宅俊成氏インタビュー記録」七八ページ
(7) 前掲『南満州支那人教育論』三〇ページ
(8) 前掲『記念誌』二四ページ
(9) 前掲『南満州支那人教育論』三六ページ
(10) 前掲『記念誌』二五ページ
(11) 前掲『関東州教育史』一〇ページ
(12) 台湾教育会編『台湾教育沿革誌』一九三九年　六ページ
(13) 前掲『南満州支那人教育論』六九ページ

2　日本人小学校の併設

一九〇七年（明治四〇年）四月から一九一三年（大正二年）八月まで日本人子弟のための金州小学校が公学堂南金書院内に併設され、岩間が校長を兼任した。当時金州の日本人居住者は四七四戸、一、三八〇人に増え、日本人の学齢児童数も一四二人となったことから、[1]小学校が設置されることになった。岩間は「公学堂南金書院教育ノ方針及要旨」の中で、「児童ハ日本児童ト日々相接触シ居ルヲ以テ其間意志ノ疎通感情ノ融和ヲ計ラシムルハ勿論其ノ言語動作ニ注意シテ嫉視反目等ノ弊ナカラシメントスルハ本校ノ児童訓練上最モ意ヲ用フル所ナリ」と述べ、日中の生徒を同一敷地内で学ばせることによって「民族融和、国民性ノ欠点除去等」の利点があることを強調している。実際に日中合同の学芸会、運動会が開催された。これまで同一敷地内で日中の生徒が学んだ例はあった。例えば一九〇六年（明治三九年）三月、営口の瀛華実学院内に併設された営口小学校、一九〇六年（明治三九年）九月、安東の日清学堂内に併設された安東小学校の例であるが、いずれも臨時的な措置で短期であった。公学堂南金書院の様に六年間にわたって併設された例はない。公学堂南金書院以後は対中国人教育施設である公学堂の中に日本人の小学校が併設された例はなく、逆に日本人小学校の中に中国人の特別学級が設けられるという形になった。一九一〇年（明治四三年）に開設された熊岳城小学校、遼陽小学校、一九一一年（明治四四年）に開設された開原小学校がその例である。『記念誌』は日中生徒の同居は教育上「種々の支障」があったことも率直に指摘している。「種々の支障」なるものの具体的例は挙げられていないが、「植民者は多く土人の悪い感化を受けて失敗して行く[2]」という意見を主張するものが多かった。当時の公学堂南金書院の場合は中国人生徒三三一人、日本人生徒二六人であり、[3]圧倒的に中国人生徒が多く、少数の日本人生徒が中国人の「悪い感化」を受けるという意見が強かったものと考えられる。

（1）関東都督府官房文書課『関東都督府統計書』（大正二年版）四〇ページ、一四三ページ
（2）『満鉄教育たより』「支那人特集」二九ページ
（3）前掲『関東都督府統計書』（大正二年版）一四五、一五七ページ

3　女子部の設置

先に述べたように岩間の再渡「満」の条件は女子部を設置して女子教育を行なうことであった。中国では古来「女子才ナキハ是レ徳ナリ」といわれた様に、女子は学問と無縁の存在であった。当時、金州城内には五六、〇〇〇人の女子がいたが、「文字を解するものは五指を屈するに足らぬ状態」[1]であった。先に金州管区の識字状況を示したが、一九〇八年当時の女子の識字状況を関東都督府陸軍経理部編『満州地方誌草稿』（一九一一年）によって示すと次の様になる。

	男	女	男　識字者数・率	女　識字者数・率	平均識字率
海城	三四六、九三三	二七一、一九八	五五、八三七（一六・一％）	六七三（〇・三％）	九・一％
法庫	一〇二、七〇四	八九、五四九	一九、二三二（一二・二％）	二五三（〇・三％）	一〇・一％
復州	一八二、五四七	一六五、二二八	一二、八二二（　七・〇％）	—	—
鉄嶺	一三六、六一四	一二五、三三四	二二、四六六（一六・四％）	五四九（〇・四％）	八・八％
荘河	一四一、八〇三	一一八、六二七	二九、二一七（二〇・六％）	二一（〇・〇二％）	一一・二％

ここでは「識字」の基準について記述がないので詳しく分からないが、一応の目安となると思う。全体に男女の

識字率の差が極めて大きく、金州と境を接する復州、荘河は女子の識字率が極めて低いことが分かる。金州は調査に含まれておらず指標がないが、『記念誌』が述べている様な状態であったことが推測される。

一九〇八年（明治四一年）一〇月、女子部が開校され、四三人の入学者があり、男子の教科目に裁縫、手工を取り入れ、造花、編物、レース、刺繍等の授業を行なった。さらに、教員はすべて女性とした。当時、女子が外出することも稀な時代であり、登校途中の女生徒が街の青年達にからかわれることがあり、警察が青年達を取り締まるということもあったという[2]。たとえ生徒層が資産家の女子に限定されていたとはいえ、女子教育が殆ど顧みられなかった時代にあって、女子の普通教育が行なわれたことは注目すべきことである。その後、女子の入学者は増加し、大正年間は定員の一三〇人前後で推移した。なお、関東州においては一九〇六年（明治三九年）から旅順公学堂に女子部が設置され女子教育が始まっていた。

（1）（2）　前掲『記念誌』一三ページ

4　師範教育

金州、旅順、大連に公学堂が設置されて、日本による対中国人普通教育が始まったが、三公学堂に通う生徒は少なく、旧来の書房に通う書房生のほうが多かった。次の表は一九〇八年（明治四一年）の学齢児童に占める公学堂生、書房生を示したものである[1]。

	学齢児童数	公学堂生数	書房生数
金州	五六、二四七	三一六（〇・五六％）	五、三〇四（九・六％）

大連	七、九四九	一八六（　二・三％）	八〇三（一〇・一％）
旅順	一五、七一九	一七八（　一・一％）	二、四七四（一五・七％）
計	七九、九一五	六八〇（〇・八五％）	八、五八一（一〇・七％）

注（　）内は学齢児童に占める公学堂生、書房生の比率

上記の表によっても公学堂生の比率が低く、特に、農村人口の割合の高い金州では公学堂生の比率が大連、旅順に比べて低いことが分かる。また、公学堂の生徒の保護者も殆どが富裕階層であった。つまり、日本の公学堂教育の影響力は極めて小さく、実際は旧来の書房教育の方が大きな比重を占めていた。また、書房数は翌年には四七五校から六二四校に増えている。(2) これは一般の民衆にとって近代学校教育を受けることにまだ抵抗があったことを示しているといえる。

岩間は、先に述べた様に、「其ノ程度ヲ高カラシメンヨリ寧ロ其ノ普及ヲ図ルヘシ」(3) という考えを持っており、金州城外周辺にも初等普通教育を普及していく考えを持っていた。また、関東都督府でも公学堂教育を普及していくには書房教育を取り込んでいく必要があると考えていた。そのため各村に「他日公学堂ニ入ルノ予備」(4) 教育を行なうための蒙学堂、小学堂(5)を設置する計画を立てた。しかし、各村に一、二校の蒙学堂、小学堂を設置するとなると二〇〇人余りの教員が必要となる。こうした計画のもとに関東州に師範教育が始まったのである。

公学堂南金書院の場合は一九〇八年（明治四一年）第一回卒業生の三人を日本の師範学校に留学させ、翌年四月には補習科に師範部を加設し、師範教育を始めた。初期の師範教育は主に従来の書房教員を対象としたもので、各会、村による推薦入学制を採った。修学年限は一年間、学費は会村負担、教科目は週日本語一二時間、算術六時間、理科四時間、体操三時間、教育科目五時間の計三〇時間、その他に実習授業四週間となっていた。教育科目の

内容は「教授汎論」「各科教授法」「学校管理」「学校衛生」等となっていた。公学堂南金書院の師範教育の特徴として課外授業として農作業を課した点が挙げられる。[6]これは農村部の教育者を養成するという目的に沿ったもので、農作業を軽蔑する「所謂読書人弊習改める」ために設けられたものである。

一九一〇年（明治四三年）三月、二八人が師範部を卒業し、一年早く授業を始めた旅順公学堂師範科の卒業生とあわせて、教員の人数が揃ったところで、各会、村において公学堂より簡易な初等普通教育を行なうことにした。広大な農村部をかかえる金州では二四ヵ所の蒙学堂が開校した。関東都督府では財政上の理由から小学堂の運営を会、村経営にした。会、村の財政に大きな負担が掛ることになったことはいうまでもない。さらに、生徒から授業料として年額銀三元五角徴収した。[7]公学堂の生徒募集も容易でなかった当時において、農村部における蒙学堂、小学堂の生徒募集はさらに難しかった。各会村の会長、教員が駐在巡査と一緒に個別訪問をして、半分おどしに近いかたちで勧誘にあたったという。[8]また、日本語を教えて日本の兵隊にするための学校であるという噂が広がり、さらに入学者数が減少し、中途退学者が増加した。

（1）、（2）前掲『関東都督府統計書』（明治四一年、明治四二年版）
（3）前掲『南満州支那人教育論』三六ページ
（4）前掲『関東州教育史』第三輯　二七二ページ
（5）金州では「蒙学堂」、旅順、大連では「小学堂」という呼称を用いていた。
（6）前掲『記念誌』二九ページ
（7）前掲『関東州教育史』第三輯　二七四ページ
（8）同前　二八五ページ

おわりに

南金書院民立小学堂（公学堂南金書院）は「満州」における対中国人普通教育の嚆矢であるばかりでなく、植民地教育史においても特異な存在であった。関東州において対中国人教育が始まった頃は台湾からの渡「満」教育官吏が多かったために、日本語教育を中心とした同化教育政策が主流となっていた。これに対し、軍政時代からの教習経験を持つ教員たちは「清国奏定学堂章程」に基づく中国の教育制度を取り入れた教育を行なおうとした。台湾から転出してきた大連公学堂堂長の浅井政次郎と南書院書民立小学堂院長の岩間徳也は、この二つの流れを代表していた。浅井は大連公学堂の教育方針について『卑見十則』の中で「言語ハ（中略）思想同化ヲ来シ、敬愛親信ノ念ヲ課カラシムモノニシテ、殊ニ日清両国ハ其ノ文字ヲ同シウスルヲ以テ、我カ言文ヲ以テ文明百科ノ学ヲ改修スル導」と述べ、日本語教育による植民地同化教育を進めた。これに対し岩間は「中国の歴史的文化に基き古来国有の風俗習慣を尊重し、その実生活に適切な智機を設けること」を教育方針とし、日本語教育より儒教を内容とする漢文科（古典漢語）をも重視し、農業、工業などの実用教育を行った。また、農村部に教育の普及を図るために初等普通教育を目的とする蒙学堂を設置することに努めた。この二つの対立はエスカレートし、ついに関東都督府は新しい書院長を公学堂南金書院に送り込み岩間を排斥しようとした。書院内に二人の書院長がいるという不正常な時期がしばらく続いたが、岩間は「余は堅固たる確心を以て教育を実行することは日本の国策上必要である」として辞任を拒み踏み止まった。結局、岩間の在任を求める声が上がり、新任の書院長は引上げるという結果になった。さらに、関東都督府当局は岩間の俸給を半分にカットしたが、岩間は動じなかったという。一九二九年（昭和四年）書院長を辞任するまで、多くの「親日」的中国人を養成し、その後、「満州国」文教部、建国大学教授を務めた。岩間の評価は『東亜同文書院大学史』において「金州の聖人」と称されるほど高い。しかし、ここで忘れてはならないことは関東都督府の同化教育も岩間の現地適応教育も植民地教育という点では同じであるということである。岩間の南金書院民立小学堂及び公学堂南金書院での教育は植民地教育という点では「成功」したといえる。中国の研究者と岩間について討論した時、岩間の教育方針は単に植民地人の感情を刺激することを避け、融和策を採ったにすぎず、教科目、授業時間に操作を加えたもので、「巧妙なる奴隷化教育」の域を出るものではないといわれたことを記しておきたい。

第四章　清末民国期の中国間島における朝鮮人教育政策についての一考察

はじめに

中国の延辺朝鮮族自治州には現在七五万人の朝鮮人が住んでおり、自治州人口の四〇・三％を占めている。延辺の朝鮮人は土着民族ではなく、経済的、政治的理由によって、一九世紀中頃より朝鮮半島から渡ってきた人々である。中華人民共和国成立以後は少数民族として自治を認められている。

かつて延辺は間島と呼ばれ、日本、中国、ロシアの利益が対立した地域であった。その地への朝鮮人の移住と定住の歴史は、被抑圧民族としての苦難の歴史であった。中国と日本が朝鮮人を自己の支配下に置こうとして加えた圧迫の下で、教育という手段を通して朝鮮人のアイデンティティーを守る闘いが繰り広げられた。

本章では、清末から民国期にかけて、延辺において中国がどの様な朝鮮人教育政策を行ない、それに対して朝鮮人がいかに民族のアイデンティティーを守ろうとしたかということを明らかにする。

なお、引用については必要なかぎり原文にあたったが、原文を捜せないものは、当時の日本の「当局」の訳文を用いた。

一　中国間島の朝鮮人

間島[1]は、図們江（豆満江）を隔てて朝鮮の咸鏡北道に接し、西は白頭山（長白山）の支脈である老嶺山脈、北は老爺山脈、東は黒山山脈によって囲まれた地域である。[2]一帯は傾斜のなだらかな丘陵地で地味豊かな地であり、水源に恵まれてはいるが、夏冬の寒暖の差の激しいところである。

この間島は図們江に接する地域を東間島といい、鴨緑江に接する地域は西間島と呼ばれている。行政区域としては吉林省域を東間島、奉天省域を西間島という。一般に間島というと延吉、和龍、汪清それにロシアの国境に近い琿春の四県を指す。本章においても特に西間島と記述しない場合は延吉、和龍、汪清、琿春の地域を指すことにする。面積は日本の四国に鹿児島を加えた位の広さである。なお、間島（延吉、和龍、汪清、琿春）に敦化、安図を加えた地域が現在の延辺朝鮮族自治州である。

清朝時代、「満州」は、満州族発祥の地とされ、漢族の移民を禁じた「封禁の地」であった。特に中朝国境に位置する白頭山一帯は始祖伝説にまつわる聖地とされた。[3]また、朝鮮においても同じ様に白頭山は李朝発祥の地「龍興の重地」と呼ばれ「封禁の地」とされてきた。[4]清朝、李朝ともに白頭山一帯を聖地とし、封禁政策が敷かれてきたために、間島は長い間無人の中立地帯となっていたのである。

一七一二年（康熙五一年）、清朝は白頭山山頂に国境を定める定界碑を建て、碑に「奉旨査辺至此審視、西為鴨緑、東為土門、故於分水嶺上勒石為記」（旨ヲ奉ジテ辺ヲ査シ、此ニ至リテ、審視スルニ、西ヲ鴨緑ト為シ、東ヲ土門ト為ス、故ニ分水嶺上ニ於テ石ニ勒シテ記ス）として西は鴨緑、東は土門を国境とすることを定めた。[5]後年この碑文は間島の帰属をめぐって、中朝間に国境問題の火種を残すことになる。なお、白頭山定界碑については、篠田治策著『白頭山定界碑』（楽浪書院発行）、呉禄貞著『延吉辺務報告』（奉天学務公所発行）に、日本、中国それぞれの立場から詳しく論じられているのでここでは省略する。

両国は封禁政策を維持していた。しかし、封禁といっても年に二、三回それぞれの巡視隊が図們江、鴨緑江沿岸を巡回する程度のもので、対岸の朝鮮人は、春に図們江、鴨緑江を渡り間島に行って耕作し、秋に収穫して朝鮮に帰るという「春耕秋帰」という方法で農業を行なっていた[6]。

さらに、両朝廷の政権は政治腐敗のなかで、末期症状に陥り、封禁政策がゆるむが、それにつれて、中国、朝鮮から禁を破って間島に渡り、農業を営む者が多くなった。

一八八五年（光緒一一年）、会寧における清国と韓国の国境談判（乙酉勘界談判）において両国は、碑文の「土門」がどこを指すかということで紛糾した。清国側は「土門」は図們江の意であり、従って間島は清国領であると主張したが、朝鮮側は「土門」は松花江より黒龍江にそそぐ朝鮮領の土門江であり、間島は朝鮮領であると主張して譲らず、間島の帰属は日清戦争まで棚上げされた[7]。

間島への移住民は、朝鮮の自然災害と連動して増減している。朝鮮総督府『朝鮮の災害』（一九二八年）によると、李朝時代においては頻繁に旱魃、洪水、地震、暴風などが起こっている。特に一八六九年から七二年にかけて朝鮮北部が大凶作にみまわれ、「五穀稔らず北鮮一帯は大飢饉の修羅場と化した[8]」。当時の咸鏡道観察使魚允中をして、「越江罪人不可盡殺」（越江の罪人をむやみに殺すべきでない）といわしめたほどであった[9]。この時期茂山、会寧、鐘城等の朝鮮人数千人が越江して間島に入ったという。清国は、これら越境朝鮮人に対しては「易服薙髪」（中国服に変え辮髪のために髪を剃ること）を強制し、従わない者は耕地を没収するという強制的な同化政策を採った[10]。

なお、当時の朝鮮人移住者は、清朝の統計によると、一八九〇年（光緒一六年）数千人、一八九四年（光緒二〇年）四千三百戸余、二万八百余名、一九〇七年（光緒三三年）二万余戸、一〇余万といわれている。[11] また、日本側の統計によると、一九〇二年（光緒二八年）当時、五万余戸、三〇万人の朝鮮人がいたとある。[12]

これら移住朝鮮人は独白の社会を形成し、社会生活を行なっていた。その朝鮮人社会の中核となったのが朝鮮人学校であった。

朝鮮人はもともと子弟教育に熱心な民族であるといわれている。延辺大学の宋官徳教授は朝鮮人の教育に対する熱心さについて、「乞食をしても子を学校にあげる」という朝鮮の諺を挙げ、移住の地にあって、経済的条件がなくても、子弟教育には代価を惜しまなかったと述べている。[13] 朝鮮人移住者は、辺境の地にあっても、少しでも教育のある者を教師とし、私塾を設け、子弟の教育に充てた。彼らの生きる間島では日中の勢力が激突していたその中で、朝鮮の伝統的教育を堅持することは自らの「民族意識」を守る闘いでもあった。

朝鮮人は陸続きとはいえ異境の地に移住し、日本の植民地支配と中国との民族矛盾の狭間にあって、教育によって自らの「民族意識」を確保し、さらに、文化水準を高めることによって民族のアイデンティティーを確立しようとした。そして、これらの私塾、学校がその拠点となったのである。

（1）高永一編『中国朝鮮族歴史研究参考史料匯編』第1輯「間島名称之由来」延辺大学出版社　一九八九年　四二九ページ
間島の呼称の由来について、一、図們江、牡丹江、紅旗河などに囲まれ、海の中の島という説、二、中国と韓国の間の地域という説、三、「間」と「墾」が音が近いことから、「墾島」が「間島」になったという説を挙ている。
（2）「延辺朝鮮族自治州概況」編写組編『延辺朝鮮族自治州概況』延辺人民出版社　一九八四年　二ページ
（3）呉禄貞著『延吉辺務報告』奉天学務公所　一九〇八年、『長白叢書』初集所収　吉林文史出版社　一九ページ
（4）篠田治策著『白頭山定界碑』楽浪書院　一九三八年　一二ページ
（5）内藤虎次郎著『内藤湖南全集』第六巻「韓国東北彊界攻略　日清境界の交渉」筑摩書房　一九九七年　五三八ページ
（6）朴昌昱著『中国朝鮮族歴史研究』延辺大学出版社　一九九五年　四四ページ

（7）宋教仁著『間島問題』二七四ページ、『長白叢書』初集所収
宋教仁（一八八二年～一九一三年）華興会を組織し、後に同盟会に入り、上海で『民報』の編集にあたった。一九一二年南京臨時政府法制局長になったが、袁世凱の放った刺客に殺害された。
（8）満鉄調査部『在満鮮農ノ移住入植過程ト水田経営形態』前編　一九四一年　二五ページ
（9）前掲『中国朝鮮族歴史研究』四四ページ
（10）千寿山著「吉林省朝鮮族的遷入」『吉林朝鮮族』吉林人民出版社　三ページ
（11）前掲『延吉辺務報告』一四四ページ
（12）牛丸潤亮・村田懋麿共著『最近間島事情』朝鮮及朝鮮人出版社　一九二七年　六〇ページ。朝鮮人移住については、朴昌昱著『中国朝鮮族歴史研究』（一九九五年、延辺大学出版社）の詳しい研究がある。朴教授は朝鮮人の移住が始まった時期を明末清初とし、一六二七年（天啓七年）「江都会盟」から一八八五年（光緒一一年）清朝が招墾政策に転じるまで移住時期、一八八五年（光緒一一年）から一九一〇（宣統二年）年代までの移住制限時期、一九一〇年から「満州事変」までの自由移住時期に分けて、それぞれの時期の移住の特徴について明らかにしている。
（13）前掲『中国朝鮮族歴史研究』「朝鮮族遷入我国史程芻議」

二　移住の原因

天野元之助は『間島に於ける朝鮮人問題に就いて』（一九三一年）のなかで朝鮮人の「満州」移住の主な原因について、通説として次の五点を挙げている。（1）

一、国土を接する地理的関係にあること
二、地味肥沃にして収穫多く、且つ地価の低廉なること
三、間島協約により朝鮮人には居住の自由があり、特に帰化人には土地の所有権を付与せらるること
四、複雑煩瑣な生活に耐え得ない朝鮮人も、一度国境を越えれば比較的呑気な放縦生活を為し得ること

五、飢饉、旱魃、洪水等の天災地変の多いこと

以上を「通説」とした上で、天野白身の考えとして次の様に述べている。

鮮内に発達した資本主義経済の必然性と、加ふるに朝鮮人の不適応性に存し……政治的不満を懐く朝鮮人の鮮外逃避は、併合前後は兎も角、最近の移住の主因ではない。又天災地変に伴ふ凶歉に基く流民は、重大な原因をなすも、かかる偶発的事実に基づくものは、付加的に取扱ふを可とする

天野は朝鮮人の間島移住の理由を資本主義経済の発展とそれに対する朝鮮人の「不適応性」にあるとしている。天野は長い間満鉄の上海事務所の調査役を務め、満鉄参事となった[2]、いわば会社サイドの人物であり、書かれた時期も「満州事変」直前ということもあって、かなり政策的意図を持った結論となっている。

一九一〇年（明治四三年）「韓国併合」後、二、〇〇〇万単位の費用をかけて行なわれた土地調査事業は、日本の植民地体制と資本進出の基盤づくりとしての意図を持っていた[3]。これによって朝鮮の近代的土地所有制が確定し、未開墾地が整理されることによって、朝鮮の旧来の共同耕作権、放牧権、落葉採取権が失われた。さらに、日本人の朝鮮移住者、東洋拓殖株式会社等による広範な土地買収（一六万町歩）が進み、日本人の地主化と、朝鮮人自作農の小作化、農村の窮乏化が進んだ[4]。天野のいう「資本主義経済の発展」とは他でもなく、日本による朝鮮の植民地化であった。

当時、朝鮮における人口増加は一・八六％で、「内地」の一・三三％を上回り、人口過剰に陥っていた[5]。こうした人口過剰は農村の窮乏化にさらに拍車をかけることになる。

矢内原忠雄は『植民地及植民地政策』（一九二六年）の中で、「内地人の農業省による耕地の所有経営は、それぞ

れ北鮮及南鮮の移民を促す有力なる動因であろう。……朝鮮人の境外移住は内地入植者の必然的結果というべきである。[6]」と指摘している。このことから朝鮮人の「不適応性」は、まぎれもなく日本の植民地支配に原因があるといえよう。

また、天野は政治的理由による移住について「政治的不満を懐く朝鮮人の鮮外逃避は、併合前後は兎も角、最近の移民の主因ではない。」と断定している。しかし、慶尚北道、慶尚南道、江原道など朝鮮南部からの移住は政治的理由によるものが多い。[7]朝鮮南部は日本人移住者が集中して住んだ地域であり、「日本人移民一戸を入れる為に七戸の朝鮮人を立退かした」といわれ、当時、日本人移住者三、九〇〇戸に対して、朝鮮人の立ち退き者は二七、〇〇〇戸に上ぼった。[8]このため朝鮮南部には日本の抑圧から逃れて間島に移住した者も多く、それだけに反日意識も強かった。もともと歴史的に民族運動が盛んな土地柄で、日本の植民地支配に反対する激しい民族運動が繰り広げられていた。

さらに、日本の内地延長主義の経済政策は朝鮮本土の農産物の価格を引き上げ、一般の物価上昇を生み、生活難に一層拍車をかけた。その結果、朝鮮の物価は「満州」に比べ三割以上高くなり、地価は三倍から四倍になった。また、国税の税率も三倍から四倍と高かった。[9]

教育についていえば、間島は学習が安いために朝鮮から留学生の身分で間島の学校に入学する学生が多かった。[10]具体的には、一九二二年（大正一一年）当時、朝鮮の咸鏡南道、咸鏡北道では普通学校を終えて中学校に入学する生徒の一部が間島の中学校に入学している。その原因は咸鏡南道、咸鏡北道では学費生活費が一ヵ月、四〇円以上掛るが、間島では四分の一の一〇円で済むという経済的理由によるものである。[11]子弟を上級学校に上げる方法として、間島留学という方法が採られていたものと思われる。

しかし、朝鮮人移住者にとって間島も決して安住の地ではなく、日本の植民地侵略と中国の東北軍閥の支配下における政治的、経済的圧迫によって悲惨な生活を強いられた。そのため生活の糧を求めて「満州」の地を転々と移動する者、朝鮮に帰還する者が続いた。

拓務大臣官房文書課編『満州と朝鮮人』によると、移住朝鮮人は間島に渡った後、平均で四回は移転しており、移転回数の多い者は一〇回以上に上ぼったという。[12] また、移転の主な原因として八一・一%が生活難等の経済的理由を挙げている。

(1) 天野元之助著『間島に於ける朝鮮人問題に就いて』中日文化協会 一九三一年 八ページ「満蒙パンフレット第一七号」所収
(2) 中西利八編『満州紳士録』満蒙資料協会 一九三七年 一六五一ページ
(3) 金光洙著、斐京華訳「関於朝鮮資産家階級形成問題」『民族問題訳叢』民族出版社 一九五八年 三三一ページ
(4) 季盛煥著『近代東アジアの政治力学』錦正社 一九九一年 四〇六ページ
(5) 亜細亜局第二課編「間島問題調書」一九三一年 五〇三ページ『日本外務省特殊文書』所収
(6) 矢内原忠雄著『植民地及植民地政策』有斐閣 一九二六年 七八ページ
(7) 拓務局大臣課編『満州と朝鮮人』「拓務調査資料第三編」一九三三年 一〇五ページ
(8) 協和会中央本部調査部編『国内ニ於ケル鮮系国民の実態』一九四三年 九ページ
(9) 朝鮮総督府編『朝鮮台湾関東州樺太一覧』一九〇〇年 三五ページ
(10) 外務省通産局編『人口問題を基調として満蒙拓殖の研究』一九二七年 三五一ページ
(11) 在外朝鮮人事情研究会編『南満及間島朝鮮人事情』下巻 一九〇〇年 一三三ページ
(12) 前掲『満州と朝鮮人』一一七ページ

三　朝鮮人、中国人、日本人の人口

間島の朝鮮人、中国人、日本人の人口は次の通りである。[1]

	朝鮮人	中国人	日本人
一九〇七	七三、〇〇〇	二三、五〇〇	一二〇
〇八	九一、〇〇〇	二七、八〇〇	二五〇
〇九	九八、五〇〇	三一、九〇〇	二七〇
一〇	一〇〇、九五〇	三三、五〇〇	二〇〇
一一	一二七、〇〇〇	三五、二〇〇	一七〇
一二	一六三、〇〇〇	三六、〇〇〇	二〇〇
一三	一六一、五〇〇	三六、〇〇〇	二四〇
一四	一七八、〇〇〇	三八、一〇〇	二三〇
一五	一八二、五〇〇	三八、五〇〇	二九五
一六	二〇三、四二六	？	五一九
一七	二一七、〇三二	？	八五八
一八	二五三、九六一	七二、六〇二	一、一〇三
一九	二八五、〇〇三	九〇、七七七	一、〇六八
二〇	二七九、一五〇	九二、三九〇	一、一八八
二一	三〇七、八〇六	七三、七四〇	一、二八一
二二	三二三、八〇八	？	一、三二〇
二三	三二三、〇一一	？	一、九四二

二四	三二九、三九一	八二、七三〇	一、九五六
二五	三四六、一九四	八二、四七二	一、九七八
二六	三五六、〇一六	八六、三四九	一、九五〇
二七	三六八、八二七	九五、九六〇	一、九六三
二八	三八二、九三〇	一〇〇、一六五	二、一一五
二九	三八一、一五六	一一六、六六六	二、〇八三
三〇	三八八、三二五	一一七、九〇二	二、二五六

一九〇七年（明治四〇年）八月、朝鮮人移住者が増加している。これは統監府臨時間島派出所が設置されて以後、日本の朝鮮人「保護政策」によって、一時的に朝鮮人の活動範囲が広がり、移住が促進されたためである。また、一九〇九年（明治四二年）以降は停滞傾向を示している。これは、「間島協約」（一九〇九年）施行によって朝鮮人は中国の法制に従うことになり、同時に朝鮮人に対する移住制限が採られたためである。(2)

一九一〇年（明治四三年）、日本の「韓国併合」によって移住が急増している。これは日本の支配を逃れて間島に渡る政治移住者が急増したことによるものである。その後は一九一九年（大正八年）、三・一独立運動によって、再び迫害を逃れて間島に渡る政治移住者が増加する。しかし、その翌年には減少に転じる。これは琿春事件を口実とした日本の「間島出兵」によって、間島の政情が不安定になったためである。

一九二二年（大正一一年）から一九二四年（大正一三年）にかけての停滞は、中国の国権回収運動が起こり、朝鮮人に対する「圧迫」が強まったためと思われる。なお、間島の人口密度は一九一三年当時、一平方キロ当り二〇〇人強であり、朝鮮内地の一、〇〇〇人に比べると五分の一である。(3)

なお、日本人人口について見ると、関東州、満鉄付属地への移住に比べ間島への移住は極めて少数である。統監府臨時間島派出所設置（一九〇七年）の頃は、派出所の役人と巡査とその家族が中心で、それに伴う日本人商人、特殊職業婦人が滞在していたにすぎなかった。[4] 間島は満鉄の範囲外に位置し交通が不便な上、反日運動が盛んで日本人の産業基盤も育たず、政治的には重要な地城であるが「危険地帯」と見なされていたためである。こうした理由により、一九一八年（大正七年）当時の日本人の人口構成比は〇・三五％に過ぎなかった。[5]

（1）朝鮮総督府警務局編『間島問題の経過と移住朝鮮人』一九三一年　五六ページ
満鉄調査部編『間島事情』一九一八年　一三ページ
外務省編『在満朝鮮人概況』一九三五年
（2）李普国著『清代東北的封禁与開発』延辺大学出版社　一九八六牛　四五五ページ
（3）朝鮮総督府編『国境地方視察復命書』一九一五年　六八二ページ
（4）日本領事館編『間島事情梗概』一九三二年　五ページ
（5）外務省通商局編『海外各地在留本邦人職業別表』一九一八年版

四　朝鮮人移住者の土地所有

間島四県における朝鮮人移住者の九〇％以上が農業に従事している。[1] 朝鮮人農民と中国人農民の土地所有状況を比較して示すと、次の様になる。[2]

	朝鮮人	中国人
地　主	四、一七六戸（　七・一三％）	四、四七四戸（四五・四八％）

自作農	二〇、〇四三戸（三四・二三％）	三、〇五八戸（三一・〇八％）
自作兼小作	一四、六三八戸（二五・〇〇％）	九〇一戸（　九・一六％）
小　作	一九、六九七戸（三三・六四％）	一、四〇五戸（一四・二八％）
合　計	五八、五五四戸（一〇〇％）	九、八三八戸（一〇〇％）

朝鮮人は、地主の比率が低く、小作の比率が高い。それに対して中国人は、地主の比率が高く、小作の比率が低い。朝鮮人移住者は一般に移住後、中国人地主の下で小作をし、一〇年、二〇年の歳月をかけて土地を取得するという例が多い。

また、中国人地主、自作農の一戸当たりの所有耕地面積は一三町二反強であるのに対し、朝鮮人は、半分以下の五町二反弱に止まっている。(3)

（1）前掲『間島事情梗概』六ページ
（2）前掲『間島問題の経過と移住朝鮮人』六六ページ
（3）同前

五　朝鮮人の職業

朝鮮人の農業以外の職業は、「物品販売業」「旅館、料理店」「人工」「左官」「石工」「会社員」「教員」「日雇労働」となっている。(1)

満州新民団の指導者金暁星は朝鮮人の職業について「小資本小規模な商工業者、不正業者、阿片、モルヒネ、コカイン、ヘロイン等の禁制品を密売するもの、国境地方に於ける密輸入業者、鉄道沿線における各種ブローカー業者、醜業を目的とする料理屋業乃至飲食店、醜業婦、極めて少数の下級官吏、職工、労働者等々によって僅かに占められる。即ち農民と失業者とを語れば在留朝鮮人の職業状態を悉すと言っても宜い。[2]」と述べている。生活難から禁制品の密売に手を染める朝鮮人が多いことがうかがえる。

（1）前掲『間島事情梗概』六ページ
（2）金暁星著『更正途上に在る在満の朝鮮人』無得荘　一九三七年　六九ページ。金暁星は日本大学在学中に社会主義組織に参加し、後に満州の朝鮮人組織である新民団を組織した人物である。

六　移住者の経済状況

朝鮮半島は元々土地が荒廃し、収穫率も低く、人口の八割を占める農民の生活は貧しく、人口過剰により耕地面積は減少し、人口の一一％が細民、窮民といった生活困窮者によって占められていた。[1]先に述べた様に自然災害も多く、歴史的な大旱害、大水害、地震による飢饉も繰り返し起こっている。特に、一八六九年から七〇年にかけて起こった北部の旱魃による大飢饉も朝鮮人が「満州」に移住する原因となった。移住者は朝鮮で売れるものはすべて売って「満州」に移住したが、その所持金は極めて少なかった。一九二五年（大正一四年）当時の北部からの移住者の平均所持金は一二六円[2]で、移住の時に所持していた金も一、二ヵ月で底を突くという状態であった。

しかし、移住地である間島は決して安住の地ではなく、朝鮮人移住者を自己の支配下につなぎ止めておこうとする日本と中国の政治的「綱引き」の下で悲惨な暮らしを強いられていた。

（1）『朝鮮の災害』朝鮮総督府　一九二八年　一六五ページ
（2）満鉄東亜経済調査局編『東部吉林省統済事情』一九二八年　六〇三ページ（『経済資料』第四巻所収）

七　清朝末期の中国の朝鮮人教育

一九〇四年（光緒三〇年）一月、「清国奏定学堂章程」が実施され、これまでの科挙を基軸とした教育制度が廃止され、中央教育行政機関である学部（文部省）による学制の近代化が始まった。朝鮮人移住者の多く住む吉林省においても新学制による中学堂、小学堂が各地に設置された。

一九〇七年（光緒三三年）の吉林省における中学堂、小学堂の設置状況を知る資料として、清国政府学部総務司編『第一次教育統計図表』上巻[1]と徐世昌主編『東三省政略』[2]がある。この二つの資料による吉林省の普通教育の状況は次の通りである。

	中学堂		高等小学堂		両等小学堂（注）		初等小学堂	
	学堂数	生徒数	学堂数	生徒数	学堂数	生徒数	学堂数	生徒数
教育統計図表								
一九〇七年	四	三三一	二	八〇	一八	一、三四一	六	二三四
東三省政略								
一九〇八年	四	三五五	九	五六八	五七	二、九六一	一〇六	四、三五五

注　初等高等一貫教育を行う教育機関

この二つの資料はともに政府資料であり、対象とする年代は異なっているが、並記しても差支えないと思われる。そこでこの二つの資料を並べてみると、一九〇七年（光緒三三年）から一九〇八年（光緒三四年）にかけて小学堂数が六・六倍、生徒数が四・七倍に急増している。この点に関しては『東三省政略』の「光緒三四年（一九〇八年）の統計によると光緒三三年（一九〇七年）の小学堂は四倍、学生数は九千人余りに増加した」[3]という記述とおおよそ一致する。これは一九〇四年（光緒三〇年）一月に布告された「奏定初級学堂章程」にうたわれた「邑に不学の戸なく、家に不学の童なからしめる」[4]という「強迫教育制度」（義務教育制）が徐々に実施に移され、東三省各地に小学堂が設けられ始めたことによるものである。

延吉庁の教育機関については、「吉林省各級学堂統計表」並びに「吉林省各級学堂学生統計表」[5]によると、一九〇九年（宣統元年）当時、延吉庁管内には両等小学堂一校、初等小学堂二校が設置されており、合わせて一七四人の生徒が在籍していたとある。[6]

清国政府は「奏定初級学堂章程」によって、教育の普及を図ったが、とくに朝鮮人に対する教育方針、教育機関を設けるまでには至らず、朝鮮人子弟は中国の官立小学堂、中学堂に入学させ、中国人との共学授業を行なうということに止まっていた。だが、朝鮮人の保護者にとって子弟を中国の学校に上げるには経済的負担が重すぎ、また、中国語による教育を受けることを好まなかった。

（1）清国政府学部総務司編『第一次教育統計図表』一九〇七年「近代中国史料叢刊三編十輯」所収
（2）徐世昌主編『東三省政略』一九〇九年。徐世昌は当時東三省総督の地位にあり、『東三省政略』は公式資料と考えられる。
（3）同前　一四一六ページ
（4）前掲『中国現代教育史』一七ページ

(5) 前掲『東三省政略』一四一五ページ
(6) 同前　一二四ページ

八　統監府臨時間島派出所と間島普通学校の設置

日本は日露戦争の勝利を機に、朝鮮に対して「日韓協約」を強要した。この「日韓協約」には在外朝鮮人の監理、保護には日本が当たるとあり(1)、統監伊藤博文はこの「日韓協約」を根拠として、朝鮮人の多く住む間島に統監府臨時間島派出所を置くことを決めた。日本はロシアとの再戦に備えるために、間島に日本の拠点を築く必要があると判断したためであったという説もある(2)。

日本は早くから間島が朝鮮支配と「満州」進出の要地であるという判断から間島の調査を行なっていた。例えば参謀本部の要請を受けて、内藤湖南は一九〇六年(明治三九年)二月、間島の調査を行ない『韓国東北韓界攻略』をまとめている。内藤はその中で間島への行政官、守備兵の派遣をすでに提案している(3)。

この内藤の提案を受けたかのように、翌年一九〇七年(明治四〇年)八月、日本は清国政府の強い抗議を押し切って、間島の朝鮮人「保護」を名目として、統監府臨時間島派出所の設置を強行し、所長の陸軍中佐斎藤李治郎ほか憲兵隊を合わせて六五人が間島に駐在することになる(4)。

統監府臨時間島派出所の目的について、『統監府臨時間島派出所紀要』は「間島ノ所属ハ未定ナレトモ寧ロ将来ニ於テハ韓国ノ領土タラシメ帝国並ニ韓国臣民ノ福利ヲ増進スルコト(5)」と記している。

統監府臨時間島派出所は、間島地域を郷、社、村に分け、親日団体である一進会(6)の会員を郷長、社長、村長に任命し、間島の行政機構を掌握しようとした。また、朝鮮人の裁判権、朝鮮人の中国への帰化禁止、朝鮮人の自由な土地取得を主張し、慈恵病院、郵便局、農業試験場、天気測候所、上下水道などの修築を行なった。さらに、教育についても「韓人の福祉を増進する為に龍井村に模範的普通学校を設立し、又私立学校規則を定めて教育の統一を計る」[7]として、朝鮮の会寧から川口卯橋校長を招請し、龍井に間島普通学校を設立した。

『間島事情』によると、間島普通学校は「七歳ヨリ二十五歳ニ至ル学徒五十名ヲ得明治四十一年七月ヲ以テ開校式ヲ挙ゲ越エテ翌年八月ニ至リ遂ニ郊外ニ一大校舎ヲ新築移転スル」[8]とある。間島普通学校設立に続いて、一進会を中心に間島に学校設立工作が進められ、一時は朝鮮人の親日的「私立学校勃興シ一時五十余校ヲ算スル」[9]という学校の乱立状況が生まれた。

（1）「日韓保護条約」の第一条に「日本政府ハ在東京外務省ニ由リ今後韓国ノ外国ニ対スル関係及事務ヲ監理指導セシムベク日本国ノ外交代表者及領事ハ外国ニ在ル韓国ノ住民及利益ヲ保護スルコト」とある。
（2）森山茂徳著『近代日韓関係史研究』東京大学出版　一九八七年　二一九ページ
（3）前掲『内藤湖南全集』第六巻　六九七ページ
（4）統監府臨時間島派出所残務整理所『統監府臨時間島派出所紀要』一九〇九年　四三ページ「朝鮮統治史料」所収
（5）統監府臨時間島派出所残務整理所『間島派出所概況報告』一九〇九年　四一〇ページ「朝鮮統治史料」所収
（6）一進会は東学党の流れをくむ団体で、日露戦争時期に日本の軍事行動を助け、「独立基礎の鞏固、政府の改善、軍政財政の整理、人民生命財産の保護」の四綱領を掲げて活動した。一九〇五年以降間島に進出し、統監府臨時間島派出所の要員として活動した。
（7）朝鮮総督府文書課編『統監府時代に於ける間島韓民保護に関する施設』一九三〇年　三二七ページ「朝鮮統治史料」所収
（8）前掲『間島事情』八一四ページ
（9）前掲『統監府時代に於ける間島韓民保護に関する施設』三三八ページ

九　清国政府の対応と「間島協約」

日本の間島進出に危機感をいだいた清国政府は、東三省総督徐世昌に命じて、吉林辺務督弁（辺境地域担当大臣）に陳昭常を任命して外交交渉に当たらせた。また、局子街に延吉辺務督弁公署を設け、日本士官学校出身の呉禄貞を辺務幇弁（副辺務督弁）に任命し、兵員巡警合わせて四、三〇〇人余りを駐屯させ、日本側の派出所、分遣所の置かれている地域に清国の派弁所を置いて対抗措置を採った。一時は、清国の軍隊と日本の東部守備隊とが臨戦体制に入るという事態にまで発展した。(1)

中国の世論も反日的論調を掲げた。上海の『中外日報』は、「日本の軍隊による間島強奪は、中国分割の初端であり、中国分割の導火線である(2)」と主張した。

また、同盟会の指導者宋教仁は一九〇七年（光緒三三年）四月、大孤山に入り、同盟会遼東支部を組織する活動を行なった。五月の広東恵州蜂起に合わせて東北でも蜂起しようというものであった。しかし、失敗して日本に亡命する。宋教仁は東北滞在によって、間島問題の重大性を知り、一九〇八年（光緒三四年）『間島問題』を著わして警鐘を鳴らした。日本の間島進出は北「満州」の後門を占拠することによって、東北全土を手中に収めようというねらいを持っていると指摘している。(3)

清国政府は間島における日本の主権侵害に対して、さらに危機感をつのらせ、日本の教育、衛生などを中心として「保護政策」に対抗し、朝鮮人教育を重視する姿勢を採るようになる。『国境地方視察復命書』によると、「統監府臨時間島派出所ハ頻リニ学校ノ設立ヲ奨励シタルニ支那官憲亦之カ対抗ノタメ自国ノ子弟ノ教育ヲ抛棄シテ鮮人ノ教育ニ熱中シ当時両両対峙ノ観ヲ呈セシ(4)」とある。日本の設置した統監府臨時間島派出所の朝鮮人「保護政策」

に対抗して、自国の中国人教育よりもむしろ移住者の朝鮮人教育に政策の重点を移していた様子がうかがえる。

清国政府は、「清国奏定学堂章程」施行当時と同じ様に、朝鮮人子弟を中国側の公立学校に入学させ、中国人生徒と共学させるという方針を採っていたが、以前に増して積極的に朝鮮人子弟の入学を勧誘するという姿勢が見られる様になった。こうして延吉県立第六高等小学校を初め九校が朝鮮人子弟の受け入れ校となった。(5)

しかし、先の『東三省政略』「辺務延吉篇」には、朝鮮人子弟に中国の学校を開放したが、経費、施設の関係で朝鮮人移住者の子弟を入学させる余裕がなく、同化教育の効果を収めていないと述べている。(6) つまり、日本の影響力が強まることを恐れて、朝鮮人生徒を中国の学校に入学させようとしたが、実際は受け入れるだけの条件がなかったことが分かる。一方、朝鮮人子弟も中国語を解しないために、中国の学校に入学する者は少数で、多くは朝鮮人の経営する書堂に通い、朝鮮語による授業を受けていた。

清国政府は日本の影響下にある学校や朝鮮人経営の書堂に対し、官吏を巡回させ、「清国ノ領土ナルカ故ニ汝等ハ清国ノ言語、書籍ヲ学ヒ熱心ニ勉強スヘシ日本ノ法制ニハ断シテ服従スヘカラス」(7) という訓示を出すなどして圧力をかけた。

また一方、延吉辺務督弁公署は小学堂付属の警察学堂を設け、生徒十数人を選んで、朝鮮人移住者との意思疎通を図るために朝鮮語を教えたり、朝鮮人教育のための教員養成を目的とした簡易師範講習所を設け、朝鮮人教育の準備を進めていた。(8)

一九〇九年（明治四二年）九月、日本は間島を中国の領土と認めた「間島協約」を清国と結んだ。これは安奉線改築を清国に認めさせることを交換条件に、間島が中国領土であることを認めたものとされている。(9)

「間島協約」によって、日本の統監府臨時間島派出所が撤退すると、中国側の朝鮮人学校は「対抗ノ相手方ヲ失ヒタルト一方ニハ財政窮乏ニ陥ルトニヨリ既設学校ニシテ維持困難ノタメ遂ニ廃校ノ悲運ニ遭逢セルモノ少カラス」[10]という状態となり、間島の日本支配下の朝鮮人学校は殆ど閉鎖されてしまう。

「間島協約」により、間島は中国の主権の下で秩序が維持されることになり、朝鮮人移住者は中国の法に基づき、政治的、経済的に中国の支配体制の下で生活することになる。ここに中国は、間島の領土主権と朝鮮人への合法的支配を確立したことになる。

しかし、一九一〇年（明治四三年）の「韓国併合」を境にして、中国は間島の朝鮮人への規制を強める。それは「韓国併合」によって朝鮮人は法的に「日本臣民」となって、「間島協約」でいうところの「韓民」（朝鮮人）は法的に存在しなくなり、朝鮮人は第三条「不動産所有」、第四条「国境往来の自由」、第五条「米穀運搬の自由」の適用を受ける主体でなくなったからである。当然のことながら、中国側はこれを根拠に第三条、第四条、第五条の無効を主張し、「間島協約」の朝鮮人の諸権利は「韓国併合」によって消滅したとした。これに対し日本は「韓国併合」によって、「日本臣民」となった朝鮮人は「日清通商条約」によって治外法権の適応を受けると抗弁して譲らなかった。[11]

しかし、「韓国併合」によって、朝鮮を逃れて、間島へ移任する朝鮮人は急増した。中国は「日本臣民」の増加による日本の勢力の増大を恐れ、日本は間島が反日独立運動の拠点となることを恐れた。そこで中国と日本は朝鮮人の移住を制限する方向で動いたのである。

中国は土地所有とからめて帰化を強要した。朝鮮人に対する地券には「如典売或抵押於外人即作無効」（典売－買い戻し付き条件で売ること、抵押－抵当を入れて売る）という但書きを加え、帰化しない者は土地所有を認めないという方針を出して、朝鮮人の土地所有を規制する政策を採った。[12]

日本の「韓国併合」に対して、中国の世論は「日韓併合ニ継デ最近ノ禍ヲ蒙り第二ノ朝鮮タルハ満州ナリ」（清国時報一九一一年九月）という警鐘を鳴らしていた。中国の領土の一部が第二の朝鮮になるという国家の存亡にかかわる事態として受け取られたのである。

（1）前掲『統監府臨時間島派出所紀要』一五九ページ
（2）中国朝鮮族歴史研究編『中国朝鮮族歴史参考資料匯編』第一輯　延辺大学出版社　四五〇ページ
（3）高明等編『民族英雄及革命先烈伝記』正中書局　一九六七年　一七三ページ
（4）前掲『国境地方視察復命書』七五四ページ
（5）桑原忍著『在満朝鮮人と教育問題』中日文化協会　一九二九年　八三ページ
（6）前掲『東三省政略』一二四ページ
（7）前掲『統監府臨時間島派出所紀要』一九三ページ
（8）前掲『東三省政略』一二四ページ
（9）安藤彦太郎「吉林省延辺朝鮮族自治州―旧『間島』の歴史と現実」『中国研究月報』一九三号（一九六四年）は次のように述べている。「日本は『間島』の清国帰属、したがって『墾地居住の韓民』にたいする清国の法権を認め、派出所を撤退するのとひきかえに領事館の設置と日本人にたいする領事裁判権はもちろん、韓民裁判への立会権を清国に認めさせたのである。しかも派出所撤収は当時の日本政府としては安奉線問題その他を解決するための日本側の譲歩と考えていた。」
また、篠田治策著『間島問題の回顧』（非売品）一九三〇年　五九ページ。篠田は「満州諸懸案の犠牲となって、この日空しく撤退せねばならぬは、実に憤慨に堪へなかった」と述べている。
（10）前掲『国境地方視察復命書』七五四ページ
（11）前掲『間島に於ける朝鮮人問題に就いて』五一ページ
（12）同前　五五ページ

一〇　墾民教育会の発足

「韓国併合」をめぐって日清両政府が緊張関係にあるなかで、一九一〇年（宣統二年）三月、墾民教育会（韓民教育会）が成立した。朝鮮人の中国への帰化促進と朝鮮人教育を結びつけながら朝鮮人を中国の支配下に置くことを目的とした教育団体であり、朝鮮人教育の管轄機関である中国の延吉勧学所に属する半ば公的な機関であった。[1]

会長の李同春は、一八七三年（同治一二年）生まれ、中国に帰化し、中国語に通じ、ソウル駐在の清国の代表者であった袁世凱の通訳を務めたことのある人物である。[2] 国民政府より朝鮮人の自治組織として許可を得て、局子街に本部を置き、朝鮮人一戸当たり三〇銭の会費を徴収し、教育、交渉など中国側との窓口になっていた。具体的には墾民教育会は朝鮮人に帰化を呼びかけ、中国語による教育を行ない、中国の教科書を使用する小学堂を間島各地に開校することを目的とし、募金集めを行なった。[3]

墾民教育会（墾民会）は、中国の教育制度の下で朝鮮人教育を推し進めようとした「親中組織」といわれている。しかし、もう一つ別の評価もある。それは中国の教育制度を受け入れながら同時に朝鮮人独自の教育を行なったというものである。つまり、中国側は墾民教育会を利用して中国の教育制度に基づいた教育を実施し、墾民教育会は限定された範囲とはいえ朝鮮人独自の教育の場を確保したという説がある。

墾民教育会は、教育面では大きな影響力を持っていなかったが、朝鮮人の帰化運動では大きな影響力を持っていた。例えば、当時和龍県では朝鮮人の殆どが中国籍に帰化したという。[4] 墾民教育会は「間島琿春地方智識階級ノ要注意人物ヲ網羅」[5]しており、多くの有識者を組織していた。これらには義兵闘争の活動家が含まれており、内に反日意識を持っていた。会長の李同春、会員の金躍淵は後に排日運動の中心的人物となっている。墾民教育会の活動は後の反日民族主義組織の萌芽となったともいえる。

（1）『日本外務省特殊調査文書』一六巻　三七六ページ「日帝韓国侵略史料集」所収
（2）林明徳著『袁世凱与朝鮮』中央研究院近代史研究所専刊　二六巻　一九七〇年
（3）金仁哲著「延辺第一社会団体―墾民会」『吉林朝鮮族』吉林人民出版社　一九九三年　一三九ページ

（4）李採畛著『中国朝鮮族の教育文化史』コリア評論社　一九八八年　二三ページ
（5）前掲『日本外務省特殊調査文書』一六巻　三七六ページ

一　民国初期の中国の朝鮮人教育

孫文は辺境民族について関心を持っており、一九〇八年（光緒三四年）から一九〇九年（宣統元年）にかけて、廖仲愷、林伯渠を吉林に派遣し、革命勢力の組織を命じている。その後、廖仲愷は吉林巡撫陳昭常の下で仕事をしていた。[1]ちょうど宋教仁が『間島問題』を書き上げた頃である。また、孫文は同盟会の共和政綱の中で「地方自治の促進」をうたっている。

一九一一年（宣統三年）一〇月の辛亥革命により清国が倒れ、中華民国が成立する。先の墾民教育会は中華民国臨時政府に李東輝、鄭載冕等四人を派遣し、黎元洪副総統と会見し、間島の朝鮮人の状況を説明して民国政府の支持と援助を求めた。黎元洪は墾民教育会の提案に賛意を表したが、墾民教育会の自治に関しては同意しなかったという。[2]

吉林省公署は清朝と同じ様に中国人学校に朝鮮人子弟を入学させる共学制を方針としていた。一九二一年（民国元年）、延吉道教育行政会議が開かれ、朝鮮人子弟に対して、同化政策を実施し、中国人子弟と朝鮮人子弟は同じ学校で共学を実行し、同一教育を行ない、中国人と朝鮮人の融和を図るということが決まった。

しかし実際は、間島における日本の影響力が強まり、親日的学校に通う朝鮮人子弟は増加したが、中国の学校に入学する朝鮮人子弟は停滞傾向にあった。そこで吉林省当局は日本の影響力の強い私立学校に規制を加え、朝鮮人子弟を日本の影響下から切り離し、新政府の政策に添った強力な同化教育を行なうという方針を打ち出した。

琿春県においても「墾民トシテ支那教育下ニ属セシメ以テ支那化農民ヲ養成セントスル」[3]方針が採られた。朝鮮人に対して子弟の入学を強制し、拒否する者には「罰シ強制的ニ入学セシメ」、入学した朝鮮人子弟に対しては「鮮語ヲ厳禁シ」、中国語教育を行なうという方針を実行に移した。

こうした生徒勧誘の中心となったのが墾民教育会である。墾民教育会の働きかけにより、朝鮮人子弟は中国側の官立学校に入学する様になった。

当時、中国側の官立学校の中で、朝鮮人教育を行なっていた学校は養成学堂等一二校で中国人教員一七人、朝鮮人教員一〇人、生徒数五二三人となっている。[4]

そのなかで最も規模の大きな養成学堂は、師範科、高等科三年、初等科四年に分かれおり、初等科一年より中国語を重点的に教え、「生徒ハ放課時間ニ於テ遊戯ヲ為ストキモ支那語ニテ話シ居レリ」[5]とあり、生徒の中には中国語で会話ができる者もいた様である。教科目は次の通りである。[6]

初等科　中国語、修身、作文、算術、習字、図画、体操、手工
高等科　中国語、歴史、地理、修身、作文、算術、理科、図書、習字、体操、手工、唱歌

教科書は「民国トナリテ後編纂セラレタル新式ノモノニシテ其ノ内容ヲ一覧セシニ頗ル系統的ノモノナリ」[7]とあり、吉林省教育庁の認定教科書が使用されていた。

授業料は徴収せず、生徒は「支那ノ子供ラシキ服装」[8]をしていたとある。言語、習慣から生徒たちを中国に同化していこうとする意図がうかがえる。

次に、一九一八年（民国七年）当時の官立小学堂における朝鮮人教育の授業時間割の一例を挙げる。[9]

	一	二	三	四	五	六
月	中語	修身	国文	算術	体操	中語
火	中語	国文	国文	算術	唱歌	中語
水	中語	同文	国文	算術	体操	中語
木	中語	国文	国文	算術	唱歌	中語
金	中語	国文	国文	算術	体操	中語
土	中語	修身	国文	国文	図画	中語

「中語」とは中国語のことで、朝鮮人子弟を対象として外国語として教えたものである。授業内容は、一年生に前期半年で初歩的な中国語の発音、文字を教え、後期半年では中国語で授業が聞ける程度までその水準を高めるというもので、週一二時間の中国語教育は一学年から四学年まで続けられ、四年生になると、なんら隔たりなく中国人と会話ができ、五年生からは中国人生徒と同じカリキュラムで授業が行なわれた。初期の頃は半年後に中国人と同じ授業を受けたケースもある。(10)

「国文」とあるのは、本来、中国人を対象とした「国語」のことで、中国の教科書を使って、中国人と一緒に授業が行なわれた。(11)

特に官立学校では「体操訓練ニ重キヲ置クガ如ク喇叭臥ヲ吹キ太鼓ヲ奏シテ日々訓練ヲ事トシテ鼓吹ノ声殆ド絶ユルノ日ナシ(12)」とあり、体育の授業が重視されていた様である。この体操重視の方針は、兵隊養成につながるものとし、朝鮮人保護者にとっては不評であった様である。

また、中国人教師が朝鮮人保護者、入学時の生徒と対話する場合に必要であるという理由から延辺第四師範学校では、一九二一年(民国一〇年)から朝鮮語の授業が採り入れられる様になった。[13]

(1) 李新等主編『民国人物伝』第二巻　中華書局出版　一九八〇年　　ページ
(2) 金仁哲著「延辺第一社会団体—墾民会」『吉林朝鮮族』吉林人民出版社　一九九三年　一三九ページ
(3) 前掲『国境地方視察復命書』七五六ページ
(4) 同前　七五五ページ
(5) 同前　七五六ページ
(6) 同前
(7) 同前　七五七ページ
(8) 同前
(9) 前掲『琿春史志』三〇一ページ　「長白叢書」第四集所収
(10) 同前　二九一ページ
(11) 同前　二九ページ
(12) 前掲『国境地方視察復命書』七五五ページ
(13) 前掲『琿春史志』三〇三ページ

一二　「画一墾民教育弁法」の公布

一九一五年(民国四年)六月、延辺道尹(知事)陶彬は「画一墾民教育弁法」を公布した。この弁法は朝鮮人経営の私立学校を中国の学制によって統一し、朝鮮人の教育を中国の統制下に置こうというものであった。私立学校経営について次の様な条件を付帯している。[1]

一、週最低一二時間の中国語の授業を行なうこと
二、中国国旗を常に備えておき、祝日には掲揚式を行い、国歌を斉唱すること
三、教科書は中国の官製のものを使用すること
四、小学三～四年生は「中国歴史」「中国地理」「修身」の授業を加えること
五、周囲五華里（二・五キロ）を一学区とし学校を設置し、生徒二〇人を超える場合は基金五〇〇元を有すること

この他、中国人教員の採用、朝鮮人教育視学の配属、私立学校の公立学校への改組等も盛り込まれていた(2)。「画一墾民教育弁法」施行の意図は日本の間島侵食を食い止め、中国の支配下に置こうという措置であった。しかし、朝鮮人にとって「画一墾民教育弁法」が実施されると、中国の教育制度の下で朝鮮人教育が行なわれることになり、朝鮮人の民族意識の喪失につながりかねないことになる。

まず、キリスト教系の学校から、従来行なわれてきた民族教育の基盤が失われるとして、反対の声が上がった。特に中国語の授業時間の多いことに反対し、「朝鮮人ハ如何ナル関係ヨリシテ支那語ヲ国語ト称スベキ理アリヤ(3)」という意見が出された。しかし、公然と反対を唱えることは学校の存続を危うくすることになりかねない。そこで「支那側ノ学制ニ服従セサル場合ハ日本官憲ノ干渉ヲ受ケ、寧ロ支那学制以上ノ拘束ニ苦ムヘキ以テ、一部教育弁法ノ改正ヲ要求シ服従スルニ若カス(4)」という、日本官憲の干渉を避けるという婉曲な表現を取った異議が出された。

先の墾民教育会が仲介者となり、朝鮮人学校経営者と延吉道尹と協議を重ねた。キリスト教系学校は次の七点を提出して、中国に再考を求めた(5)。

一、子弟を学区の所轄学校に入学させること
二、学校経費は住民負担とすること
三、教科書は朝鮮語に翻訳して教授すること
四、尋常予備班を加設すること
五、中国語の授業は毎週六時間とすること
六、体操は毎週四時間とすること
七、派遣中国人教師の給料は官給とすること

学区入学、経費の住民負担など中国の意見を受け入れながらも、教科書を朝鮮語に訳し、朝鮮語の比重を多くし、中国語の授業を少なくすること。朝鮮人移住者の子弟は定住性に乏しく流動的であるために、「尋常予備班」を設けて、補習教育を行い勉学の便を図ることなどが提案されている。(6)

協議の結果、中国はほぼ朝鮮人学校経営者の意見を取り入れ、さらに、現在行なわれている朝鮮史、朝鮮歴史の授業は黙認するとした。(7) この弁法によって、朝鮮人私立学校は日本側の普通学校を除き、殆ど中国側の公立学校に近い形で運営されることになった。(8)

中国は「画一墾民教育弁法」の施行によって、閉鎖される朝鮮人私立学校の出ることを見越して、その場合は、中国の官立学校が受け皿となる準備をしていたという。(9)

中国は「画一墾民教育弁法」施行と同時に朝鮮人私塾に対しても「変通改良私塾弁法」を公布した。この「変通改良私塾弁法」は、私塾に対し一定の取り締りを行ない、かつ相当の補助金を下付するというものである。(10) つま

り「画一墾民教育弁法」によって、私立学校に対して中国の教育方針に基づく教育を強制し、私塾に対しては補助金を出して中国の影響力を広げようとしたものである。

「画一墾民教育弁法」の制定の背景には一九一五年（大正四年）に締結された「南満州及東部内蒙古に関する条約」（「南満東蒙条約」）がある。日本は「南満東蒙条約」が施行されるに先立ち、「南満東蒙条約」が間島にも適応されることをわざわざ閣議決定した。一方中国は、間島は「南満州」の範囲に含まれないとし、「南満東蒙条約」が移住朝鮮人にも適応されるとした。日本は事実上、日本の勢力範囲である奉天省と吉林省を「南満州」とし、従って間島は「南満州」であり、また、朝鮮人は「日本臣民」になったのであるから、「韓民」なるものは存在せず、「間島協約」は自動的に消滅すると主張した。これに対して中国は「南満東蒙条約」発効後も「間島協約」は存続すると主張した。(11)

この両国の主張は移住朝鮮人に対して中国の法権が及ぶかどうかをめぐっての問題であった。「南満東蒙条約」が移住朝鮮人に適応されると、「間島協約」（一九〇九年）によって、朝鮮人の治外法権が龍井村、局子街、頭道溝、百草溝に限定されていたものが、間島全体に及ぶことになる。間島に住む朝鮮人八割に治外法権が及ぶことになると、中国の統治は不可能になってしまう。一方、日本は間島に住む朝鮮人に対して司法権、行政権を行使できるようになる。つまり、「南満州」の範囲を間島に広げれば、中国の主権侵害につながることになる。

間島ではさらに先に述べた一進会による清国への納税拒否、未開墾地の占有、小作料の不払い等が起こっていた。何よりも中国が問題にしていたことは、朝鮮人の土地所有率である。間島における朝鮮人の土地所有は既に四〇％になっていた。(12)中国は日本が「南満東蒙条約」を盾に、朝鮮人を使って「満州」の土地所有権の拡大をねらっている、という危機感を持っていた。

中国は「南満東蒙条約」調印後、主に日本人の土地所有を規制するために、一九一五年（民団四年）六月、「懲弁国賊条例」を発布した。それは、「第一条、外国人ト結託シ本国国家ノ治安及人民公共ノ安寧秩序ヲ撹乱セント意図スル者」「第二条、私ニ外国人ト契約ヲ締立シテ本国国家ノ権利ヲ損書スル者」[13]（以下略）というもので、中国人が外国人に所定の手続きを経ないで土地を売却した場合、「国土盗売」の名の下で死刑を含む重罪に処するとしている点に、朝鮮人の土地取得に対する危機感がうかがえる。

「画一墾民教育弁法」は、現在住んでいる朝鮮人を日本の支配下から切り離し、同化教育の徹底を図り、同時に国権（教育権）を回復するための日本に対する対抗政策でもあった。

この「画一墾民教育弁法」が制定された直後、延吉勤学所（普通教育局）所員一鄭蘭幹等によって延吉道公署に対し「今や日本は我領土内に僑居せる鮮人に対して自国の法権を行使せんとす、此際之が去就は重大なる影響を有するを以て鮮人に対して帰化方法を講ずるは喫緊の急務と謂ふべし」という建白書が提出されている。[14]

さらに、延吉県公署は「鮮人帰化運動」を積極的に推し進めた。「特ニ入籍ニ関シテ簡章ヲ設ケテ保証人ヲ要セス、自由ニ之ヲ許シ、手数料ヲ徴セス、皈化鮮人ニハ各自ニ土地所有権ヲ承認シ、夫々執照ヲ発給シテ之ヲ証シ[15]」という帰化優遇策を打ち出している。

「間島協約」によって間島は中国の領土となったものの、居住者の大部分は朝鮮人であり、その朝鮮人は「日韓併合」によって法的に「日本臣民」となった。この朝鮮人を統制下に置かない限り、間島の支配体制を確立することはできない。そこで教育的には中国の学制による統制を行ない、法的には朝鮮人の中国への帰化を促進しつつも、さらに、経済的には朝鮮人の土地取得を禁じるという方策が進められたわけである。

「画一墾民教育弁法」が出された二年後の調査によると、間島の朝鮮人の三、五〇〇戸余りが帰化したとある。当時、間島には朝鮮人一九五、〇〇〇人、戸数三六、九〇〇戸がいたので、約一〇分の一の朝鮮人家族が帰化していたことになる。なお、帰化申請をして帰化した朝鮮人は一、四〇〇戸余り、七、〇〇〇人であった。しかし、その殆どは日本と中国の二重国籍者であった。[16] 日本は旧国籍法によって「韓国臣民は外国に移住したる事により国籍を喪失せず」という規定により、朝鮮人の国籍離脱を認めようとはしなかったからである。それは他でもなく、間島の朝鮮人が中国籍になり、中国の影響力が強まることを恐れての措置であった。

参考までに一九二八年（民国一七年）の中国への帰化状況は次の通りである。[17]

	帰化戸数	帰化人数	非帰化戸数	非帰化人数
延吉県	一、五八二戸	八、八三九人	二九、六二二戸	一七六、六二六人
和龍県	五、五六一戸	三二、七三九人	一二、九一八戸	八五、五一三人
汪清県	七三八戸	四、五七六人	四、五九八戸	二七、三一〇人
琿春県	一、二六三戸	七、五四五人	七、一九八戸	三八、八二六人
計	九、一四四戸	五三、六九九人	五四、三三五戸	三二八、二七五人

県によって帰化率が異なっている。例えば和龍県は全戸数の三〇％が帰化しているが、延吉県では五％と低い帰化率となっている。平均すると一四・四％が帰化しており、一三年間に帰化率が約四％ほど上昇したことになる。帰化の問題は土地所有権と関連しており、中国は帰化朝鮮人でなければ土地所有を認めないという方針を採ったので、帰化は永住を希望する朝鮮人の踏絵となっていた。

（1）前掲『東北民族史』四五二ページ　五は、前掲『琿春史志』によって補う。
（2）前掲『延辺朝鮮族教育史』三八ページ
（3）東洋拓殖株式会社編『間島事情』一九一八年　八四七ページ

（4）斎藤実『斎藤実文書』九巻　一九九〇年　三七八ページ
（5）前掲『間島事情』八四八ページ
（6）同前　八四九ページ
（7）前掲『延辺朝鮮族教育史』三八ページ
（8）前掲『間島問題の経緯と移住朝鮮人』一八三ページ
（9）前掲『外務省特殊調査文書』四六巻　一五四ページ
（10）同前　一五四ページ
（11）「南満東蒙条約」と朝鮮人の地位については、天野元之助『間島に於ける朝鮮人問題』（前掲）に詳しい論述がある。
（12）前掲『間島事情』（満鉄）二九ページによると朝鮮人と中国人の土地所有は次の通りである。
朝鮮人所有地　三三、二六四町歩　三九・八％
中国人所有地　五〇、四〇〇町歩　六〇・二％
（13）満鉄太平洋問題調査準備会『東北官憲所発排日法令輯』一九三一年　一ページ　（14）永井勝三編『北間島史』会寧印刷所出版部　一九二五年　一四ページ
（14）前掲『外務省特殊調査文書』四六巻　一三〇ページ　原文未見
（15）前掲『斎藤実文書』九巻　三七六ページ
（16）前掲『北間島史』二七一ページ
（17）前掲『斎藤実文書』九巻「満州及間島琿春概況」一〇三ページ

一三　「墾民教育省費補助弁法」の公布

一九一七年（民国六年）六月、朝鮮人教育経費補助に関する吉林省教育庁の指示が出された。これは延吉、琿春、和龍、汪清県の四県の朝鮮人教育に対して、二、七〇〇元の教育補助金を支給しているにもかかわらず、朝鮮人子弟が中国語の授業をサボタージュするなど、同化の実を上げていないことを指摘し、その対策として中国語教員を派遣し、学校に報告の義務を与え、教育の監視を行ない、学校管理を強化すべきであると指示を出している。[1]つまり、先の「画一墾民教育弁法」施行の見返りとして、同弁法を遵守し、教育を行なう学校に補助金を支給していたにもかかわらず、「画一墾民教育弁法」が機能していないということを指摘したものである。

一九一九年（民国八年）一一月、吉林省公署は朝鮮人に対する教育費補助費を一挙に約四倍の一万元に増額し、朝鮮人教育の強化を図った。[2]補助金増額措置の背景には、同年三月、朝鮮全土に巻き起こった三・一独立運動以降、高揚している朝鮮人の反日独立運動が中国に有利に展開するとの判断があったものと思われる。

一九二一年（民国一〇年）七月、吉林省公署は「墾民教育省費補助弁法」を公布した。これによって朝鮮人教育の補助金はさらに二万元に増額され、延吉県五、五〇〇元、和龍県六、〇〇〇元、汪清県四、〇〇〇元、琿春県四、五〇〇元として配分されることになった。[3]

中国の朝鮮人教育への補助金増額の背景には、間島を中心に活動していた民族主義団体の「独立軍」に対する「討伐」を口実とした日本の間島出兵による教育機関の破壊がある。間島出兵により多くの朝鮮人が犠牲になり、家屋、学校が破壊された。一九二〇年（民国九年）一一月四日の内田外相宛ての領事の電文には、日本軍が「聞知セルモノニ付テハ焼払ヒタル学校六（内一ヵ所ハ打破）教会堂一民家三十九殺シタルモノ百十二名ニ上ル」[4]と述べている。補助金の交付は、こうした日本軍による学校破壊に対する救済措置であった。

『琿春史志』によれば、日本の間島出兵により、朝鮮人学校は影響を受け、解散、一時休校するものが続いたが、翌年には琿春県では三四校中一校を除きすべて授業を再開し、和龍県を除いた延吉県、琿春県、汪清県の三県では、墾民学校五八校中三九校が授業を再開したという。[5]

公布された「墾民教育省費補助弁法」は次の通りである。[6]

一、教育部（文部省に相当する）に認定教科書を使用し、国語（中国語）を教授すること

二、各学校二〇人以上在籍していること

三、教員は師範学校卒業或は合格者とすること

四、中国人生徒、朝鮮人生徒が共にいる国民学校では、朝鮮人生徒のクラスを設置し、そのクラスに補助金を支給する

支給方法については、

学級数によって補助金を決め、一学年二四〇元を超えない額とし、配分は県知事監督所所長が行なう

補助金の支給は県知事を通して教育庁長の批准を経て行なう

監査監督については、

教育庁は朝鮮人教育の整備を行なうために視学官を置き四県に派遣し調査を行なう

補助学校は教員、生徒、使用教科書を県知事に報告する、報告義務を怠った場合は補助を打ち切る

つまり、中国の認定教科書の使用、中国語教育、教員の資格向上の三点を朝鮮人学校に要求し、条件を満たす学校には補助金を出すというものである。

「墾民教育省費補助弁法」制定の背景には、先に述べた様に「間島出兵」によって破壊された教育施設の再建という意味と同時に、恒常的補助金支給を保証することによって、中国の影響力の回復を図ろうとする意図があった。

当時、延吉道尹は朝鮮人教育について次の様に述べている。(7)

墾民に対する教育は丁寧懇切を旨として、断じて圧迫を加ふる如きことがあつてはならない。元来韓人には

親日と親支の両派がある。我が方の行政が厳重に過ぐれば日本側に随ひ、日本側の行政が厳重であれば我が方に随ふやうになる。日本側では多大の金を投じて普通学校を設け、補助学校を立て、只管民心の収攬に腐心努力して居る。我教育当局者は之れ等の状勢に鑑み、墾民教育に関しては一層の努力を払ひ、慎重なる態度を以て之れに当り、我政府の方針に副ふべく奮励せねばならない。

この延吉道尹の発言には、中国側における朝鮮人教育策の変化が読み取れる。先の「画一墾民教育弁法」施行時は朝鮮人学校の許認可権を盾に中国の同化教育を強制するという強行措置が採られた。しかし「墾民教育省費補助弁法」では条件を満たしている学校には補助金を出すという懐柔政策に変わった。中国が強行政策を変更して懐柔政策を採らざるをえなかったのは、日本の間島出兵によって間島では日本の影響力が強まっていたことも原因の一つである。

懐柔政策だけでなく、朝鮮人教育に対する介入政策も採られた。例えば、興京県知事は朝鮮人学校の校長に対して、次の様な告示を出している(8)。

一、朝鮮人学校には一名以上の中国人教師を入れ、中国の教授法に依って教育すべきこと
二、「総督府」の教科書及び学校経費の補助金の支給を受けたり、日本語の授業をなすことを禁止すること

この「墾民教育省費補助弁法」は効果を表わした。この時期における中国の朝鮮人学校は増加している。次の表は、延吉、和龍、汪清、琿春四県の学校新設数を年度別に示したものである(9)。

年	一九〇七年	〇八年	〇九年	一〇年	一一年	一二年	一三年	一四年
学校	一	一	一	二	三	三	二	二
年	一五年	一六年	一七年	一八年	一九年	二〇年	二一年	二二年
学校	六	一二	五	三	六	一五	九	七

一九二〇年（民国九年）から一九二二年（民国一一年）にかけて三一校が新設された。三一校という数字は一九〇七年（光緒三三年）以来の設置された朝鮮人学校数の四〇％に当たり、この時期中国がいかに朝鮮人教育に力を入れたかが分かる。

なお、一九一六年（民国五年）に学校数が増加しているが、これは「画一墾民教育弁法」が制定された一九一五年（民国四年）の翌年に当たり、「画一墾民教育弁法」によって既成の私立学校を官立の学校に改組したものと考えられる。

一九二三年（民国一二年）当時の間島における中国側の教育施設は次の通りである。[10]

	学校数	朝鮮人教員	中国人教員	教師合計	朝鮮人生徒	中国人生徒	生徒数合計
吉林省立師範学校	一校	一人	九人	一〇人	五〇人	二〇〇人	二五〇人
同付属小学校	一校				八〇人	八〇人	
県立高等小学校	二六校	三〇人	六八人	九八人	六二四人	一、五八七人	二、二一一人
県立国民学校	八二校	六八人	六九人	一三七人	二、五七八人	一、一七一人	三、七四九人
同分校	四校	六人	六人	一二〇人			一二〇人

県立女子高等小学校	五校		一二人	一二人		二七一人	二七一人
公立国民女学校	六校		一一人	一一人		二一六人	二一六人
公立高等小学校	一枚	一人	二人	三人		一〇四人	一〇四人
公立国民学校	二五校	四三人	九人	五二人	一、〇九三人	一一一人	一、二〇四人
同分校	二枚	四人		四人	六三人		六三人
私立女子小学校	一校		一人	一人		三六人	三六人
私立学校	七校	二人	一〇人	一二人	五三人	二一九人	二七二人
合　計	一六一校	一五五人	一九一人	三四六人	四、五八一人	三、九九五人	八、五七六人

中国側の教育施設の特徴の一つは私立学校が少ないことである。朝鮮人教員の比率も四五％と高く、生徒数は朝鮮人生徒が中国人生徒より多い。右記表の初等科と高等科の在籍比率は次の通りである。

	朝鮮人生徒	中国人生徒
国民学校在籍	八五％	四〇％
高等小学校在籍	一四％	五三％
私立学校	一％	七％

朝鮮人生徒は初等科に多く、中国人生徒は高等科に多いという現象が見られる。このことは高等小学校進学に際して、朝鮮人生徒に何らかの規制があったのか、朝鮮人生徒の経済的理由によるものなのかは分からない。

なお、一九三〇年（民国一九年）当時の中国側学校における朝鮮人生徒の在籍状況は、県立高等小学校二六校、二、二六五人、県立国民学校七七校、一、八九八人、公立国民学校七三校、四、〇九〇人、それに師範学校、実業学校、女学校を合わせると、一八一校八、四七八人である。[11]

一九三〇年（民国一九年）頃、教員の質の低下による教育の停滞が問題になった。教育処長は省政府主席宛ての書簡の中で、「教育ハ人心ヲ陶冶シ黙々裡ニ同化セシムルカ甚大ナリ故ニ教育ノ興廃ハ墾民ノ向背ニ関スルコト大ナリ……各県支那人学校僅カ百七十三校ナルニ反シ墾民ノ私立学校及日本側施設ノ学校ハ合計二百七十一校ニ及フノ形勢ニシテ支那人学校ニ絶対的整頓ヲ励行シ教育権ヲ漸次回収セサレハ何ヲ以テカ無言教化ノ効ヲ収メ得ヘキヤ」[12]と「支那学校ノ絶対的整頓」を主張している。その方策として、次の五点を提案している。[13]

一、教員採用試験を厳格に行なうこと
二、教員の待遇改善を行なうこと。具体的には当時月額二、三〇元位であった教員の給与を一挙に六〇元に上げること
三、教員の試験制度、教育方法の改善を図ること
四、能力の無い教員は解職すること
五、師範学校卒業生を積極的に登用し、教育方法の改善に務めること

この提案が実現したかどうかは分からないが、教育権回収後、回収した教育をどの様に保証していくかということは教員の質に関わっていたことは間違いない。

（1）前掲『琿春史志』三〇〇ページ
（2）同前　三〇一ページ
（3）同前　三〇四ページ
（4）姜徳相編『現代史資料』二八巻「朝鮮」四巻　みすず書房　一九七二年　二九六ページ
（5）前掲『琿春史志』三〇四ページ
（6）同前　三〇五ページ
（7）前掲『間島問題の経過と移住朝鮮人』一八七ページ　原文未見
（8）同前　一八五ページ
（9）前掲『在満朝鮮人と教育問題』「支那側設立朝鮮人学校」より作成
（10）前掲『外務省特殊調査文書』一五巻　一〇八四ページ
（11）同前「間島問題調書」五三五ページ
（12）前掲『外務省特殊調査文書』一七巻　六六六ページ
（13）同前　六六九ページ

一四　教育権回収運動と朝鮮人教育圧迫

一九二一年（大正一〇年）一一月から翌年二月にかけて開催されたワシントン会議によって、中国の主権、領土保全、内政不干渉、門戸開放と機会均等が承認された。これは国際世論が日本の中国における「特殊権益」の否定を宣言したものであった。中国の教育界でも国際世論を受けて教育権回収運動が起こった。

一九二四年（大正一三年）三月、奉天市政公処教育課長羅振邦が新聞紙上で東三省の「日本化」教育を批判すると、瞬く間に東三省全体に教育権回収運動が広がった。[1] 羅振邦の発言は満鉄付属地の日本人経営の学校に向けられたものであったが、運動は朝鮮人学校にも広がった。三ヵ月後、「東辺道所属各県朝鮮人学校廃止条令」が公布され、朝鮮人学校の多くが廃校となった。[2] 翌年の一九二五年（大正一四年）二月には、興京県下の一八校の朝鮮人学校の代表が召集され、中国の学制に従うこと、中国の教科書を使用すること、中国人を校長とすること、二クラス以上ある学校では中国人教員を招請することなどの指示を出し、従わなければ閉校処分にするという指示が出された。その結果、一二校が閉校になった。[3] 教育権回収運動は日本だけに向けられたものではなく、ミッション系の学校の教育権を含めて回収しようという全国的なナショナリズムの高揚のなかで進められた。

『在満鮮人圧迫事情』は「在満鮮人学校圧迫ハ政治的ノモノニシテ国権回復運動ノ一分枝トモ見ラレ又満州ニ於ケル所謂日鮮支三角関係ノ典型的ノモノナリ」[4] と述べている。日本側の資料によると、一九二四年（大正一三年）から一九二六年（大正一五年）にかけて朝鮮人への「圧迫」事件の三件に一件が教育問題であった。[5]

しかし、教育権回収運動と間島における朝鮮人圧迫運動は重なる面はあるが異なる運動として捉えるべきであろう。教育権回収運動は反日ナショナリズムであり、国際的世論を背景とした「旅大回収」「二一ヵ条撤廃」といった国権回収の要求であった。主に「満州」では満鉄付属地の学校の回収を要求して闘かわれ、南部ではミッション系学校の回収運動として闘かわれた。[6] それに対して朝鮮人教育圧迫は間島において拡大しつつある日本の勢力拡大に対する政治的行動であり、地方軍閥の政策的措置として行なわれた。つまり、日本の間島進出を阻止する政治的な行動であった。

日本は東北軍閥張作霖を取り込み、間島政策を積極的に推し進めた。それによって間島の日本の影響力下にある朝鮮人勢力が強まり、中国の支配が及ばなくなってしまった。そこで、中国は中国本土からの中国人移住者を奨励する一方で、朝鮮人移住者に規制を加え、朝鮮人勢力を弱体化させ、日本の間島進出を阻止しようとした。つまり、日本との直接対決を避けつつ影響力を広げ様としたものであった。

一方、日本は朝鮮と国境を接する西間島が反日独立運動の拠点地と成りつつあることに脅威を感じていた。西間島は日本の支配力の弱い地域であった。また、反日運動の主流が民族主義団体からソ連を後ろ盾とする共産主義団体に移りつつあることも脅威であった。

一九二五年（大正一四年）六月、三矢朝鮮総督府警務局長と干珍奉天省警務処長の間で「不逞鮮人ノ取締方ニ関スル朝鮮総督府奉天省間ノ協定」いわゆる「三矢協定」が結ばれた。(7)「三矢協定」の内容は、国境警備に際して、日中両国官憲の越境禁止、反日独立組織に対する中国側の取り締まり強化の二点を柱としたものである。

この「三矢協定」の締結によって、中国の朝鮮人取り締まりに根拠を与え、中国の朝鮮人への規制が一層強化されることになる。しかし、日本は中国に朝鮮人の取り締まりをゆだねたが、同時に自己の支配下につなぎ止めて置きたいという矛盾した要求を持っていた。また、日本にとっては中国の朝鮮人取締強化は、「日本臣民」である朝鮮人の法的位置からして、日本の主権侵害に当たるということにもなりかねなかった。

（1）阿部洋『日中教育文化と摩擦』第一書房　一九八三年　四四ページ
（2）陶増駢主編『東北民族教育史』遼寧大学出版社　一九九三年　四五三ページ
（3）同前　四五三ページ
（4）満鉄社長室編『在満鮮人圧迫事情』一九二八年　二二八ページ
（5）前掲『在満鮮農ノ移住入植過程ト水田経営形態』前編　二二七ページ
（6）佐藤尚子著『米中教育交流史研究序説』龍溪書舎　一九九〇年　六九ページ～
（7）方香著「論九・一八事変前在朝鮮族問題上的中日矛盾及其影響」『朝鮮族研究論叢』四号　一七二ページ

一五　「三矢協定」以降の朝鮮人圧迫

一九二八年（昭和三年）九月、延吉道尹陶彬が死去し、章啓槐が新しく道尹となった。陶彬は比較的親日的であったが、章啓槐は反日的であった。間島の現状が殆ど日本の支配下にあり「延辺地方ハ近キ将来ニ於テ全ク日本領土ト化スル」(1)ことに危惧を抱き、着任早々日本に対する対抗姿勢を強めた。具体的には「日警ノ出張厳禁」「日警ノ行動厳重監視」「日警ノ墾民宅ヘノ宿泊禁止」「墾民ノ機密保持」等の措置を次々と打ち出した。(2)

章啓槐は吉林省政府民政庁長に抜擢されると、間島に対して国権回収の政策を実施に移すよう強力な指示を出した。(2)

一九二九年（民国一八年）二月、中央政府は吉林省政府に対して朝鮮人教育に関する訓令を出した。(3) それによると、従来各省長、道尹、県知事公認の朝鮮人の自主的教育機関が多数あるが、これを野放しにしておくことは中国の主権放棄につながるものである。中国は革命的統一を達成して全国民を挙げて外国に対する国権回収運動を行なっており、当然、中国の国法に服従すべき在住朝鮮人に自主的教育を公認する如きは、革命精神を忘却するものである。省政府は宜しく中央政府の意図に従い朝鮮人教育機関を一斉に撤廃し、中国の教育制度に依らしめるようにすべきである、というものであった。(4)

一九二九年（昭和四年）五月、この訓令の直後、遼寧省教育行政会議が開かれ「教育権回収弁法」が公布された。(5)

同弁法は「奉天省及租借地、付属地内ニ於テハ、外人経常ノ学校ハ省政府内ニ移管スルカ又ハ中国人民ニ於テ組織シタル団体ニ引継カシム」というものである。

さらに、同年八月、中央政府の朝鮮人教育に関する訓令が出された。その内容は次の通りである。(6)

一、朝鮮人教育には中国語による教科書を使用し、朝鮮語の教育を許可しない。教員は非帰化朝鮮人及び日本人の任用を禁止する

二、中国の教育機関に在籍している朝鮮人は中国人と同等の待遇を受けるものとする

三、帰化朝鮮人が大学に入学した場合、食費、制服、書籍を官費で支給する

四、帰化朝鮮人が大学その他の専門学校以上を卒業した場合、行政院、各省の官吏に任用する

五、在学中の各等学生は朝鮮服を着用すること、及び朝鮮人子弟の集合する際朝鮮語を使用することを禁止する

さらに、吉林省教育処は間島各地に教育監察処を設け、監察員を任命し、朝鮮人学校を中国側支配下に置こうとし、命令に従わない朝鮮人学校に対して強制閉鎖などの措置を採った。

朝鮮人有志は、親中団体である韓僑同郷全を通じて中国に抗議した。同時に朝鮮語、朝鮮歴史を正規の教科目に加えるように要請した。中国側は課外授業としてなら黙認するという柔軟な姿勢を示した。

吉林省教育庁長王華林は、省政府に朝鮮人教育について次の様な提案を行なっている。(7)

一、間島各県の朝鮮人学校を調査し、経費補助を行ない公立に改組する

二、間島各県の朝鮮人学校に対し、一律に国民政府教育部の教科書を使用させる

三、朝鮮人子弟は公立学校に入学させ、私立学校の設立を制限する

四、教育監察処を設置し、朝鮮人教育を監督、監視させる
五、朝鮮人教育費として省より一二万元支出し、日本文化の侵入を防ぐ

提案の趣旨は、一部を除いて中国側の教育方針に沿った私立学校は少なく、親日的私立学校だけでなく、宗教系私立学校、民族系私立学校を含めて、公立化し、中国側の支配下に置くということに重点が置かれている。

一九三〇年（昭和五年）三月から五月にかけて、朝鮮人学校二一校（生徒数七三九人）が中国の学制に基づいて教育を行なう様になった。(8)

さらに、延吉県教育局では朝鮮人子弟教育方針を決定して訓令を出した。その内容は次の通りである。(9)

一、学齢鮮童ハ帰化人ノ子弟タルト否トヲ問ハス入学ヲ許可スルコト
二、省政府教育庁ニ呈講シ財政ノ許ス限リ戸口百戸ヲ有スル必要ノ箇所ニ小学校ヲ増設スルコト
三、鮮人児童ニシテ正当ノ事由無クシテ退学セムトスル者ハ情状ノ軽重ニ従ヒ所定ノ罰金ヲ課シ以テ日本人経営学校ヘノ転校ヲ防止スルコト
四、初等教育ハ国語普及ヲ主眼トシ三民主義ヲ基礎トスル党化教育ヲ実施スルコト
五、各郷、甲、村ニ於ケル不完全ナル私立学校及書堂ハ強制的ニ最寄ノ公立小学校ニ編入スルコト

これまでの様に非帰化朝鮮人子弟を中国側の教育施設から排斥するのではなく、すべての朝鮮人子弟を中国側の教育機関に取り込み、学校のないところには新たに小学校を開校し、現在ある朝鮮人学校は強制的に中国の公立学校に編入するというものである。さらに、中途退学者からは罰金を取って日本側の学校に入学することを防止しよ

うとした。

さらに、四の「三民主義」云々の表現は、「易幟」[10]以降の東北政権の方針変化が読み取れる。さらに、一九三〇年（昭和五年）から一九三一年（昭和六年）にかけて吉林省、奉天省では、朝鮮人学校への規制をねらった訓令が次々と出されている。[11]

一九三〇年（昭和五年）四月、「鮮人私立学校閉鎖訓令」（主席訓令）。一九三〇年（昭和五年）六月、「鮮人学校回収訓令」（延吉鎮守訓令）。一九三〇年（昭和五年）七月、「遼寧省新賓県の訓令」。一九三一年（昭利六年）二月、吉林省教育庁「朝鮮人学校取締弁法」。一九三一年（昭和六年）五月、「鮮人既設私立学校ノ制限並ニ親日鮮人取締方ノ訓令」（琿春公安局密令）。一九三一年（昭和六年）七月、「鮮人学校設立制限方通令」（遼寧省教育庁通令）。一九三一年（昭和六年）八月、「中等学校不帰化鮮人収容禁止訓令」（遼寧省教育庁訓令）などである。この間、朝鮮人教育規制の意図を持って公布された法令は二九に及ぶ。[12]

（1）前掲『外務省特殊調査文書』四六巻　一八一ページ
（2）前掲「論九・一八事変前在朝鮮族問題上的中日矛盾及其影響」一六六ページ
（3）前掲『間島問題の経過と移住朝鮮人』一八五ページ
（4）同前　一八五ページ
（5）同前　一八九ページ
（6）同前　一九五ページ
（7）長野朗著『満州問題の関鍵間島』支那問題研究所　一九三一年（満州問題叢書第三巻）　一七七ページ
（8）前掲『外務省特殊調査文書』四六巻　二三四ページ
（9）同前　二三五ページ
（10）「易幟」とは張学良が南京国民政府の支持を表明し、「満州」の地に国民政府の青天白日満地紅旗を掲げたことをいう。
（11）前掲『東北官憲所排日法令輯』四八ページ

(12) 満鉄庶務部調査課編『支那官憲の在満鮮人圧迫問題』一九二九年 二〇ページ

一六 朝鮮人学校側の主張

朝鮮人も中国側の厳しい中国化政策に違った意味で危機感を抱いていた。間島四県の朝鮮人代表が吉林省政府に対して、次の様な陳情書を提出している。(1)

一、特殊な民族には特殊な教育が必要である
二、特殊な教育には特殊な教科書が必要である
三、朝鮮人学校間においても主義主張が異なっている
四、朝鮮人が朝鮮語、朝鮮史、朝鮮地誌を解しないのは、「背祖忘本」である
五、帰化朝鮮人が吉林大学に入学する場合学費免除にしてほしい
六、教育局に朝鮮人教育委員を置き、朝鮮人の実情を調査し、朝鮮人の意志を尊重してほしい

朝鮮人を中国側の公立学校に入れて教育すれば、朝鮮人子弟は民族感情を失い、中国化してしまう。それぞれの民族には民族特有の教育が必要であり、そのためには固有の教科書が必要である。また、朝鮮人学校と言っても宗教系学校、民族系学校、純然たる個人経営の学校、親日的学校とそれぞれ異なっており、それらの学校を一律に規制することには無理があり、朝鮮人教育を理解した教育委員を置くように要請している。

朝鮮人代表には日本と中国の政治的支配をめぐる確執の狭間にあって、中国側とある程度妥協を図りながらも自

らのアイデンティティーを守ろうとする姿勢がうかがえる。

中国はこうした朝鮮人の要求に対して、「講究中」であるという回答をしたが、日本の「満州」進出と全国的な教育権回収運動を前に、要請に対して「善処」する余地はなかった。

中国は朝鮮人に対して、帰化、同化、圧迫という三つの政策を採ってきた。これまでの経緯から帰化政策は形式に流れ、効果が上らず、墾民教育による同化は教育設備、教員、教科書、教育方法が確立しておらず、いたずらに生徒を入学させるだけに終っていた。従って中国側は圧迫政策を強化し、日本側との影響を断ち切ることに政策の重点を移した。これは中国側の教育権回収運動と呼応して、朝鮮人排斥ともいえる運動に発展したのである。

しかしながらこれらの動きは、一九三一年（昭和六年）九月の「満州事変」と、その後の「満州国」成立という情況の中で一変してしまう。以上はその前夜の歴史をたどったものであるが、これ以後のことは彼の研究に譲ることにする。

（1）前掲『満州問題の関鍵間島』一七九ページ

おわりに

間島は中朝両国の封禁地に属し、空白地域であった。しかし、清末から民初にかけて、朝鮮の自然災害、日本の土地買収による農村の窮乏化により、禁を犯して大量の朝鮮人移住者が図們江、鴨緑江を越えた。その結果、間島の朝鮮人人口は七万を超えた。しかし、中国人の移住は進まず二万余りにとどまっていた。さらに、朝鮮人の土地所有も進み、間島の朝鮮化が進んだ。このまま進めば、間島における中国の支配権が空洞化され、「韓国併合」により「日本臣民」となった朝鮮人によって、日本の植民地になる可能性も生まれた。さらに、日本は朝鮮人「保護」を名目とし、中国の強い抗議を無視して、間島に統監府臨時間島派出所を設置し、間島各地に憲兵隊派遣所を設け、普通学校、病院、郵便局などを設置した。

間島は「満州」の朝鮮半島の付け根に位置し、日中朝ロの利害の対立する地域であった。こうした状況の中で、それぞれが間島の朝鮮人を自分の支配下に置こうとする熾烈な「綱引き」が行なわれた。中国は教育に関して、「圧迫」と「懐柔」という方策を用いた。例えば、「画一墾民教育弁法」を公布し、間島の朝鮮人学校を中国の教育制度に基づく学校にすることを迫った。さらに、「画一墾民教育弁法」に従う学校には「墾民教育省費補助弁法」によって補助金を支給するといった方法を採った。

しかし、教育権回収運動が起こると、一部朝鮮人教育に対しても矛先が向けられた。実際に中国の朝鮮人教育「圧迫」が激しくなるのは、中国の反日運動を弾圧するために日中間で結ばれた「三矢協定」以降である。中国は「三矢協定」によって、朝鮮人「圧迫」の根拠を得、間島における朝鮮人教育の基盤を揺るがすまでの「圧迫」を加えた。それは朝鮮人を「圧迫」し、日本の支配下から朝鮮人を切り離すことを目的としたものであった。

朝鮮人の反日民族独立は西間島、北「満」を中心に拡大し、同時に朝鮮共産党を中心とする共産主義運動がその主流を占めるようになってきた。間島の宗教系学校では教育と宗教の分離を要求する運動が共産党の青年組織によって進められていた。しかし、一九二八年（昭和三年）末、コミンテルンの「一国一党主義」の方針に基づき、朝鮮共産党が解体し、中国共産党に編入され、反日民族独立運動はその方向を大きく変えることになる。つまり、闘争の目標が朝鮮独立から中国革命の勝利に置かれ、当面、朝鮮民族独立運動は副次的なものとして位置付けられることになった。(1) しかし、共産先主導の抗日戦争の中で朝鮮民族独立への運動は水面下でくすぶり続けた。例えば「大高麗国」「檀自由国」そして「朝鮮自治区」といった運動がそれである。一方「満州事変」以後、東北では新たな問題が発生した。

一九四五年、日本帝国主義の敗北と一九四九年、中国革命の成就という二つの政治状況は間島の状況を再び大きく変えた。一九五二年九月、先の「朝鮮自治区」の線に沿って延辺朝鮮族自治州が成立した。これによって「間島問題」は朝鮮人の日本への抵抗と中国への抵抗と連帯の歴史に終止符を打つことになる。つまり、間島の朝鮮人は中国の少数民族として位置づけられることになったが、政治的には、以上の様に「解決」したとしても、その後の国際情勢とも関連しながら、複雑微妙な問題として尾を引くことになる。広くアジアにおける民族問題として、中国の少数民族政策と考え合わせて、さらに、研究をする必要があると痛感している。

（1）一九六三年夏、解放後、日本人として初めて延辺を訪れた安藤彦太郎氏（早稲田大学名誉教授）は、間島パルチザン闘争の指導者朱徳海共産党延辺第一書記との会談を伝え、朱氏が「中国革命の成功は朝鮮独立の一大条件であるという立場で、それらの問題に対処した」と述べ、路線変更があったことを間接的に示唆している。

第五章 「満州」における中国語教育

はじめに

台湾総督府の学務部長を務めた伊沢修二は、彼の著書『新版図人民教化の方針[1]』の中で、マホメットが右手に剣、左手にコーランを持ってイスラム教を布教した例を挙げながら、人身の征服つまり戦争による征服と精神の征服は同じことであると説いた。そして、植民地の言語教育政策として次の三つが挙げられるとしている。

第一には我国語我風習など凡て我と云ふことを主として此教化を行うて往く仕方
第二には仮りに彼れの言語並に彼れの風習などを用ひ即ち先づ彼れに依て彼れの利器を奪て之を仮りて我用をなし終に我が目的を達する仕方
第三には我れと彼れと混合融和して不知不識の間に同一国に化して往く仕方

それぞれ第一を「自主主義」、第二を「仮他主義」、第三を「混和主義」と名付け、伊沢自身は「混和主義」を是とした。その「混和主義」を実行に移す条件として、日本と台湾が地理的歴史的に近いこと、「殆ど同人種」であること、文字（漢字）を同じくすること、文化的水準がほぼ同じであることを挙げている。伊沢のこの『新版図人民教化の方針』は、一八九七年（明治三〇年）七月二九日、彼が学務部長を辞任した直後の講演記録である。伊沢は、一八九五年（明治二八年）六月学務部長として渡台以来、国語伝習所、国語学校を創設し、中国人に対する日本語教育を行なった。日本人に対する中国語教育は、警察官及司獄官訓練所、[2] 日本語教員養成講習会において台湾語[3]を教えたにすぎず、彼の主張する「混和主義」を台湾に浸透させるまでには至らなかった。伊沢の去った後、台湾では、一八九七年小学校補習科に中国語科目が配当（一九一五年廃止）され、国語学校語学部土語科（一八九七年開校、一九〇二年廃止）、国語学校土語専修科（一八九八年開校、一九〇三年廃止）[4]において中国語（台湾語）教育が行なわれたが、師範教育を除いてあまり顧みられなかった。台湾における中国語教育の特徴の一つに、中国語の標準音とされる北京官話と違い台湾語を教育したことが挙げられる。日本内地では一八七六年（明治九年）に東京外国語学校の支那語科が、これまでの南京語から北京語を基本とした教育に変更され、北京官話が中国語教育の主流となっていた時代であった。北京官話と台湾語では方言といっても意思の疎通を欠くほどの違いがあるので、現地の実用性からみると、台湾語を基本としたことは当然といえば当然なことかもしれない。ただ、台湾総督府学務部では中国語（台湾語）を外国語として見なしていなかったような節もある。それは一九二二年（大正一一年）、公立中学校規則が公布され、随意科目として「台湾語ヲ加フ」という規定が加わったが、それとは別に「外国語科目ハ英語、独語又ハ仏語トス」という規定があり、中国語（台湾語）を外国語から切り離して配当している点にも見られる。その後、台湾の言語政策は、伊沢が採用すべき政策として主張した「混和主義」ではなく、「自主主義」の道をたどることになる。伊沢の「混和主義」はむしろ「満州」において実行された。

「満州」（関東州、満鉄付属地）では、当然中国人に対して日本語教育を行なうだけでなく母国語教育（中国語）

が行なわれた。一九二三年の「関東州公学堂規則」の改正以後は、日本語科目より中国語科目の時間数の方が多くなっている。一方、在留日本人子弟に対し、早い時期より初等中等教育から大学教育に至るまで公的教育機関において中国語教育が行なわれた。この様に日本人に対して中国語教育が積極的に行なわれたのには幾つかの要因があった。

第一は、関東州は租借地であり、満鉄付属地は国際法上日本の行政権があいまいな地域であるため、強制的な政策を実行に移すことはできず、周りの地域と妥協を図りつつ日本の植民地政策を浸透させていく「適地適応政策」が採られたことである。

第二は、「満州」の植民地経営の主体は南満州鉄道株式会社（満鉄）にあり、満鉄の事業は鉱業、電気、倉庫、教育、衛生、土木等に及んだ。そこで日本人が増えるにつれて、日常業務においても中国人従業員と意思疎通をはからなければならず、日本人に対する中国語教育が必要となってくる。この満鉄会社内での中国語教育を必要とする意識が、付属地における満鉄社営の教育機関に反映したことによる。

第三は、台湾における日本人の職業の第一位は官公吏自由業で三六・八％を占めている。これに対し、「満州」では公官吏自由業は四・八％と低い。(5) つまり、台湾はもともと人口密度の高い地区であり、移民奨励政策が採れず、渡台した日本人の多くは公官吏、警察官に限られ、事業営業者は住みつけなかった。これに対し、「満州」では、日露戦争後戦勝の勢いをかって当初一旗組が押しかけたのである。関東州民政署官房編『関東州現住戸口調査』（一九〇六年）「関東州現住戸口職業別表」によると、一九〇五年（明治三八年）九月現在、関東州在留日本人二、五八五名中、特殊営業婦と呼ばれる娼妓、芸妓が一、四〇六名で、全体の五四・四％を占めており、関東都督府編『関東都督府事務概要』の「三十八年民政署開始ノ当時ニアリテハ売春婦ノ数実ニ在留者ノ半ニ達セントスルノ奇観ヲ呈シタリ」(6) という記述を裏付けている。さらに、同『関東都督府事務概要』は関東州、付属地の日本人職業別人口表を付しているが、公官吏、工業、商業とともに「其他ノ業」として三一、八〇八名が在留しているとある。これは関東州、付属地の在留日本人の四三・三%に当たる。この数字は職業の多様性を物語るものでもある。この様な在満日本人人口の浮動的職業構成と定着性の弱さは満州事変まで続く。これらの人々は、初めから中国人を相手に仕事をするつもりで渡満してきたため、中国語の必要性は自ずと高まり、当初の営口や安東での中国語の速成講習会の盛況を招いた。初期の「満州」における中国語教育は、租借地という条件を背景として生まれた植民地政策と、「満鉄」という植民地経営体と、中国人を相手に仕事をしようという一旗組の要求という三つの要素を背景に持っていたといえよう。

これまで「満州」における中国語教育の研究は、筆者の知るかぎりでは那須清氏の「旧満州地区における中国語の教育・研究に関する覚え書」(九州大学文学研究会『文学論輯』第一四号、一九六七年)が公刊されているだけである。本章は那須論文を基礎としつつ、日本の「満州」における中国語教育を在満日本人教育の視点から検討を加えたものである。なお、ここでいう「満州」とは、日露戦争によって日本がロシアから引き継いだ遼東半島に位置する租借地関東州と、満鉄の駅周辺と鉄道沿線に延びる付属地をさす。

関東州では、一九〇六年七月、「関東都督府官制」が制定され、都督府民政長官の下で教育行政が行なわれることになった。一方、満鉄付属地では、一九〇六年八月、逓信、大蔵、外務の三大臣の名による「其社ハ政府ノ認可ヲ受ケ鉄道及付属事業ノ用地内ニ於ケル土木、教育、衛生等ニ関スル必要ナル施設ヲ為スベシ」という命令書を満鉄が受け、会社経営の一環として、教育事業を行なうことになった。そのため関東州と満鉄付属地では教育政策にも違いが見られる。

(1) 信濃教育会編『伊沢修二選集』一九五八年 六三二ページ

（2）井出季和太著『台湾治績志』台湾日日新聞社 一九三七年 三一三ページ。「南方資料叢書九」一九八八年 青史社復刻版所収

（3）埋橋徳良著『伊沢修二の中国語研究』銀河書房 一九九一年 四一ページ。『伊沢修二選集』六〇三ページには「其二箇月半間に講習したる学科は第一、台湾土語は世人も知る如く支那南部厦門語の系統に属し学術上最も困難なるにも拘はらず短日月の学習にて大抵普通の談話に通じ教育上差支なきまでに至れり」とある。

（4）台湾教育会編『台湾教育沿革誌』一九三九年 五七七ページ

（5）前掲『日本人の海外活動に関する歴史的調査』通巻第一冊 一九四六年 二一一ページ、二四三ページ。なお、台湾の統計は一九〇五年、関東州及び満鉄付属地の統計は一九一〇年であり、年代にひらきがあるが、植民地経営の初期の状況を反映したものとして挙げた。

（6）関東都督府編『関東都督府事務概要』一九一三年 九一ページ

一 「満州」における中国語教育の背景

一九〇五年（明治三八年）一〇月、日露講和条約が批准され、翌年一月、西園寺内閣が成立した。西園寺内閣の当面する外交課題は「満州」問題であった。続いて「満州に関する日清条約」が批准されたが、日本の「満州」における軍政は続き、英米は日本の「満州」開放を強く要求してきた。英米との協調路線を採る西園寺内閣と「満州」に日本の勢力を拡大するための基礎を固めようと軍政継続を主張する陸軍は対立を深めた。この陸軍と西園寺内閣の対立は寺本康也氏の「日露戦争後の対満政策をめぐる外務省と陸軍の対立」（政治経済史学会編『政治経済史学』二三七号 一九八六年一月）に詳しく論述されている。一九〇六年（明治三九年）五月、西園寺首相の主催する「満州問題に関する協議会」が開催され、議論の末伊藤博文の意見を入れて、「関東総督ノ機関ヲ平時組織ニ改ムルコト」「軍政署ヲ順次ニ廃スルコト、但シ領事ノ在ル処ハ直ニ之ヲ廃スルコト」という決定がなされた。[1] この決定を受けて各地の軍政署は廃止され、関東都督府が租借地だけを対象とする機関として発足する。また、「満

州」植民地経営の中軸として満鉄会社が創設されることになり、満州軍総参謀長児玉源太郎等の推薦で台湾総督府民政長官後藤新平が総裁となった。後藤の抜擢は児玉が台湾総督時代から後藤の手腕を高く評価し、後藤の「満州」経営策に賛同していたからである。後藤は満鉄総裁就任に当たり「満鉄総裁就職情由書」を提出し、併せて後藤自身の「満州」経営策を西園寺内閣が認めることを条件として総裁就任を受諾した。後藤の「満州」経営策は、いわゆる「文装的武備」論といわれるもので、もともと台湾の植民地経営において実行してきたものである。後藤自身の言葉を借りれば「文事的設備を以て他の侵略に備え一旦緩急あれば武断的行動を助くるの便を併せ講じて置く(2)」ものであり、「経済的武備と略同様の意義を有する」ものであり、「真の経済的武備と言つたならば有形的にも無形的にもあらゆる科学的総合作用(3)」を意味するものである。後藤が台湾総督府民政長官に就任して最初に行なったことは、台湾旧慣調査会、台湾研究所を設立し、台湾の旧慣習調査を実行したことである。一九〇五年（明治三八年）に実施された台湾の戸口調査は民籍にとどまらず家族関係、使用言語、阿片吸飲と多岐にわたるものであった。植民地の状況をあらゆる角度から調査し、それに適応した政策を実行する、これが後藤の考えであった。鶴見祐輔著『後藤新平伝』によると、一九〇六年（明治三九年）一一月、満鉄設立総会において、後藤は満鉄が世界商業の大動脈としての国際的責任を担うべきであると述べ、続けて「殊に清国人に対して可成その協力をむかうるの精神を持し、この協力を阻害すべき清国人の誤解猜疑は努めてこれを排除せざるべからず」（上篇九二ページ）と中国人との協調を強調している。当時、満鉄教育界は後藤の「文装的武備」論の影響を強く受けて出発した。草創期の学務担当には、飯河道雄、法貴慶太郎など中国の学堂で教習として教鞭を執った経験者が多く、中国事情にも通じていて、後藤の意見を受け入れる素地を持っていた。つまり、早期より「満州」の土地に適応した方法による学校経営をめざす「現地適応主義」教育が形成される下地があったといえよう。ここで奉天春日小学校長河村音吉の文章を紹介しよう(4)。

植民地ノ教育殊ニ初等教育ハ其ノ根本ニ於テハ敢ヘテ其ノ母国ニ於ケルモノト全ク異ナル要ヲ見ス。唯其ノ方法ニ至リテハ気候風土生業等ノ関係ヨリシテ多少ノ酌量ヲ加ヘサルヘカラス。人ハ謂フ植民地ノ教育ハ事情ノ異ナルトコロアリ、母国ノ教育ト大イニ其ノ趣ヲ異ニセリ決シテ母国ノ教育ニ準拠スヘカラス、土地風土ノ差異ハ各其ノ教育的素地ヲ異ニセルヘカラス。母国ノ教育主義ハ俄ニ之ヲ植民地ニ移スヘカラスト、其ノ言ヤ頗ル美ニシテ大、往々ニシテ人ノ視聴ヲ引クコトアリト雖、固、主義ト方法トハ自ラ別物ナリ。……土地カ商業盛ナルノ政ヲ以テ商業ヲ課シ、動植物ノ産ニ異同アルノ故ニ以テ理科ノ教材ヲ加味シ生活ノ華美ナル故ニ質素ヲ奨メ、気候ノ激変著シキカ為ニ身体ヲ鍛錬スルカ如キ等ハ、之又必要ナリト雖ソハ教育ノ方法ニ属ス……

河村は、一九〇八年（明治四一年）四月、奉天春日小学校開校以来の校長として「満州」での教育に携ってきた人物であり、この『南満教育会会報』に掲載された主張は当時の教育現場の生の声といえる。当時の教育方針は総裁告辞に示されている様に「教育ノ大本ハ聖詔ノ垂鑑炳トシテ日星ノ如シ。而シテ忠君愛国ノ志気ヲ鼓励シ自彊進取ノ性能ヲ涵養シ以テ大国民ノ基礎ヲ確立スル」(5)を根本精神とし、文部省の定めた「教育令」に準拠して教育を進めるというものであった。『満鉄付属地経営沿革全史』では草創期の教育の特徴として、「その手段に到つては環境の異るに従ひ、また特殊な教育方法が無ければならない。満鉄の方針は果して如何であつたか。一言にしてこれを言へば、適地主義、適応主義に在るといひ得る」(6)と述べている。

しかし、この「現地適応主義」教育は、満鉄の監督官庁である関東都督府の方針とは若干異なるものであった。関東都督府では海を隔てているとはいえ、関東州は日本の一県であるという意識が強く、内地の教育をそのまま実行することはむしろ当然なことであるという考えが強かった。一九一〇年（明治四三年）八月、開催された南満州

教育会第二回総会において、関東都督府民政長官白仁武は、当時の「現地適応主義」教育を批判して次の様に発言している。(7)

南満州ニ於ケル中小学校ニテ誤マレルコト一アリ。ソハ如何ナルコトカト云フニ南満州ヲ重視シ過クルコト是ナリ。試ニ教室ニ入レハ八、九歳ノ児童ニ吉林、斉斉哈爾、哈爾濱、浦潮、奉天等ノ地理ヲ頻ニ教授スル見ル然ルニ是等児童ハ母国ノ東京、大阪、長崎、北海道等ニ関スル地理的事項ヲ知悉スルモノ少シ、然ルニモ拘ラス如上ニ満州地理ヲ教授スルハ矛盾モ甚シト謂フヘシ。特ニ金州ノ歴史ヲ授ケ南満州ノ動植物ヲ説クニ至リテハ殆ト了解ニ苦シム所ナリ。抑普通教育タルヤ完全ナル国民ヲ養成スルニアレハ其ノ教授スヘキ材料ハ自ラ定マルヘキ筈ナルニ母国ノ卑近ナル地理、歴史、博物ノ大要ヲモ知ラサルモノニ南満州ノ地理、歴史、博物ヲ強イテ授クルノ必要アルカ。又一歩退キテ考フルニ南満州ニ於ケル就学児童中、中学校及専門学校ヲ卒ヘ此ノ地ニ永住シテ諸般ノ業務ニ従事スルモノ果シテ幾人アル、勿論幾多ノ児童中少数者ハ三十年四十年ト永住スルモノアラムモ統計ノ示ス所ニヨレハ五千人ノ渡満者中帰国スルモノ五分ノ三ニ過タト言フ。斯ノ如キ状況ハ諸君ノ学校ニ於ケル入退学児童ノ頻繁ナルニ徴シテモ明カナルヘシ、故ニ少数ノ残留者ヲ標準トシテ南満州教育ノ方針ヲ定ムルハ多数ノ児童ヲ誤ルト云ハサルヘカラス。

白仁の批判の中に当時の初等教育の現場の一端をもうかがい知ることができる。

文部省普通学務局長の経歴を持つ白仁の目から見た在満教育の現状は内地の一般的な教育からあまりにもかけ離れたものに思えたに違いない。永住するものが少ない現状の中で、「南満州ノ地理、歴史、博物ヲ強ヒテ授クル」ことより、内地と同じ教育を「満州」で行なうことが必要であると主張するもので、白仁の考え方は、いわば「母国延長主義」教育と呼ぶことができる。

この在満日本人教育のあり方を巡る二つの考え方は、教育の現場で終始問題となった。この両者の発言は、在満小学校教育が関東都督府と満鉄の経営によって出発したばかりの時期の発言であり、早期の段階からこの二つの考え方があったことが分かる。

満鉄においては、先に示した様に後藤のいう「文装的武備」を基調とした「現地適応主義」教育を方針としていた。一九一三年（大正二年）四月、第三回満鉄小学校長会で国澤新兵衛副総裁が五年間の満鉄付属地教育を総括して述べた訓示の中で、付属地教育は「実行ノ手段方法ニ至リテハ周囲ノ事情ト児童ノ境遇ニ応シ斟酌シ其ノ宜シキヲ得ヘキハ各当事者ノ常ニ留意ヲ要スル所ナリ」(8)と述べ、満鉄が中国に適応した教育を方針とすることを主張している。

翌年、第四回満鉄小学校長会が開かれ、付属地の教育方針というべき「付属地小学校訓練項目」の制定が決定され、初代学務係主任岡本辰之助（元東京府視学）等の手によって、五項目にまとめられ一九一五年（大正四年）一一月公布された。その第三項目には「帝国ノ地位ヲ了解セシメ土地ト相親シムノ念ヲ養ヒ質素ニ安シ勤労ヲ楽マシムヘシ」、第五項目には「日本国民タルノ品位ヲ保チ外人ノ信頼ヲ受クルニ至ラシムヘシ」という二項目が入っている。

『満鉄付属地経営沿革全史』は、この訓練項目の制定の背景にあった在満教育界の学校教育に対する要求として次の三つを挙げている。(9)

第一に母国を離れた子弟の教育に就いては、母国に対する理解を充分ならしめると共に居住地に固着し発展せんとする気魄を涵養すること第二に在満邦人子弟は、社会的環境の影響により内地在住の子弟と著しく趣を異にするものがあって、これが長所及び短所を研究し具体的法案を樹立することが必要であること

第三に満州の気候風土等の特殊的事情から見て、満州の土地に適応せる教育方法を採り入れることが肝要であること

当時、在満教育界にあっては「現地適応主義」教育を望む声が強かったことが分かる。(9)

この訓練項目の制定を受けて各地の教育関係の研究会で具体化についての案が練られた。安奉線撫順部会では第三項目の具体案として、「満州地理の教授を適切にすべきこと」、「満州の景物の本とせる唱歌を採定し教授すべきこと」、「満州を背景とする仮作童話を編輯し之を読ましめ又聴かしむべきこと」、「満州に於ける史蹟を訪問せしむべきこと」等を上げている。また、第五項目の具体案として、「国際的礼儀の実習をなさしむること」、「支那人に対して公正の態度を以て接する様指導すべきこと」を挙げている。(10)

第一次世界大戦後、大正デモクラシーの影響は教育界にも広がり、在満教育界においても国際主義教育を重要視する主張が多くなった。(11) 例えば、教育研究会の席上童話「猿蟹合戦」は平和主義、国際主義に反するといった意見も出された。大正一〇年の満鉄校長会において、中学校教育の趣旨に「国際道徳」という一項目を入れるべきであるという意見が出された。「国際道徳」教育とは、日本人の排外主義を克服し、国際礼法を教えるというものである。先の訓練項目の第五項目の「国際的礼儀の実習」「支那人に対して公正の態度を以て接する」ということと重ねあわせると、当時の在満教育界においては「現地適応主義」教育が強調されていたことが分かる。

満鉄では教育行政の所轄は地方部で、独立した課はなかったが、一九一八年から学務課ができた。最初の一年半は課長は庶務課長兼任ということであったが、一九二〇年一月、専任の学務課長として就任したのが保々隆矣（ほ

ぼたかし）である。「満州国」の文教科長を務めた後藤春吉著『満州回想』（一九六一年）によると、保々は東大政治学科在学中に高文に合格し、内務省に入り、一九一九年（大正八年）、愛知県の内務部長代理時代に米騒動鎮圧に手腕を振って内務省の監察官に認められ、省令で満鉄入社が決まり、学務課長に就任した人物である。保々は教育には門外漢の人物であったが、愛知県にいたころ第一次世界大戦後の好景気で財をなした中京財界人に奨学金を出させ奨学制度を作るなど教育には関心を持っていた。学務課長に就任すると欧米の教育視察に出かけ、帰国後「満州」に適応した教育政策を実行に移した。当時の学務課は庶務主任として先の岡本辰之助、視学には法貴慶太郎、中国人教育担当には飯河道雄、教育研究所主任には秋山真造といった満鉄教育界の草創期からのメンバーがおり、人事面でも充実した時期であった。保々は就任早々の一九二〇年（大正九年）二月の満鉄校長会議で次の様な訓辞を述べている。(12)

　植民は民を植うる事にて即ち付属地を墈として経済的発展をなし人口を調和するにあり。然らば人を殖やすには如何なる方法を取るべきかと言ふに此の地にあるものを去らせなき様に為すこと内地人を喜びて此の地に来らせる様にする事との積極的及消極的の方策を為すを要する。此の土地を愛すると謂ふ事に依りて此の問題は解決さるべく此の土地を愛することには気候風土に適当にする事必要にて衣食住にも精神的にも好き感を抱かしむるを要する。この方法として例へば奉天の小学校の児童には東京の次に好い処は奉天であると謂ふ事を思はしむる必要がある。児童の親は内地恋しやの人々なれば一層力を入れて此の土地に親しむ様教育せられたい。徒に内地地図を掲げ内地恋しやの教育を為すことは大いに考慮を要する。……此所に困難なるは内地人の受くべき教育の上に更に満蒙に関する教育をなすは二重の負担なる点なり。然し之は文部省編輯教科書の一部を満蒙に関するものと取更へ巧みに「コンデンス」する事に依りさしたる苦難はあるまいと思考し目下研究所に於て着々と編輯を為しつつあり……要するに教育の方針としては内地万能でない教育を為されたい。

保々が学務課長就任早々に着手したのは、一九一五年以来、教員養成と教育研究機関として満鉄内に設置されていた教育研究所の改革である。これまでの教員養成の内容を付属地の特殊性を多く取り入れたものとした。また、同時に「満州」の状況に合せた補充教科書の編纂、日本人生徒に対する中国語教育の強化と中国人生徒に対する日本語教育の強化、排日教材の調査を行なう一方、中国側編集の教材の使用を奨励した。現場の教師による教務研究会が組織され、学科ごとの教授法、教科内容の研究会が開催されるようになった。満州は寒冷地であることから、児童の体育教育の強化が打ち出されて、各地で体操講習会が開かれ、防寒具を普及させ屋外でのスケートが奨励された。この他、中国人生徒との共学制の試み、現地の実務者養成の為の実務教育の重視、「満州」各地の修学旅行など「現地適応主義」教育の具体化が進められた。満鉄の「現地適応主義」教育が積極的に推し進められた時期である。

「現地適応主義」教育が強調された背景には、国際協調と中国の南北統一を支持する外交路線に踏切った原内閣の対中国政策、中国国内の排日民族運動の高揚が上げられる。また、第一次世界大戦後の英米仏資本の「満州」への再進出と国内不況により、一九一九年（大正八年）頃から日本と「満州」の貿易額が停滞し、在留日本人人口も増加しなかったばかりか関東州、満鉄付属地以外の地域では、一九二〇年（大正九年）から一九二五年（大正一四年）にかけて在留日本人人口が四四％減少している。[13] こうした日本人の「満州」からの撤退傾向は、関東州、満鉄指導部に危機感を与え、日本人を「満州」に定住させる方策として「現地適応主義」教育の強化が進められたものとも考えられる。

しかし、「現地適応主義」教育が在満教育界の一致した方針であったとはいえない。「現地適応主義」教育が強調された背景には、逆に「内地延長主義」教育を主張する根強い力が働いていたことも事実である。その一つは関東都督府（庁）であり、もう一つは一部生徒の保護者（父兄）であった。

「関東都督府官制」によると、関東都督は外務大臣の管理に属し、関東州を管轄すると同時に満鉄の業務を監督することになっており、関東都督は陸軍の大将あるいは中将より任命されるとなっている。一九一一年（明治四四年）の「関東都督府官制」（改正）によると、関東州には親勅任官八名、奏任官八三名、判任官八一八名がおり、日本人官公吏が二、七三五名（内教員は一五五名）いる。[14] 仮に一家族三人とすれば官公吏として生計を立てている者が八、〇〇〇名となる。これらは関東州外では五％弱にすぎないが、[15] 関東州内では約一四％と高い。関東州の官公吏の殆どは、内地からの転出組である。関東州の官公吏の意識の中には、関東州は内地の飛び地にすぎないという意識と仕事上も法令に基づき内地と同じやり方で処理しようという意識が強く、教育行政の面でも当然「内地延長主義」教育の傾向が強くなる。

また、満鉄は経営の主体を大連においており、多くの社員は大連に住んでいる。これらの社員は経済的にも恵まれており、子供達を上級学校に進学させるだけの余力のある人々であり、条件があれば子供たちを内地の学校に転学・進学させたいという希望を持っていた。その為には内地そのままの教育を行なうことが希望され、満州補助教材、中国語教育といった内地のカリキュラムにない授業はできるだけ少なくして、内地と同一の教育を行なってもらいたいという要求が強かった。それは「内地延長主義」教育というより、内地教育より進んだ「進学教育」を希望する者が大勢をしめていた。こうした内地転出官僚の内地型教育と中流俸給生活者の希望する進学教育とが結びついて「内地延長主義」教育の傾向を強くした。内地の「小学校令」の遵守が強調され、日本人子弟に内地の事情を知らせる教育策が採られた。例えば内地映画による巡回映画教育、内地図書の充実とその巡回図書室の実施、内地修学旅行の実施がそれである。また、初期の頃に一部で行なわれた中国人生徒との共学教育を止め分離教育を定着させた。

大連春日小学校長国木小太郎は一九一五年（大正四年）頃の関東州の教育を回顧して次の様に語っている。[16]

総ての事が自治的でなく、いわば官僚式で形式虚礼だと感ずる事が多かつたようです。……此の形式ばつた官僚風は学校教育にも及んでゐたようです。学校と他の機関、団体或は社会とは殆ど没交渉の態で、保護者家庭との連絡も少なく今日の保護者会の後援盛なのとは雲泥の差、教師の家庭訪問などは寧ろ避けることに勉めた様なものでした。随つて教師もしんみりと訓育するといふやうな態度は多く見られず知識技能の末に走つて唯もう児童の意に叶ふやうに保護者の気に障らぬようにして、日々を過ごして行くが賢い仕方だと考へられてゐる様な感じがしてなりませんでした。これは教師が内地とは違つて純然たる官吏であり待遇も単に年期によつて杓子定規に扱はれた為でもありませうが、又他と没交渉の結果とも見られます……教材の郷土的研究調査など殆どなく、教師の考案に成れる教辨物の製作が少なく……私が新任即下当局の上官を訪問して其の第一語として聞かされたのが、あまり満州という事を念頭に置くな児童は必ずしも満州で生死するのではない内地同様に考へて事を取れ、との意味の御訓示でした。……其頃学校で調査した保護者の渡満後の年月五年以上が少なく今後の満州居住見込にも永住のもの極めて稀であり、半途の入退学の非常に多かつたのに見れば当局の御言葉も当然だつたかも知れません。

国木校長の言葉は、初期の在満教育の現状を端的に示したものといえる。

しかし、こうした関東州内における「内地延長主義」教育に変化が見られる様になったのが、一九一八、九年頃からである。『関東州教育史』は次の様に述べている。

学校開設当時から大正五・六年頃までは概ね内地教育の延長に過ぎず教師中心主義の教授であつたが大正八・九年頃から漸く覚醒期に入り教育の郷土化が重んぜられるに至り満州補充教材書を編輯し一方教授の実際化を重んじて理科教授の振興を見るに至つた。(17)

しかし、「現地適応主義」教育が「内地延長主義」教育を克服して在満教育の方針として確立したわけではなく、この二つの教育方針は敗戦まで平行線をたどる。特に「満州国」成立以後、「現地適応主義」教育は「五族協和」政策の下で、民族宣撫政策としても利用された。

さらに、「現地適応主義」教育が叫ばれるようになった背景として、当時、内地の教育界では新教育運動が起こり作業教育、郷土教育が強調され、在満教育界がこうした運動に影響を受けたことも考えられる。磯田一雄氏は「在満日本人の教育と教科書開発」の中で、「郷土の自然人文両方面に亘って実地調査蒐集を行い教授の実際に郷土の原理を適応することに努力(18)」しようという教育運動があったことを指摘している。つまり、内地で行なわれた郷土教育と在来の「現地適応主義」教育が「満州」の現状と結びついて植民地教育の方策として形成、強化されていったという考え方である。一九三三年（昭和八年）以後、教育研究所は郷土教育の研究を呼びかけ、一九三六年（昭和一一年）には「郷土科教授要目草案」が作成される。(19) さらに、磯田氏は「「満州国」での治外法権撤廃以後、日本の文部省官僚が在満教務部に乗り込んできて直接指示するようになると、内地延長主義に応じて教育内容が侵略的な内容に変化して行った。従って侵略的なのはむしろ内地延長主義である。(20)」と指摘されている。同時に「現地適応主義」教育も「満州国」の「一徳一心」、「五族協和」等といったスローガンの中で民族宣撫政策として利用され、植民地教育の方策として登場する。「現地適応主義」教育か「内地延長主義」教育かという問題が最も鮮明に表われるのは、日本人に中国語を学ばせるのか否かという点においてである。「現地適応主義」教育の具体例として先に挙げた「満州補充教材」「体育の奨励」「衛生教育の重視」「実務教育」「日中生徒の共学教育」等は教育内容の手直しによって、「内地延長主義」教育の立場とも妥協しうる余地を持っている。しかし、中国語教育は内地の「学校令」の準拠するといっても教科配当に係わる問題であり、中国語の専科教員を増員しなくてはならないし、中国語を配当することによって他の科目時間を削らなくてはならなくなる。また、英語と違って内地の上級学校入試科目には中国語はない。こうしたことから中国語を配当するかどうかという問題は「現地適応主義」教育を実際にどこまでやるのかという問題に係わってくるのである。

(1) 栗原健『対満蒙政策史の一側面』原書房　一九六六年　四二ページ
(2) 中村元編「後藤新平『日本植民地政策一斑』解題」日本評論社　一九四四年　七八ページ
(3) 同前　一四ページ
(4) 前掲『満鉄教育沿革史』一九三七年　一八六ページ（前掲『「満州・満州国」教育資料集成』第一六巻所収）
(5) 前掲『満鉄付属地経営沿革全史』上巻　一九三九年　三一九ページ　龍溪書舎復刻版　一九七七年
(6) 同前
(7) 前掲『満鉄教育沿革史』一九〇ページ
(8) 同前　一九三ページ
(9) 前掲『満鉄付属地経営沿革全史』上巻　三二五ページ
(10) 伊豆井敬治著『「訓練項目」制定前後における満鉄付属地小学校の訓練概況』一九三五年。『研究要報』第七輯　四〇ページ、四一ページ
(12) 荒川隆三編『満鉄教育回顧三十年』満鉄地方学務課刊　一九三七年　二七—二八ページ
(13) 前掲『日本人の海外活動に関する歴史的調査』通巻一冊「日本及その植民地地域に於ける人口の発展」一九四七年　二四一ページ
(14) 外務省条約局法規課編「関東州租借地と満鉄付属地」前編（外地法制誌）一九六六年　九二ページ
(15) 関東都督府民政部庶務課『南満州教育ノ状況』一九〇八年　二〇ページ

(16) 南満州教育会編『南満教育』「発展から洗練へ整理へそうして充実へ」一九二六年一〇月号
(17) 不明『関東州教育史』第二巻　一九三一年　一一三ページ（前掲『「満州・満州国」教育資料集成』第一五巻所収）
(18) 磯田一雄「在満日本人の教育と教科書開発」一九九三年　東北教育史国際シンポにおける報告
(19) 満鉄初等教育研究会編『初等教育第一部沿革史』一九三七年　五〇ページ
(20) 前掲「在満日本人の教育と教科書開発」

二　初期の民間中国語教育

東北三省の中で最も早く外国に開放された都市は営口である。一八六一年、天津条約に基づいて英国領事館が設置され、日本は一八七六年（明治九年）に営口に領事館を開設した。一九〇四年（明治三七年）二月、日露戦争が始まり、日本軍は同年七月には営口を占領する。日本軍は各地に「満州内地ニ於ケル民心ヲ鎮撫シ各其業ニ安セシムル為メ」（「満州軍政委員派遣要項」一条）及び前線への物資調達を図るためという名目で軍政署を置いた。営口軍政署は土木、衛生、教育、警察などの市政、税金の徴収、税関業務の監督、裁判事件の審理、外国領事との交渉といった幅広い占領地行政を行なった。こうした清国政府の行政権を越えた軍政に清国官民の抗議があったことはいうまでもない。営口は、一九〇三年（明治三六年）、米清条約によって安東、奉天が開放されるまでは、中国東北地区における対外貿易を独占し発展してきた地であり、各地の軍政署の中でも重要な地位を占めていた。日露戦争によって百数十人いた在留日本人の殆どが引揚げ、貿易は一時中断したが、日本占領後は奥地の物資供給地として栄え、営口の業貿易額は一九〇五年（明治三八年）にはピークに達する。[1] また、在留日本人も増加する。統計によると、一九〇五年（明治三八年）、約八、〇〇〇名、[2] 一九〇六年（明治三九年）、六、七七二名となっている。[3] この数字は届出のあった登録者数であり、未登録の阿片商、娼妓を含めるとかなりの数に上るものと思われる。最初は軍隊とともに渡満してきた兵隊相手の日用品雑貨商、売春宿の娼妓が殆どで、営口市外青堆子付近に日本人街ができた。(4) その職業の内訳は飲食店の店主、店員、芸妓、下婢が全体の三分の一を占め、次に雑貨商が一八%を占めていた。(5) ちなみに当時の中国人人口は八万人といわれている。当時、渡満した日本人の姿を知るものとして医療伝道を続けていたD・クリスティーは著作『奉天三十年』(矢内原忠雄訳、岩波新書)の中で次の様に述べている。

平和になると共に、日本国民中の最も低級な、最も望ましくない部分の群衆が入つて来た。支那人は引きつづいて前通り苦しみ、失望は彼等の憤懣をますます強からしめた。戦争が終つた今、居残つた多くの低級な普通民から、引きつづき不正な搾取を受ける理由をかれらは解しなかつた。(下巻 二六四ページ)

営口軍政署は、占領一ヵ月後、宣撫政策の一環として、中国人の中等教育を目的とした瀛華実学院を設立し、さらに翌年六月、やはり中国人を対象に商業知識を教育する営口商業学校を設立した。校長の三田村源次(東亜同文書院出身)は、営口へ渡る船の中で、乗客に中国語の学習希望者が多いことを知り、営口商業学校に就任後直ちに付属日本人夜学部を設置し、中国語教育を始めた。(6) 一九〇五年(明治三八年)七月のことである。これが「満州」における日本人を対象とした最初の学校であり、かつ早期に中国語教育が行なわれた学校である。「営口商業学校日本人夜学部規則」(7) によると、修業期間は六ヵ月、授業は毎週一二時間、教科目は中国語六時間、英語三時間、簿記二時間、商業作文一時間となっており、入学時期を四月と一〇月の二回とし、入学資格は尋常小学校卒業一四歳以上となっていた。学生の退学者が多く、開校から一〇ヵ月後には七二%が退学している。一九〇六年(明治三九年)一月からは英語、簿記、商業作文の科目を廃して中国語のみとした。(8) 一九〇六年五月までに一八四名の学生が在学している。[9] 三田村の回想によると、「日本人も在留者一万人と号され、空前絶後の殷賑を極めてゐたのであります。処で在住者の多くは支那語の必要に迫られ、然も学習の方法なきに苦しんでゐたのであります[10]」と述べている。

在学者一八四名の年齢別構成は次の通りである。[11]

一二歳以上一五歳以下	三五％
二〇歳以上	三一％
二五歳以上	二〇％
三〇歳以上	一四％
平均年齢	二〇歳

一八四名の学歴別構成は次の通りである。

尋常小学校卒	二三％
高等小学校卒	四六％
中学以上の学校在学及卒業	三一％

入学年齢が高く、同時に比較的学歴が高いことが分かる。入学年齢が高いのは学齢児童を対象としたものではなく、現地の商売に役立つ中国語を泥縄式に教える塾形式の成人学校であったからである。また、学歴が高い理由

は、外地に出て何か事業を起こしたいという意識を持ち、世情の動きにも敏感に反応できた人々が多かったからだろう。なお、同校が開校した年の一〇月、大連の自由渡航が可能になり、営口の日本人は一挙に大連へ移動する。一九〇七年（明治四〇年）、在営口日本人は二、三二六名（六六％減）となり、一九〇八年（明治四一年）には一、九三一名（七二％減）に激減した。[12] 営口商業学校は一九〇六年（明治三九年）一二月に清国側に移管された。その後、日本人夜間部がどうなったかは不明である。

「満州」における民間の中国語教育機関としては、この他に安東清語研究会、新民府清語研究会、遼陽日清語学校、奉天支那語研究所（奉天外国語夜学校）、日清語学堂（清語学堂）、安東実業学校、鉄嶺支那語研究会、長春外国語学校、旅順語学校、中日懇親学堂、大連語学校、旅順補習学会、大連清語学堂、大連外国語研究所等がある。

安東清語研究会は、一九〇五年（明治三八年）六月、[13] 日本人に中国語を教える夜間学校として日新学堂内に設立された。なお、日新学堂は軍政署によって中国人に対して日本語を教授する学校として安東巡政庁内に設置された学校である。この安東清語研究会は営口商業学校邦人夜学部より一ヵ月早い開校であり、これが「満州」における中国語教育の嚆矢である。修業期間は一年で、夜間毎日二時間の授業が行なわれた。前期六ヵ月が発音、会話、翻訳、後期六ヵ月が会話、翻訳、尺牘、時文となっていた。陸軍省編『満州軍政史』「安東軍政史」によると、「明治三十八年十月末ノ調査ニ依レハ清語研究会講習員ハ総テ三十七名ヲ数ヘタリシカ是等講習員ノ学力程度ハ頗ル区々ニ渉リシヲ以テ之ヲ同一学級ニ編入シテ教授スルコトハ極テ難事ニ属シタリシト雖奈何セン（中略）単級制度ヲ採リ此ヲ以テ講習員中不平ヲ唱フルモノ研究会以外ニアリテ教師ヲ聘シ習修センコトヲ希望スルモノ続出セリ」（七八ページ）と述べられており、学校経営の一端をのぞかせている。清語研究会は一九〇六年（明治三九年）、日新学堂の付属学校となり、その後、居留民団の援助を受け、講師の赤沢宇之助が経営者となった。一九一四年（大正三年）三月、安東実業補習学校と併合された。[15]

新民府清語研究会は、一九〇五年（明治三八年）一一月開校された。日本人会館館長の太田直策を発起人として中国人教師を招き、日本人会館を教室として毎晩八時から九時までと、九時から一〇時までの二部制の授業が行なわれた。[16]

遼陽日清語学校は一九〇六年（明治三九年）一月、軍政署の平尾信寿司令官と何厚琦知州を理事長として発足した。開校の前年一一月、関東総督府が遼陽に置かれ、遼東兵站監部所属の軍隊が多数駐屯し、在留日本人の数も増加したことによる。設立趣意書によると「日本人ノ満州ニ移住営業ヲ為スモノ清国人ノ出テテ商業ヲ営ムモノ一層多キヲ加フヘシ従テ日清両国民ノ交際、貿易最頻繁ニシテ隆盛ヲ見ルヘキハ自然ノ趨勢ナリトス（中略）語学校を設立シテ日清語学ヲ授ケ以テ両国民ノ言辞意思ノ疎通ヲ図リ国交ヲ益々親密ナラシメ（後略）」と述べている様に、日本人に中国語を教え、中国人に日本語を教える語学校として開校した。開校当時日本人四七名が中国語を学んでいた。同校の特徴は中国側と共同で開校したことである。開校直後の五月、関東総督府が遼陽から旅順に移ったため学校運営の母体がなくなり、同時に遼陽の在留日本人も減少したため閉校になった。[17]

奉天支那語研究所は、一九〇六年（明治三九年）一二月、前田岩吉を会長として発足し、奉天在留の日本人を対象に中国語教育を始めたが、経済的理由で解散した。その後一九〇八年（明治四一年）三月、新たに奉天総領事官補吉田茂と居留民会会長末松偕一郎等によって奉天外国語夜学校と名称を替えて、中国語教育に英語教育を加えて再発足した。「奉天外国語夜学校規則」は次の様に述べている。[18]

　第一条、本校ハ奉天在留者ノ為ニ夜間ノ余暇ヲ利用シテ外国語ヲ教授シ又時々内外諸名士ニ講演ヲ嘱託シ以テ
　　外国語ノ取得並ニ徳性ノ涵養ナラサシムルヲ以テ目的トス
　第四条、学科ハ当分ノ間清語及英語ノ二科目トシ教課授業時間ノ配当及教科書ノ選定ハ幹事ニ於テ随時適宜ニ

之ヲ定ム
第五条、本校ハ修業年限ハ二個年トス

中国語学科は中国人教師宋彦銘、日本人教師は新井信次（東京外語専門学校支那語科卒、奉天総領事館勤務）、秀村得一（北京留学、『萬朝報』社長）の両氏が担当し、公立奉天小学校の教室を借りて授業が開始された。修業年限二年、毎晩二時間の授業が行なわれた。当初は四九名の受講者が集まったが、英国人牧師を招いて開設した英語科は受講者が少なくなり途中で中止された。(19)

日清語学堂は、一九〇七年（明治四〇年）二月、陸軍の通訳でもあり奉天西本願寺出張所主任であった足立布教師によって出張所の付属学校として開校されたものである。善隣書院に学び日露戦争の従軍通訳を務めた富谷兵次郎を教師として迎え中国語教育を行なっていたが、足立布教師の帰国によって経営方針が変わり学校は閉鎖された。しかし、一九〇九年（明治四二年）二月、富谷兵次郎を校長として、名称も清語学堂と変え再発足した。修業年限を一年とし、支那語科、支那時文科を置き、初等科、中等科、高等科の三クラスにわけて中国語教育が行なわれた。(20)入退学者の出入が激しかったようで、『満州日日新聞』（明治四一年四月一七日）に掲載された日清語学堂の案内記事には「先入学生の妨げとなる恐れあるを以て多少素養あるものは別に問題ないが初学者は成るべく本月中に入学する」ように呼びかけている。

一九一〇年（明治四三年）三月、富谷の清語学堂は先の奉天外国語夜学校と合併して、奉天外国語学校として中国語科に日本語科を加え新たに開校した。同校中国語科は開校以来四年間に二七九名が入学したが、卒業生は二〇名であった。(21)さらに、一九二四年（大正一三年）、商業課程も加えて学校機構を拡大して奉天同文商業学校となった。奉天外国語学校の授業内容を知る手がかりとして、富谷兵次郎によって編集された同校の教科書『中華言文新編』（大連大阪屋号蔵版　一九二四年）がある。同教科書は「四声練習」「有気音練習」「捲舌音練習」「名詞」「問答及口語」の順になっている。「問答及口語」は「五百円ヲ五回ニ分チテキレイニ勘定シテモライマス」「鉄砲大砲ナドノ武器ハ役所デ売リセマセン」といった例文が見える。

安東実業学校は、一九〇八年（明治四一年）二月、石原正太郎を主幹として現地の仕事に従事する青年を養成する目的で開校され、修業年限を一年又は二年とし、英語、中国語、法制、経済、算術、簿記、国語等の授業が行なわれた。同校は一九一四年三月、先の安東清語研究会と合併して安東実業補習学校となった。(22)

鉄嶺支那語研究会は、一九〇八年（明治四一年）一月、鉄嶺実業協会によって設立された。北京より講師を招聘して、鉄嶺小学校の校舎をかりて夜間二時間の中国語教育が行なわれた。開校当時の生徒数は六〇余名であった。(25)

長春外国語学校は、一九〇九年（明治四二年）四月、有志によって開校したが翌年秋より華実公司の経営となり、中国語の他に露語、英語、蒙古語の四科目の授業が行なわれた。生徒は成人を対象とし、授業は夜間行なわれ、一九一〇年（明治四三年）現在、四〇名前後の生徒が在籍していた。(23)

旅順語学校は、一九一〇年（明治四三年）九月、東洋協会満州支部の経営によるもので、日本人に中国語を教えるクラスと中国人に日本語を教えるクラスがあり、他に英語、数学、簿記の授業があった。修業年限は二年となっていた。(26)一九一九年（大正八年）の記録によると、中国語科一〇五名、英語科五三名、日本語科二〇名の生徒が在籍し、開校以来九年間で七〇〇余名の卒業者を出している。(27)また、一九二一年（大正一〇年）の記録によると、日本人教師五名、中国人教師一名、日本人生徒七二名、中国人生徒四三名となっている。(28)東洋協会は「台湾ニ関スル諸般ノ事項ヲ講究シ台湾ノ経営ヲ裨補スル」目的を持って一八九八年四月に設立された台湾の植民地経営を推進するための民間団体である。設立当初は台湾協会という名称を使っていたが、一九〇七年（明治四〇年）二月に東洋協会と改めた。東洋協会は設立当初から台湾協会学校という植民地事業に従事する人材養成のための学校経営を行ない、「台湾語」「支那官話」「英語」を中心とする教育を行なっていた。[29] なお、台湾協会学校は現在の拓殖大学の前身である。

中日懇親学堂は、一九一三年（大正二年）七月、安東商業会議所と安東商務総会によって設立された。日本人に中国語を教える中国語科と中国人に日本語を教える日本語科が設置され、授業は夜間二時間、修業年限は一年であった。第一期から第五回までの卒業生は五三名である。[24]

大連語学校は、一九二〇年（大正七年）二月、関東庁翻訳官の岡内半蔵（元警視庁外国語訓練所講師）によって創設された語学校で、中国語科、英語科、日本語科、露語科を置き、修業年限は予科一年、本科二年、研究科一年となっていた。他に不定期で独語、仏語の講習会も開いていた。[30]

一九二八年（昭和三年）当時、大連語学校で中国語を学んだ在満教科書編輯部満語調査員の細川廓信氏の話によると、初級クラスは大講堂で授業をし、壇上では大連放送局で「支那語講座」を担当していた秩父固太郎が声を張り上げて『急就篇』を読み、それについて生徒が読むという繰り返しで、半年間で大講堂一杯の生徒が五〇人位まで減少したという。減少の原因は学習意欲によるものだけでなく、大連は内地と「満州」の中継地であり、人の移動が激しかったことにもよると考えられる。

営口商業学校日本人部設立から旅順語学校設立までの時期の中国語教育は、個人、居留民団、宗教団体、会社が主催する成人補習教育という特色を持ち、大連開放以前は営口、安東、奉天といった在留日本人人口の比較的多い都市で行なわれていた。受講者の職業は商業、飲食業、会社員、警察官といった中国人との接触が多く、中国語を必要とする業種が多かった。この時期、具体的にはどの様な授業が行なわれていたのか分からないが、受講者の仕事内容を反映した実用会話を中心とした中国語教育が行なわれていたことが予想される。

「満州」における初期の中国語の効用は、日清、日露の両戦争による軍事通訳に始まり、占領地拡大に伴い「満州」に流れこんだ所謂「満州一旗組」を対象とした急場凌ぎの卑近な実用会話習得にいたる。両戦争によって日本国内で起こった中国語ブームは日本の植民地支配を先取りするものであった。しかし、実際、中国語を学んだ者が中国に渡る機会は少なく、人数も多くなかった。だから単なるブームに終わった。また、中国に渡った人の多くが日本で中国語を学んでいたわけではなく、学んでいたとしてもとても現地の実用に供するものではなかった。中国でなんらかの仕事をするにはどうしても中国語が必要となり、需要を満たすために民間の中国語学校が各地に生まれたのである。関東都督府が設置され日本の植民地支配が確立していく過程で、民間の中国語学校は閉校となっていった。

なお、台湾においても民間で中国語教育が行なわれた。艋舺学校（一八九六年五月開校）を初めとして龍谷学校（一八九六年六月開校）、共立学校（一八九六年七月開校）、台北国語学校（一九九六年八月開校）、日台語学校（一八九六年六月開校）、曹同宗教立国語学校（一八九六年七月開校）等が開校した。[31]

これらの台湾の民間中国語学校の特徴としては、

①すべて仏教宗派による従軍布教師によって開設されたこと

②日清戦争直後の日本軍による台湾の接収が断行された一八九六年（明治二九年）に開校時期が集中していること

③昼間は中国人に日本語を教え、夜間に日本人に中国語を教えるという教学形式が採れていること

④一九〇〇年（明治三三年）頃になり、国語伝習所が整備されると、殆どが廃校となることなどの共通の特徴がある。これらの特徴は「満州」の民間中国語教育とも共通する点を持っている。

(1) 手島喜一郎編著『営口事情』営口実業　一九二〇年　一三二ページ

(2) 鞍山地方事務所編『営口の現勢』一九二五年　一五ページ
(3) 前掲『関東局三十年業績調査資料』五〇ページ
(4) 遼東新報社編『現満州』一九一二　三五六ページ
(5) 前掲『満鉄教育沿革史』一九三七年　七八ページ
(6) 前掲『満州軍政史』第五編「営口軍政史」二五八ページ
(7) 営口軍政署編『営口軍政志』一九〇七　二七九ページ
(8) 外務省通産局編『満州事情』第二輯　三五ページには「日本人ニシテ夜間部ニ入学セルモノ通計三百余人ニ及ヘリ」とある。
(9) 前掲『満鉄付属地経営沿革全史』（沿革全史と略す）には営口商業学校邦人夜学部の在学数を二、一八〇名と記してあるが、同書の下敷きとなった『満鉄教育沿革史』には「開設以来三十九年五月末日迄に一八〇名モアツタノデアル」とあり、カタカナの「ニ」と漢字の「二」を読み間違ったものと思われる。
(10) 前掲『満鉄教育回顧三十年』一九三七年　四〇ページ
(11) 前掲『営口軍政史』二四四ページ
(12) 満鉄庶務部調査課編『営口現勢』一九二五年　一五ページ
(13) 安東居留民団編『安東居留民団十年史』一九一九年
(14) 前掲『満州軍政史』第二編「安東県軍政史」六九ページでは「日清学堂」となっている。
(15) 前掲『安東居留民団十年史』一四ページ、二五六ページ
(16) 前掲『満州軍政史』第一六編「新民府軍政史」三二九ページ
(17) 同前第一三編「遼陽軍政史」二七九ページ
(18) 前掲『満州事情』第一輯　四四八ページ
(19) 同前
(20) 前掲『満州事情』第一輯　四五〇ページ
(21) 皆川秀孝著『奉天一覧』一二一ページ
(22) 安東県商業会議所編『安東誌』一九二〇年　一〇九ページ
(23) 前掲『満州事情』第三輯　六九〇ページ
(24) 前掲『安東誌』一一二ページ

(25)『満州日日新聞』明治四一年一月一三日付
(26)前掲『関東州事情』上巻　一九二三年　四五ページ
(27)旅順民政署編『旅順事情』一九二〇年　五九ページには「明治四十二年九月ノ創立ニ係リ当時修業年限ヲ三個年トシ卒業者百余名ヲ出セシカ大正三年以後修業年限ヲ一個年ニ改メ速成ヲ期ス」とある。
(28)前掲『関東州事情』上巻　四五ページ
(29)六角恒広著『中国語教育史論考』一九八九年　二七ページ
(30)篠崎嘉郎著『大連』一九二一年　一七二ページ
(31)台湾教育会編『台湾教育沿革史』一九三七年　九九六、七ページ

三　初期の小学校における中国語教育

先に述べた様に日本は日露戦争によって得た占領地行政を行なうために、各地の占領地に軍政署を開設した。(1)営口、安東、奉天などの軍政署のある占領地には特殊営業婦と呼ばれる娼妓、芸妓及び特殊営業者と呼ばれる下宿屋、料理屋、貸座敷業などを営む人たちを中心とした日本人が移住し、在留日本人人口が急増した。さらに、軍政署は占領地の居住営業を許認可制とし、日本人のみに居住営業の許可を与え、外国人には占領地内での居住営業を認めず、外国人商人の締め出しを図り、日本人居住者への一層の保護を加えた。(2)こうした保護政策が、「満州一旗組」を含む渡満者の増加をさらに促したことはいうまでもない。しかも家族連れで移住する者が多くなった。例えば一九〇六年（明治三九年）関東州、満鉄付属地の日本人居住者は一六、六一三名であったが、翌年には三七、八八五名に急増している。(3)当然、そこには学齢児童も含まれており、学校教育の問題が生まれてきた。一九〇八年（明治四一年）当時、関東州内の六歳から一四歳までの学齢期の児童が三、三三一名いたが、一九一二年（大正元年）には二倍近くの六、五二五名に激増している。(4)

この様に在留日本人が多くなり、各地に日本人会が組織される。安東を例にとると、一九〇四年（明治三七年）秋、軍政署の指導によって「邦人相互の利便増進を図る目的」[5]で安東日本人会が発足する。その翌年一一月、「財産ヲ増殖セシメ公益ニシテ有利ノ事業ヲ経営スル」[5]ことを目的とし、安東日本人居留民会となる。一九〇六年（明治三九年）九月、軍政の撤廃により、居留民会は領事館管轄となり、「安東居留民仮規則」[6]が定められ、「居留民ノ共同福利ヲ増進発展セシメンガ為ニ土木衛生及教育等ニ関スル諸般事項ノ審議処理セシム」とある様に日本人の親睦団体から市政を担当する団体となる。さらに、その翌年八月、外務省の「居留民団法」（告示第一八号）によって、九月に安東居留民団が発足し、警察行政以外の一般事務行政取扱いが行なわれるようになった。一九〇四年（明治三七年）五月、安東の自由渡航が許可された頃から家族連れで安東にやってくる日本人も増加していた。当時の在留日本人数は、一九〇四年が約一、三〇〇名程度[7]であったが、一九〇五年には約三、六〇〇名[8]に激増した。こうした背景のもとで、軍政署は先の日新学堂内に安東大和尋常小学校を開校することになった。安東日本人会が改組され安東日本人居留民会となった一九〇五年（明治三八年）一〇月のことである。この安東大和尋常小学校が「満州」における日本人初等教育の嚆矢である。[9]

安東尋常小学校は、中国人子弟に日本語を教えるために設置された日新学堂内に設けられたので、一九〇六年（明治三九年）九月に新校舎が完成し移転するまでの一年間は中国人との共学が行なわれ、日本人生徒五七名、中国人生徒二四名が在籍した。一九〇五年一〇月、安東尋常小学校が設立する以前、日新学堂において日本人子弟に対する教育が始められていた。また、軍政署により一九〇五年一〇月から朝鮮人子弟教育機関として開設した日韓学堂においても朝鮮人生徒に混じって日本人生徒が在籍していた。[10]

一九〇六年、軍政が撤廃され、学校の管理が居留民会に移管されることになり、「安東居留民団学務委員内規」が公布され、五名の学務委員によって学校運営が行なわれることになった。先の安東居留民団編『安東居留民団十年史』（一九一九年）によると、一九〇七年（明治四〇年）に制定された「安東尋常高等小学校学則」に基づき「教科課程等は大体小学校令施行規則を適用し、猶土地の関係上高学年に清語を随意科として課したりしが、同年勅令に依り小学校令の改正あり義務教育を六個年に延長せられたる結果、同校においても四一年度より之を実施し（中略）翌四五年五月七月の二回に亘りて更に学則を改正し、高等科の教科中より手工（正科）及英語、清語（共に随意科目）を除き……[11]」という記述がある。このことから安東尋常高等小学校では一九〇八年（明治四一年）から一九一二年（明治四五年）にかけて小学校高等科の随意科目として「清語」つまり中国語教育が行なわれていたことが分かる。これが「満州」における公的教育機関で中国語が行なわれた嚆矢である。一八九〇年（明治二三年）文部省の定めた「随意科目等ニ関スル規則」（文部省令第一〇号）「第二条、高等小学校ノ教科目中外国地理、唱歌、幾何初歩、外国語、農業、商業及手工ハ随意科目トナスコトヲ得」という条項に基づき、外国語科目として中国語が随意科目に加えられたものと思われる。しかし、一九〇六年（明治三九年）五月に開校した同じ居留民団経営の営口尋常高等小学校の「教科課程[12]」と公立奉天小学校の「公立奉天小学校学則[13]」の教科目には中国語は配当されていない。

「公立奉天小学校規則」は内地の「小学校令」とほぼ同じで、高等小学校の男子に外国語科目として英語が週三時間（二年は二時間）配当されているだけである。当時は中国語教育については学校によって異なっていたことが分かる。また、随意科目として配当されていても実際に授業が行なわれていたかどうか分からない。

以上、三校の他に居留民会によって設立された小学校として、瓦房店小学校（一九〇七年六月開校）、大石橋小学校（一九〇七年六月開校）、鉄嶺小学校（一九〇七年開校）がある。また、遼陽小学校は、一九〇六年八月、遼陽基督教青年会によって設立され、翌年七月、居留民会に移管された。これら四校は一九〇七年一〇月、満鉄に移管された。これらの学校において、安東尋常高等小学校の様に中国語教育が行なわれていたかどうかは分からない。

この時期は基本的に文部省の「小学校令」に基づいて教育が行なわれていたが、細目においては居留民会の裁量にまかされていた。安東尋常高等小学校で行なわれていたであろう中国語教育もその一例である。前章でも述べたように各地に多くの民間中国語学校が開校したということは、現地居留民の中国語学習の必要性を物語っており、こうした居留民の意識が小学校教育に反映し、条件のあるところでは中国語教育が行なわれたものと思われる。今後、瓦房店、大石橋、鉄嶺、遼陽の各小学校についても調べていきたい。

(1) 陸軍省編『明治三七八年戦役満州軍政史』軍政総覧　一九一六年
(2) 前掲『大連』四五ページ
(3) 関東都督府都監官房文書課編『関東都督府統計要覧』一九一二年　三七ページ
(4) 前掲『安東居留民団十年史』一八ページ
(5) 同前　一九ページ
(6) 同前　二九ページ
(7) 同前　一二ページ
(8) 前掲『満鉄付属地経営沿革全史』下巻　七五七ページ
(9) 関東都督府編『関東都督府施政史』(一九一九年)には「邦人子弟ノ教育ヲ目的トスル小学校ハ明治三十八年五月営口ニ設立セラレ……満州ニ於ケル邦人小学校ノ嚆矢ナリ」という一文がある。関東庁内務局学務課編『満州に於ける我邦の教育施設』(一九二七年)には「明治三十九年五月日露戦争中我営口居留民は其の子二十五名を収容して小学校を開始せり、是実に満州に於ける帝国教育施設の嚆矢なり」(二七ページ)という記述もある。ここでは『安東居留民団十年史』『安東誌』『営口軍政志』『営口事情』の記載を採用した。また、前掲『満鉄教育回顧三十年』(四三ページ)の福島節子の回想によると、一九〇五年四月に入学したとある。
(10) 前掲『満州軍政史』「安東県軍政史」一九一五年―一九一七年　八七ページ。なお、翌年から日韓学堂は朝鮮統監府の管轄となる。
(11) 前掲『安東居留民団十年史』二三九ページ
(12) 前掲『満鉄教育沿革史』一〇八ページ
(13) 前掲『満州事情』第一輯　一九一〇年　四四二―四四四ページ

四　満鉄付属地の小学校における中国語教育

一九〇六年（明治三九年）六月、南満州鉄道株式会社（満鉄）が設立された。満鉄は、ポーツマス条約によってロシアから譲り受けた長春旅順間の鉄道経営の他に鉱業、水運、電気、倉庫などの付帯事業を包括する日本の「満州」経営の中心をなす国策会社である。設立の年の九月、逓信、大蔵、外務三大臣による「鉄道及付属事業ノ用地内ニ於ケル土木、教育、衛生等ニ関シ必要ナル施設ヲ為スベシ」（第五条）という命令書を受け、満鉄が付属地の教育事業を行なうことが決まった。(1)

一鉄道会社が付属地全体の土木、教育、衛生事業を行なうということは、ロシアの東清鉄道会社で行なわれていたことを、踏襲したものである。同時に、それは国際法上、付属地の行政権の暧昧さをも引き継いだものでもあった。つまり、一八九六年（明治二九年）の東清鉄道建設経営に関する契約の「会社は其の土地に関し絶対的且排他的行政権を有すべし(2)」との条項が政治的支配にまで及ぶものかどうかという点が明確でなかった。そのため租借地である関東州と同じ様に関東都督府が施政を付属地にまでのばして土木、教育、衛生事業を行なうにたる十分な根拠を持っていなかった。そこで付属地の所有者である満鉄が行政権をあたかも行使できるかの様に命令を出し仮装してやったわけである。満鉄付属地は租借地である関東州以上に国際法及びそれに伴なう国内法上、極めて行政権の暧昧な地域であり、このことは付属地の教育政策と深くかかわってくることである。

こうして満鉄に学校経営が移管されて、満鉄設立以前に開校していた付属地内の遼陽小学校、千金寨小学校、瓦房店小学校等の居留民団の経営する小学校は経営が満鉄に移管されることになった。

一九〇八年（明治四一年）二月、「南満州鉄道付属地小学校規則」（社則二一号）(3)が公布され、満鉄付属地における日本人教育が開始された。ここで注目すべきことは、最初から中国語が配当されたことである。第六条には次の様な規定がある。

第六条、小学校ノ修業年限及教科目ニ付テハ小学校令第十八条乃至第二十三条ノ規定ヲ準用ス、出張所長ハ総裁ノ認可ヲ受ケ英語ニ代フルニ清語ヲ以テスルコトヲ得

「小学校令」（一八八九年一〇月六日）にある「初歩外国語」を「英語」とし、「英語ニ代フルニ清語ヲ以テスルコトヲ得」という但書をつけ、「清語」（中国語）を随意科目に加えたのである。

さらに、同月二二日に公布された「付属地小学校規則実施上注意事項」は、中国語の配当について次の様に述べている。(4)

高等小学校ニ於テ手工、農業、商業、英語、清語等ノ加設又ハ随意科目ト為サムトスルモノ等ニ就テハ三月二十日迄ニ申請ヲ為スヘキコト。其ノ他小学校ノ教科目ノ加除ノ場合亦同シ、特ニ清語ハ児童日常ノ生活上其ノ修習ヲ至便トスルノミナラス将来進ンテ本土ノ業務ニ従事セムトスル者ノ為ニハ緊切缺クヘカラサルモノタルヘキカ故ニ近キ将来ニ於テ小学校教科目中之カ加設ヲ見ラルヘキ様方針ヲ執ルヘキコト

「高等小学校ニ於テ手工、農業、商業、英語、清語等ノ加設又ハ随意科目ト為サムトスルモノ等ニ就テハ三月二十日迄ニ申請ヲ為スヘキコト」ということは、各学校で手工、農業、商業、英語と同じ様に清語（中国語）も加設するか否かを決定して申請するようにということである。つまり、条件が整えば随意科目として認めるということ

である。また、「特ニ清語ハ児童日常ノ生活上其ノ修習ヲ至便トスルノミナラス将来進ンテ本土ノ業務ニ従事セムトスル者ノ為ニハ緊切缺クヘカラサルモノタルヘキ」という教育の意義を強調している点は満鉄会社の業務に精通した人材育成の一環として中国語が必要であるという会社サイドの意識が強く表現されている。

公主嶺小学校では中国語が随意科目として設置され、一九〇八年度（明治四一年）より尋常五年から中国語の授業を開始した。この前年の一九〇七年（明治四〇年）に尋常小学校の修業年限は四年から六年に引き上げられているので、尋常五年から中国語を配当することは「満鉄付属地小学校規則」に抵触するが年齢的には同じという解釈を採ったものと思われる。同小学校では東京外語学校支那語科出身で日露戦争の従軍通訳を務めたことのある小松光治に嘱託教員として中国語を担当させた。学力により三クラスに分け、一年後の成果は「頗る良好で児童中素養のあるものは、支那人に接して普通のことには毫も差し支えない位であり、他の者も進歩が十分認められた」(5)ということである。

小学校の正規の授業の中に中国語教育が配当されたことは、植民地教育史においても、中国語教育史においても注目すべきことである。中国語教育を小学校段階から導入したということは、植民地政策からいえば、後藤新平が主張した適地主義、適応主義の教育事業への反映であり、言語政策からいえば、伊沢の主張した混和主義が「満州」において実行に移されたともいえる。

続いて一九一二年（明治四五年）二月、満鉄は文部省に尋常小学校五年以上の生徒に、毎週二時間、英語または中国語を配当することを正式に申請し、文部省の認可を得、実行に移された(6)。当時、満鉄の中央監督庁は関東都督と内閣総理大臣（直接の所管は拓殖局）となっていたが、学校の修業年限、教科目、教則、教科書編成については文部省の所轄となっていた(7)。

満鉄は実行に際し各学校に次の様な通牒を出した(8)。

教科目ノ外土地ノ状況ニ依リ学校管理者ニ於テ総裁ノ認可ヲ受ケ英語清語ノ一科目又ハ二科目ヲ加ヘ尋常小学校五学年以上及高等小学校ノ児童ニ随意科目トシテ之ヲ課スルコトヲ得其ノ二科目ヲ加ヘタル場合ニ於テハ児童ニ其ノ一科目ヲ課スルモノトス

英語科、清語科ノ毎週授業時数ハ各学年ヲ通シテ二時トシ小学校毎週授業時数ヲ増加シテ尋常小学校ニ在リテハ三十時高等小学校ニ在リテハ三十二時トシ女児ハ他教科目ヨリ毎週二時ヲ減シ之ニ充ツ

「南満州鉄道付属地小学校規則」にあった尋常小学校の随意科目として中国語を配当してもよいという規定を改正して、「英語清語ノ一科目又ハ二科目ヲ加ヘ尋常小学校五学年以上及高等小学校ノ児童ニ随意科目トシテ之ヲ課スルコトヲ得」と改正し、中国語の開始時期を高等小学校からとした。また、「随意科目トシテ之ヲ課スルコトヲ得」ということは、逆にいえば条件がなければ課さなくてもよいということになる。

一九一二年（明治四五年）二月の満鉄の通牒が出されてから六年を経過した一九一八年（大正七年）の満鉄付属地における中国語と英語の選択者数を比較すると次の様になる。(9)

	在籍生徒数	中国語選択者	英語選択者
尋常五年生	九〇九	二二	七六
尋常六年生	六六三	二一	一一九
高等一年生	四七九	五〇	一四八
高等二年生	五一〇	四七	一五七

合計	二、五六一	一四〇	五〇〇
選択者率		五・五%	一九・五%

英語選択者に比べ中国語選択者が全生徒の五・五%と低いのは、中国語の教科目が設置されていた小学校が少ないことが主な理由である。一九校中、中国語の科目が設置されていたのは大石橋、鉄嶺、安東、撫順の四校で、中国語、英語共に科目が設置されていたのは海城、開原、昌図、四平街、橋頭、鶏冠山の六校であった。英語は全て日本人教員が担当したが、中国語は全て中国人教員が担当し、日本人教員は一人もいないというのが現況であった[10]。

「南満州鉄道付属地小学校規則」を実行に移すには、中国語担当教員の養成が急務であった。しかし、一九一三年（大正三年）四月に発足した満鉄の教員講習所は対中国人教育の為の中国語教育は行なわれていたが、対日本人教育の為の中国語教育は行なわれていなかった。満鉄ではあらゆる機会を捉えて教師研修を試みた。一九一七年（大正六年）五月、伊沢修二の渡満を捉え、三〇名の講習員を集め一〇日間の中国語の集中教育を開催したのもその一例である[11]。当時の小学校における中国語教員は「清国人テ出張所ニ勤務シテイル者ヲ一週二回位頼ム、手当モ校長ト所長ノ間テ決メル[12]」という状況であった。先に挙げた公主嶺小学校の例は条件も整い良い授業が行なわれた例といえよう。

「規則」はできたものの担当教師も教科書もない状況の下では、中国語教育の理念だけが先行する形となった。選択する生徒も五・五%と低く、一校当たりの各学年の受講者数は平均すると一、二名といった状況であった。当然のことながらこうした中国語教育の状況に対して再検討すべきであるという意見が出された。

一九一八年（大正七年）満鉄小学校長会議において、先ず満鉄地方課より「小学校に於ける支那語科の効果並本科の改良すべき点如何」という諮問が提出され、議論の結果「支那語は廃す」という結論が出された。一九一九年（大正八年）四月、満鉄はこの小学校長会議の結論を基に、一九一二年に定めた小学校尋常五年から中国語を随意科目として配当するという会社通牒を改正し、開始年度を引き上げて高等科より随意科目として配当するとした。一九一二年の通牒より更に修業年限が短縮された。その理由としては「他学科の負担過重にして其の成績を挙ぐること困難なるのみならず、沿線補習教育の機関普及し、（中略）尋常科時代より教授すべき必要を認めず[13]」というものであった。当時の「満州」における中国語教育に否定的な見解の一つに幣原坦の『満州観』（一九一六年　大阪宝文館刊）がある。幣原は朝鮮統監府時代の教育政策の立案者で、幣原喜重郎の兄に当たる人物である。幣原は「現地適応主義」教育の立場に立つ人物であったが、中国語教育に対しては、蘭領東インドでオランダ政府がオランダ人子弟にインドネシア語教育をしなかったことを挙げ、中国語教育によって中国人を引き付けるのはいいが、逆に日本人が引き付けられるようなことがあってはならない。また、国定教科書の一三〇〇字の漢字を覚えるのも難しいのに、中国語の漢字を覚えなくてはならないのは負担が大きすぎるので、文字を必要としない会話の範囲に止めておくべきであると主張している。確かに小学生の負担が大きいので、会話教育に止めるべきであるということは上級学校進学を控えた親たちの気持ちを代弁したものといえる。しかし、オランダは蘭領東インドでは自国の子弟にインドネシア語の教育をしなかったかもしれないが、フランスは仏印で自国の子弟にベトナム語教育を行なっている。これはそれぞれの植民地政策の違いによるものであり、オランダの例だけでは適当でない。ただ幣原が強調したかったのは、日本の子供たちが中国語を学ぶことによって生じる子供たちの意識の変化であろう。幣原は子供たちに中国語を学ばせても教育的効果はさほどに望めないが「支那人に対する心得の一斑を説くことによって、初めて価がつくと思ふ。而して其の心得は啻に喧嘩をするなとか、いじめてはならぬとか云ふ様な消極的方面に止まらずして、如何に支那人を支配すべきかといふ様な積極的方面」（六五ページ）を発揮できるように教育すべきだと述べている。なお、幣原の本拠地朝鮮では一九〇九年（明治四二年）の「小学校規則」に「随意科目トシテ韓語ヲ加フルコトヲ得」（第六条）という一項がある。[16]

改正にあたって出された会社通牒（地方第五四九ノ一）[17]は「支那語ハ日常ノ会話ヲ主トシ簡易ナル読方綴方ニ及ホスヘシ。英語ハ読方ヲ主トシ簡易ナル書取、綴方、話方ニ及ホスヘシ」と述べている。

中国語の実用会話を中心とする教育は「現地」という環境の中でより実用面が強調され、幣原のいうような「文字に依らずして、先ず口と耳との範囲に止めて置くが宜かろうと思ふ」という文字教育抜きの会話一辺倒の教育が堂々と主張される根拠ともなっていた。中国語教育は、公的教育の場に市民権を得たが、その実質は依然として「軍事」「商業」といった限られた領域での効用を求めた先の民間中国語教育の授業内容を脱しきれていなかった。

一九二〇年（大正九年）三月、満鉄付属地の校長会議において、先述の満鉄学務課長保々隆矣は「現地適応主義」教育を強化し、具体的に中国語教育を重視すべきであるという見解を提出した。保々はこの年の一月に学務課長に就任すると、直ぐに満鉄付属地の学校を視察し、付属地の教育が内地一体型の傾向が強くなっていることを肌で感じた。保々はこの校長会議において、「満鉄教育の現況は全く内地教育の延長であり、而も生気もなく全く眠った模様である。其土地気候風俗人情政治の異なる環境にあるものは同じ日本人教育であっても内地のものと自ら其教材内容方法をことにすべきである。特に満州の地に将来大活躍をなし国家の第一線に先達となって働くべき人間を預かる日本人教育は特に意を用ふべきものがあるべきだ。換言すれば同じ日本人教育には内地教育内容に加ふるに満州特有のXが加はらなければならぬ。[18]」と力説した。そして、「各科内容に此のXを十分織り込み現在に適切なる教育を施すこと」を挙げている。保々のいう「満州特有のX」の大きな比重を占めるものが中国語教育であった。この保々の発言は付属地教育界に一石を投じ、付属地教育を巡る議論が巻き起こった。

満鉄傘下の教育研究所は保々学務課長の提案を受けて、中国語を正科とし、尋常五年以上各二時間を配当するという意見書を出した[19]。

意見書は「第一、支那語の必要」「第二、課する程度」「第三、方法」の三つについて書かれている。

第一の中国語の必要性については、満蒙開拓の鍵は日本人が多数移住し、且つ永住して仕事をすることが必要であり、これら日本人が中国人と協力して仕事をするには「支那人ノ言語ヲ理解シ使用スルコトカ最モ必要テアルト謂フコトニナル。一般ニ母国人カ土着人ノ言語ヲ了解スルノカ植民地経営上切要テアルトイフコトハ各国ノ例ヲ見テモ明ナコト」である。中国語を習熟させるには「小学校ノ教科目中ニ支那語ヲ加ヘテコレヲ強制スルニ勝ルコトハアルマイ」と断定している。更に「単ニ個々ノ教材ヲ満州的ニスル外ニ満州的ナ教科目ヲ置ク方カ更ニ根本的テ而モ徹底的テアルト謂ハレ得ル。此ノ点カラモ支那語ヲ課スル理由カ成立スル」と述べている。つまり、満州補充教材の様に教材を満州化するより、「満州的ナ教科目」即ち中国語科目を置くことの方がより徹底した教育になると述べている。これは、当時「満州」における日本人人口を扶植できないあせりがあり、卑近な会話程度でも中国語ができ、「満州事情」を理解できる人材の養成が必要となってきたことを表わしている様に見える。

第二の程度については、尋常小学校五、六年より週二時間配当し、必須科目とすべきであるとしている。必須科にする理由として、「諸般ノ事情ト謂ヘルモノモ何レモ必須科反対ノ絶対的理由トハ思ハレナイカラ茲ニハ必須科トスル」といささか無理な言い方をしている。ただ、生徒の負担増を避けるための配当時間数の制限、転入学生徒の為の中国語補習クラスの設置、中学入試の受験科目の改善を挙げている。さらに、中国語は「国民教育上日常生活ニ必須ナル知識」として位置付ければ生徒の負担増といった問題は解消するとも述べている。

第三の方法については、教育研究所で日本人教員のための中国語の講習会を開催し、公学堂、日語学堂の中国人教員と小学校教員の相互交換をはかり授業を進めることや、また、日本人の中国語教員の北京留学を行なうということが提唱されている。

保々学務課長の意見を教育研究所で具体化するという形式を踏んではいるが、学務課長は教育研究所の所長を兼任することになっているので実際は、これらの具体案は保々学務課長の意見でもある。

この意見に対して、満鉄の一部幹部の中から「主義トシテ研究ノ要カアル」という慎重論が挙がり、具体的にはイギリス、フランス、オランダなどのアジアの植民地において自国子弟に現地語教育がどの程度行なわれているかどうかという実態調査を行い、その上で判断してはどうかという意見が出された。調査の結果、殆どの国が現地語を学習させていないという結果が出て、結局、教育研究所の提案は「主義トシテ未熟テアルシ且又予算ニモ関係カアリ、暫時見合セノコト」という結論に達した[20]。

満鉄付属地における中国語教育は、既に一九〇八年二月、「南満州鉄道付属地小学校規則」によって中国語が随意科目として配当されて以来、公教育の場で中国語教育が行なわれ、中学校においても配当されていた。それにもかかわらず、改めて満鉄学務課長が中国語教育を重視すべきであるという見解を明らかにし、さらに、教育研究所が具体的な意見書を出した、しかし、その学務課長の意見が「暫時見合セノコト」という結論に落ち着いたのである。このことは在満教育界に「母国延長主義」教育の傾向が強いことを反映したものである。

この様に考えて見ると、先に述べた様に前年に満鉄付属地の小学校における中国語の時間割り配当が尋常科五年から高等科一年に引き上げられたこととも軌を一にするものである。

「現地適応主義」教育は満鉄の既定方針であり、会社の大義である。これを正面から否定することはできない。そこで他の国の植民地の言語政策と比較して決めるべきであるという取って付けた様な消極論を持ち出したわけである。

その前年の一九一九年（大正八年）の満鉄校長会議においても、台湾総督府から転勤してきた地方部長中川健蔵が「満蒙のために大奮闘し得る青少年の育成」を主張し、翌年、先述の保々隆矣が教育内容に「満州特有のX」を加えることを主張していた。この時期に地方部長と学務課長が声を揃えて既に満鉄の既定方針となっていた「現地適応主義」教育を力説するにはそれなりの理由があった。その第一は、先に述べた様に、当時、在満教育界に広がっていた「内地恋しやの教育」（保々）の風潮である。満鉄視学法貴慶次郎は前掲の『満鉄教育回顧三十年』の中で当時の状況を次の様に述べている。「皆満州永住を予期せず、まして其子弟迄も永く満州にて生活せしむべしとは覚悟せず。勿論満鉄としても、亦彼等に対して、満州永住の保証を与ふることが出来ず。従つて児童学生の父兄は悉く、内地共通の制度の下に、内地の各種の学校に、転入学の可能なるやうにと切望する有様であった[22]」。第二は、中国全土に巻き起こっていた排日運動の高まりは日本の教育事業に対する教育権回収運動に発展し、在満教育界に動揺が起こり、帰国を望む声も上がっていた。第三は「満州」への日本人の移住が頭打ちになっているところへ、華北からの中国人移住者が急増し、日本人人口を圧倒していた。このままでは在満日本人の減少は避けられず、在満教育事業も先細りになる可能性も出てくる。「満州」で教育を受けた人材が「満州」から流出してしまっては意味がない。保々の提起した「満州特有のX」は、「満州」に「永住せしむる」人材養成の必要条件であった。保々の提起した「満州特有のX」とは植民地支配者の土着の方法を示していた。しかし、時の潮流は「満州特有のX」を否定する方向で流れていた。ただ、教育研究所が提起した第三の教員養成については実現をみた。当時好景気を背景にし、教員志望者が減少し、教員不足は深刻化していた。満鉄では内地の各県に教員派遣を要請し、その要請に応えて内地から教員が到着した。教育研究所ではこれらの教員に対し「満州特有のX」ともいえる中国語、中国事情、中国地理、歴史その他満蒙における教育に必要な特殊教科等の研修を受けさせ、三八名が修了し、各学校に配属された。

学務課の意見は否定されたが『満鉄教育沿革史』は中国語教育の強化について「尋常科ノ生徒ニ支那語ヲ教授トテモサシタル効果ナキハ之ヲ認ムルモ、所謂満蒙中心教育ヲ徹底セシムルノ空気ヲ養ウノ利益アリ小学校教育ハ元来『効果』ヲ数量的に求ムルニアラスシテ『其ノ空気』ヲ養フニアリ[23]」と述べている様に、中国語教育の実際の効果が上がらなくても「満蒙中心教育ヲ徹底セシムル空気ヲ養ウ」ことになれば良いという考えがあったことが分かる。

一九二二年（大正一一年）、満鉄は再び中国語科を尋常五年から課するという通牒を出し、一九一九年（大正八年）の通牒を再改正した。理由は英語より中国語を課する学校が多くなったという理由である。付属地の小学校で英語又は中国語を課す学校一九校中、英語を課する学校が四校に減少したのに対し、中国語を課す学校が一〇校に増加し、英語と中国語を合わせて課する学校五校となり、中国語と英語の比率の逆転現象が生まれた[24]。ただ内因としては、これは一九一八年（大正七年）四月に設立された満鉄の教育研究所小学教員部を修了した中国語教員が現場に配属され、教育条件が整ってきたこともあるだろう。また、外因としては、一九一七年末頃から内地で起こった「英語廃止論」もあると思われる[25]。

満鉄学務課は、先の保々学務課長や教育研究所の中国語教育強化についての意見を実現すべく、「満州」の中国語教育の現状の調査を行なった。その一つが奉天地方視学の「大正十三年度　沿線小学校ニ於ケル支那語学習ノ情況調査報告[26]」である。「報告」は「支那語学習情況」「支那語学習改良案」の二章に分かれており、第一章では、満鉄が様々な中国語奨励策を進めてきたにもかかわらず在満日本人の中国語力は極めて低い水準にあることを指摘している。また、同時に会社の奨励策を批判し次の様に述べている。

功利主義的見解カラ之ヲ奨励スル丈テハ永遠ニ見込ハツカナイ。支那語ヲ一年学習スレハ俸給カ何円増ストカ、補習学校一年ヲ修メレハトンナ待遇ヲスルトカ、支那語ヲ話セハ商売上何程ノ利益カアルトカ謂フ如キ卑近ナ功利的ナ動機カラノミ之ヲ学習スルノテハ永遠ニ邦人ノ支那語ヲ改良スル見込カ立タナイまた、中国語の教育の現状について、一九二四年現在、高等小学校の生徒一、一九一名中、週二時間中国語を履修している生徒は四二四名（英語四〇〇名）、高等小学校二三校中一六校が中国語の授業をしており、他の七校は希望者がないか教員がいないという理由で授業を行なっていないと述べている。さらに、中国語の授業に対する生徒の反応について次の様に述べている。

割合ニ冷淡テアリ課セラルルカラ故ニ無意味ニ学習スルカ如キ消極的態度テアルニハ頗ル遺憾テアルカ一六校中興味ヲ有シ態度稍熱心ト判断スヘキモノ七校テアリ其ノ他ハ多ク興味ナキカ或ハ無関心ノ態度ヲ執ツテイル有様テアル

父兄の中国語教育に関する意見として、地域でいえば奉天以北の父兄、卒業後商業に従事することを希望する生徒の父兄は中国語教育の必要を認めているが、一般に英語教育の方を望む声が強いと述べている。

中国語教員の中で、日本人は一二名でその内訳は北京留学組四名、教育研究所六ヵ月コース修了者六名、東亜同文書院卒業者一名、自学者一名であり、中国語の水準としては、教科書を離れて自由に中国語をあやつれる者が五名である。中国人は六名で、日本語を多少理解できるが、教授法等の訓練を受けていないと指摘されている。生徒が中国語を勉強しない理由として、付属地ではあまり中国語を必要としないと感じる者が少なくないことにあると述べている。

教授内容としては、「満州」の方言音を教えるべきか、北京語の標準音を教えるべきかといった問題、注音字母を採用するか否かといった問題、中国で編纂された教科書を使うべきか南満教育会に委託して独自に教科書を編纂すべきかといった問題があることが指摘されている。その到達目標として高等科卒業時には一通りの会話ができ、簡単な時文（現代の書き言葉）が読めるようになることが望ましいとしている。

満鉄学務課では、以上のような調査と準備を行ない、一九二五年（大正一四年）一月、満鉄小学校校長会議を開き、「高等小学校における中国語科を正科とするの可否」を会議に図った。提案者は三年前に同じ提案をし、却下された経験を持つ保々学務課長である。まず、秋山真造視学から付属地の中国語教育の不十分な現状を遺憾とする調査報告が行なわれ、続いて安東高等小学校校長から英語と中国語の教育状況が報告され、英語科を排して中国語を正科とすべしという提案がなされた。多くの校長から賛成論が出され、満場一致で中国語を正科とすべしという提案が可決された[27]。満鉄はこの校長会議の提案を受けて、同年三月、「小学校ニ中国語科加設ノ件」という通牒を出し、中国語を「正科に準ず」とした。通牒は次の様に述べている[28]。

従来社営小学校ノ教科目中外国語ニ在リテハ英語、中国語ノ一科目ヲ課スルコトトナレルカ将来満蒙ノ地ニ於テ各般ノ業務ニ従事セムトスル者ニ取リ中国語ノ必要ハ倍加スヘキヲ以テ大正一四年度ヨリ左記ニ依リ主トシテ中国語ヲ加設スルコトト致

一、高等小学校ニ於ケル外国語ハ中国語ヲ主トシ正科ニ準ジ可成全級児童ニ之ヲ課スルコト

二、授業時数ハ各学年ヲ通ジ毎週男児四時以内女児二時トシ所定毎週教授合計時数ノ範囲内ニ於テ適当ニ按排スルコト

三、課程ハ日常卑近ナル会話並平易ナル文字文章ノ読解及書取トシ反復練習シテ応用自在ナラシムルコトニ努ムルコト

「正科に準ず」としたのは、中国語を「正科」にするには「付属地小学校規則」を改正する手続きを必要とするための措置で、実質は「正科」として扱われた。週四時間まで中国語を課すことができるということは、高等小学校の各科配当時間から見ると国語に次ぐ時間数になり、中国語教育の比重が極めて重くなったことを示している。

ここで注目すべきことは、この通牒の中では「支那語」という表現を止め「中国語」という表現を使っていることである。「支那語」という表現は中国人の間で強い反発があり、適地主義、適応主義政策を採る立場から「中国語」という表現に変えたものと思われる。管見ではあるが公文書の中で「中国語」という表現が使われたのは、これが初めてではないかと思われる。

(1) 前掲『満鉄付属地経営沿革全史』上巻　三一七ページ
(2) 外務省編訳『露治時代関東州法規集』学事法規　出版年不明　国立公文書館蔵
(3) 満鉄地方部学務課『満鉄学事関係規定』一九三三　四ページ
(4) 前掲『満鉄付属地経営沿革全史』上巻　三七八ページ
(5) 公主嶺小学校同窓会編『公主嶺小学校史』一九八七　五一ページ
(6) 前掲『満鉄付属地経営沿革全史』上巻　三七九ページ
(7) 前掲『外地統治機構の研究』高山書院　一九四三年　一四―七三ページ
(8) 前掲『満鉄付属地経営沿革全史』上巻　三七九ページ
(9) 同前　三八二ページ
(10) 同前
(11) 埋橋徳良著『伊沢修二の中国語研究』一九九一年　銀河書房　一〇二ページ
(12) 前掲『満鉄教育沿革史』九七九ページ
(13) 前掲『満鉄付属地経営沿革全史』上巻　三八三ページ
(14) 幣原坦著『満州観』一九一六　六五ページ
(15) 前掲『満鉄付属地経営沿革全史』上巻　三二五ページ
(16) 教育史編纂会編修『明治以降教育制度発達史』第一〇巻　二二二ページ

(17)　前掲『満鉄付属地経営沿革全史』上巻　三八三ページ
(18)　前掲『満州教育回顧三十年』一五〇ページ
(19)　前掲『満鉄付属地経営沿革全史』上巻　三八〇―三八一ページ
(20)　同前　三八〇ページ
(21)　前掲『日本人の海外活動に関する歴史的調査』第一巻　二四〇ページ
(22)　前掲『満鉄教育回顧三十年』一九ページ
(23)　前掲『満鉄教育沿革史』九九二ページ
(24)　前掲『満鉄付属地経営沿革全史』上巻　三八四ページ
(25)　桜井役著『日本英語教育史稿』敞文館刊　一九三六年　二三一、二七三ページ
(26)　前掲『満鉄教育沿革史』一〇一五ページ
(27)　前掲『南満教育』四七号　一九二五年二月　八一ページ
(28)　前掲『満鉄付属地経営沿革全史』上巻　三八四―三八五ページ

五　関東州の小学校における中国語教育

関東州の小学校では、先に述べた満鉄付属地と異なり後年に至るまで中国語教育が行なわれなかった。それは関東州の当時の状況を反映したものといえる。

第一は、関東州の教育行政が台湾の影響を強く受けていたことである。初代民政長官石塚英蔵（一九〇七年九月韓国統監府参与官に転任）を初めとする教育行政に携わった官吏の多くは台湾総督府よりの転任者で占められており、当時、唯一参考にできた台湾における植民地教育の経験が自ずと関東州の教育行政に反映したものといえる。台湾の経験とは日本人に対しては「内地延長主義」教育を行ない、中国人に対しては同化教育を行なうというものである。そのことは「関東州小学校規則」が台湾の小学校規則と極めて相似したものとなっていることによっても

分かる。「内地延長主義」教育を方針とする台湾では施政初期のころから日本人子弟に対する中国語教育は行なわれていなかった。[1] この台湾の方針が関東州の小学校教育にも反映したものと考えられる。しかし、少数ではあるが台湾の経験を踏襲した教育行政に異議を唱える者もいた。金州公学堂南金書院の総教習岩間徳也（東亜同文書院出身）である。岩間は施政開始時の教育について「時勢、民度、地方習慣等に留意し教育の効果を切実ならしめ、生活の向上を図る為特殊科目を加ふることも当然であつて……台湾に於て施政の当初語学に依る同化主義を採用して実施したが其の結果面白からずして改正した事例も聞いて居りました。関東都督府施政当初台湾から転勤してきた官吏が多かつた為め台湾当初の教育方針を取入れて立案せられたものが多かつたと思はれます、従て関東州の事情に対して適切なるものとは考へられません[2]」と述べている。岩間は関東州の「内地延長主義」教育を批判し、「現地適応主義」教育を最初に提唱し実行に移した人物である。そのため同じ関東州であっても岩間の影響力の強かった金州以北に位置する普蘭店、貔子窩地区では「現地適応主義」教育が取り入れられていた。岩間は日本人子弟の中国語教育を主張したのである。

第二は、関東州は、遼東半島の先端に位置し、鳥取県ほどの面積しかなく、官民ともに「外地」という意識が希薄で、どちらかというと「内地」の「飛び地」といった意識が強く、「内地」の教育をそのまま実施することが当たり前の様に考えられていたからである。

第三は、渡「満」者の多くが「永住、土着ノ念ニ乏シク小成功ヲ贏《カ》チ得テ内地ニ帰還セントスルノ風習[3]」が一般的で、そうした意識が教育にも反映していたからである。先の篠崎嘉郎著『大連』には、「移民の常として朝に来り夕べに去る者が鮮くないから、小学児童の個性、特質、千態万状、加ふるに半途退学の頻繁なことは、到底内地辺りでは想像も及ばぬ程である」とあり、関東州の学校は中途編入者、中途退学者が多かったことが分かる。それ故学校では特に編入者の授業をどの様に行なうかという問題を抱えていた。中国語は「内地」の教科目にないので、生徒が編入すると入門クラスを特設したり、補習授業を行なったりしなくてはならない事態が生じることが予想されたため、学校関係者も実施には消極的であった。

第四は、関東州は、教育熱が高く、上級学校への進学希望者が多かったことである。昭和初期には就学率が九九・九一％に達し、「内地」の就学率を超えるほどであった。(4) 教育熱の高さは上級学校への進学競争に発展し、入試科目でもなく、「内地」の教科目でもない中国語は殆ど顧みられなかった。「内地」の教科目にない中国語を配当すれば、他の教科目の時間数を削らなければならなくなり、帰国後の編入学に支障が出るという考えが強かったからである。保護者の多数は「内地」の教育制度をそのまま行なうことを望み、中国語教育はむしろ余計者扱いをされていた。

小学校における中国語の必要性について全く議論がなかった訳ではない。一九一八年（大正七年）一〇月、関東州小学校校長会議が開かれた。席上、学務局より「小学校児童ニ課外トシテ支那語ヲ課スルノ利害如何」という諮問が出された。だが、小学校校長一二人全員が中国語を必要を認めなかった。その理由は「児童ニハ負担重キニ過ク」ということであった。(5)

しかし、こうした「内地延長主義」的な意識は、中国の排日運動とそれに伴なう日本の植民地政策の見直しによって変更を迫られることになる。当時の関東州の教育状況について、先の『関東州教育史』では「学校開設当初から大正五、六年頃までは概ね内地教育の延長に過ぎず教師中心主義の教授であったが大正八、九年頃から漸く覚醒期に入り教育の郷土化が重んぜられるに至り」と述べている。このことは関東州においても「内地延長主義」教育を変更せざるをえない状況が生まれてきたことを示している。

一九二六年（大正一五年）五月、第二回全満居留民大会が開かれ次の様な決議が出された。(6)

是等学生生徒は内地に於ける高等学校並専門学校に入学せんが為に只管其の準備に専念し、満蒙は勿論支那全般に亙り活動するに必要欠くべからざる支那語及支那事情研究の如きは、克く其の必要を感じつつも捨て、顧みるに暇なく、折角満州に於て教育を受くるも全て内地的教育に囚はれ、中学校卒業後は其の大部分は内地高等専門学校に入学し、卒業後郷里満州に帰るも支那語を知らず支那人を解せず、従つて事業に成功の見込み立たず又業務に対する興味を有せず。

当時、「満州」生まれの日本人児童は全「満州」の小学生の半数を占めていたと思われる。居留民大会の決議はそれら在「満」二世が中国の事情を少しも理解しようとしない風潮へのいらだちさえ感じられる。日本の植民地経営を左右するものは他でもなく人である。行政に携わるにしても、会社を経営するにしても、商売をするにしても「支那語、支那事情」が必要である。「満州」に育った在「満」二世に期待したが、教育界の「内地延長主義」教育の潮流の中で期待したような人材が育っていない。こうした反省から、前記の居留民大会決議が出されたのである。

しかし、この居留民大会の決議は、排日運動を前に政策転換を余儀なくされた日本の対中国融和政策や「内地」における幣原の外交政策と軌を一にするものであった。居留民会の決議は、「満州」で生きていく上で必須科目であるべき「支那語、支那事情」が軽視されて、「内地恋しや」といった意識が蔓延している教育界に対する批判が込められていた。これまで「内地延長主義」教育を支持する無言の力として作用してきた保護者の間からこうした声が上がったことは、保護者の意識の変化と政策転換の浸透による効果が顕在化しつつあることを示している。

こうしたことを背景にして、先にも述べた様に一九二五年（大正一四年）、満鉄付属地では中国語を正科に準じて配当することが決まった。

関東州の教育界でも中国語を正科として配当すべきであるという声が強まったことはいうまでもない。一九二七年（昭和二年）一月、関東庁小学校長会議が開かれ、関東庁学務課長の教育に対する指示が出された。その中の「国際教育に関する件」という項目では「中国人と相提携し共存共栄の実を挙ぐる為には小学校時代に於いて教育上この方面に対する準備の忽すべからざるものと認む。各位はこの方点に留意し最も適切なる教育的方法に出られんことを望む」という指示も含まれていた。同時に「尋常小学校に支那語を課するとせば其の学年毎週教授時数及方法を如何にすべきか」という諮問事項が提出された。小学校校長会議は討論を経て次の様な答申を出した。(7)

一、随意科にては不徹底なるため正科とすること。但し成績其他に於て随意科目の性質を帯はしむること
二、大体尋常三年程度より課すること
三、毎週授業時間は一時間或は二時間説ありたるも共に法の示されたる授業時間数内にて配当すること、但し止むなくば毎週授業時数を一時間に限り増加すること、五、六年に入りては男女児によって時間数に差あらしむこと
五、教授は会話主義によるを本体とすれども、五、六年に入りては適当なる教科書を使用するも妨げず、何れにしても一貫せる体系を樹つること
六、教師は日本人を本体とするも、適当なる中国人あらば差支なし

答申は関東州の状況をそのまま反映して曖昧さを残した表現となっている。

第一の中国語教育の位置付けについて、「正科とすること」といいながら「随意科目の性質を帯はしむること」という付帯条件を付けている。これでは正科なのか随意科目なのかよく分からない。

第二の教育開始時期について、「大体尋常三年程度より」としているが、正科である教科目の開始学年を「大体」と幅をもたせると、学校によって授業年数が異なってしまう。

第三の授業時間について、「一時間或は二時間説あり」と二案を並記し、「止むなくば毎週授業時数を一時間に限り増加」することを認めている。これは本来年間の総時間数は決められているので、中国語を正科とすることで、他の教科目の事業時間数を減らさなくていけないのであるが、それをせずに授業時間を「増加」することによって他の科目の影響を少なくしようとしたものである。こうした措置は正規の時間に中国語の時間が割込むことを避けようとしたものと考えられる。関東州では小学校段階から進学ブームが起こっており、当時、学校間で進学率を競う傾向が更に強くなり、教師と保護者は生徒たちが受験競争に勝ち抜くことを願っていた。一九二七年（昭和二年）当時の調査がないので、参考までに一九三三年（昭和八年）の調査を示すと、大連市内の尋常小学校の男子卒業生一、二三八人中、高等小学校を含む上級学校進学希望者は一、一九五人で、その比率は九六・五％となっている。また女子卒業生は一、一四三人中、高等小学校を含む上級学校進学希望者は一、一〇八人で、その比率は九六・九％という高い値を示している。生徒、保護者の間では、中国語の授業より英語の授業を行って欲しいという希望が多かった。(8)

第五の教科書について、「五、六年に入りて適当なる教科書を使用するも妨げず」とある。これは入門段階の四年では、それぞれ工夫をこらして教材を作っていたと思われるが、五、六年生では随意に教材選んで使用してもよいということである。(9) これは当時まだ学校用の教科書が編集されていなかったという事情を反映したものである。学校用の初級教科書『初等支那語教科書（稿本）』巻一が発行されたのは一九二八年（昭和三年）のことである。

第六の担当教員について、「教師は日本人を本体とする」するとし、「適当なる中国人あらば差支なし」といっている。当時、中国語を教えることのできる日本人教師はまだ極めて少数であったので、中国人教師が担当する場合が多かった。師範研修等によって中国語教育を担当できる日本人教師が登場するのはずっと後になってからである。それも中国語だけを担当する専科教員という身分であった。当時、中国人教師の中で外国語の教授法を把握し、日本語で授業のできる教員は極めて少数であったことを考えると、小学生に対してどれだけ効果的な授業ができたかは疑問である。

中国語教育に関する校長会議の答申は、理念として行なう必要があるが、現実問題としてはまだ条件が整っておらず、また保護者の中にも内地と同じ教育をして欲しいという意見が強かったことから、主要教科目に影響の出ない範囲で実施するという、極めて消極的な考えに終始していたことがうかがえる。

関東庁では先の校長会議の答申に基づき一九二七年（昭和二年）四月、「関東州小学校支那語加設規程」（関東庁令二一号）を公布した。規程は次の通りである。(同上)

第一条　関東州小学校ノ教科目ニ支那語ノ一科目ヲ加フ支那語ハ特別ノ事情アル場合ニ限リ民政署長又ハ民政支署長ニ於テ関東長官ノ認可ヲ受ケ之ヲ随意科目ト為スコトヲ得

第二条　支那語ハ専ラ日常簡易ノ言語ヲ諒解シ用務ヲ弁スルノ能ヲ得シムルヲ以テ要旨トス

これまでの「関東小学校規則」（一九〇六年三月制定）では、外国語科目としては高等小学校の課程に英語が随意科目として配当されていただけであったが、「支那語加設規程」によって、尋常小学校四年から中国語が正科として加えられることになった。しかし、但書として「随意科目ト為スコトヲ得」という一項が入っていた。これは正科ではあるが、条件が整わなければ「随意科目」として取扱ってもよいということで、先の小学校長会議の答申にあった「随意科目の性質を帯はしむること」という項目を条文に盛込んだ形となっていた。

中国語の授業配当は次の通りである。[10]

	尋常一年	二年	三年	四年	五年	六年	高等一年	二年
配当時間	〜	〜	〜	一	一	一	二	二

授業内容は、尋常小学校の課程では「近易ナル話シ方」と発音練習、高等小学校の課程では「日常近易ナル話シ方及日常須知ノ文字、語句ノ読ミ方、書キ方、綴リ方」となっている。日常生活に必要な実用的なものを要求していることが分かる。「支那語加設規程」が公布された時はまだ中国語の教科書はなかったが、先に述べた様に、一九二八年に『初等支那語教科書（稿本）』巻一が出版され、高等小学校の課程から使用されることになった。[11]「支那語加設規程」施行以後、関東州の小学校に在学した人びとに中国語教育について聞書き調査を行なったが、中国語の授業についての印象は薄かった様である。「支那語加設規程」が施行された数年後の中国語の授業の一こまが『大連春日小学校の今昔』（同校同窓会編　一九九〇年）に次の様に紹介されている。

> 中国語の教科書は字が書いてなく絵本であった。家族が楽しく語り合っている図柄や食事をしている絵。部屋の中にカレンダーや時計が置いてあり、街頭の風景を描いた絵もあった。担当は東北出身の村田先生といった。先生は絵の中からいろいろな言葉を取り出して中国語にして、音だけで教える。教室へ入ってくると、生徒の代表に中国語で「ザアンチライ、シンリイ、ツオシャ」「起立、礼、着席」を言わせ、それから授業がはじまる。生徒は教科書の絵をみながら教える先生の言葉を、カタカナでノートに筆記する……

また、当時春日小学校に在籍していた難波亨氏（大連三中同窓会会員）の話によると、春日小学校では四年から六年まで週一時間中国語が配当されており、四、五学年は日本語のできない中国人の教員が担当して、プリントに書かれた五、六行の中国語を丸暗記するというもので、六年になると日本人教員が注音符号（中国語の発音記号）を使った簡単な会話を教えていたという。難波氏が習った日本人教員は、中国語検定試験三等合格の資格を持っていたという。なお、三級の合格基準というのは『急就篇』と呼ばれる初級中級テキストをマスターした程度である。生徒の中には、近所の中国人と親しくなって中国語を覚え、日本人の中国語教師を軽視することもあったという。[12]一方、カルタを利用しながら発音を覚えさせるといった工夫をこらした教授法等も開発されつつあった。[13]

なお、当時『初等支那語教科書』をはじめ中国語の教材にはウェード式ではなくて注音符号による発音記号が一般的に採用されていたが、注音符号はもともと日本の「満州」支配に抵抗している国民政府の全国統一政策の中で制定された標準語普及運動のためのもので、注音符号の採用は国民政府の政策に迎合するものであった。しかし、当時は日本側の教育界には、こういった意識はなかったのではないだろうか。日本が注音符号の政治的背景を意識し始めるのは「満州国」成立以後のことである。「支那語加設規定」が施行され、急ごしらえの中国語教育が始まったが、他の教科目の授業時間との調整がつかなかったり、担当教員が見つからなかったりして、全ての小学校で中国語教育が実施された訳ではなかった。しかし、問題点を含みながらも関東州では「支那語加設規程」に基づき正科に準じて小学校で中国語教育が始められた。満鉄付属地の小学校で中国語教育が始まってから既に一五年の歳月がたっていた。

（1）前掲『台湾教育沿革誌』第四章「小学校」
（2）前掲「関東局施政三十年業績調査資料」一〇三ページ
（3）関東長官官房『関東庁事務要覧』一九二〇年　二ページ

（4）関東庁学務課『関東州に於ける教育施設』一九三四年　一三ページ　一九三一年の統計
（5）前掲『満鉄教育沿革史』九三〇ページ
（6）前掲『満鉄付属地経営沿革全史』上巻　三四二ページ
（7）前掲『南満教育』一九二七年三月号　九四ページ
（8）前掲『関東州に於ける教育施設』一五、一六ページ
（9）関東庁『関東庁報』八四号　一九二七年六月二一日　四八ページ
（10）前掲『南満教育』一九二七年五月号　八九ページ
（11）同前「関東庁告示三六号」「小学校ニ於テ使用スヘキ教科書図書」
（12）大連向陽小学校同窓会『ひまわり』一九九〇年　六四ページ
（13）大連嶺前小学校同窓会『喜び永久に』一九九二年　七〇ページ

六　関東州の中学校における中国語教育

一九〇九年（明治四二年）三月、「関東都督府中学校規則」（府令第五号）が公布され、関東都督府中学校（旅順中学校の前身）が開設された。当時、在「満」日本人は五三、九〇六名、学齢児童も既に四、四一五名に達していたが、[1]「満州」においては高等普通教育機関がなかったために、上級学校への進学希望者は内地の中学校に入学するしか方法がなかった。そこで、関東都督府では文部省の中学校令に基づいて関東都督府中学校の開設に踏み切った。[2]初代校長には東京府立第一中学校で二〇年余り校長を務めた勝浦鞆雄を招請し、生徒募集地域を「満州」全域及び内地とし、さらに全寮制とした。[3]その後、一九一八年（大正七年）に大連第一中学校、一九二四年（大正一三年）には大連第二中学校が開設された。「満州国」成立以前の関東州内の日本人中学校はこの三校である。

公布された「関東都督府中学校規則」[4]では、随意科目として清語（中国語）が配当されていた。同「規則」は次の通りである。

第五条　学科目修身、国語及漢文、英語、歴史及地理、数学、博物、物理及化学、図画、体操トス
　清語、法制及経済ハ随意科目トシ之ヲ加フ

「内地」の教科目にない中国語を加えるに当たって、「内地延長主義」を政策とする関東州においては、実際のところ中国語はなかなか市民権を得ることができなかったが、ここで初めて中学校の教科目に中国語が配当されたのである。

まず、当時における関東州の中学校教育の一般的な特徴について明らかにしておこう。

関東都督府中学校の開校に当たり、大島都督は「生徒ニ告クル辞」を公布し、二つの警告を発している。それによると、第一は世間の「学校騒動ト言フ悪疾」に染まらぬこと、第二は植民地という環境の中で「豪奢ニ流レ」ることのない様にということである。(5)

さらに大島は、翌年、天皇の「第二の教育勅語」と称される戊申詔書に基づき「教育ニ関スル諭告」を公布し、その中で「教育界ニ於ケル流弊ニシテ最モ戒ム可キモノアリ即チ学生生徒ニシテ動モスレハ職員ニ対シ反抗ヲ試ミ或ハ上司ニ向ヒテ要請ヲ擅ニシ校規ヲ紊リ校則ヲ壊リ矯激ノ挙動ヲ敢テシ種々ノ紛擾ヲ醸ス者アルコト是ナリ」(7)とも述べている。大島は比較的自由な雰囲気のある外地では「内地」の影響を容易に受け易く「学生騒動」が起こる可能性があることを危惧していたものと思われる。

また、第二の「豪奢ニ流レ」ることのない様にという警告には当時の「満州」の社会状況が背景にあった。当時、関東州、満鉄付属地には「戦勝気分、成金気分、依頼主義」(8)が蔓延し、「軽佻浮華不真面目極まる」風潮が漂っていた。

大島はこうした風潮に対し「豪奢ハ人々ヲシテ懦弱ナラシメ国力ノ充実ヲ害ス」と述べ、「外地」生活者の陥りやすい「豪奢」を戒めている。当時、関東都督府の「地方税の大半は芸酌婦税」[9]といわれるほど歓楽街が軒を並べ「小売店」と称する阿片窟が点在しており、決して教育に適した環境とはいえなかったのである。大島の警告はなによりも、関東州の特殊状況に基づくものであった。

さらに、関東州の教育の特徴として上級学校への進学希望者が多いということが挙げられる。このことは保護者の職業と関係がある。一九一六年（大正五年）版の『関東都督府中学校一覧』によると、保護者の職業は次の通りである。

満鉄関係	三九・五％	官公吏	一三・〇％	諸事務員	五・八％	教員	四・二％
将校	三・五％	雑貨商	三・〇％	職工	二・一％	銀行員	一・九％
医師	一・九％	その他	二五・一％				

満鉄関係者が全体の三九・五％を占めている。満鉄は本社を大連に置き、社員の多くは大連に居住していた。中でも幹部社員の殆どが家族連れで赴任しており、子弟を上級学校に進学させたいという希望を持っていた。満鉄は「外地」勤務ということで社員の優遇措置が採られており、創設当時は給与の十割が勤務手当てとして支給されていた。一九一二年（明治四五年）四月以降は本俸月一〇〇円以上の者は五割、本俸月一〇〇未満の者は六割支給と改正され、社宅制度を初め厚生施設も整備されていた。[10]

次に官公吏が一三％を占めている。特に学校のあった旅順は役所と軍の街といわれるほど関東都督府を初め、高等法院、地方法院、関東軍司令部、海軍防備隊等があり、日本人居住者の約三五％が役所関係であった。[11]軍関係は人口統計には含まれないので、軍属を含めるとさらに高い数字になると考えられる。これら官公吏に対しては本俸の外に在勤加俸制度が適応された。一九〇六年（明治三九年）八月に公布された「関東都督府職員官等給与令」（勅令一九九号）によると、「第五条　関東都督府文官ニハ加俸ヲ支給ス其ノ額ハ俸給額ノ十分ノ三ニ相当スル金額トス」とある。さらに、在勤二年以後から俸給の「二十分ノ一」が増給され、その後は一年ごとにさらに「二十分ノ一」が増給されるという優遇措置が定められていた。同年、更に「満韓在勤文官加俸令」が出され、判任官の場合加俸の上限が「十分ノ八」まで引き上げられた。(12)

満鉄関係者と官公吏とを合わせると五二・五％になり、これら保護者は外地手当てを支給され経済的にも裕福であったため、子弟を上級学校へ進学させたいという希望を持っていたのである。こうした保護者の経済状況は受験競争を加熱させる環境を作ることになった。

大連中学校の『教育方針及施設。内規』（一九一八年）には当時の受験競争について次の様に述べている。(13)

> 専ラ高級学校ノ予備教育ヲ授クルコトニ腐心シ而シテ其多クハ単高級学校ノ入学受験準備ニ忙殺セラレ甚タシキニ至テハソノ高級学校入学合格者ノ多キコトニ依テ学校教育ノ好成績ヲ誇称スルカ如キ傾向ヲ呈セルハ中学校教育上大ニ遺憾ナル現象ナリ

受験競争は卒業生の進路にもはっきりと表われている。(14)

	第一期生	第二期生	第三期生	第四期生
上級学校進学者	一五	二九	一六	一五

進学準備者	―	七	一八	二六
士官候補生	一	―	―	―
就職者	六	一三	一二	三
不明	一	四	七	三
計	二三	五三	五三	四七
上級学校進学率	六五・二%	五四・七%	三〇・二%	三一・九%

第一期卒業生から第四期卒業生までの上級進学者と受験浪人生の占る割合は七二%に及び、特に第四期卒業生の場合は進学希望者が八七・二%に達し、進学希望者が極めて多いことが分かる。

参考までに、一九一九年（大正八年）の首都圏の上級学校進学率は次の通りである。[15]

東京都	神奈川県	千葉県	埼玉県	茨城県
四八・四%	二九・一%	二四・四%	二二・四%	三四・九%

関東都督府中学校は首都圏の中学校と比べても進学率が高いことが分かる。受験体制を考慮して関東都督府中学校では、四年生になると卒業後就職する生徒を一種、進学する生徒を二種に分けて授業を行なう様になった。中国語は第一種、第二種ともに随意科目として課せられていが「一種ニ在リテハ特ニ支那語ニ重キヲ措ク」[16]方針が採られた。この一種、二種の振分け制度がいつ頃から施行されたのか明らかでないが、卒業後、進学せず就職した人の数を示すと次の通りである。[17]

第一期	第二期	第三期	第四期	第五期	第六期	第七期	第八期	第九期	第一〇期	第一一期	第一二期	合計	平均就職率
六	一三	一二	三	六	五	四	二	五	六	六	二	七七	一二・五％

開校当時は就職者が二五％を占めているが、四期以降は一〇％を割っている。平均では一二・五％であり、一種二種に分けるとクラスの生徒配分に大きな格差が出てくることになる。少数の就職希望者に限って「特ニ支那語ニ重キヲ措ク」方針が採られていたことが分かる。先の那須氏の『覚え書』では、「第四・第五学年の希望者に、ショウ・ウン・テイという先生が通訳付きで、週一～二時間教えられていたが、聴講生は卒業後すぐに就職しようとする者が多く、上級学校受験者は清語は聴かずに、スケッチブックの補習授業に出ていた」という旅順中学校第二回卒業生の脇山惟氏の談話を記している。「ショウ・ウン・テイ」という教員は、一九一六年（大正五年）版の『関東都督府中学校一覧』の職員一覧にある「松雲程」という教師のことではないかと思われる。松雲程は一九一一年（明治四四年）から嘱託として採用され中国語を担当している。担当教員はもう一人おり、大分県出身の水谷彬が嘱託教員として教鞭を執っていた。(18)

　学校の記念行事では中国語劇が生徒達によって演じられていた。同校の二五周年記念誌では中国語劇について「彼等の支那語は実に堂に入つてゐて、支那人が語つてゐるのと全く同じであつた。(19)」と称賛している。

　次に実際の中国語教育について述べることにする。

先ず「関東都督府中学校規則」（明治四二年三月二六日勅令第三六号）に基づく中国語と英語の配当は次の通り

である。(20)

	一年	二年	三年	四年	五年
中国語	—	—	二(随)	二(随)	二(随)
英　語	七	七	七	七	八

授業は三年から随意科目として配当され、内容は三、四年が会話、五年が会話、作文となっていた。

関東州では、小学校の教科目に中国語が加えられる様になったのは、満鉄付属地に比べ一五年後れて出発したが、中学校においては開設当初から「内地」の教科目にない中国語が加えられていた。この点が関東州の中国語教育の特徴である。これは初代校長の勝浦鞆雄の主張する「実際教育」重視の教育方針の反映と見ることはできないだろうか。勝浦校長は学校創設時に大島関東都督に対し実業科を設置すべく申請書を提出し、「現今我国中学校教育ノ大勢高キ教育機関ノ予備校ノ如キ観ヲ呈シ」と受験競争の中で本来の教育が顧みられなくなっており、上級学校に進学できるか否かによって人を評価する風潮が生じ、そうした世の風潮によって「人ノ職業ニ尊卑高下アル観念」が生まれていることを深刻に受けとめた上で、具体策として「本校所定教科ノ外ニ毎週二三時間ノ実科ヲ置キ武芸ト併行シテ強制的ニコレヲ生徒ニ課セントスル」ことを提案している。具体的には農業科と工業科の二科目を置くことを申請した。(21)しかし、二科を加設することは「特殊施設」が必要となり、予算上難点があるという理由から、結局採用されなかった。しかし、勝浦の主張する「実際教育」の一環として中国語が教科目に加えられた可能性がある。

中国語が設置されたもう一つの理由は中学校卒業後、直ぐに現地に就職する生徒に対して、就職を前提とした教育を行なう必要があったということである。ただし、中国語を全生徒に対して正科として課したわけではなく、あくまでも随意科目であり、履修に際し強制力を持っていた訳ではない。関東都督府中学校では、三年から上級学校進学クラスと現地就職クラスのカリキュラムを別個に立てており、先の山脇氏の談話にもある様に現地就職クラスの生徒に対してのみ中国語教育が行なわれていたとある。つまり、関東州の中学校の教育は大勢として「内地延長主義」教育が行なわれていたが、就職クラスには就職後中国人との接触が多く中国語教育が必要であると判断されたのである。

なお、教科目の中に漢文が配当されている。漢文は中国の古典であり、中国語である。にもかかわらず現代中国語を随意科目としたのに対し、古典中国語が正科とされ、訓読法によって教授されていた。「内地」の漢文教育はともかく、中国の地でも訓読法による教育が行われていたことに滑稽さを感じる。これは「内地」の中学校令を適応したものといえるが、日本人の中に古代中国に対する尊敬の念と同時に自分達が生活している現実の中国に対しては蔑視するという屈折した意識があって、それが教育に反映していることを感じさせられる。

一九一八年（大正七年）四月、大連中学校の開校に伴なって、関東都督府中学校は旅順中学校と校名が変更された。大連中学校の開校は、「満州」における旅順と大連の位置付けが変わったことによるものである。満鉄が大連に本社を置き大連中心主義を採って以来、大連は経済的に目ざましい発展を遂げ、日本人の多くが大連に居住するようになり、当時の大連と旅順の在住日本人の人口比率は五対一となっていた。(22)

こうした現象を反映して関東都督府中学校の生徒の出身学校区分は次の様に変化している。(23)

旅順　一二八人　　大連　二〇八人　　それ以外　二五〇人

右記の数字は大連中学校開校の前年の統計であるが、大連在住の生徒が三五・五％おり、これらの生徒は寮生活を強いられていることになる。保護者の中からも大連に中学校の新設を希望する声が強まり、大連中学校が開設された訳である。ここにきて関東都督府施政開始時に旅順を「教育の巷」（白仁民政長官談）にしようとした計画は既に修正せざるを得なくなってしまった。

先に述べた様に、大連中学校は学校開校に当たって作成したパンフレット『教育方針及施設。内規』の中で「入学受験準備ニ忙殺セラレ」ている学校教育の弊害を正すことを掲げていたが、当時、更に加熱気味となっていた進学熱の風潮を避けて通ることはできなかった様である。『大連中学校創立十周年誌』においては一期生が一〇人繰上げ卒業して内七人が内地の高等学校に合格したことを挙げ「優良ナル成績ヲ挙ケ、本校ノ設立ヲシテ最モ有意義ナラシム[24]」と誉め讃えている。実際、進学率は関東都督府中学校を凌駕し、開校から七年間の大学、専門学校への進学率は七五・七％という高い数字を示している。その内、「内地」の学校に進学した生徒は六五・四％に上ぼっている。大連中学校では受験浪人生のために校内に特設クラスを開き、専任の教師までおいて指導に当たるという熱の入れようであった[25]。

なお、生徒の出生地は次の通りである[26]。

	「満州」	「内地」	朝鮮	その他
一九一九年	九・一％	八七・四％	二・七％	〇・八％
一九二〇年	一七・三％	七六・四％	四・四％	一・九％
一九二一年	二七・五％	六六・三％	四・八％	一・五％
一九二二年	三四・六％	五七・六％	五・二％	三・五％

一九二三年	三七・三%	五〇・五%	四・六%	二・五%
平　　均	二五・〇%	六八・七%	四・三%	二・〇%

開校当時は「内地」で生れ保護者と共に「満州」に渡った生徒の割合が高いことが分かる。しかし、年をおって「満州」出身の生徒が多くなっている。進学率が七五・七%（そのうち「内地」進学率六五・四%）と高く、「内地」出身の生徒が六八・八%を占めるという二つの事実は、関東州の「内地延長主義」傾向をより顕著なものとし、「満州」という植民地の特殊状況を反映したものといえる。こうした状況の下では中国語教育を正科として配当することは非常に難しかった。

さらに、もう一つ中国語教育にとって障害となっていたことは、生徒の入退学の移動が激しいことが上げられる。入学者に対する卒業者の比率は次の通りである。[27]

入学者に対する卒業者率

一九〇九年	一三・八%
一九一〇年	四六・九%
一九一一年	四五・七%
一九一二年	四三・一%

初年度は一、二学年だけの募集で、入学人員も少ないことによるものだと思われるが、第二年度より平均四五%前後で推移しており、排日運動が高まり情勢不安定な時期になると五〇%を上回る生徒が中途退学している。特

に、中国語教育にとっていつも問題になるのが編入学者である。関東都督府中学校の入学者に対する編入学者の比率は次の通りである。(28)

	一九〇九年	一九一〇年	一九一一年
編入学者率	七・〇%	一〇・二%	八・九%

これらの多くは内地からの編入学者であり、中国語は全くの未習である。そこでそのつど補習等の措置を講じる必要が出てきた。生徒の中には個人教授をしてもらい学校の授業に遅れをとらない様にしたという者もいた。(29)

一九一九年（大正八年）一一月、関東州は先の「関東都督府中学校規則」（一九〇九年）を改正して、「関東庁中学校規則」（庁令五六号）を制定した。これは関東都督府が関東庁となったことによるものである。この「関東庁中学校規則」の制定によって中国語科目の位置付けが変わり、教科目に関しては次の様に改正された。(30)

第三条　学科目ハ修身、国語及漢文、英語、支那語、歴史、地理、数学、博物、物理及化学、法制及経済、実業、図画、唱歌、体操トス
支那語、法制及経済、実業、唱歌ハ之ヲ随意科目ト為スコトヲ得

先の「関東都督府中学校規則」では「清語及法制、経済ハ随意科目トシテ之ヲ加フ」となっていたが、この「関東庁中学校規則」では「支那語、法制及経済、実業、唱歌ハ之ヲ随意科目ト為スコトヲ得」と改正された。これは中国語を正科とするが、場合によっては随意科目にしても良いという玉虫色の規則となった。

規則制定の前年に、中学校の教員による研究会組織である南満州中等教育研究会において「在満州邦人学生ニ支那語ヲ課スル必要ノ有無」について教員の意見聴取が行なわれ、次の様な結果となった。[31]

中国語教育の要不要について
中国語教育を必要とする者　一八人
不要とする者　一人
必要とする理由
日本人の経済発展のため
「日支親善」を促進させるためには言葉による意思疎通が大切であるため中国人との接触が多くなることが予想されるが、その場合中国人の感情、中国事情に精通する必要がある。
教育開始時期について
高等小学校一年より　五人
尋常小学校五年より　一人
中等学校より　一人
特に指定なし　一一人
必須科目とするべきか否か
必須科目とする　〇人
随意科目とする　八人
特に指定なし　一〇人

上記の調査を見ると、中国語教育の必要性は殆どの教員が認めているものの、正科にするまでには及ばないという意見が大勢を占めていることが分かる。「日支親善」という理念に基づけば中国を正科とすべきであるが、実際の授業に当たっては解決すべき問題もあり「随意科目ト為スコトヲ得」という結論になった訳である。

中国語が正科に準ずるという措置が採られたことによって、関東庁の中学校の授業時間数は、文部省の「中学校令施行規定」より、中国語の授業時間数だけ多くなった。配当年次は三年配当から四年配当に引き上げられ、配当時間は週二時間から週三時間に改正された。中国語と英語の学年配当時間数を比較して示すと次の様になる。(32)

	一年	二年	三年	四年	五年
中国語	—	—	—	三	三
英語	六	七	七	五	五

改正前の「関東都督府中学校規則」と比べると、中国語の配当時間は同じであるが、英語は六時間少なくなっている。進学希望者率の高い学校において受験科目の英語の時間数が少なくなり、受験準備期間に当たる四、五学年に受験科目にない中国語が週三時間ずつ配当される様になったことには抵抗があったものと思われる。まして、改正の二年前に当たる第五年度の卒業生五二名中進学者はわずか九名で、残りの四三名が受験に失敗し浪人してしまうという不本意な事態が起こったので、(33)保護者、受験生にとって納得のいかない気持ちであったと思われる。

こうした無理のある規則改正の背景には、日本の対中国政策の変更があったと考えられる。関東庁長官が武官から文官になったこともその表われといえよう。そして、「関東庁令二二号」によって一九二一年（大正一〇年）四月から旅順中学校に中国人生徒の入学が認められ、一九二四（大正一三年）年に中国人のための旅順第二中学校が設立されるまで、日本人との共学制度による教育が行なわれた。

なお、こうした関東州の中国語教育奨励策は、先に述べた様に「関東庁中学校規則」改正と時期を同じくして、満鉄学務課長保々隆矣より中国語教育を正科として教えるべきであるという主張を盛りこんだ「支那語教授改善ニ関スル」提案が出されたこととも関連する。

しかし、実際の教育の現場では、正科とはされず、随意科目として配当されていた。一九二〇年（大正九年）七月の「旅順第一中学校施行細則」による実際の配当時間数は次の通りである。正科の外国語である英語と比較して示すと次の様になる。(34)

	一年	二年	三年	四年	五年
中国語	―	―	二(随)	二(随)	二(随)
英　語	六	七	七	七	八

これは「随意科目ト為スコトヲ得」という付帯条項を適用したものである。つまり「為スコトヲ得」とは「為サザルモ可」ということであり、結局、正科とはならず、随意科目に落着いた訳である。

中国語を三学年から二時間ずつ随意科目として配当する一方で、英語は四年で二時間、五年で三時間、規則にある時間数より増やし授業を行なっている。こうした英語の授業時間を増やすという措置を採ったのは、いうまでもなく受験準備のためである。

結局、中国語を正科にするということは「規則」の上だけであったことが分かる。大連中学校でも開校当時の教員一覧には、幸勉（一九二〇年七月嘱任、一九二七年退任）、井上寿老（一九二七年嘱任）の二人が載っている。[35]

一九二七年（昭和二年）五月、「関東庁中学校規則」の一部改正が行なわれた。改正によって中国語は一年から正科として週二時間配当される様になった。配当時間数は次の通りである。

	一年	二年	三年	四年	五年
中国語	二	二	二	二	二

中国語が正科となることによって、各学年の配当時間が二時間増えることになった。

さらに、付帯条項も「支那語ハ特ニ関東長官ノ認可ヲ受ケタル場合ニ限リ之ヲ随意科目ト為スコトヲ得」と改正された。これは関東庁が中学校における中国語教育に対し、さらに奨励策を講じたものといえる。一九一九年の改正で中国語を正科としたが、先に述べた旅順中学校の様に「随意科目ト為スコトヲ得」という付帯事項を適用して、随意科目として配当するという場合が一般的になっていたので、「特ニ関東長官ノ認可ヲ受ケタル場合ニ限り」という一項を付け加えることにより、より強制力を持った形で正科として徹底さすことを狙ったものである。

この中国語を正科として徹底させるという措置は、一九二五年（大正一四年）三月、衆議院で超党派で可決された「国民教育ノ根本的革新ニ関スル建議」に見られる様に中等学校の「実際化」の提唱と軌を一にしたものであった。建議の中では次の様な改善策が出された。

一、画一ノ弊ヲ打破シ、都市農村等ノ情勢及環境ニ応シテ教育ヲ為スコト
二、多岐形式ノ学弊ヲ廃シ、国民ノ実際生活ニ適シタル教授ヲ行ハシメルコト

「満州」という「情勢及環境ニ応シ」「実際生活ニ通シタ」教育として、日常会話中心の中国語教育が見直されてきたものとも考えられる。当時、旅順第一中学校、大連第一中学校の他に大連第二中学校が開校し、計三校で中国語教育が行なわれた。

関東庁のこの措置は、先に述べた様に、一九二七年（昭和二年）四月、「関東州小学校支那語加設規程」を制定し、関東州内の小学校で中国語教育を行なうことを決定したことと関連するものである。さらに、同年関東庁では「関東庁中学校規則」改正の二年前に、関東庁の職員の中国語学習を奨励する「関東庁支那語奨励規程」（後述）を制定したり、大連放送を通じて、秩父固太郎（満州教育専門学校教授）を講師とする「支那語講座」の準備が進められた。

同年開催された関東庁中学校校長会議において「在満中学校に於ける日本人学生に対し（支那）日本事情、植民政策、国際関係及国際道徳に関する概念を内容とする特別の一科を課す[36]」ことが提案された。また、小学校校長会議においても関東庁学務課長の指示という形で「中国人と相提携し共存共栄の実を挙ぐる為に小学校時代に於いて教育上この方面に対する準備の忽にすべからざる[37]」ようにする様にということが述べられてた。中国語教育は日中の共存共栄の象徴と見なされ、各方面で奨励策が採られた。

こうした関東州における中国語教育の奨励の背景には、東方会議に至る日本の対中国「積極」政策がある。「満蒙南北ヲ通シテ均シク門戸開放機会均等等ノ主義ニ依リ内外人ノ経済的活動ヲ促スコト同地方ノ平和的開発ヲ速カナラシムル」（外交文書）という方針が生まれつつあった。つまり、日本の「特殊権益」を守りつつ、「平和維持経済発展ニ依リ内外人安住ノ地タラシムコト」（同上）を目ざしていた。その前提となるのは中国人との共存であった。教育界にあっては日本人の「満州」事情、中国語の習得といったことが主張される様になってきたのである。

(1) 前掲『満鉄付属地経営沿革全史』上巻　一五二ページ。前掲『関東都督府施政誌』一二ページ
(2) 関東局官房課編『関東局統計三十年誌』一九三七年　六六九ページ
(3) 旅順中学校桜桂同朋全編『創立二十五周年記念号』一九三四年　八八ページ
(4) 前掲『明治以降教育制度発達史』第一二巻　一二四ページ
(5) 前掲『関東州教育史』第四輯　九ページ
(6) 小柴昌子著『高等女学校史序説』銀河書房　一九八八年　八三ページ
(7) 関東都督府民政部地方課編『南満州教育概況』一九一八年　四二ページ（前掲『「満州・満州国」教育資料集成』所収）
(8) 前掲『海外邦人発展史』一九四二年　四五八ページ
(9) 関東庁長官官房庶務課編『関東州施政三十周年記念回顧座談会』一九三二年　一二三ページ
(10) 前掲『満鉄会社十年史』一三八ページ
(11) 前掲『旅順事情』一一ページ
(12) 前掲『明治以降教育制度発達史』第一二巻　四三八、四六〇ページ
(13) 大連中学校編『大連中学校教育方針施設。内規』一九一八年　一ページ
(14) 関東都督府中学校編『関東都督府中学校一覧』四五、四六ページ
(15) 文部省普通学務局編『全国公立私立中学校ニ関スル諸調査』一九二〇年　四二ページ
(16) 前掲『創立二十五周年記念号』一七ページ
(17) 旅順中学校編『旅順中学校一覧』一九二四年　六四〜六五ページ
(18) 前掲『関東都督府中学校一覧』二三ページ
(19) 前掲『創立二十五周年記念号』三二ページ
(20) 前掲『関東州教育史』第四輯　四七ページ
(21) 同前　一一七ページ
(22) 前掲『関東州並満州在留邦人統計』一ページ
(23) 前掲『関東都督府中学校一覧』二五ページ
(24) 『大連第一中学校創立十年誌』二五ページ
(25) 大連中学校同窓会『緑鳴』一九九三年　三四ページ
(26) 前掲『大連第一中学校創立十年誌』五七ページ

(27) 前掲『関東州教育史』第四輯　七七ページ
(28) 前掲『関東都督府中学校一覧』三四、三五ページ
(29) 前掲『緑鳴』八九ページ
(30) 前掲『関東州教育史』第四輯　五三ページ
(31) 前掲『満鉄教育沿革史』九三一ページ
(32) 前掲『関東州教育史』第四輯　五西ページ
(33) 前掲『関東都督府中学校一覧』三九ページ
(34) 前掲『旅順中学校一覧』一四ページ
(35) 前掲『大連第一中学校創立十年誌』五一ページ
(36) 前掲『南満教育』一九二七年二月号　九五ページ
(37) 同前　九三ページ

七　満鉄付属地の中学校における中国語教育

満鉄付属地においては、関東州に比べ小学校の数は多かったにもかかわらず、中学校の設置が遅れ、一九一九年（大正八年）四月になって奉天中学校が開校した。満鉄付属地において中学校の開設が遅れたのは、一九〇六年（明治三九年）、逓信、大蔵、外務の三大臣の満鉄に対する命令書第五条「土木、教育、衛生等ニ関シ必要ナル施設ヲ為スベシ」という鉄道付属地の事業項目に対する満鉄の解釈によるものである。満鉄幹部は「教育」の内容を小学校教育と限定して解釈し、中学校設置には終始消極的態度を取っていた。[1]しかし、満鉄付属地の学齢児童は年を追って増加していた。一九〇七年、撫順千金寨小学校が満鉄の社営として開校して以来増加の一途をたどっていた。尋常、高等小学校の在校生及び卒業者数は左記の通りである。[2]

	在学生数	卒業生数
一九〇七年	二六二	三二
一九〇九年	四二三	七五
一九一一年	七二二	二一三
一九一三年	二、六三一	四五八
一九一五年	三、四八五	六七五
一九一七年	五、三九四	八三九
一九一九年	七、六八五	一、一三六

一九一九年（大正八年）には満鉄付属地の小学校生徒数は七、六八五名（内男子四、〇二四名）[3]、尋常小学校卒業数四八四（内男子二七六名）[4]に達していたが、中学校進学希望者は関東州の旅順中学校か大連中学校に進むか、又は「内地」の中学校に進むしか進学の道はなかった。満鉄付属地の小学校卒業者で旅順中学校を受験した生徒の合格率は、一九一四年、一九一五年度は五〇％であったが、一九一六年には四〇％に落ちている。一九一八年に大連中学校が創設され、生徒収容力が上がったが、それでも五七％に過ぎなかった。[5]つまり、半数近い生徒が中学入学を断念せざるを得なかった訳である。入学しても旅順、大連の地で寄宿生活を強いられることになり、経済的余裕のない生徒は初めから入学の条件すらなかった。一九一七年頃から満鉄付属地の保護者による中学校創設の動きが起こり、翌年秋には満鉄本社への陳情運動が行なわれた。中学校創設運動は春日小学校父兄会を中心に行なわれた。また、南満中学堂（中国人中等教育機関）の堂長内堀維文もこれに参加した。満鉄内部でも岡本辰之助学務主任自ら中学校創設に動いた。岡本は、一九〇八年（明治四一年）、東京視学から満鉄入りして以来、教育行政の

責任者として満鉄教育の基礎を作った人物である。[6] 岡本は三大臣の命令書を広義に解釈し「満鉄の使命は在満邦人の安心立命にある。満蒙に発展せんとする邦人の二大要件は教育と衛生であるが、満鉄の事業が既に第二期に入った以上中等教育の施設は当然の急務であり、亦満鉄の当然の使命でなくてはならぬ」[7] という主張を持っていた。しかし、満鉄幹部の間では経費問題が解決していないという理由で消極論が大勢を占めていた。そこで岡本は、直接の決定権を握る地方部担当の改野耕三理事が奉天の南満医学堂の卒業式に参列する機会を狙って、改野に直訴を実行した。改野は岡本の熱意に動かされ暗黙の了解を与えたという。[8]

一九一九年（大正八年）一月、学務関係の連合研究会が開かれ、奉天中学校の創設が提案され、二月には満鉄理事会によって設立が認められた。[9] この時期、満鉄の監督機関が内閣総理大臣—拓殖局—関東長官と目まぐるしく変わり、軍人総裁中村雄次郎が退任し、政友会に推され野村龍太郎が社長に返り咲き、政友会系の中西清一が副社長として送り込まれた。満鉄人事に大きな変化が起きようとしていた時期であった。第一次世界大戦後、民主主義思想は「満州」の教育界にも影響を与え、児童の「自発活動、自治訓練、自由主義」「自主独立の精神」を養う教育が叫ばれ、同時に植民地人としての「国際主義」「国際道徳」という言葉が盛んに使われるようになった。[10]

同年四月、満鉄は「社告一〇一号」をもって奉天中学校の設置を公示した。

初代校長は南満中学堂の内堀維文校長を兼務校長とした。創設当時、中国語教育が行なわれていたかどうか分からない。ただし、先に挙げた『明治以後教育制度発達史』によると、「中学校の修業年限、学科目、教授要旨及程度は総て中学校令及同地施行規則に準拠し、特に学科目中に支那語を加へたのであった」[11] とある。また、二年後の一九二一年（大正一〇年）六月に制定された「南満州鉄道株式会社中学校規程」[12] には次の様な規定がある。

第三条　学科ハ修身、国語及漢文、英語、支那語、歴史、地理、数学、博物、物理及化学、法制及経済、実

業、図画、唱歌、体操トス

法制及経済、実業、唱歌ハ当分之ヲ欠キ又ハ随意科目ト為スコトヲ得

支那語ハ特別ノ事情アリト認メタル者ニ限リ之ヲ課セサルコトヲ得

上記の規定によると、中国語は修身、国語と並んで正科として扱われていたことが分かる。但し「特別ノ事情アリト認メタル者」は課さなくてよいという付帯事項が付いている。これは、関東州と違って満鉄付属地の小学校では最初から中国語教育が行なわれており、生徒の中には中国人から個人教授を受けたり、中国人の友人知人との交流の中で、中国語の水準がかなり高い水準まで達した者もいることを考慮して、中国語の水準が一定の程度に達した生徒は受講しなくても良いという規定を設けたものと考えられる。

中国語と英語の一週当たりの時間配当は次の通りである。(13)

	一年	二年	三年	四年	五年
中国語	一	一	一	二	二
英　語	六	七	七	五	五

当時、関東州では、三年生から随意科目として二時間配当されていたが、満鉄付属地では一年生から一時間ずつではあるが全学年に配当されていた。「南満州鉄道株式会社中学校規程」が実際に施行されていたとすれば、満鉄付属地では関東州にさきがけて中国語を正科として教育したことになる。

奉天中学校は、創設当初、満鉄経営の中国人中等教育学校である南満中学堂の校舎の一部を借りて授業を始め

た。内堀校長はかつて済南師範学堂総教習を六年勤め、中国への理解も深く、日中の共学論者であった。「日本人カ満州テ働クニハ満州ノ人ト物トニ通スルコトヲ必要トスル。満州ノ人ト物トニ通スルニハ、机上ノ知識ハ遂ニ何ノ権威テモアリ得ヌ直接其ノ人ト接スルニ非スンハ、殊ニ感情ノ動物タル人間。幼少ヨリ同シ校舎テ起居ヲ共ニシテ学ハシムルハ親シミヲ増ス所以テアル[14]」という考えのもとに、奉天中学校と南満中学堂の日中共学による「一大学園」を建設するという構想を立て、共通校舎の基礎工事も進めていた。しかし、生徒達の反応は冷やかで「学校では常に日支親善の要を聞かされる。理屈では分つてゐるが情としては両者の混同せられる事がどうしても忍び難かつた。従つて奉中の徽章を満中のと同一に定められた時の不満は、たとへようもなかつた。（中略）我等の不平不満に堪へなかつたのであつた[15]」と卒業生は回顧している。結局、一九二二年（大正一一年）九月、奉天中学校は南満中学堂より分離され、翌年一月、内堀校長は旅順工科大学予科教授に就任し学校を去った。内堀校長の主張する日中共学方針が孤立した様に中国語教育も正科としての地位を確保したものの実際は軽視されていた。

　奉天中学校も関東州の中学校と同じ様に上級学校進学率の高い進学校であった。奉天の満鉄付属地に住む日本人は四四・一％が満鉄社員と官公吏によって占られ[16]、奉天中学校の生徒もそれらを基盤とする奉天小学校の卒業生が五六・三％を占めていた。また、保護者の五一・一％が満鉄社員と官公吏であった[17]。これは大連、旅順と同じ様に、保護者の多くが中級俸給者であり、知的水準も高いという状況から、子弟を上級学校へ進学させたいという希望を持つ者が多かった。奉天中学校の上級学校への進学率は次の通りである[18]。

	進学率	進学者中の「内地」進学率
一九二五年	三〇・一％	？
一九二六年	二八・二％	四五・五％

一九二七年　三五・三％　六六・七％
一九二八年　三八・六％　六八・八％

上記以外に、受験浪人中の生徒が合格者を上回る数いた。また、一九二七年（昭和二年）以後は「内地」の上級学校に進む生徒の比率が大幅に高くなっている。満鉄付属地では奉天中学校だけでは、すでに進学希望者を受け入れられない状況になっていた。また、満鉄では、いわゆる「満鉄疑獄事件」が起こり、野村竜太郎社長と中西清一副社長が責任をとって辞任し、一九二一年（大正一〇年）、早川千吉が社長に就任した。早川は満鉄社長就任を原敬に要請された時、「自分が原さんに満鉄行きをすすめられ、御承けしたのは満州に文化を樹立せしむるためである。自分は何よりも先づ学校を造りたい」[19]という希望を出したほど教育事業には情熱を持っていた。早川が就任早々に行なったことは中等学校の増設であった。一九二三年（大正一二年）に鞍山中学校、撫順中学校が設立され、さらに長春、安東に高等女学校が設立された。一九二五年（大正一四年）には安東中学校が開校し、満鉄付属地の日本人中学校は四校になった。[20]

鞍山、撫順、長春、安東に中等教育機関が増設されたが、依然として受験競争は激しくなるばかりであった。増設された翌年の一九二四年に、満鉄の保々隆矣学務課長は中等学校校長会議を主催し、学校を増設しても加熱するばかりの受験競争を次の様に批判している。[21]

殆ト真ノ授業カ行ハレテ居ルノハ三年生位迄テアル様ニ私ニ見エルノテアリマス、四年五年ニナルト殆ト上級学校ヘ入学受験準備換言スレハ即チ断片的ノ知識ヲ不統一ニ授ケ生徒ハ上級学校ヘノ入学関門ヲ突破スルト謂フ以外何物モナイ様テアリマス先にも述べた様に、保々は「現地適応主義」教育を主張し、中国語教育の普及を実践した学務課長であったが、受験競争の現実を前に中国語教育が理念だけに終わってしまっていることに失望感を募らせていることがうかがえる。

(1) 前掲『満鉄教育回顧三十年』「中等教育の創始」寺田喜次郎　一二八ページ
(2) 前掲『満鉄付属地経営沿革全史』上巻　四〇三ページ
(3) 前掲『満鉄教育沿革史』三〇九ページ
(4) 前掲『満鉄付属地経営沿革全史』上巻　四〇三ページ
(5) 前掲『満鉄教育沿革史』一五四八ページ
(6) 前掲『満鉄教育回顧三十年』「初代教育係主任岡本辰之助君を偲ぶ」河村音吉　二三ページ
(7) 前掲『満鉄付属地経営沿革全史』上巻　七〇四ページ
(8) 前掲『満鉄教育回顧三十年』一三一ページ
(9) 同前
(10) 前掲『満鉄付属地経営沿革全史』上巻　三三一ページ
(11) 前掲『明治以降教育制度発達史』第一二巻　一六九ページ、前掲『満鉄教育沿革史』三九〇ページにも同様の記述があるが、開始時期については述べられていない。
(12) 南満州鉄道株式会社地方部学務課『南満州鉄道株式会社経営教育施設要覧』一九一九年　一一七ページ（以下、『満鉄経営教育施設要覧』と略）
(13) 同前　一一八ページ
(14) 前掲『満鉄教育沿革史』九四四ページ
(15) 前掲『満鉄教育回顧三十年』一三三ページ
(16) 皆川秀孝著『奉天一覧』満州日日新聞社　一九一四年　一七ページ
(17) 鶴田恒雄編『奉天事情』文古堂書店　一九二二年　五五ページ
(18) 前掲『満鉄教育沿革史』一五二三ページ

(19) 前掲『満鉄教育回顧三十年』六ページ
(20) 前掲『満州教育史』三九一ページ
(21) 前掲『満鉄教育沿革史』一四七一ページ

八　関東州の高等女学校における中国語教育

一九一〇年（明治四三年）三月、「関東都督府高等女学校規則」（府令四号）が公布され関東都督府高等女学校が創設されることになった。校長は関東都督府中学校の勝浦校長が兼任することになり、七月開校式が行なわれ、三、四学年五八人が入学した。高等女学校は「都会ノ地ニ設置セラレ……上流ノ女子ヲ教育スル」（小松原文相）といわれていた様に良家の女子に対し「良妻賢母」教育を行なう場であって、これは関東州においても同様であった。中学校の開設とほぼ同じ時期に高等女学校が設置されたのは、先に述べた様に中流俸給生活者が多かったことによるものと考えられる。

開校の翌年一九一一年（明治四四年）、当時の関東都督府高等女学校の保護者の職業は次の通りである。[1]

官公吏　二五・〇％　軍人軍属　八・七％　会社員　四・四％　満鉄社員　一七・四％　医師　四・四％

この外、教員、商人、役所雇員などとなっている。満鉄社員が比較的少ないのは、満鉄が事業を開始したばかりで単身赴任者が多く、また、女学校が大連から離れた旅順という地にあったため、宿舎生活をせざるを得ないという条件のためであったと考えられる。当時、単身ではなく家族連れで渡「満」できる日本人は中流以上の経済力を持った者が多く、裕福な家庭が多かった。「外地」という閉ざされた環境の中で、経済的余裕のある家庭では女子を高等女学校に入学させようとする傾向は「内地」以上に強かったと考えられる。

一九一四年（大正三年）六月、関東都督府立大連高等女学校が開設された。[2] これによって関東都督府高等女学校は旅順高等女学校と改称されることになった。さらに、一九一九年五月、大連市立実科高等女学校が開設された。同女学校は開設の翌年の一九二〇年、高等女学校となった。[3] 大連市にはこの他に私立羽衣高等女学校があった。[4]

一九一三年以後の関東州の生徒数の推移は次の通りである。

	高女生徒数	入学者数	卒業者数	退学者数
一九一三年	一三〇	七三	三三	二八
一九一四年	二九四	一九八	二八	四九
一九一五年	二五一	一一五	四六	二九
一九一六年	二七〇	一三〇	六四	四七
一九一七年	三一九	一六三	五六	四八
一九一八年	五八六	四〇一	七二	四九
一九一九年	六五二	二三五	七九	八一
一九二〇年	七〇七	三〇四	一〇三	一三八
一九二一年	八三九	三二五	一〇一	七六

一九一四年（大正一四年）に生徒が倍増したのは、大連高等女学校が設置されたことによるものである。同時に退学者も倍増しているが、これは対華二一ヵ条要求に抗議する排日運動が各地で起こったことによるものと考えられる。また、一九一九年から一九二〇年に再び退学者数が急増しているが、これは五・四運動以後の排日運動の高潮により、保護者の中に不安感が広がり、先ず女子を内地に帰還させようとしたためと考えられる。

高等女学校においても中学校と同じ様に中途退学者の比率が高いことが分かる。

次に実際の教育について見てみることにしよう。「関東都督府高等女学校規則」による教科目は次の通りである。(5)

修身、国語、歴史及地理、数学、理科、家事、裁縫、音楽、体操トス
英語、教育、手芸ハ随意科目トシテ之ヲ加フルコトヲ得

外国語として英語が随意科目として配当されていたが、中国語は配当されていなかった。「内地」の「高等女学校令」改正に伴なって、「関東都督府高等女学校規則」が改正され、一九二一年（大正一〇年）三月、「関東庁高等女学校規則」（庁令一四号）(6)が公布された。改正された規則には「国民道徳ノ養成ニカメ婦徳ノ涵養ニ留意スヘキ」という文言が盛り込まれた。また、これまで外国語は英語とされていたが「外国語ハ英語又ハ支那語トス」と改正され、高等女学校の教科に中国語教育が加えられた。ただ、外国語の位置付けは「随意科目又ハ選択科目ト為スコトヲ得」という扱いになっていた。中国語については特に「支那語ハ専ラ日常ノ会話ニ関スル能ヲ得シムルヲ以テ要旨トス」（第六条）という但書が付け加えてある。これは、英語教育とは目的とするところが違い「専ラ日常ノ会話」に限定した実用教育を行なうことを強調したものである。この改正によって裁縫の時間が大幅に少なく

なる等の配当時間割となり、高等女学校の教育がこれまでの良妻賢母型の教育から広く「国民道徳ノ涵養」と実業教育重視への転換が「満州」においてもあったことの表われである。さらに、一九二七年（昭和二年）五月、「関東庁高等女学校規則」[7]の一部改正が行なわれた。「外国語」に関し、次の様に改正された。

第五条第四項中「外国語」ハ「英語」ニ改メ同項ノ次ニ左ノ一項ヲ加フ
支那語ハ特ニ関東長官ノ認可ヲ受ケタル場合ニ限リ之ヲ随意科ト為スコトヲ得……支那語ハ第一学年乃至第五学年ニ之ヲ課シ毎週授業時数ハ各学年ヲ通シテ二時トス

この改正によって、同時に改正された「関東庁中学校規則」と同じ様に、中国語を正科に準じるという措置が採られた。これまで女子教育においては家政に関する実科的知識、技能を高めることに重点が置かれており、外国語教育はあまり顧みられなかったことを考えると、中国語が女子教育の正科に加えられたことの意義は大きい。

しかし、実際は規則にある様に一年から五年まで週二時間の中国語の授業が行なわれた訳ではなかった。一九三一年（昭和六年）に定められた「旅順高等女学校施行細則」による中国語と英語の授業時間は次の通りである。[8]

	一学年	二学年	三学年	四学年	五学年
中国語	二	二	―	―	―
英　語	三	三	三	三	三

補習科（乙部）

	一学年	二学年

中国語　三　三
英　語　一　一

「高等女学校規則」にある中国語科目の配当時間が「施行細則」においては、規則通り実施されていないことが分かる。ただ、卒業後、小学校教員養成のための補習科（乙部）では、中国語は週三時間配当されていた。これは中国人に対する公学堂教育に従事する場合を考慮してのことと考えられる。

先に述べた様に関東州では一九二七年（昭和二年）から小学校に「支那語加設規程」が公布され、尋常科四年から中国語教育が始まっているので、しっかりした授業をしていれば中国語の基礎を習得できる条件はあったはずである。しかし、実際はあまり重視されていなかった様である。旅順高等女学校の卒業生の一人は「卒業後は〈ちゃかで〉〈しょまで〉の連発で中国の人をうろたえさせる様な会話しか出来なかった」[9]と中国語の授業について回顧している。

(1) 前掲『関東都督府第六統計書』第六二表「高等女学校生徒保護者職業別」
(2) 前掲『満鉄教育史』一九七ページ
(3) 同前　二〇〇ページ
(4) 同前　二〇一ページ
(5) 前掲『関東州教育史』第四輯　一九二ページ
(6) 前掲『明治以降教育制度発達史』第一二巻　一八二ページ
(7) 同前　一九四ページ
(8) 前掲『関東州教育史』二〇四ページ
(9) 旅順高等女学校同窓会編『姫百合』一九七一年　一六四ページ。「ちゃかで」（這个的）「しょまで」（什么的）は日本語で「これ」「なに」という意味である。

九　満鉄付属地の高等女学校における中国語教育

満鉄付属地では、一九二〇年（大正九年）二月、奉天高等女学校（のちの奉天浪速高等女学校）が設立され、女子中等教育が始まる。(1) 同女学校は「高等女学校令」及び「同施行規則」に準拠して授業が行なわれた。一九二二年（大正一一年）四月、撫順高等女学校、一九二三年（大正一二年）四月、長春高等女学校、安東高等女学校が相次いで開設され、満鉄付属地の高等女学校は四校となった。一九二四年（大正一四年）の四校の在籍状況は次の通りである。(2)

	奉天高女	長春高女	撫順高女	安東高女
新入学生数	一三〇	四〇	一五二	九五
中途入学生数	二三	八	二七	四
中途退学生数	六〇	九	四三	一五
卒業生数	四一	―	九〇	―

これらの学校の第一の特徴は関東州の高等女学校と同じ様に中途入退学者が多いことである。第二の特徴は小学校から高等女学校への進学率が高いことである。上記の統計の年の高等小学校と尋常小学校の卒業生の女生徒総数は八四五人で、高等女学校入学者は四一七人である。この数字を単純計算すると、小学校卒業生の四九・三％が高等女学校に進学したことになる。

一九二一年（大正一〇年）四月に公布された「南満州鉄道株式会社高等女学校規則」には外国語について次の様な規定がある。(3)

第四条　本科ノ学科目ハ修身、国語、外国語、地理、数学、理科、図画、家事、裁縫、音楽体操トス
外国語ハ英語又ハ支那語トス
外国語、法制及経済、手芸、実業ハ之ヲ随意科目又ハ選択科目ト為スコトヲ得

特に中国語については「支那語ハ日常ノ会話文章ヲ理解スル能力ヲ養フヲ以テ要旨トス」という教育内容の規定に基づいて、ここでも中国語は実用語学として位置付けられている。

満鉄付属地の高等女学校においては、中国語は英語とともに外国語として教科目に入っており、一学年から五学年まで週三時間の配当となっている。(4)この規則の公布された年に実際に中国語の授業が行なわれていたか否か明らかでない。中国語と英語と二科目の内一科目を選択する場合、受験競争の激しかった高等女学校では、むしろ英語の授業を選択する生徒が多かったと思われる。

ただし、「満州事変」の翌年の一九三二年に公布された各高等女学校の学則には中国語が次の様に配当されている。(5)

	一学年	二学年	三学年	四学年	五学年
奉天高女	一(三)	一(三)	四(四)	四(四)	四(四)
長春高女	—(三)	—(三)	三(三)	三(三)	三(三)

撫順高女	—(三)	—(三)	一(三)	一(三)	
安東高女	一(三)	一(三)	三随(三)	三随(三)	三随(三)

注　(　)内は英語の時間数を示す。
注　撫順高女は四年制である。

各学校によって中国語の配当時間が異なっており、必ずしも「南満州鉄道株式会社高等女学校規則」に基づいている訳ではない。奉天高女では正科として三～四時間配当しているが、安東高女では正科の枠を外し、随意科目としている。配当時間は各学校の校長の裁量によってある程度決めることができるので、上記の配当時間表は各学校の中国語教育に対する重点の置き方を反映したものといえる。

満鉄付属地の高等女学校も関東州と同じで、上級学校進学を希望する生徒が多かった。満鉄付属地の高等女学校の卒業後の進路は次の通りである。(6)

	進学者	就職者	家事手伝
一九二五年	二四・一％	〇・九％	七五・〇％
一九二六年	一二・九％	三・一％	八四・〇％
一九二七年	二二・九％	七・六％	六九・五％
一九二八年	二四・四％	四・一％	七一・五％
一九二九年	二三・九％	六・〇％	七〇・一％

満鉄付属地の高等女学校も関東州と同じ様に上級学校への進学を希望する生徒もいたが、殆どは家事手伝が主であった。一九二六年頃から卒業後就職する生徒も出てきて、「満州」においても女性の社会進出が始まったことを示している。彼女らの就職先は教員が多かった。進学希望者は英語を履修し、就職希望者は中国語を履修するという一般的傾向から考えると、中国語が正科になる以前は、高等女学校においても中国語履修者は少数であったと考えられる。

(1) 前掲『満州教育史』三九八ページ
(2) 満鉄『統計年報』一九二四年版
(3) 前掲『満鉄経営教育施設要覧』一二六ページ
(4) 同前　一二七ページ
(5) 前掲『満鉄学事関係規程』七二~九四ページ
(6) 前掲『満鉄教育沿革史』一五二四ページ

一〇　実業学校における中国語教育

「満州」における中国語は普通教育よりも実業教育において重視されてきた。英語は、明治以来欧米の文化を摂取するための言葉として中学校、高等学校、大学というエリート・コースの必須科目であった。それは「満州」においても同じであった。しかし一方、実業学校においては実務教育の側面から中国語が重視されていた。ここでは大連商業学校と南満州工業学校における中国語教育について考察することにする。

大連商業学校は、東洋協会満州支部によって一九一〇年（明治四三年）九月に開校された。東洋協会は、一八九八年（明治三一年）、桂太郎を会頭とし「台湾ノ経営ヲ裨助スル」ことを目的として設立された組織である。台湾からアジアに活動の基盤を広げるということで、台湾協会から東洋協会と名称を変更し、大連進出を図り、大連では大連商業学校以外に大連語学校を経営していた。

大連商業学校は、創設当初は大連商業補習学校と称していたが、一九一二年一月に五年制の甲種商業学校に改制され大連商業学校と校名を変更した。「大連商業学校規則」は学校の目的について次の様に規定している。(1)

第一条　本校ハ実業学校令及商業学校規則ニ準拠シ商業ノ実務ニ従事セントスル者ニ須要ナル知識技能ヲ授ケ兼テ徳性ヲ涵養スルヲ以テ目的トス

教科目は「商業要項」「簿記」「商業実践」といった商業科目と同時に外国語として「英語」「支那語」「露語」が配当されていた。外国語三科目の配当時間は次の通りである。(2)

	一学年	二学年	三学年	四学年	五学年
英　語	六	六	六	八（二）	八（二）
中国語	四	四	四	八（二）	八（二）
露　語	―	―	―	八（二）	八（二）

注（ ）内は第二外国語の時間数である

外国語の選択については、一学年から三学年までは英語、中国語の二科目から一科目選択し、四学年以上は、さらに、第二外国語として露語を含む三科目から一科目を選択することになっていた。週当りの授業配当は三三時間から三六時間となっているので、特に外国語教育に力を入れていることが分かる。しかし、英語が六時間配当されているのに対し、中国語は四時間となっている。

授業内容としては、英語は「訳解、書取、作文、習字、文法、時事英語」となっており、中国語は「発音、会話、訳解、聴取、時文（時事文）」となっている。英語は講読、文法に重点が置かれているのに対し、中国語は会話、聞取りといった実用を重視する内容となっている。高等普通教育の場において、英語と中国語の位置付けの違いが出てくることは理解できるが、実業学校においては英語と中国語の授業内容に違いがあることに注目すべきである。「満州」では中国語の方が英語より即戦力になったからである。大連商業学校の同窓生数人から聞取り調査を行なったが、同校では中国語教育を重視しており、在学中に中国語検定試験の中上級に合格する生徒もいたという。また、卒業時には日常会話や簡単な商業文を書くことができる程度に達していたということである。

大連商業学校の生徒の入学者数の推移は次の通りである。(3)

	志願者数	入学者数
一九一二年	九二	九〇
一九一四年	八七	七八
一九一六年	一四八	一一六
一九一八年	四二〇	一一九
一九二〇年	四九三	一〇九

草創期は志願者も少なかったが、一九一八年（大正七年）頃から志願者数が一気に増加している。これは一九一

六年（大正五年）頃から大連の景気が良くなったことと、日本人の増加によって小学校の生徒数が増加したことによるものと考えられる。例えば、一九一六年から一九一八年にかけて関東州の貿易総額は一・四倍に増加し、小学生数は一・五倍に増加している。当時、大連は商業志向が強まったこともあって、中学校に進学できなかった生徒が商業学校に進んだものと考えられる。

前表の卒業後の進路は次の通りである。(4)

	満鉄	他の会社	銀行	個人商売	官吏	自家営業	上級学校進学	教員	その他	計
一九一二年	二	四	三	｜	二	五	｜	二	五	二三
一九一四年	五	八	三	｜	二	六	｜	一	四	二九
一九一六年	一三	一一	六	二	五	九	一	一	一六	六四
一九一八年	一三	二三	一〇	四	二	｜	二	五	三〇	八九
一九二〇年	一五	一六	六	一	一	七	七	一	二五	七九

全体の約六〇～七五％が経済関係の仕事に従事していることが分かる。特に満鉄との結びつきが強く、一九一二年（大正元年）から一九二五年（大正一四年）までに二四五人が満鉄に就職し、その比率は一九・九％を占めている。満鉄では現地採用制を導入しており、中国の商業知識を現地で学んだ人材として歓迎され、中堅管理職として現場に配属された。

一九二一年（大正一〇年）以後は大連商業学校からの上級学校進学者も増加し、全体の約一〇～二〇％を占めるまでになっている。そのため商業学校ではあるが、進学希望者に受験準備クラスを特設して指導に当たるということも行なわれた。[5]

大連商業学校では東亜経済研究部を設置し、教員の指導のもとで調査研究を行なったり、会社商店での実習をさせるなど、商業の実際教育も行なっていた。こうした調査研究、実習においては中国語を使う機会も多かったと思われる。

満鉄付属地においても一九二〇年（大正九年）三月、長春商業学校（のちの新京商業学校）が設置された。[6] 同校は大連商業学校と同じ五年制の甲種商業学校であり、外国語の配当も同じ英語、中国語、露語となっていたが、蒙古語を随意科目としていた。外国語の配当は次の通りである。[7]

	一学年	二学年	三学年	四学年	五学年
英語	八	八	六(三)	六(五)	六(五)
中国語	八	八	六(三)	六(五)	六(五)
露語	八	八	六(三)	六(五)	六(五)

注（ ）内は第二外国語の配当時間である

同校では地理的にソ連と近いことから中国語と同時に露語が重視されていた。大連商業学校に比べ外国語の授業時間が多く、一学年から週八時間を外国語の時間に当てている。さらに、三年から第二外国語の履修を義務づけている。「現地」という環境と週八時間の授業という条件の下であれば、卒業時までの相当な水準まで達したものと思われる。

長春商業学校は満鉄の直営であり、教育方針として「満蒙発展の壮図を抱いて往来した同胞子弟を教育してその習得せる智能を実際に応用して大陸発展の実を挙ぐべき人材を養成するためにある。……一般商業教育の外特に東亜経済事情調査に力を注ぎ、その補助たる支那語、露西亜語を習得させて南北満州の開拓者を育成することに力を傾倒して来たことこれである。(8)」と述べている。同校が創設された一九二〇年（大正九年）は関東州と同じ様に「長春の市況は特産界の黄金時代(同上)」であって、商業従業員の養成が急務となっていた頃であった。その年の保護者は三四・六％が商業関係者であった。(9)

　このほか、関東州には大連女子商業学校（一九三〇年創設）があり、一年から三年まで三時間から四時間の中国語教育が行なわれていた。(10)また、満鉄付属地では奉天商業学校（一九三三年創設）で中国語教育が行なわれていた。

　次に、南満州工業学校について述べることにする。

　南満州工業学校は、「工業学校規程」（文部省令第八号）に基づき一九一一年（明治四四年）、満鉄によって設立された工業技術者養成の機関である。鉄道、鉱山、港湾経営を主とする満鉄にとって現地の状況に精通した技術者養成は急務であった。鉄道一つとっても砂漠地帯、凍土地帯を控えた「満州」においては、「内地」の技術はそのまま適用できない場合が多く、現地の状況にあった工事技術が必要であった。そこで、満鉄では高等小学校卒業または中学校卒業を入学資格とした四年制の「南満州ノ工業ニ従事セムトスル者ノ為メニ須要ナル知識技能ヲ授クル」（学則）(11)ことを目的とした南満州工業学校を設置した。学科として土木科、建築科、電気科、機械科、採鉱科の五科に分かれ、それぞれの専門教育が行なわれた。ここでも中国語教育が行なわれた。中国語と英語の配当時間は次の通りである。(12)

一学年　二学年　三学年　四学年

中国語	二	一	一	(一)
英　語	三	三	三	(二)

注 ( )内は自習時間を示す。

注 中国語の配当時間は各学科共通であるが、採鉱科のみ、自習時間が三学年に配当されている。また、電気科の場合は英語の配当時間が他の学科に比べて多い。

南満州工業学校の卒業生は満鉄を主とする「満州」各地の工業現場で中堅技術者として、中国人を相手に仕事をすることになる訳で、中国語は必須科目であったはずである。しかし、同じ実業学校でも商業学校に比べ中国語の時間が少ない。週一時間から二時間の中国語の授業では日常会話の習得も難しかったに違いない。

創設当初はかなりの成果を挙げていたが、一九一九年、一九二〇年頃から「入学者の素質に於いて低下したる事実を認めさるを得ざる」[13]状態に陥った。その原因は、創設当初は「満州」における中学校は旅順中学校が唯一であったので、旅順中学校に入学できなかった比較的優秀な生徒の多くが上級学校として南満州工業学校に入学したため一定の水準を保っていたが、一九一九年頃から中学校が増設されるに従って受験者が減少するという状況が生まれた。入学者数の推移は次の通りである。[14]

年度	在籍者数	中国人学生
一九一一年	七五	二
一九一三年	一九二	六
一九一五年	二五八	九

一九一七年	二八二	七
一九一九年	三二三	五
一九二一年	二九六	六
一九二三年	一三七（一一三）	四
一九二四年	四四（一七七）	四

注　（　）内は南満州工業専門学校学生数を示す

一九一九年（大正八年）から一九二一（大正一〇年）年にかけて全体として入学者数が減少していることが分かる。南満州工業学校では創設の時から中国人との共学制を採っており、少数ではあるが中国人学生が在籍していた。このことは日本人学生の中国語教育に多少は影響を与えたものと思われる。

他方、工業界の趨勢は実地作業の分野に関する研究が著しく進み、更に高度の技術水準が要求される様になってきた。そこで、一九二二年（大正一一年）二月、中学校卒業生を入学資格とする三年制の南満州工業専門学校が設立され、南満州工業学校は専門学校に吸収されることになった。南満州工業専門学校の建設工学科及び機械工学科の中国語の配当は次の通りである。[15]

	一学年	二学年	三学年
中国語	二	二	二
英　語	三	三	三

高学年には現場における実習教育を課しているので、在学中から中国人との接触があったと思われる。具体的にどの様に授業が行なわれたのかは明らかでない。

一九二二年（大正一一年）、工業専門学校になって以後、一九三五年（昭和一〇年）までに七七七人の卒業生を出しているが、その進路は次の通りである。(16)

満鉄　三〇一人　満鉄外会社　二二〇人　在「満」日本官公署　四九人　「満州国」官公署　四七人

在日本　三八人　在朝鮮　三九人　死亡　三三人　上級学校進学　一人　その他　四九人

全体の約八〇％が「満州」で仕事に従事していることが分かる。南満州工業専門学校の教育の目的は「施行技術者」の養成にあり、現場で中国人労働者に細かい指示を出す必要もあったと思われが、週二時間の授業では意思疎通をはかることも難しかったであろう。しかし、日本語を解する公学堂出身の中国人も徐々に増加しており、必ずしも中国語を使わなければならないことばかりではなかっただろう。

(1) 前掲『関東州教育史』五輯　二ページ
(2) 同前　一二ページ
(3) 同前　一五ページ
(4) 同前　一四ページ
(5) 前掲『満州教育史』二〇八ページ
(6) 同前　四〇三ページ
(7) 前掲『満鉄経営教育施設要覧』一六一ページ
(8) 前掲『満鉄付属地経営沿革全史』下巻　四一九ページ

（9）前掲『満州教育史』四〇四ページ
（10）前掲『関東州教育史』五輯　二二ページ
（11）関東都督府民政部地方課編『南満州教育概況』一九一八年　四四ページ
（12）前掲『満鉄経営教育施設要覧』一四三ページ
（13）南満州工業専門学校編『誕生と使命』二ページ
（14）関東都督府編『関東都督統計書』、関東庁編『関東庁統計書』
（15）前掲『満鉄学事関係規程』一〇五ページ
（16）前掲『満鉄教育沿革史』一八五四ページ

まとめ

以上の考察を通じていえるのは、日露戦争以来、日本が積極的に「進出」して行った中国大陸の東北部すなわち「満州」においても、中国語教育の在り方については、基本的に日本国内と同じであったということである。その点では「内地延長主義」であったといえよう。

ただ、「満州」はいわゆる未開の土地ではなく、「近代」化において日本に若干の遅れを取っていたとはいえ、そこには相応に発達した経済社会が既に存在していた。従って、ヨーロッパ諸国がアフリカ、あるいは中国以外のアジア諸地域に設置した自国民の学校で現地語の教育を行なわなかったのとは違って、商業上の便宜、行政上の必要から中国語教育を実施せざるを得なかった。しかしその際も、本文で述べたように、上級学校進学を目ざす中学校には、名目的に中国語科目を設置するにとどまり、中等実業学校に正科として置いたのである。かつて倉石武四郎が「北京なり南京なりに駐在してゐる人たちで、支那語を上手に話すのは、おおむね、下僚であって要職のある人は、ほとんど、支那語らしい支那語が話せない[1]」と記した状態が、ここにも一貫して存在していたのである。まさに、「中国語は裏通りをあるく語学」[2]だった訳だ。

しかも、本文で特に詳述しなかったけれども、中等学校には「内地」と同じく漢文科目が課せられていた。中国の古典を中国語を知らぬ教師が日本式訓読で教える漢文教育が、この中国の国土でも実施されていた訳で、これは一幅の滑稽図ともいえるだろう。なお、中等学校といっても、高等女学校には「内地」と同様、漢文科目はなかった。日本文化の源流と見なされた中国の古典―漢文を女子には教えないというのは、教育の面における一種の女性蔑視であるが、この点は、別に論じる必要がある。

日本の「進出」とともに「満州」は日本の植民地としての色彩を強めていくのであるが、そのことと並行して中国大陸では、民族主義の運動が高揚し、国民的統合の気運が発展して、一九世紀末から二〇世紀にかけて、様々な事件が相ついだ。「満州」の地もその例外ではなかった。一九二八年の一二月の「東北易幟」は「満州」が中国の統一に加わった大きな出来事であった。

この様な状況に対応すべく、日本もある時期には柔軟な政策を採らざるを得なかった。それが中国語教育の面における「適地適応主義」である。その政策の中で、本文にも述べた通り、中国語教科書編集の過程で、注音符号を用いた中国語教育を推進する方針が採られた。

注音符号というのは、辛亥革命以来、国民的統合の見地から標準語の確立が模索されてきた成果を国民政府が受けついで制定された発音記号であって、当時にあっては、言語の面における中国民族統一の象徴ともいうべき性質を有していた。その注音符号を「満州」の中国語教育に採用するのは、勿論、日本にとって好ましいことではなく、この教育上の試みは間もなく姿を消さざるを得なかったのである。なお、「満州」に住む漢民族は、歴史的には殆ど河北・山東諸省のいわゆる華北地区から移住したもので、かれらの言語は、北京を中心とする標準語圏に属していたことをここで注意する必要がある。

日本国内においては、当時、京都大学教授であった倉石武四郎が、日本が既に国民政府を無視し、中国大陸に戦禍を拡大している中で、注音符号を使用した一連の教科書を刊行し、中国語教育の革新を試みて、大きな注目を浴びていた。この試みは戦後にも受け継がれ、中華人民共和国になって注音符号を用いず、ローマ字表記になってからも、当時模索された方法が継承されて、倉石は戦後中国語教育の中枢に位置することになった。

だが、当時、「満州」ではこの倉石の試みは一切無視されていたのである。日本はその「満州」経営の立場から、「満州」を中国「本土」から切り離す必要があり、中国語という呼称さえタブーとされ、「満語」「満州語」（満州族の使用する言語ではなく、現在の漢語をさす）と称する様になったのである。表記も「満州」独特のものを考案したが、実用に至らないうちに日本は敗戦を迎えた。日本が、日本人に対する中国語教育よりも、中国人に対する日本語教育に力を入れる様になったことも、「満州」における中国語教育が実を結ばなかった大きな原因となったと考えられる。

「満州国」は、建国神廟に象徴される様に、日本の神話を無理に適用した日本の擬似国家の性質を強めていく中で崩壊した。本章で取り上げた中国語教育の問題は、歴史的事実としては些末なものではあるとはいえ、この小さな窓口から後の「満州国」の姿が透けて見えてくるのである。

（1）倉石武四郎著『支那語教育の理論と実際』岩波書店　一九四一年
（2）安藤彦太郎著『中国語と近代日本』岩波新書　一九八八年

一一　師範教育における中国語教育

1　軍政下における教師群

「満州」における教育には対中国人教育、対日本人教育、対朝鮮人教育、それに一部ではあるが、対モンゴル人教育、対ロシア人教育がある。先にも述べた様に「満州」における対中国人教育は、既に日露戦争中の占領地軍政時代に始まった。その嚆矢は一九〇四年（明治三七年）七月に開校した復州日文学堂である。同学堂では復州軍政署の篠原通訳を教員として、生徒四四人に対し日本語を主とする教育が行なわれた。(1) 続いて、営口瀛華実学堂（一九〇四年八月）、南金書院民立小学堂（一九〇四年一二月）、安東日清学堂（一九〇四年一二月）等が開校し、当時、軍政署が関与して設立された学校は一四校に上った。(2) これらの学校の多くの日本人教員の身分は、一、軍事通訳（憲兵警察官）、二、東亜同文書院卒業生、三、中国の学堂教習経験者、四、台湾、「内地」の教員経験者に分けることができる。その主な教員は次の通りである。(3)

復州日文学堂　篠原（軍事通訳）
瀛華実学堂　上野政則（「内地」教員）、永井清三郎（「内地」教員）、浜村善吉（歩兵中尉）
営口商業学校　上野源次（東亜同文書院卒）
南金書院民立小学堂　岩間徳也（東亜同文書院卒）
安東日清学堂　氏名不祥（軍政署通訳）

蓋平師範学堂　亀淵龍長（東亜同文書院卒）
旅順学堂　中堂謙吉（台湾国語学校卒、台湾淡水国語伝習所教諭）
大連公学堂　浅井政次郎（台湾国語学校卒、陸軍通訳）

これら教員に共通する点は、正規の師範教育は受けてはいないが、一、中国語を解し、二、中国事情に通じていたという点である。軍政署時代の教育は、営口、金州、大連、旅順を除いて変則的な教育であり、日本語教育を主としたものであった。生徒たちに初歩的な日本語を教え、軍政を実行する上で実務に供する人材を養成することを目的としており、正規の教科目が課せられていた訳ではなかった。

（1）陸軍省編『明治三七八年戦役　満州軍政史』一九一五年〜一九一七年　第九編「復州軍政史」一六一ページ
（2）同前　各軍政史の総計
（3）同前「復州軍政史」「営口軍政史」「金州軍政史」「安東軍政史」「蓋平軍政史」「旅順軍政史」

2　関東州における師範教育

一九〇八年（明治四一年）三月、「関東州公学堂規則」（署令第一四号）が公布され、公的機関における中国人教育が行なわれる様になった。当時、南金書院民立小学堂（公学堂南金書院）には、先に述べた東亜同文書院出身の岩間徳也が、大連公学堂には台湾国語学校出身の浅井政次郎が[1]、旅順学堂には同じく台湾から転出してきた中堂謙吉等が堂長として学堂運営に当っていた。公布された「関東州公学堂規則」は浅井が中心になってまとめたものであり、台湾の植民地教育の経験に基づいて日本語教育を主とする同化主義教育を基調としていた。[2]岩間はこれに対して台湾の同化主義教育を廃し、「清国奏定学堂章程」に準拠して「満州」に適応した教育を進めようとした。しかし、結局は関東州においては同化主義教育が主流となる。初期の頃（一九〇六年）は中国人のための公学堂は四校で、日本人教員も七人（正教員六人、雇教員一人）に過ぎなかったが、[3] 公学堂が増え、生徒数が増加するに従って教員養成の必要が生じてきた。

一九〇七年（明治四〇年）四月、関東州では「関東州学校職員任用ニ関スル件」[4] という規定が定められ、その中で公学堂教員資格として次の様な任用規定が公布された。

一、教員免許状ヲ有シ支那語ヲ以テ教授ヲ為シ得ヘキ者

二、支那語ニ通シ二年以上関東州ニ於テ教育ニ従事シタル者

当時の公学堂教員の多くは中国語を解し、授業も中国語で行なわれていた。しかし、上記の条件を有する新任の日本人教員を得ることは難しく、南満中学堂の飯河道雄、長春公学堂の熊田隆等の様な中国での教習経験者が主であった。

一九〇八年（明治四一年）、旅順公学堂に中国人教員養成を目的とした速成師範部が設置され、[5] 翌年の一九〇九年（明治四二年）四月、公学堂南金書院の補習科に師範部が加設されて、[6] 中国人教員養成が始まった。これらは中国人に対して初等普通教育を行なう小学堂、蒙学堂の教員を養成するためのものであった。一九一六年（大正五年）両師範部は合併して旅順高等学堂師範科となった。[7] この合併時までに両師範部の卒業生は二四七人に上り、一部は公学堂の教員となっていた。これら師範部の卒業生が公学堂教員となることによって、日本人教員は「教授においても凡ての教師が中国語に通じて居らなくても不便を感ずることが少なくなった」[8] のである。中国人教員が低学年に対して中国語を交えながら教え、日本人教員が高学年に対して日本語で教えるという教学方式が徐々に

定着していった。

しかし、中国人教員は充足できても、中国語を解する日本人教員は世界大戦の好景気の影響で教育界を去り、実業界に転身する者が多くなり、教員不足が深刻になってきた。同時に公学堂、普通学堂における中国人教育についても問題がでてきた。『関東州教育史』は当時の状況を次の様に述べている。[9]

普通学堂教育の効果に就ては何となく生彩を欠く感あり、その改善をはかるには先づ州内枢要地の普通学堂長に日本人を任用して職員指導に当らせる必要があるとの見地から任用後直ちに堂長に採用することはできないとしても、その計画を以て養成し置くことは必要である。

当時、関東州にも教育権回収運動が起こり、中国人の間に排日感情が高まり、関東庁では中国人教育の見直しを図る必要が出てきた。公学堂には日本人教員がおり堂長、教務の職に就いていたので「指導」することができたが、普通学堂の教育は専ら中国人教員に委ねられていた。そこで、関東庁として普通学堂堂長に日本人教員を送込み、排日運動に備えようとしたものと思われる。

右記の様な理由によって、一九二〇年（大正九年）四月、旅順師範学堂に小学校教員養成部が加設され、本科と研究科が設置された。「小学校教員養成部規則」[10]は次の通りである。

第一条　本部ハ関東庁管内ニ於ケル小学校ノ教員タルヘキ者ヲ養成スルヲ以テ目的トス

第二条　本部ノ修業年限ハ一年トス

第三条　本部ノ学科目ハ修身、国語及漢文、支那語、歴史、地理、数学、博物、物理及経済、手工、音楽、体

操、農業トス

ここでいわれている「本部」とは「本科」のことで、中学校卒業者又はこれと同等の学力を有する者を対象とし、選抜試験によって入学させ、日本人教員を養成するための科である。研究科は「内地」の師範学校卒業者又は現職者に対して「支那事情及支那語を授くることを目的[11]」とする科である。入学者には支度金として金七〇円（他に旅費金三〇円）、学資として月額金二五円が支給され、卒業者は二年間の教職に従事する義務が課せられていた。[12]

一九二三年（大正一二年）から本科は募集停止となり、関東州における日本人教員養成はわずか三年で廃止された。先に述べた様に関東州当局は同化主義教育を方針としていたために「満州」の特殊性にあまり目を向けず、独自の教員養成を行なわなくても、「内地」の師範教育で足りるという考えを持っていたために、現地での教員養成は重視されなかった。

卒業者数及び修了者数及び公学堂、小学校における日本人教員数の推移は次の通りである。[13]

	本科	研究科	公会堂教員数	小学校教員数
一九二一年	三	一五	六二	二四一
一九二二年	一四	四	八五	二七六
一九二三年	二七	一六	―	二九一
一九二四年	―	一〇	―	三一一
一九二五年	―	二〇	一一四	三二六

一九二六年	—	二九	一二七	三四〇
一九二七年	—	一九	一一六	三五五
一九二八年	—	一八	一一六	三七七
計	四四	一三一		

注　『職員録』に一九二三年、一九二四年は公学堂の教員名が記載されていない。

関東州の日本人教員の増大に教員養成が追いついていくことが出来ない状態が続いている。一九二五年（大正一四年）から一九二六年（大正一五年）にかけて研究科の研修者数が増加しているが、これは一九二七年（昭和二年）四月から実施されることになった「関東州小学校支那語加設規程」によって各小学校で中国語教育が始まることになり、急拠、中国語担当の教員養成をする必要が出てきたためである。

卒業者、修了者の進路は次の通りである。(14)

	本科	研究科
公学堂教員	一〇	二七
小学校教員	二二	八八
帰国その他	九	一一
死亡	三	五
計	四四	一三一

研究科修了者の中には南満州教科書編輯部に入り教科書編集に従事した教員や旅順師範学堂の教員になった者もいる。先にも述べた様に、教員養成部加設の目的の一つとして普通学堂の堂長を養成するという主旨が掲げられていたが、実際に普通学堂に配属された者は一人もいなかった。

当時、公学堂教員は小学校教員より一段低く見られ、仕事量も多く、任用をきらう傾向があった。旅順公学堂教員の良川栄作は「教授の準備にも一々説明の言葉を不自由な他国語の中に探つて用意せねばならぬ。語る可き一語一語にも綿密なる用意と準備を要する……由来学校教員の体力消耗より生ずる疾病殊に呼吸器病等比較的多いのは諸多の原因もあろうが勤務過多心身過労より生ずるは最も見易いことである。……特に州内公学堂教員中従来肺結核で死亡した数の目立つて多いことは事実である」[15]と語っている。

関東州の教員養成は同化主義教育を方針としていたために、教員に対する中国語教育、中国事情教育はあまり重視されず、「内地」の師範教育の経験を基礎としていた。そのため「日本人教員として小学校並に公学堂に奉職すべき者に対しては、何等の施設なきは当都督府教育上一大欠陥なり」[16]という指摘を受けるほど立ち後れていた。

(1) 前掲『関東州教育史』第三輯　一九三二年　七四ページ。「明治三十八年二月十五日付を以て出征第五師団付より遼東守備軍司令部付に命課換の上大連軍政署付を命ぜられ、庶務一部を分担す」とある。吉野秀公著『台湾教育史』一九二七年　六五ページ　第一回講習員卒業生名簿の中に浅井政次郎の名前が載っている。
(2) 同前　一〇ページ
(3) 関東都督府編『関東都督府第一統計書』「公学堂教員及生徒」一九〇六年　三ページ
(4) 教育史編纂会『明治以降教育制度発達史』第一二巻　一九三九年　四七ページ
(5) 森増一著『創立十周年記念誌』一九二八年　八ページ
(6) 三宅俊成著『公学堂南金書院創立三十周年記念誌』一九三四年　二九ページ
(7) 前掲『創立十年記念誌』九ページ
(8) 前掲『満州教育史』二二七ページ

(9) 前掲『関東州教育史』第五輯　四一ページ
(10) 前掲『明治以降教育制度発達史』第一二巻　二七五ページ
(11) 前掲『関東庁施政二十年史』二〇四ページ
(12) 前掲『明治以降教育制度発達史』第一二巻　二七四ページ
(13) 前掲『創立十周年記念誌』六九ページ　日本人教員については印刷局『職員録』一九二一年〜一九二八年
(14) 同前　一一七ページ
(15) 前掲『南満教育』一九二六年二月号　四〇ページ
(16) 同前　一九二六年五月号　九四ページ

3　満鉄付属地における師範教育

満鉄付属地における中国人教育は、一九〇九年（明治四二年）六月開校した蓋平公学堂を嚆矢とする。[1] 一九一〇年（明治四三年）には熊岳城公学堂、一九一三年（大正二年）には遼陽公学堂、関原公学堂、長春公学堂と中国人教育機関は増え、生徒数も七三三人に増加した。創設期の教員は蓋平公学堂の熊田隆、熊岳城公学堂の秩父固太郎、遼陽公学堂の諸石熙一、長春公学堂の飯河道雄等の様に中国語に堪能な教員が主であった。満鉄付属における公学堂教員数、学級数の推移は次の通りである。[2]

	教員数	学級数
一九一〇年	三	二
一九一一年	八	五
一九一二年	一一	九
一九一三年	二六	二一

一九一四年	三〇	二四
一九一五年	四五	三〇

一九一三年（大正二年）、学校数が五校に増え教員数も倍増している。右記の表は中国人教員を含む数であり、日本人教員の実数は分からない。(3) 日本人教員の任用は「小学校或ハ中等教員ノ資格アル者」とされ、中国人は「支那ニ於ケル教員ノ資格アル者又ハ教育上ノ学識或ハ経験アルモノヲ採用」し、その身分は「助教」とされていた。堂長には日本人教員を当て、教員資格がある中国人教員でも日本人教員より一段低い「助教」「嘱託」という身分でしか採用されなかった。

公学堂教員は一九一四年（大正三年）三月、「在外指定学校ニ関スル規程」が改正されるまでは恩給制度の適用を受けることができず、(4) 仕事量も多く、有為の人材を得ることが困難な状態にあった。満鉄では公学堂草創期の中国事情に通じ、中国語に堪能な教員が時代とともに去り、「内地」から派遣されて来た教員が多くなって来るに従って、草創期の人材に替わるべき教員の研修の必要が生じた。満鉄では公学堂の教員に必要な資質として次の五点を挙げている。(5)

一、植民地教育ノ概念ヲ持ツテ居ナケレハナラヌ
二、支那ノ国民性ニ対スル知識ヲ必要トスル
三、支那語ヲ必要トスル
四、支那人ヲ指導スル特殊ノ才能ヲ要スル文化ノ伝達者トシテノ特殊地位ヲ自覚シナケレハナラヌ
五、国際的知識ヲ持ツテ居ナケレハナラヌ

満鉄は既に教育における適地適応主義を採っていた。中国人の国民性を理解し、中国人との意思疎通を図る上で必要な中国語を解し、同時に中国人に対し指導性を発揮できる人材を求めていた。

「内地」から派遣されてきた教員の多くは「内地」の師範教育の方法をそのまま「満州」の教育に当てはめようとし、様々な障壁にぶつかり悪戦苦闘していた。公主嶺公学堂に赴任した林克馬は赴任当時のことを次の様に語っている。(6)

校長につれられて初めて学校に行つた時は、異様な臭気はむつと肺臓にからみつき、特に便所に行つた時は、その最高のものでありました。児童を見ても汚ないし、第一私の話さうとする事はてんで分つてくれないし、それは簡単に日本語をよく話せない言ふのではなくてそれ以上の者である様に思はれてなりませんでした。私は明らかに失望し、実際こんな事ならわざわざ満州に来るまでもなかつたと思ひました。

満鉄の掲げた教師の資質と公学堂の現実が極めてかけ離れていることが分かる。植民の現実を事実として理解しようという意識を持たないまま、教育の現場に派遣された教員たちは、殆どすべてがこうした現実の前に立ちつくしたに違いない。教員のぶつかった現実に対して、そのまま放置すれば「満州」の対中国人教育者はいなくなってしまっただろう。「満州」の現実は新任の教員にとって、すべてが信じられない様な現実であった。

こうした現実をどう認識するかということは「満州」で教育に従事する教員にとって重要なことである。そこで「満州」という現実と新任の教員の教育実践を結びつけるために教員研修が始められたのである。

教員研修の最初の試みは、一九一二年（大正元年）から満鉄の教員三人を選んで二年間、奉天、北京に留学させ、中国語、中国事情の実地研究に従事させることから始まった。中学校、小学校で中国語を担当する教員の殆どが、これら留学生によって占められるようになった。(7) この制度は教育機関の「満州国」移管まで続けられた。

(1) 前掲『満州教育史』三七九ページ
(2) 前掲『南満州鉄道株式会社十年史』一九一九年 八三九ページ
(3) 前掲『満鉄経営教育施設要覧』一九二一年 三三ページ
(4) 前掲『満鉄教育回顧三十年』一六七ページ
(5) 前掲『満鉄教育沿革史』(草稿) 一九三七年 二〇二九ページ
(6) 教育研究所編『満鉄教育たより』一九三六年一一月号 九一ページ
(7) 前掲『満鉄付属地経営沿革全史』上巻 六一〇ページ

4 満鉄教員講習所

一九一三年(大正二年)四月、満鉄では教員講習所を設置して本格的な教員研修を開始した。研修は、日本人教員の研修を目的とした甲科と、中国人教員の研修を目的とした乙科に分かれていた。甲科の教科目は「支那語」、「支那文」、「支那事情」及び日本語教授法となっていた。一年間の修学期間中、特に中国語教育が重点的に行なわれた。(1) 中国語教育は特に公学堂教員にとっては必須科目であり、中国人生徒に授業を行なう場合はどうしても必要であった。さらに、中国語は教学にとって必要というだけでなく、日常的な中国人生徒、保護者との意思疎通にとっても必要であった。先の林克馬が少しでも中国語を学んで赴任していたとしたら、もう少し違った感情が持てたと思う。乙科は「日本語」、「教育学」、各科教授法、中国語教授法及び「体操」となっていた。第一回は甲科一〇人、乙科六人が入所し、第二回は甲科一〇人、乙科四人が入所した。松樹公学堂堂長の山路猶龍は当時を回顧して「早川さん言ふ支那語の先生から『支那人の教育者は先づ支那事情、満州気分を味はねばならぬ』と教へられてさかんにあちこちと旅行をしたことを思ひ出す。金州の支那宿に泊まつた時など、饅頭や支那酒が口に合はないで実に困りました[2]」と述べている。当時、先の秩父固太郎が瓦房店から教員講習所に転勤になり、専任講師として中国語、中国事情を教え、岡田正樹が中国語時事文を教えた。第一回卒業生には桑畑忍（満州国教育会主事）、伊藤伊八（安東省視学）、岩河信毅（大連神明高女教員）等がいた[3]。

一九一三年（大正二年）八月より、甲科研修生に対し日本語教授法の実地研修を行なう日本語速成科を開設した。講師として招かれた井上信翁は、モスクワでロシア人にベルリッツ方式で日本語を教えた経験を持つ学務課長であった。ロシアで使用していた『会話体日本語教科書』を取り寄せて、実地授業が行なわれた[4]。授業は最初の三ヵ月は日本語を主とし、後半三ヵ月は中国語で算術等の授業を行なうというものであった。

（1）前掲『南満州鉄道株式会社十年史』八五六ページ
（2）前掲『満鉄教育回顧三十年』一九〇ページ
（3）同前　一八二ページ
（4）満鉄初等教育研究会第二部編『公学堂、日語学堂教育の実際』一九三七年　四六九ページ
（5）前掲『満鉄教育沿革史』二〇三三ページ

5　満鉄教育研究所

満鉄の教員講習所は、一九一五年（大正元年）四月に教育研究所と改組され、教員研修と同時に教育に関する調査研究をも行なう機関となった。

「教育研究所講習規程[1]」によると、小学校教員に対する小学校教員養成部と中国人教育に従事する教員に対する支那人教育部に分かれていた。小学校教員養成部は毎回一〇余人を選抜し、研修期間は約一〇〇日で、教科目は国語教授法、小学校国語読本研究、漢文、教育、理論、理科教授実験、図画、手工となっていた。三年間六回の研修

によって満鉄付属地の大部分の教員が研修を受けた。(2) 支那人教育部は研修期間は一年で、教科目は中国語、中国文、中国事情及び日本語教授法であった。(3)

一九一八年（大正七年）四月、満鉄は新たに一ヵ年の小学校教員養成部を設け、各県に師範学校卒業成績が上位三分の一の席次を占める優秀な教員という条件で、教員の派遣を要請した。派遣されてきた二〇数人の教員に中国語、中国事情、地理、歴史、「満州」で教育に従事する上で必要な特殊教科の研修を行なった。この時の第一回生の中には長崎県でローマ字教育を普及させた杵淵弥太郎もいた。(4) また、支那人教育部でも二〇〇日講習を行ない、さらに、中国人教育従事者の中から八人を選び中国語、中国事情の研修が行なわれた。(5)

一九二〇年七月、「内地」より採用した新任教員に対する研修と在職教員に対する研修が始まった。本科の教科目は次の通りである。(6)

教育心理及実習	国語	数学	地理歴史	理科	中国語	中国事情	体操	音楽	計
四	一	一	四	四	一二	二	三	一	三二

授業の三分の一は中国語の授業に当てられている。専科は専ら中国語の研修であった。研修期間は本科、専科ともに半年間であった。(7)

教員講習所以来の研修生数は次の通りである。

	日本人	中国人
一九一三年	一〇	六

一九一四年	八	四
一九一五年	四三	―
一九一六年	三〇	―
一九一七年	三五	―
一九一八年	二七	―
一九一九年	一九	―
一九二〇年	六三	―
一九二一年	四八	―
一九二二年	四〇	―
一九二三年	一四	―

注　日本人研修生は新任教員と在職教員の研修者を合わせた数字である

参考までに満鉄付属地における内地からの新採用教員数は次の通りである。[8]

	一九一九年	一九二〇年	一九二一年	一九二二年
男性教員	六五	六九	三〇	五九
女性教員	一〇	八	一〇	一二
計	七五	七七	四〇	七一

研修者数に対して、新採用教員数がこれを上まわっている。

一九一九年（大正八年）以前の統計がないので、全体を見ることはできないが、一九一九年（大正八年）より一九二二年（大正一一年）までの新任教員の中には研修を受けられなかった教員も多かったことが分かる。

以上の教員研修以外に、一九一六年（大正五年）四月から一年間、遼陽、長春等の公学堂に派遣されて見習教員として実地に研修を受ける制度もあった。[9]

さらに、教育研究所では教員研修の他に教科書編集が進められ、中国語関係では『声音練習支那語入門』（一九二〇年）、『声音練習支那語読本』（一九二二年）が刊行された。[10]

(1) 前掲『満鉄教育施設要覧』一九一七年版　一五〇ページ
(2) 前掲『満鉄教育沿革史』二九三三ページ
(3) 前掲『南満州鉄道株式会社十年史』八五六ページ
(4) 嶺南全編『満州忘じがたし』一九七二年　二一ページ
(5) 前掲『満鉄教育沿革史』二〇三四ページ
(6) 教育研究所編『教育研究所要覧』一九三六年　六ページ
(7) 前掲『創立十周年記念誌』六九ページ
(8) 前掲『満鉄教育沿革史』一八二八ページ
(9) 前掲『満鉄付属地経営沿革全史』上巻　六一一ページ
(10) 同前　六〇六ページ

6　満州教育専門学校

一九二〇年（大正九年）頃から教員研修制度の見直しを求める声が挙がった。満鉄の教員研修の主な目的は「内地」の新任教員に対して、「満州」に適応した教育内容、教授法、中国語、中国事情を教え、「満州」の特殊性に根ざした教育をすることにあった。関東都督府、関東庁が一貫して「内地延長主義」を教育政策とし、教員研修にあまり熱心ではなかったのに対し、満鉄は「適地適応主義」を教育政策とし、教員研修を非常に重視してきた。しかし、教員研修という方法には当然限度がある。「内地」の師範教育を受け、また、「内地」の学校での教歴を持つ教員の中には「内地師範を卒へ完全なる教員となりたりとの自惚れを抱きたる者」もおり、教員研修に対して「満州に渡りこの地に適せる様に教育せんとしても、それは既に不可能である」[1]という疑問を抱く声もあった。確かに「内地直輸入教員」に対して中国語と中国事情の研修を行なっても必要性を感じない教員もいた。また、「満州」の教員は「外地手当」等の諸手当が支給されるために、「内地」の教員の二倍近い給与が支給されており、こうした厚遇を目当てに渡「満」する教員もいた。[2]こうした教員にとって研修はあまり意味のないものに感じられたに違いない。

さらに、一九二〇年（大正九年）頃から小学生、公学堂生の増加によって教員補充が間に合わなくなってきた。当時の関東州、満鉄付属地の小学生数、公学堂生数の推移は次の通りである。[3]

	一九一八年	一九一九年	一九二〇年	一九二一年	一九二二年	一九二三年
関東州小学生数	六、二二三	七、一〇九	七、八七七	八、七二八	九、二六〇	九、七六三
州外小学生数	六、二三九	六、六二二	八、六五三	九、五九七	九、九八六	一〇、七五八
関東州公学堂生数	二、一〇五	二、四六五	三、〇四四	三、六五三	四、三〇六	四、六〇五
州外公学堂生数	九一二	一、一〇一	一、四〇〇	一、六四二	一、七七七	一、九七八
合　計	一五、四七九	一七、二九七	二〇、九七四	二三、六二〇	二五、三二九	二七、一〇四

一九一八（大正七年）年から一九二三年（大正一二年）にかけて日本人小学生、中国人公学堂生数は七五・一％増加している。特に小学生数の増加に比べ公学堂生の増加が激しい。公学堂生は関東州内では二一八・八％増加し、関東州外では二一六・九％増加している。これは「満州」における中国の民族資本の活況を背景にして、中国人の間に子弟を公学堂に入学させるだけの経済力が生まれてきたことも一つの要因であろう。これに対し、日本人教員の補充が追付けない状態にあった。こうした状況に追打ちをかけるように、「内地」では第一次世界大戦以後の好景気につれ、薄給の教員志望者が激減し、各府県からの「満州」への教員の出向が難しくなって来たのである。(4) 一九二三年（大正一二年）度は学級増加に伴う自然増員四〇人、転休退職者の補充三七人で、新たに計七七人の教員を必要としていたが、実際は男性教員二九人、女性教員九人の計三八人しか採用できなかった。(5) こうした状態を打開すべく、独自に師範教育を行い教員確保に努めるという方式が学務課を中心に検討されていた。その達した結論は「満州」に自前の師範学校を設置しようという意見であった。

保々隆矣学務課長の外遊の留守を守った法貴慶次郎学務課長等によって二年制の「師範二部案」が立案され、予算措置もつき実行に移すだけになっていた。

一九二三年（大正一二年）、外遊から帰った保々は二年制の「師範二部案」を破棄し、かわりに教育専門学校の設立案を提出した。満鉄幹部は専門学校にすると中等校教員の養成機関となってしまうし、経費もかかり過ぎるとして反対したが、保々の熱意に動かされ設立を認めた。

一九二四年（大正一三年）八月、満州教育専門学校が設立された。その設立趣意書は次の様に述べている。(6)

当社は教育研究所を設置し内地採用の教員は約半箇年間先づ此の所に於て中国文、満州事情等満州の教育に必要なる特殊の教育を受けしめ、初めてこれを学校に配置し、又屢々現教員の為に此の種の講習会を開催し之が補習を為さしめ来れるが其の効果未だ充分なりと謂ふべからず。寧ろ此の地に教員養成機関を新設して真に環境に適応したる教員を養成するに如からずべし

さらに、設立趣意書は設立の目的として次の五点を挙げている。[7]

1、優秀な教員を養成する
2、指導的立場にたつ教員を養成する
3、満州事情に精通した教員を養成する
4、教育方法の研究機関としての役割を担う
5、初等教育の教員難の解消をはかる

満州教育専門学校の設立主旨は保々の意見を取り入れて作成されたものである。保々は欧米視察から戻り、日本の教育の改善には教員養成を第一に着手すべきだという感想を持ち、学務課長に復帰すると第一に学校の設立に取りかかった。保々の構想はこれまでの師範教育の枠を越えていた。当時、小学校の教員養成は師範学校で行なうことになっていたものを専門学校で行なうということを提起した。保々は欧米の視察で教育の骨幹は教師の質にあり、先ずは「教師の地位を高め、教師をして自尊心を懐かしむるに足る修養を具へしむること[8]」が肝心であると感じ、初等教育にあたる教師といえども専門学校卒の資格が必要であるという考えに基づいてのことであった。文部省は専門学校で初等教員養成を行なうことに制度上の難色を示したが、結局は小学校教育に限定しないということで専門学校として認められた。

入学資格は中学校卒業以上、修業年限は三年、文科一部（国漢）、二部（地歴）、理科一部（博物）、二部（理数）に分かれ、各部の学生の定員は一〇人で、一学年四〇人であった。全寮制、授業料免除、月額三〇円の給費支給、修学旅行費一ヵ年五〇円支給、入所旅費支給という待遇が与えられ、卒業後は初任給七三円（内地では四五円〜五〇円）で訓導として採用することが約束されていた。募集人員は半数を内地の各府県からの推薦入学とし、残りの半数は試験選考とした。(9)

受験者数、入学者数、卒業者数は次の通りである。(10)

	受験者数	入学者数	卒業者数
一九二四年	一八一	三八	—
一九二五年	四八四	四四	—
一九二六年	六二六	四三	—
一九二七年	八三三	三四	二九
一九二八年	三八四	四〇	三九

第一期入学者三八人の中には師範学校卒業者五人が含まれていた。(11)

満州教育専門学校の設立によって、これまでの内地で師範教育を受けた教員を「満州」で再教育するという方式ではなく、「満州」の地で師範教育を行なう方式が採られる様になったのである。

授業時間は必須科目である共通科目と、教員の指導のもとに研究を行なう選択科目に分かれていた。共通科目の授業時間配当は次の通りである。(12)

教育心理及実習	地理及歴史	理科	中国語	満州事情	体育	音楽	計
四	四	五	一二	一	三	一	三〇

週三〇時間の共通科目のうち、中国語が一二時間が配当されており、毎日二時間の授業がある計算になる。学務課長と兼任で校長に就任した保々は小学校教育から正科として中国語を配当すべきであるという主張の持ち主であり、「現地適応主義」教育の立場から中国語教育積極論者であった。先の入学者のうち、「満州」の中学校を卒業した生徒は四、五人であり、他の生徒は内地からの入学生であった。そのため中国語は全くの初歩から始められた。中国語の授業は教員講習所以来中国語、中国事情を担当してきた秩父固太郎が主任教授を務めた。満州教育専門学校で中国語の教鞭を執った教員は次の通りである。[13]

秩父固太郎教授　満鉄学務課、総裁秘書課に勤務、東大、東京外国語専門学校卒
平井和夫講師　北支方面軍司令部付通訳官　東大選科修了
伊藤伊八講師　中国文学担当　神宮皇学館卒
今西繁利講師　関東州法院通訳、撫順実業補習学校教員、旅順語学校卒

中国人教員としては李容毅講師、朱中楫講師、馬鱗徳講師（北京講演伝習所卒）が授業にあたった。

秩父の講義は名講義として今も語り継がれている。秩父が満鉄視学をしていた頃の教え子によると、「独創的な教授法は今でも先生のジェスチュアとともに思い出す。秩父先生の発音は女性的で美しくうっとりするようなひき

つけるものがあった」[14]と述べている。秩父は『簡易支部語』等の中国語のテキストを表わし、大連のラジオ講座の講師、中国語語学検定試験委員等を務め「満州」における中国語教育に大きな功績を残した。

テキストとしては飯河道雄・馬冠標共著の『新式支那語入門』が使用された。飯河道雄は一九一一年(明治四四年)満鉄に入社以来中国人教育畑を歩んできた人で、『現代支那語読本』一九二三年　大阪屋号出版)、『支那語速成講座』(一九二七年　奉天東方印書館)などの教科書があり、[15]これらはグァンやベルリッツの教授法を取入れたものといわれている。

満州教育専門学校同窓会編『満州忘じがたし』の中では中国語の授業について次の様な思い出が載っている。

教専(満州教育専門学校)の卒業生で中国語の判らぬ者はいない。中国語は英語とともに学校の正規の単位に取入れられていたし、学生の多くはさらに進んで積極的に学習し、満州という異国での生きた民族の交流に役立てることに努めたからである……『『生きた華語』も身につけたい。」と思った。まず、六人の華語教師を雇って、毎日　個別指導を受けることにした。留学生の間では通例では一人か二人雇う程度だったのに、三人の先生からは「語学書」について教えを受けた。四番目の先生は教科書なしの会話専門。五番目は「講話」専門。六番目は発音だけの教師。「講話」は初めの頃は判らなかったが、二、三か月すると、おいおい判るようになった。

満州教育専門学校は中国語教育が盛んであったので、在学中に満鉄の中国語検定試験の特等、一等に合格する者いた。合格者は次の通りである。[17]

	一期	二期	三期	四期	五期	六期	七期
特等	｜	四	｜	二	一	一	二
一等	一	｜	二	二	｜	二	一

注　卒業生名簿より記載のある者だけをリストアップしたものである。

特等の水準は「一般図書新聞雑誌ノ白話文程度ノモノヲ標準トセル」というもので、中国人とほぼ同等に会話、書取ができることが要求された。また、一等の水準は『談論新篇』程度ノモノヲ標準トセル」となっている様に高い水準の中国語が要求された。年間合格者は「満州」全体で特等は平均三人弱、一等は平均一〇人程度という難関であった。[18]

このことからも満州教育専門学校の中国語の水準が高かったことがうかがえる。なお、ロシア語についても中国語に次ぐ成績を収めていた。

満州教育専門学校は「内地」から好条件で優秀な教授陣を集めた。教員数、学生数の推移は次の通りである。[19]

	教員数(本務)	教員数(兼任)	学生数	卒業者数
一九二四年	一六	八	三五	｜
一九二五年	二七	一〇	七五	｜
一九二六年	二三	四	一一五	｜
一九二七年	二五	九	一一五	三九
一九二八年	二五	八	一一五	三九

一九二九年	二六	一二	一〇〇	三一
一九三〇年	二六	二	九五	三四
一九三一年	二一	三	六〇	二九
一九三二年	九	四	三〇	三〇

学生数に対して教員数が多く、一九二九年（昭和四年）には教員一人に生徒二・六人という年度もあったが、平均すると教員一人に生徒二・三人という比率となる。また、教員に対しては「内地」の数倍の俸給を出し、高級社員用の社宅を準備し、一流の研究者を招請した。例えば、古代蓮の研究で有名な大賀一郎博士、元埼玉大学学長の遠藤隆次博士、評論家の唐木順三、オリンピック日本代表の斎藤兼吉等がいた。また、課外で賀川豊彦、石井漠、西田天香、尾崎秀実、東畑精一等が講演した。また、自由な雰囲気の中で、資本論の研究会なども開かれていた。[20]

こうした教育環境が可能であったのは満鉄という後盾があったからである。学生一人卒業させるのに約一万円かかるといわれ、満鉄の重役たちからは、満州教育専門学校は「金食虫」だと評されていたが、保々はすぐれた人材を育てるには金のかかるのは当然であるといって頑張った。

保々は卒業後の進路について、学生が教員になることにこだわる必要はないという考えを持っていた。卒業時は教職服務義務があるので、殆どが卒業時には教職についたが、「満州国」成立以後の人生は各人各様で多彩である。

卒業生の進路は次の通りである。[21]

	第一期	第二期	第三期	第四期
中学校教員	二	一	一	—

高等女学校教員	一	一	一	｜
農業学校教員	一	｜	｜	｜
商業学校教員	一	｜	一	｜
小学校教員	二〇	三四	三二	二八
公学堂教員	二	一	二	｜
教専助手	二	二	一	｜
教職以外	｜	｜	｜	二

殆どの卒業生は「満州」の各小学校に配属されて、公学堂教育に携わった卒業生は少数である。これら卒業生は敗戦まで小学校教員を続けた者もいるが、その後「満州」で様々な職業についている。ここで中国語検定試験一等、特等の四人の同窓生の経歴を紹介する。[22]

第一期　後藤春吉　中国語一等　露語一等　奉天高等女学校、撫順中学校、ハルピン小学校、邦文外国語雑誌編集員、満州国文教部属官、浜江省視学官、珠河県副県長、浜江省華北交通参事官、綏陽県長、敗戦帰国

第二期　川尻伊九　中国語特等　長春西広小学校、関原公学堂、自治部指導部、満州国文教部、関東軍参謀本部、陸軍士官学校教官、北支軍参謀部、第十二軍参謀部、敗戦帰国

第三期　中村　健　中国語一等　営口小学校、満州国吉林師道学校、安東省事務官、興隆、カラチン中旗県総務課長、協和会、遼中各県事務官　敗戦帰国

第四期　吉田重義　中国語特等　奉天加茂小、撫順永安小、浜江省県事務官、満州重工総裁秘書、華北愛路工作総務庁参事官

四人とも教職に従事した後「満州国」、軍部で長い間仕事をしていた。この他に「満州国」の官吏、満鉄の研究所、調査部、協和会などで仕事についた者も多い。

一九二九年（昭和四年）七月、張作霖爆殺事件の責任をとって田中義一内閣が総辞職し、後継総裁は民政党の浜口雄幸となった。浜口は緊縮財政を敷き、満鉄も政友会系の山本条太郎社長から仙石貢総裁に替った。仙石総裁は満鉄の機構改革の一環として、一九三一年（昭和六年）、満州教育専門学校の廃校を決定した。理由は「初等教員の採用難は教専（筆者注　満州教育専門学校）趣旨の主たる理由たりしも現在に於いては事情を異にし、優良なる初等教員を内地より採用すること困難にあらざるを以て廃止に決定する」[23]というものであった。決定に対して教職員、在校生、卒業生から反対運動が起こった。教員の唐木順三は「そろばん玉と教育」という抗議文を発表し、「国民教育を、そろばんだまより解放し、学府を営利より自由にすることは、まさに、教育者の誇らしき任務でなければならぬ。……一年わずか十数万の経費を節約するために、大満鉄——満州における日本人全体の精神生活、経済生活をつかさどる意味に於いての——が、学問の府、国民教育の源泉たる教専を廃止して、近視眼と狼狽とを世人に暴露することが、果して、賢明の策であろうか。[24]」と満鉄当局を批判した。しかし、生みの親の保々は満鉄を離れており、各地に散らばった卒業生の力だけではどうしようもなく、最後の在校生を送出し、一九三三年（昭和八年）廃校となった。

（1）満州文化協会『満蒙』一四九号　一九三二年「満蒙に於ける師範教育確立に関する卑見」一条林治　六五ページ

（2）前掲『満州忘じがたし』二二一ページ
（3）前掲『関東庁統計書』
（4）前掲『満州忘じがたし』二二ページ
（5）前掲『満鉄付属地経営沿革全史』上巻　五四三ページ
（6）同前　五四三ページ
（7）同前
（8）保々隆矣著「満州の教育」『岩波講座教育科学』第一〇冊所収　岩波書店　一九三二年
（9）師道会『旅順師範学校史』一九七八年　一四ページ
（10）満州教育専門学校編『学校要覧』一九二九年　一一～一三ページ
（11）前掲『南満教育』四三号　五四ページ
（12）前掲『満鉄付属地教育沿革全史』上巻　六〇七ページ
（13）前掲『満州忘じがたし』四一〇ページ、前掲『学校要覧』一七ページ
（14）満鉄会編『満鉄会報』四六号　一九六六年一〇月　一一ページ
（15）六角恒廣編『中国語関係書目』一九六八年　早稲田大学語学教育研究所
（16）前掲『満州忘じがたし』二八六ページ
（17）同前　四一三ページ
（18）前掲『満鉄付属地経営沿革全史』上巻　六五四ページ
（19）同前　五六七ページ
（20）前掲『満州忘じがたし』一〇八ページ～
（21）前掲『学校要覧』一九ページ～、前掲『満州忘じがたし』四一三ページ～
（22）前掲『満州忘じがたし』四一三ページ～
（23）前掲『満鉄付属地経営沿革全史』上巻　五四六ページ
（24）前掲『満州忘じがたし』四九ページ

一二　大学、専門教育における中国語教育

関東州、満鉄付属地においては「満州国」成立まで総合大学は設置されなかった。日本人子弟は中学校卒業後、さらに高等教育を受けようするものは「内地」の学校に入るしかなかった。ただし、専門教育については、一九〇九年（明治四二年）に旅順工科学堂、一九一一年（明治四四年）に南満医学堂が設立された。一九〇六年（明治三九年）に関東都督府が設置され、一九〇七年（明治四〇年）に満鉄が業務を開始してまもない時期であった。この二校の設置は初代満鉄総裁後藤新平の植民地経営構想と深く関わっていた。後藤の構想について、側近の上田恭輔（満州日々新聞嘱託）は次の様に語っている。(1)

伯が生前始終はなされましたことは、植民地にはまず第一番に学校をこしらえ、それからお寺を建て、次に病院も完備しなければ、移住民に永住心を起こすことができないというものでした。その理想に基づいて南満州鉄道も経営され、教育方面には医科大学をはじめ、工業専門学校・農業学校・商業学校・鉄道学校・男女中学校と共に、日支人の為に何十の初等学校を経営し……

後藤は学校、病院といった文化施設の建設は、日本の植民地経営を安定させる上で必要であるという考えを持っていた。つまり「文装的武備」と呼ばれるものである。後藤の言葉を使えば「文事的施設をもつて他の侵略に備へ、一旦緩急あれば武断的行動を助くるの便を併せて講じ置くことでありま す、例之病院を置く、それを戦時のときは軍団病院に使ふ」(2)というのであった。後藤は具体的に旅順を開放し「学都」とし、中学から大学まで一万人

規模の生徒、学生を抱える学園都市構想を持っていた[3]。

さらに、一九二二年（大正一一年）に南満州工業専門学校、一九二三年（大正一二年）に満州教育専門学校が設立された。いずれも文部省「専門学校令」（一九〇三年公布）に基づくものであった。植民地においては殖産工業に携わる技師と、現地の医療機関で働く医師と、現地の教育に携わる教員は植民地経営の要となる人材であり、その養成は急務であった。台湾においても先ず一八九九年（明治三二年）に台湾総督府医学校と台湾総督府師範学校が設立された。台湾の場合は、中国人に対する専門教育が主で、後年になって日本人に一部入学が認められた[4]。一方、関東州、満鉄付属地では日本人教育に対する専門教育を主とし、中国人に一部入学を認めるという方式が採られた[5]。旅順工科学堂の学長白仁武（しらに　たけし）は「成るたけ日本人を入れて、支那満州方面に働く所の技術家を養成するのであって、支那生徒に対しては、来るを拒まず去るを追はざる程度に止める[6]」と述べ、中国人学生の受入れには消極的態度を取っていた。

日本人が中国に日本の専門学校を設立し、日本人学生を養成するということは、広い意味で「現地適応主義」教育ということができる。朝鮮総督府学政参事として日本の植民地教育の基礎を築いた幣原坦は旅順工科学堂と南満医学堂を参観し「支那に応用せられたる学術又は学術的基礎に立つたる支那国情の研究等に至つては、内地にあつてはとても之を行ひ難い。是れ内地に支那を論ずる人は徒らに多くして、確実なる支那の調査を発表する人の少い所以である[7]」と日本人の現地専門教育の必要性を述べている。確かに普通教育と違い専門教育においては、特に中国の状況に適応した学術研究でなければ机上の空論となってしまう。例えば、医学の分野では、中国の気候風土の影響、食生活の影響による病理研究を行ない、伝統的な中国医学との関わりの中で治療法の開発を進める必要があった。

(1) 中島純「評伝後藤新平」九『東京』一九九三年二月号所収
(2) 後藤新平著『日本植民政策一斑』評論社　一九四四年　七七ページ
(3) 前掲『関東州施政三十周年記念回顧座談会』一七七ページ
(4) 吉野秀公著『台湾教育史』一九二七年　四三〇ページ
(5) 前掲『関東州施政三十周年記念回顧座談会』五三ページ
(6) 幣原坦著『満州観』東京実宝文館　一九一六年　一三〇ページ
(7) 同前　一三三ページ

1　旅順工科学堂（旅順工科大学）

一九〇八年（明治四十一年）一〇月、設立に先立ち「旅順工科学堂創立覚書」が大島関東都督より政府に提出された。覚書は次の様に述べている。(1)

按スルニ関東州租借ノ期今ヤ余ス所十有五年此間我施設ニシテ、抜ク可カラサルノ勢ヲ樹立スルニ非サレハ将来ノ事甚ダ寒心ニ堪ヘサルナリ外列国ノ猜疑心尚未タ解ケス内利権回収ノ声増々高ウシテ……、由来満蒙ノ地人文蒙昧ニシテ百工未ダ挙ラスト雖モ土地広ク人口日ニ加ハル一旦文明ノ緒ニ就カハ諸般ノ工業踵ヲ接シテ勃興シ為ニ工芸技術ノ士ヲ要スル少ナカラサルヘシ、……是レ文備ヲ以テ武備ニ配スルモノ因テ以テ旅順ノ将来大ニ面目ヲ開展シ行々方サニ百年ノ基礎ヲ立ツルニ至ラムカ……

この大島の建白書によれば工科学堂設立の目的として、第一にロシア権益を割譲した租借地に「抜ク可カラサル勢ヲ樹立」し、実効支配を確立すること。第二に日本の「満州」拡張主義を非難する「列国ノ猜疑心」を払拭するために旅順工科学堂を設置することによって、旅順を「平和的施設の一大拠点地」(2)、「学都」(3)とすることをアピールすること。第三に「文備ヲ以テ武備ニ配スルモノ」、つまり旅順工科学堂の設置は後藤の主張する「文装的武備」論を根拠として設立されたということである。一九〇六年（明治三九年）関東都督府が設置され、日本の植民地経営のための新たな体制が整いつつあった。しかし、同時に日本の排他的行動は、列強との矛盾を拡大しつつあった。さらに、日本はロシアとの再戦に備えると同時に、中国の国権回収要求にも対処しなければならなかった。こうした不安定な政情にあって「文装的武備」論は植民地経営の方策として説得性をもって迎えられたのである。

続いて次の様な「旅順工業学校計画書」が出された。(4)

一、学校ノ程度　高等工業学校ニ準シ其特権ヲ享受セシム
一、学科ハ電気、土木、機械工学、採鉱、冶金トシ時宜ヲ見テ造船、船舶機関ヲ加フ
一、生徒　中学卒業以上ノ本邦学生ヲ主眼トシ外国学生ノ入学ヲモ許可ス

注　「建物」「経費」は省略する

上記の「旅順工業学校計画書」をまとめるための工科学堂設立内議が行なわれ、外務大臣、大島関東都督、白仁民政長官の他に逓信大臣後藤も参加した。後藤は総合大学構想を提案したが、資金難という理由で反対された。そこでさらに満鉄の資金を導入する案を提案したが、「官立」学校の権威が保てないとして、後藤の構想は却下され、最終的に上記の計画書が決まったという。(5)もう一つ、工科学堂について後藤の構想と大きく食い違った点がある。それは工科学堂の学生を中国人子弟とするか日本人子弟とするかという点である。当時を回顧して宮尾舜治（関東都督）は「かの旅順工科学堂なども後藤さんの考えでは主として支那人を収容する考へで作られたもので、伯の考へでは旅順を支那人の『学都』とする考えであったが、存外支那人の入学者がないから仕方なしに支那工業

界に必要なる日本技術者を作るという風に漸次変更をいたしました」[6]と述べている。上記の「旅順工業学校計画書」の内容から判断すると、宮尾の回想にある様に当初は中国人子弟のための学堂とする方針であったが、中国人子弟の入学が少なかったので日本人を主とする様になったのではなく、「計画書」をまとめる段階で、後藤は中国人子弟を主とする考えを示したが、却下され、「本邦学生ヲ主眼トシ外国学生ノ入学ヲ許可スル」ということになったのだろう。

一九〇九年（明治四二年）六月、「旅順工科学堂規則」（関東都督府令第一二号）が公布され、関東都督府立の旅順工科学堂が正式に設立された。[7]

第一条　旅順工科学堂ハ工業ニ須要ナル高等ノ学術技芸ヲ教授スルヲ以テ目的トス
第二条　旅順工科学堂ニ左ノ学科ヲ置キ生徒ヲシテ各其ノ一学科ヲ専修セシム
　　機械工学科　電気工学科　採鉱冶金学科
第三条　各学科修業年限四箇年

旅順工科学堂の設置は先に述べた様に「抜ク可カラサルノ勢ヲ樹立スル」こと、「列国ノ猜疑心」を払拭すること、「文装ヲ以テ武備ニ配スルモノ」といった「政策」「対策」「理念」が先行したために、不備な点が多かった。旅順という立地条件からいえば周囲に工業地帯がないために、わざわざ学堂内に自前の実習設備を作らなくてはならず、膨大な実験設備費をかけることになった。さらに、年経費二〇余万円に対し、学生数二〇〇人余りで、学生一人を教育するのに年一、二〇〇円から二、〇〇〇円の経費がかかるという「問題の学校」であった。[8]

また、「旅順工科学堂官制」に定められた教授一九人（奏任官）、助教授一七人（判任官）の教員の定員枠がなかなか埋まらず、「内地」から集中講義という形をとって急場をしのいだという。(9) この様に国策が先行した開校であったが、各府県の中学校長の推薦による入学志願者一一七人全員が入学し授業が始まった。

開校から四年たって、一年から四年まで各学年の学生が在籍する様になった一九一三年（大正二年）度の在籍数は次の通りである。(10)

	一年	二年	三年	四年	計
機械工学科	三一(一)	一八	二五(一)	二四	九八(二)
電気工学科	三一(四)	一六	二七	二六	一〇〇(四)
採鉱冶金科	二九(一)	一七	二一(二)	二三	九〇(三)

注　（　）内は選科生をさす。

これらの学生は「各府県中学校長ノ推薦」による方式によって入学選抜されたもので、殆どが「内地」の中学生で占められており、関東都督府中学校からの入学者は一、二人に過ぎなかった。(11) その後は「満州」出身の学生の比率も多くなったが、それでも南満医学堂、満州教育専門学校といった「満州」の専門教育機関の約七割が「内地」からの入学者によって占められていた。(12) 本来ならば「満州」育ちの中国語や中国事情に通じた生徒に専門的教育を授けさせ、第一線での仕事に就かせることに現地教育の意味があった。しかし、「満州」で高等普通教育を受けた生徒が「内地」に帰還し「内地」の学校に入り、「内地」の生徒が「満州」の学校に入学するという、一種のねじれ現象が起こっていた。

機械工学科、電気工学科、採鉱冶金科の第一学年共通科目及び配当時間は次の通りである。(13)

修身一　体操二　英語二　中国語二　数学五　物理五　化学三

注　中国語は一九一二年までは「清語」、それ以降は「支那語」となっている。

なお、英語、中国語の各学年配当時間は次の通りである。[14]

	一学年	二学年	三学年	四学年
中国語	二	二	二	二
英　語	三	三	三	三

注　四年生の中国語は前期のみ授業

中国語教育が外国語専門学校以外の専門教育の場において正科として設けられた最初である。担当教員は関東都督府中学校の中国語教師である松雲程と水谷彬の両氏が嘱託教員として教えていた。[15] 先にも述べた様に、入学者のほぼ全員が「内地」からの入学者であるため、中国語は全く未習であり、週二時間の中国語程度では簡単な会話程度も習得することは難しかったと考えられる。せっかく専門教育の教科目の中に中国語が配当されていたにもかかわらず、「内地」の教科目と異なるために、初級中国語から始めなければならなかった。

一九一六年（大正五年）三月、教科目の配当時間が一部改立となり、外国語科目は次の様になった。[16]

一学年　　二学年　　三学年　　四学年

中国語　二　二　二　二（前期のみ）
英　語　四　四　一　〜

中国語、英語ともに配当学年は異なるが、配当時間は同じである。

旅順工科学堂の入学資格は中学校、工業学校卒業で、「外国人学生ノ入学ヲモ許可ス」とあり、中国人の入学を認めていたが、実際は中国人学生の入学はなかった。当時、関東州には中国人の中学校はなく、日本語で授業を聞くことは難しく、年間の学費（図書文具費、被服費、寮費等）が最低でも六六九円かかり[17]、工科学堂に子弟を入学させることのできる中国人家庭は限られていた。

こうした現状に対して、一九一五年（大正四年）の帝国議会において「旅順工科学堂は日本人子弟のみ収容し内地の高等工業学校と大差なき教育を施す現状に於ては、特に旅順に設置するの要なし、須らく之を廃止すべし[18]」という建議が出された。工科学堂当局はこの建議をかわすために、急遽、中国人子弟を募集する方針をたて、一九一六年（大正五年）より旅順高等学堂に旅順工科学堂予科を置き予備教育を行なうこととした。まさに、泥縄式の予科設置であった。なお、旅順工科学堂は一九一九年（大正八年）より旅順高等学堂から工科学堂予科を自校に移し予科教育を始めた[19]。

さらに、一九一九（大正八年）年以後、高まった中国の教育権回収運動に対応すべく、中国人学生の募集枠を広げる政策が採られ、一九二一年（大正一〇年）以後は約二割前後の中国人学生が在籍して共学教育が行なわれた。卒業生によると、共学といっても寮は別棟となっており、科目によっては授業内容が異なるために日本人学生と中国人学生の交流はあまりなかったという。

一九一七年（大正六年）頃、在「満」日本人の中から「満州」に高等教育機関の設置を求める声が上がり、旅順工科学堂と南満医学堂を合併させて、満州総合大学の基礎としようという建議が起こり、経費三五〇万円の半分を満鉄が支出し、残りの半分を関東庁の特別会計から出すという案がまとまり、衆議院を通過したが、議会解散のため不成立となってしまった。[20]

次に旅順工科学堂の第一回（一九一三年）から第四回（一九一六年）にかけての卒業生の就職地別の人数は次の通りである。[21]

	第一回	第二回	第三回	第四回
内地	一四（二〇%）	七（一一%）	一三（二九%）	一九（二七%）
「満州」	三一（四五%）	二七（四一%）	一〇（二三%）	三五（五〇%）
中国	一〇（一四%）	一三（二〇%）	九（二一%）	七（一〇%）
台湾	二（　三%）	七（一一%）	四（　九%）	一（　二%）
朝鮮	一一（一六%）	一〇（一四%）	五（一一%）	八（一一%）
その他	一（　二%）	二（　三%）	三（　七%）	―　―

第一回生の六二%が中国、「満州」、台湾に就職しており、平均すると約六割りがいわゆる中国語圏に就職していることになる。これら卒業生は中国語を使う機会が多かったと考えられる。しかし、卒業生の話によると、就職地で簡単な日常会話も十分に話せなかったという。

参考のために「満州」を含む中国内に就職した第一回生の就職先を示すと次の様になる。[22]

満鉄撫順炭鉱九人、満鉄沙河口工場四人、満鉄電気作業所三人、上海紡績公司三人、本渓湖煤鉄公司三人、満鉄運輸課二人、内外綿上海工場二人、上海製造絹糸会社二人、鞍山製鉄所、満鉄保線課、満鉄中央試験所、満鉄地質研究所、満鉄工務課、旅順電気作業所、高田商会上海支店、大倉組大連支店、漢口水電公司、長沙大同鉱業、安東県竹内鉱業、旅順工科学堂各一人。

「満州」を中心に就職しているが、特に満鉄に就職した学生が六割近くいる。一般に卒業生は高級技術者、研究者として就職しており、現場の中国人との接触は殆どなく、日本語のできる中国人中堅技術者と接触するぐらいで、職場ではあまり中国語は必要としなかったという。

同校は一九二二年（大正一一年）四月、大学に昇格して旅順工科大学となった。大学に昇格することによって修業年限三年の大学予科、中国人を対象とした修業年限一年の予備科が設置された。(23)

大学予科の教科目は次の通りである。(24)

修身、国語漢文、英語、ドイツ語、中国語、数学、物理、化学、鉱物地質、心理、法制経済、図画、体操

外国語科目の配当時間は次の通りである。

	一学年	二学年	三学年
中国語	二	二	二
英語	九	七	六
ドイツ語	四	四	四

注　中国人予科生には中国語のかわりに日本語が教科目となっている。

「内地」の大学予科の教科目に基づいているので、英語、ドイツ語の比重が高くなっているが、中国語使用の必要性から考えると、中国語の配当時間数が少ない。

一九二四年（大正一三年）一一月二〇日付の『遼東新報』夕刊が工科大学廃校問題を報じた。廃校の理由は加藤内閣による「行政整理案」によるもので、政府大蔵省は関東庁の国庫補助の五割削減を要求し、関東庁は二割削減で食止めようとした。折衝の中で大蔵省は工科大学の廃校を提案したのである。これに対して教職員、卒業生を中心に存続同盟が結成され、工科大学が「日支共存共栄ノ実現ヲ其ノ使命トシテ」[25]運営されていることが強調され、その存続が訴えられた。

廃校問題は「行政整理案」だけによるものではなく、旅順工科学堂時代から存続廃校について議論があった。先にも述べた様に「内地」と同じ様な学校を旅順に造っても経費の無駄使いであるという議論である。これに対して、急遽、予科を設置して中国人子弟の入学条件を作り急場をしのいだが、当時本科の中国人学生は一七・八％に過ぎなかった。[26]また、教学内容についても「満州」の特殊性に根ざした工業教育が行なわれていた訳でもなく、関東都督府時代からの「内地延長主義」教育の方針に基づいて教育が行なわれていた。日本人学生の七割近くを占める「内地」からの日本人学生に対する中国語、中国事情といった教育は顧みられず、工科学堂創設時に掲げられた「日支共存共栄ノ実現ヲ其ノ使命トシテ」「日支親善ノ重要ナル楔子」という主張はあまり重みをもって受け取られなかった。

結局、一九二四年（大正一三年）一二月、閣議において存続が決った。ただし、人件費削減、生徒募集定員の削減、経費節約によって大学経費の一五％余りが削減されることになった。[27]

旅順工科大学は現在、毒蛇研究所の付属病院となっており、本館一階は診察室、二階以上は入院病棟となっている。また、敷地の一部が兵舎になっている。

（1）興亜寮史編纂委員会編（関口吉弥）『興亜寮史』一九四〇年　一一ページ
（2）前掲『関東州教育史』第六輯　三二ページ
（3）前掲『関東州施政三十周年記念回顧座談会』五三ページ
（4）前掲『満州教育史』二五〇ページ
（5）前掲「評伝後藤新平」二三ページ
（6）前掲『関東州施政三十周年記念回顧座談会』五三ページ
（7）旅順工科学堂編『旅順工科学堂一覧』一九一三年　一〇ページ
（8）服部暢著『満州』政教社　一九一三年　二一四ページ
（9）前掲『関東州施政三十周年記念回顧座談会』一一八ページ
（10）前掲『旅順工科学堂一覧』六九ページ
（11）同前　七〇ページ
（12）前掲『南満教育』一九二六年。秋山真造「満州に於ける教育上のモンロー主義」四ページ
（13）前掲『旅順工科学堂一覧』二〇ページ
（14）同前
（15）同前　五七ページ
（16）同前　一九一七年版　二一ページ
（17）同前　一九一三年版　八九ページ
（18）旅順師範学堂編『十年誌』一九二八年　一〇ページ
（19）同前　二八ページ
（20）前掲『関東州教育史』第六輯　六五ページ
（21）前掲『旅順工科学堂一覧』九一ページ
（22）同前
（23）前掲『関東庁施政二十年史』二一〇ページ
（24）前掲『関東州教育史』第六輯　九〇ページ

(25) 前掲『興亜寮史』二七一ページ
(26) 前掲『関東庁統計書』(大正一一年版) 二八二ページ
(27) 前掲『興亜寮史』二七五ページ

2 南満医学堂(満州医科大学)

一九一一年(明治四四年)六月、奉天に満鉄社立の南満医学堂が設立された。南満医学堂は後藤満鉄総裁の強い希望で開校したといわれているが、後藤は一九一四年(大正三年)、幸倶楽部で行なった講演「日本植民政策一斑」の中で、南満医学堂について次の様に述べている。(1)

此医学堂が非常に成功を仕掛けて、奉天総督府を始めとして日支融和文明輸入の為に功を成して居る。……医学校の効果と云ふものはそれを補ふに有力でありまして、台湾でも医学校が非常に効果を奏して居る、これは後藤が藪医者だからあんなことを言ふのだと言ふ者もありますが構はぬ、実際大なる効果がある、前日台湾の統治を助けるに重大な効果があったと同様に、矢張今度満州に於ても非常に効果を挙げて居るのであります。是れが為に日本の文明と接触せしむる便宜が甚だ大であります。

内務省衛生局長の後藤が台湾衛生顧問になって最初にやった仕事は台湾医学講習所、台湾総督府医学校の設立である。台北医院長山口秀高を校長として中国人に対する医学教育が始められた。医学校は後藤が自画自賛するほど順調なものではなく、山口院長自ら講習生の募集を行ない、講習生に手当てを支給するという条件で二〇余人を集めたが、一年後には五人に減ってしまったという。(2)

後藤は医学をして「日本の文明と接触せしむる」といっているが、実は中国人は医学を文明とは思っていなかった。科挙の試験を受け「四書五経」の知識あるものは尊敬されていたが、医者は役人に比べて社会的に一段低いものと見做されていた。しかし、後藤が掲げた「理念」とは別にペスト、コレラを初めとする伝染病が周期的に流行する「満州」においては医学（衛生）は特に必要であった。一九〇七年（明治四〇年）夏、大連、遼陽、安東にコレラが流行し、さらに、一九〇九年（明治四二年）、一九一〇年（明治四三年）と二年続いて流行した。南満医学堂開校の前年には北「満」地方に発生したペストが、中国人労働者の移動ルートにそって大流行し「満州」全域に約五万人の罹患者を出すという惨害が起こっている。日本政府は特にペスト防疫費として金百万円を支出し、北里柴三郎博士を派遣して、防疫状況の視察と防疫思想普及の講演会を各地で開催した。(3) なお、一八九九年（明治三二年）営口でペストが猛威をふるい死者三、〇〇〇人を出した時、横浜海港検疫医官補だった野口英世博士が清国の招きで渡「満」している。

南満医学堂の設立が急がれたもう一つの理由は、スコットランド長老会のデュガルド・クリスティー（Dugald Christie, 1855~1936）博士によって奉天医科専門学校開校の準備が進んでたためである。クリスティーは一九〇九年（明治四二年）春、本国に帰り、医学校開設のための募金活動を行ない、医師のA・R・ジャクソン（Jackson）を招請し、奉天総督趙爾巽の支持を取付けていた。しかし、ジャクソンが治療中にペストにかかり死亡し、建設中の校舎が火災に遭うなど事故が続き、開校が遅れていた。(4) 満鉄としては「満州」におけるペスト防疫事業が植民地の「国民的関係をよくする上でも眼を注ぐべき位置に立っている」(5) と判断し、クリスティーの奉天医学専門学校に先駆けて南満医学堂を一日でも早く開校したいと考えていた。満鉄はクリスティーと同じように奉天督軍趙爾巽を名誉学堂総裁として、東三省提学司の任命する中国人官吏による稽査（監督官）を置き、医学堂運営の監督をさせ、清国との協力関係を強調することに努めた。

こうした急場しのぎの開校となったため南満医学堂の第一期入学式には奉天満鉄医院のペスト隔離室が使われ、授業も講堂で行なわれ、食堂は解剖室が当てられるといった具合であった。

一九一一年（明治四四年）九月、「南満医学堂規則」（社則第四号）が公布され、大連医院院長河西健次博士（満鉄衛生課長）が初代堂長となった。南満医学堂は満鉄の経営に属する学校であったが、植民地における国家的事業でもあった。「南満医学堂規則」は次の通りである。(6)

第一条　本学堂ハ医学ヲ教授シ及其ノ蘊奥ヲ攻究スルヲ以テ目的トス

第二条　本学堂ハ本科及研究科ヲ置ク、本科ニ在リテハ医師タルニ必要ナル学科ヲ教授シ研究科ニ在リテハ実験観察ニ由リテ研究者ヲ指導ス

第五条　本学堂ノ修業年限ハ本科ヲ四箇年トシ研究科ヲ一箇年以上トス

第六条　学年ハ毎年九月十一日ニ始マリ翌年九月十日ニ終ル

「南満医学堂規則」は文部省の「専門学校令」（一九〇三年）、「私立医学専門学校規則」（一九〇五年）に基づいて設置され、卒業生は医師試験免除の特典が与えられていた。また、中国人の為に予科を設け、「日中共学」を方針としていた。ここで注目すべきことは、新学期を中国の学制による九月に定めていることである。日本の経営する学校は軍政時代の一部例外を除いて新学期を四月に定めている。これは中国との共同経営ということを建前としていることによるものと思われる。

また、「南満医学堂ノ目的及科別」においては「日支両国人ニ医学ヲ教授シテ以テ医術ノ普及ヲ図リ人道ト文明トニ貢献シテ満州ノ開発ニ資セシメントスルニ在リ其ノ他一般医学的研究特ニ満州特有ノ疾病及人種的関係ヲ研究

スルモ亦其ノ任務ニ属ス」[7]と述べている。ここに挙げられた「満州特有ノ疾病」の研究とは、台湾領有後行なわれてきた熱帯病研究の経験と軌を一にするものである。台湾の澎湖島占領当時、兵士の三分の一に相当する死亡者一、二四七人を出し、「日本軍の大敵は兇番に非ず」[8]といって恐れられた熱帯病の研究が台湾総督府医学校において重点的に行なわれた。南満医学堂（満州医科大学）では、稗田憲太郎の「満州赤痢」、高森時雄、久保久雄の「熱河の地方甲状腺腫」、原享、久保久雄、三浦運一の「北満の心筋変性症」など寒帯病研究が行なわれた。また「人種的関係」の研究とは、特に中国人の骨格についての研究が行なわれた。代表的研究としては、三宅秀夫「支那人骨格の人種的研究」（『南満医学会報』一九二四年七月）、劉曜（曦）「支那人ノ骨盤ニ就テ」（『南満医学会報』一九二三年一二月）がある。

一九一五年（大正四年）の第一回卒業式には、東北軍閥の張作霖とともに後藤新平が肩を並べて出席し、満鉄総裁中村雄次郎が祝辞を述べた[9]。

医学堂の応募者数、入学者数、卒業者数は次の通りである。

	一九一一年	一九一二年	一九一三年	一九一四年	一九一五年	一九一六年	一九一七年	一九一八年	一九一九年
本科応募者数	一二八	一〇五	一二六	二一七(一)	一五六(二)	二四二(一)	二四七	九四	一一三
本科入学者数	二〇	二〇	二三(五)	三一(一四)	二九(二〇)	二九(二〇)	三〇(一九)	二四(二〇)	二九(二〇)
予科応募者数	五七	五二	一二七	一六一	五六	七七	九〇	七四	四九
予科入学者数	一〇	二九	三六	四〇	三一	四一	四〇	二六	二〇
卒業者数	―	―	―	―	一一	三五	二四(一一)	二四(一四)	二五(一三)

注　（　）内は中国人学生数、予科は全て中国人学生である。

一九一一年（明治四四年）の開校とその翌年の予科の中国人学生の応募者が少ないのは、医学学堂開校の翌月、辛亥革命が起こり清朝が倒れ、奉天の官立学校は閉鎖され、教育は一時空白状態にあったためである。[10]また、同じく中国人予科学生の一九一五年（大正四年）、応募者数が前年度比三四・七％に激減し、その後も停滞傾向が続いている。これは一九一五年（大正五年）五月、日本の「対華二一ヵ条要求」が出され、中国全土に排日運動が起こり、特に奉天では激しい学生の抗議運動が起こり、日本の教育侵略として医学堂への入学を拒否する傾向が生まれたためである。一方、中国人本科生が増加し、その入学比率が上がっているが、これは排日運動に対応しての措置と考えられる。なお、中国人本科応募者数とあるのは予科修了者以外の入学者数である。中国人本科入学者の殆どが予科修了者で占められていた。

次に本科生の出身学校は次の通りである。[11]

	日本人在「満」学校	日本人「内地」学校	日本人其の他学校
一九一七年	四	二六	—
一九一八年	一	二三	—
一九一九年	二	二三	—
一九二〇年	三	二六	—
一九二一年	二	二八	二
一九二二年	三	三一	一
一九二三年	一	二六	一

	中国人在「満」学校	中国人其の他学校
一九一七年	一九	―
一九一八年	二〇	―
一九一九年	二四	―
一九二〇年	二〇	―
一九二一年	一九	―
一九二二年	二四	一
一九二三年	二六	一

学生募集は「内地」、台湾、朝鮮にわたっており、日本人の場合は殆どが「内地」からの入学者で占められ、関東州、満鉄付属地出身の学生は各学年一人か二人程度であることが分かる。これは学堂が各府県に推薦入学を依頼したことによるものである。

第一学年から第四学年までに履修すべき教科目は次の通りである。[12]

倫理、中国語、ドイツ語、物理学、生物学、化学、解剖学、生理学、医化学、病理学、薬物学、衛生学、細菌学、内科学、外科学、小児科学、皮膚泌尿器病学、耳鼻咽喉科学、眼科学、産科婦人科学、精神病学、法医学、歯科学、体操

授業は非常に厳しく行なわれたようである。一九一六年（大正五年）九月、解剖学の試験の難しさに音を上げた学生がストライキを行ない、クラス全員が医学堂を出て奉天駅前の旅館に籠るという事件が起き、全員二週間の謹慎処分を受けるということもあったという。

外国語科目として中国語とドイツ語が共通学科目として配当されていた。学年配当は次の通りである。(13)

学年	一年			二年			三年			四年			計
学期	一	二	三	一	二	三	一	二	三	一	二	三	
中国語	四	四	三	四	四	三	二	二	二	二	二	二	三四
ドイツ語	一〇	八	八	八	八	六	二	二	三	二	二	二	六四

なお、予科入学の中国人学生には、日本語が課せられていた。

南満医学堂では外国語の授業が重視されており、各学年の総授業時間に占める外国語の授業時間は次の通りである。

	一年	二年	三年	四年
外国語の割合	三四・九％	三〇・五％	一二・五％	一三・一％

第一学年では配当時間の三分の一が外国語の授業となっている。

『南満医学堂一覧』によると、一九一八年（大正七年）当時、中国語の担当教師は今川伊介助教授（茨城県出身）と中国人嘱託教員の全寿講師の二名が担当していたとある。(14) 学生の殆どが「内地」出身で中国語は未習であったため、発音から始められた。なお、中国語の授業時間は旅順工科学堂に比べて一、二年は二時間多い。

一九一八年（大正七年）、「内地」において大学令が公布され、「内地」の医学専門学校が大学に昇格するという機運が高まり、それに呼応して南満医学堂でも一九二一年（大正一〇年）年末頃から大学昇格の運動が起った。大学昇格の申請が文部省に出された。それには次の様な申請理由が付されていた[15]。

一、クリスティーの奉天医学専門学校は既に大学と俗称されており、外国勢力に対抗する上で大学昇格は急務である。

二、中国側も医学教育の振興に努めているが、中国にある官立私立の一〇の大学には医学科は一ヵ所もない。帰国留学生は一万数千いるが、医学生は数百にしかすぎない。中国人医師の養成は中国にとっても利するところが大きい。

三、南満医学堂は既に十数年の医学教育の歴史があるが、同時に不備な点もあり改革しなければならない。「内地」の医師は大学卒業を資格とするという条件が整ってくるなかで、医学堂が大学に昇格しなければ、「内地」で医師資格が取得できなくなってしまう。

四、満鉄の地方経営の中で防疫、衛生は満蒙開発の重要課題であり、医学教育強化は満鉄社の方針に沿うものである。これを実現させるには中国語、中国事情に精通した日本人医師と日本語、日本事情に精通した中国人医師の協力関係が必要である。

五、移民の永住を保証するには小学校より大学までの学校教育体系が必要である。

先にも述べた様に、創設当時から日本はクリスティーの奉天医学専門学校の存在を強く意識して南満医学堂を開校した。奉天医学専門学校は修業年限も一年長く、中国側との関係も緊密であった[16]。最も大きな違いは南医学堂は日本人に対する教育が主であったが、奉天医学専門学校は専ら中国人に対し教育が行なわれていた点である。これはイギリスの植民地経営が「栽培植民地」であったのに対し、日本の植民地経営は「移住植民地」であったことによるものであろう。[17] つまり、日本の「満州」における植民地経営の方法は各階層を含む日本人移民を増やしていくというものであり、当時、在「満」日本人は一六〇、〇〇〇人を超えていた。日本から渡「満」した医者以外に現地の特殊医療に通じた医者の養成が急務となっていた。

また、教育の方法についても奉天医学専門学校では外国人教師が中国語で教育するという教学方式を採っていたが[18]、日本は予科入学以前に南満中学堂（一九一七年創立）で日本語を重点的に教育し、南満医学堂の授業は日本語で教育するという教学方式を採っていた。満鉄総務部編『南満州ニ於ケル洋人経営ノ諸学校』の中で、編者がクリスティーに対して、なぜ英語で授業を行なわないのかという質問に対して、クリスティーは「我等ノ切望スル所ナルモ、若シ然セント欲スレハ英語習得ノ為メ多大ノ年月ヲ犠牲ニセサルヘカラス」[19]と答えている。現地の言葉を用いるということは明末の宣教師マティオ・リッチ以来のキリスト教伝道の方法であった。ただし、奉天医学専門学校では英語教育を放棄した訳ではなく、毎日一時間英語の授業も行なわれていた。

さらに、大学昇格を望んだ背景には排日運動の高まりがあった。先の予科募集者の推移によっても分かる様に奉天の排日運動が激しさを加えるに従って、満鉄の経営する南満医学堂への入学を忌避する動きがあったが、一方、奉天医学専門学校は外国人が経営しているとはいえ「支那政府ヨリノ下賜金」[20]によって運営されているという意識から入学者が奉天医学専門学校に流れる傾向があった。そのため「大学」という看板を掲げることによって中国人学生を引付けようと考えたのである。

南満医学堂の大学昇格は経営母体である満鉄が経費面で難色を示したが、結局、一九二二年（大正一一年）五月、大学に昇格して満州医科大学となった。満州医科大学においても引き続き中国語教育が行なわれた。外国語は中国語だけで、配当時間は次の通りである。[21]

	一年	二年	三年	四年
中国語	三	三	―	―

中国語の授業時間が南満医学堂に比べ少なくなったように見えるが、実は大学予科が設置され、大学予科の科目に中国語が配当されたために、本科の時間数が少なくなったものと考えられる。大学予科の外国語科目の配当は次の通りである。(22)

	一年	二年	三年
ドイツ語	一〇	七	六
英語	六	五	五
中国語	―	七	四
ラテン語	―	―	一

南満医学堂と比べると、大学予科、本科を通しては、中国語の総時間数で週当りの時間数が五時間多いことになる。

先の『柳絮地に舞う』には語学教育について次の様な回想が寄せられている。

予科の三年間はすべてについて、充実したものがあった。学業の面では目立つのが徹底した語学教育であったと思う。独、英、中の三課目にはそれぞれ二、三名の専任教授を置き、その他、外人講師を常時三名委託してあり会話の実地訓練はかなりきびしいものであった。日本から来て、間近に外人を見るのが生まれて初めてという級友もいた位だから、一切日本語を使わない授業が如何に苦痛であったかは想像にあまりあるが、何とか切り抜けていった。……（岩熊来志朗「四回在学時代に想う」）

予科の授業は「内地」の予科教育と同じ様に語学教育に重点が置かれていたことが分かる。ただ、満州医科大学の場合は「内地」の予科教育と異なり中国語が必須科目に加えられていたことである。

中国語の授業は先の今川伊介教授、辻忠治教授、杉本梅之助講師、中国人嘱託教員の郎聯鋼講師が担当していた。[23] 先の『柳絮地に舞う』には具体的な中国語の授業について回想が載っている。「中国語（北京官話）は今川伊介先生から教わった。プリントを刷って下さった。主として患者と医師の会話であった。辻忠治先生から急就篇を教わった」（村山実「昭和五年　卒在学時代」）。『急就篇』とは宮島大八が著した実用会話を主とした中国語教科書である。病院の現場で医者が患者に接する時の医用会話が行われていたことがうかがえる。中国語の授業の中で中国人講師郎聯鋼の授業は異色だった様である。

北京の何処かの大学出身であった郎先生が分からなかったが文学めいたことを支那語で教えてくれた。北京官話は急就篇上下を辻先生と今川先生に教わったのであるが、特別な記憶はない。郎先生はきっすいのペーチンホアであって、常に支那服で通した。冬などは織模様のついた緞子で裏に狼の毛皮がついた馬掛兒に黒繻子の支那靴とのいでたちで、体格もよく実に堂々たる大人の風貌であった。ただし、どちらかの側頭に禿があった。この風体に相応して試験の採点法も実に古今無類の堂々たるものであった。筆記試験もあって、一字間違うと何点だったか忘れてしまったがマイナス点をいただく。間違った字数だけ点数がひかれるので、郎先生の採点は総点数でマイナス五〇点、マイナス八〇点などとなる事が極めて多かった。……当時に生徒はひどく当惑したものであった。抗議をしようとしても支那語を用いてでないと意味が通じないような素振りをされるので、当時の私達の支那語であった吃飯了（麻）の程度では充分な文学的な話し合いは出来る分けがなかったのである。（林三夫「クラスの想い出」）

最も傑作であったのは中国語の朗《ママ》先生で、英語、ドイツ語同様あるいはそれ以上なじみのうすい中国語の会話と来ては、全くどうなることやら空おそろしい我々なのだが、何故か、表情タップリに怪し気な話題について、熱弁する先生に引きずりこまれ、何とかわかろうと必死に謹聴するものだから、一時間の授業が短く感じられ、まわらぬ口でランシェンション等口ずさむ程人気があった。（岩熊来志朗「四回在学時代に想う」）

中国人と接する機会のなかった「内地」出身者の学生たちにとって、清末の学者の風格を備えた郎講師は学生たちに典型的な中国人像として強いインパクトを持っていた様であった。

さらに、『柳絮地に舞う』には「中国語の今川伊介・朗《ママ》聯綱、化学は山下泰三の諸先生であった。殊に中国語は三等通訳の資格をとらないと、卒業させないなどといわれたため、かなり勉強をしたものだった」（遠藤茂「懐古瀋陽会」）と述べられている。ここでいう「三等通訳の資格」というのは満鉄の中国語検定試験のことである。「満州医科大学学則」一九二二年六月　社則第五号）によると、卒業資格の中に満鉄の中国語検定試験「華語三等以上ノ合格者ニ非ラサル者ハ在学中本学規定ノ中国語試験ニ合格スルコトヲ要ス」（二九条）という規定がある。この規定は医科大学の学生にも中国語の検定試験を受けることを奨励しており、「華語三等」を取得すれば大学の中国語の試験は受けなくてもいいということを示したものである。「華語三等」の程度とは「急就篇程度ノモノヲ標準トセル会話、書取、聴取、読方、華文和訳ヲ差支ナク為シ得ル程度[24]」というもので、初級、中級程度のものである。このことは中国語の到達目標を「華語三等」においているということであるが、予科、本科を通した中国語の時間数（週平均四・二五時間）と中国現地での教育ということからみて、まことに不満足なものであるといわざるを得ない。

満州医科大学では一九二二年（大正一一年）から一九三一年（昭和六年）まで八回にわたって東蒙巡回診療団という東蒙古の地域巡回診療が行なわれ、総計で五〇人弱の学生も参加している。第五回巡回団を例にとると、夏休みの三週間に二二の村を回り現地の八一七人の患者の診察治療に当たっている[25]。毎回中国人卒業生又は在学生が参加し、通訳も務めた。学生達が大学で学んだ中国語を使う場面が多かったと思われる。こうした巡回医療を通じて中国語習得の必要性が認識されたものと考えられる。また、巡回医療とは別に防疫施療団といわれる学生による赤痢、コレラ、ペスト等の衛生知識の宣伝普及活動も行なわれた。ここでも中国人学生が通訳として活躍した。満州医科大学の卒業生熊田正春氏（日吉病院医師）の話によると、学生たちは簡単な日常会話はでき、中にはかなりの水準に達していた学生もいたという。同校卒業後の進路は次の通りである[26]。

	一九一七年	一九一八年	一九一九年	一九二〇年	一九二一年	一九二二年	一九二三年	一九二四年	一九二五年	一九二六年
満鉄就職日本人	八	五	三	二	七	六	一一	一三	二一	一三
満鉄就職中国人	二	一	六	四	五	四	四	三	九	一一
「満州」就職日本人	一	一	一	二	一	二	｜	一	一	一
「満州」就職中国人	三	八	三	四	二	五	三	四	一	一
関内就職中国人	二	三	三	二	二	二	四	｜	｜	二

「内地」就職日本人	一	四	六	四	二	五	五	二	一	六
其の他就職	—	一	—	三	一	—	—	二	一	一
「満州」開業日本人	四	一	—	一	二	—	—	—	一	一
「満州」開業中国人	二	—	一	三	二	一	—	一	—	—
関内開業中国人	—	—	—	—	—	—	—	—	—	—
「内地」開業日本人	九	七	五	一	六	二	一	—	一	—
上級学校進学日本人	—	二	一	—	—	—	—	—	—	一
上級学校進学中国人	—	—	—	一	一	—	—	—	—	—
其の他	三	六	一〇	四	二	四	五	七	五	七

日本人卒業生二二八人中一〇九人が「満州」で仕事についており、中国人卒業生一一三人中八三人が「満州」で仕事に就いている。その「満州」で就職した日本人卒業生の一〇九人中八九人が満鉄に就職している。つまり「満州」に就職した日本人卒業生の八一・七％が満鉄に就職したことになる。上記の時期（一九一七年〜一九二六年）には満鉄の経営する病院（本院）は一五ヵ所から一六ヵ所あり、医師が一七五人から二〇〇人余り勤務していた。[27] 卒業生の多くはこれらの病院に就職した。ここでは日本人一人に対し中国人三人の割合で診察治療を行なっており、[28] 中国人患者との接触の機会は多かった。通訳を介しての診療であったが、中には中国語で診察する医師もいたという（談話）。

満州医科大学では大学の付属医院を開設していた。付属医院には一九一六年（大正五年）二月に二年制の看護婦養成所が開設され、第一期生一五人が入学した。ここで日本人生徒に対し中国語と英語の授業が行なわれていた。[29]

	一年	二年
中国語	六	不定期
英　語	不定期	不定期

「修身」、「解剖大意」、「看護学」とともに中国語の授業が行なわれ、総時間数の三分の一が中国語の授業に当てられていた。患者との接点の多い看護婦には中国語は必修科目であった。

また、一九一九年（大正一〇年）一月、「南満医学堂並付属医院ノ職者ヲ以テ組織スル」中国語、英語、ドイツ語の語学講習会が設置された。語学講習会は南満医学堂、付属病院に「新ニ就職シタル者ニシテ支那語ノ素養ナキ者」に対しての講習を目的とした会であり、職員教育の一環として行なわれた。中国語は英語、ドイツ語と違って受講料免除の特典が与えられていた。[30] 医師、看護婦以外の医療関係者にとっても中国語の習得は極めて必要度の高いものであった。

南満医学堂（満州医科大学）は旅順工科学堂（旅順工科大学）よりは授業時間数も多く、卒業資格の中に中国語語学試験三等合格という規程を設け、中国語教育を重視していたことが分かる。これは南満医学堂の卒業生は医師として直接中国の人々を診察治療する必要があったからである。

両校は全寮共学制を採用していた。日中の全寮学制という制度は中国語教育という側面から見ると、中国にいながら殆ど中国人と接触する機会を持たない生徒たちに中国人と接触する機会を与え、授業以外に中国人の中国語に接する機会を作るという意味でその意義は大きい。

(1)前掲『日本植民地政策一斑』一〇四ページ
(2)前掲『台湾教育沿革誌』一九三九年　九一七ページ
(3)前掲『満鉄付属地経営沿革全史』上巻　八三二ページ
(4)クリスティー著・矢内原忠雄訳『奉天三十年』岩波新書　一九四六年　三六六ページ
(5)前掲『満州観』一三七ページ
(6)前掲『満鉄教育施設一覧』一九一七年版　一三二ページ
(7)同前　六三ページ
(8)前掲『台湾治績志』一九三七年　台湾日々新報社　二九ページ
(9)前掲『満鉄教育回顧三十年』二一八ページ
(10)前掲『奉天三十年』三七〇ページ
(11)前掲『満鉄第二次十年史』一一八九ページ
(12)南満医学堂編『南満医学堂一覧』一九二一年　三二ページ
(13)同前　三三ページ
(14)同前　一二〇ページ
(15)前掲『満鉄付属地経営沿革全史』上巻　五四八ページ
(16)満鉄総務部交通局第一課『南満州ニ於ケル洋人経営ノ諸学校』一九一五年　九ページ
(17)前掲『満州観』一五ページ
(18)前掲『南満州ニ於ケル洋人経営ノ諸学校』一七ページ
(19)同前　一七ページ
(20)同前　一九ページ
(21)満州医科大学編『満州医科大学一覧』一九三四年　四二ページ
(22)同前　五三ページ
(23)満州医科大学編『満州医科大学二十五年史』一九三六年　四五ページ
(24)前掲『満州医科大学一覧』四七ページ
(25)満鉄衛生課編『満州医科大学第一回東蒙巡回診療報告』全八冊　一九二三年〜一九三二年
(26)前掲『満鉄第二次十年史』一一七九ページ
(27)前掲『満鉄付属地経営沿革全史』上巻　五一四ページ

(28) 同前　五一四ページ
(29) 前掲『満州医科大学一覧』六九ページ
(30) 前掲『南満医学堂一覧』付録五ページ
(31) 輔仁同窓会編『満州医科大学四十周年記念誌』一九五一年　九ページ

まとめ

日本は「満州」においてイギリス、フランスとちがい「移住植民地」という方法をもって植民地支配を行なった。そのため在「満」日本人のための教育機関が各地に設けられた。その教育機関は小学校から専門学校、大学に至るまで種々の学校が設置された。イギリス、フランスは少数の自国民の子弟のために極く限られた初等教育機関を設けることはあっても専門学校、大学を設置して自国民子弟の教育を行なうことはなかったが、日本は「満州」に工業専門学校、医学専門学校、教育専門学校、大学を設けた。このことは「移住植民地」という日本植民地政策に関係すると同時に、日本の植民地政策の後進性にも関係する。クリスティーの奉天医科専門学校が専ら中国人学生を教育したのに対し、日本の南満医学堂は日本人学生を主とし、中国人学生は補足的に入学させたに過ぎなかった。旅順工科学堂も一九一五年（大正四年）、帝国議会で問題になるまで中国人学生を入学させることは考えられていなかった。また、教育専門学校は中国人学生の入学を認めていない。このことからも「満州」においては中国人に対する高等専門教育は形だけのものでしかなかったことが分かる。

第一次世界大戦以後、中国の民族資本が活況を呈し、経済的に中国人勢力が日本人勢力より優位に立つようになると、日本は中国人のための実業学校を閉鎖し、日本人のための実業学校に改組した。これと軌を一にするように専門学校、大学の中国人をも制限しようという動きが生まれた。このことは日本帝国主義が劣性にまわることによって、形だけの中国人に対する高等教育をも更に制限しようという動きがうかがえる。

また、「満州」における日本の専門学校、大学に入る学生の殆どが「内地」の学生であり、「満州」の中等学校を上位で卒業した生徒は「内地」の高等学校、大学に入るというねじれ現象が生じていた。「満州」は日本人にとって決して楽園ではなく、むしろ自然環境の悪い「外地」であり、できれば「内地」で勉強したいというのが一般的であった。断定的な言い方をすれば、「満州」の専門学校、大学は「内地」の高等学校に入れなかった生徒を受け入れ、「満州」の成績優秀者は「内地」に流出するという現象が見られたのである。

こうした現象は日本の帝国主義の特色によって生じたものといえる。この詳しい検討は今後の課題としたい。本論はそれらを明らかにするための基礎的資料を集めたものに過ぎない。

一三　満鉄実業補習学校における中国語教育

1　実業補習教育の目的

日本の「満州」経営は、イギリス、オランダなどの植民地経営とは異なる特徴を持っていた。イギリス、オランダなどは一般に少数の植民地経営者が本国から派遣され、矢内原忠雄の言葉を借りれば、現地人を使用して利益を挙げるという「栽植植民地」であったが、「満州」における日本の植民地経営は、日本人の全階層が移住して現地人社会に入り込み生計を営むという「移住植民地」[1]であった。そのため高級役人から時計修理士、入歯師、理髪結、質屋、豆腐屋[2]、はてはやくざにいたるまでが「満州」に渡った。満鉄付属地においては日本人の多くは満鉄に寄生する形で生計を立てていたが、満鉄の傘下を外れた者は生活に困って不正業を営む者も多かった。これら無為徒食の徒は阿片を主とする密貿易、売春、詐欺まがいの商売により中国人との紛争の火種となっていた。これら「満州」に渡った日本人の学歴は様々で、中には教育とは無縁の人々も含まれていた。

一九一〇年（明治四三年）三月、満鉄は「南満州鉄道付属地実業補習学校規則」[3]を定め各地に実業補習学校を設置した。同規則は実業補習学校の目的について次の様に述べている。

第一条　本校ハ実業ニ従事シ又ハ将来事業ニ従事セントスル者ニ必須ナル知識技能ヲ授ケ兼テ普通教育ノ補習ヲ為シ併セテ其ノ徳性ヲ涵養シ常識ヲ発達セシムルヲ以テ目的トス

「実業補習学校規則」の示した「必須ナル技能教育」「普通教育ノ補習」「徳性ノ涵養」という三点は、「移住植民地」という形態をとる「満州」の居留民教育の柱となるものであった。

満鉄がこの時期に実業補習教育を開始した趣旨は次の四点に要約される。一、満鉄従業員と満鉄付属地居住民の教育水準の向上、二、青年層に対する健全育成の場を提供すること、三、上級学校の肩代わり策、四、「内地」の実業教育振興策の一環として「実業補習学校規程」の適用。

第一の教育水準の向上については、一九一〇年（明治四三年）当時、満鉄従業員は日本人一〇、八六二人、中国人七、二二〇人で、[4]その教育水準は尋常小学校卒又は高等小学校卒程度であった。[5]特に鉄道部門の大部分の従業員は満鉄が業務を引継ぐ以前の野戦提理部の従業員であり、その気風は「所謂野戦的ニ気荒レ心怠リ粗笨ニ傾キ放逸ニ流レ加之新ニ採用セシ社員ト調和ヲ欠キ到底風紀ヲ維持シ執務ニ真摯ヲ期スル能ハサル」[6]状態にあった。

満鉄創設時から地方課長を務めた茂泉敬孝は実業補習学校主事合議で次の様に述べている。[7]

余ノ観察セシ欧米諸国ニ於ケル職工ノ労力ト我国職工ノ働キトハ其ノ効果ノ点ニ於テ甚シキ差異アリ蓋シ外

国ノ職工ハ実地ノ熟練科学的知識業務上ニ於ケル公共心等ノ点ニ於テ我ニ比シ一トシテ優秀ナラサルナキ……職工ハ職工相当ノ学問ヲ修メ普通理解力ノ素養ニ心ヲ用フルカ為ニ終局ノ効果ヲ収ムル……

品性ノ陶冶並常識ノ修養ニ就テハ一層各位ノ注意ヲ望ム、実業ノ発展ハ学芸以外ニ実務者ノ常識ニ負フ所少カラス

草創期の満鉄経営陣は満鉄従業員に対して、実用的技能だけでなく、欧米諸国の職工に範をとり「品性ノ陶冶並常識ノ修養」を求めていたことがうかがえる。

満鉄が中国人社会の中で企業として営業活動を行なうには日本人従業員の「技能」「普通教育」「徳性」が求められ、中国人従業員の上に立って仕事を行なうだけの力量が必要とされていた。しかし、現実は提理野戦部から引き継いだ戦時気分の抜けない従業員が多数を占めていた。

続いて実業補習学校の方針について、中村是公総裁から次の様な訓諭が発表された。(8)

普通教育アル者ニ対シテハ一層之レカ啓沃ヲ図ルト同時ニ専門的知識ヲ注入シ職業ニ臨ムノ素地ヲ作サシメ又既ニ実務ニ従事シ一層向上ノ希望ヲ有スル者若クハ学問上ノ素養ヲ得ントスル者ニ必須ナル学術的知識ヲ授ケ之レヲシテ完全ナル資格ヲ得セシメ……

実業補習学校は普通教育と技術教育に分かれていた。普通教育を修了していない者に対しては修身、国語、算術といった普通教育を行ない「品性ノ陶冶並常識ノ修養」を目的とし、普通教育を修了した者に対しては「専門的知識ヲ注入シ職業ニ臨ムノ素地ヲ作サシメ」、「必須ナル学術的知識」を養う技術教育を行なうとされ、このことを目

的とした学校はその対象を満鉄従業員に限定せず、満鉄付属地の住民にも開放した。この点において実業補習学校は満鉄社内の職業教育とは異なっていた。受講者の学歴は年齢構成は二〇代が多く、満鉄従業員がその過半数を占めていた。[9]

満鉄創設当時の日本人従業員の教育水準については詳しいことは分からないが、参考までに一九三四年（昭和九年）の教育水準を挙げると次の様になる。[10]

	総数	専門学校卒業以上		中等学校卒業以上		小学校卒業以上	
総数	二五、六六一	二、六八七	一〇%	一〇、四七四	四〇%	一二、八一〇	五〇%
月俸者	八、九五五	二、六五〇	三〇%	四、一六八	四七%	二、一三六	二三%
雇員	五、〇九八	一七	一%	二、六六六	五二%	二、四一五	四七%
傭員	一一、八九八	—	—	三、六三九	三二%	八、二五九	六八%

これは満鉄が創設されてから二七年を経た統計であるが、全体の五〇%が小学校卒業程度に止まっている。おそらく創設当初の教育水準はこの統計水準よりさらに低かったものと思われる。満鉄には様々な職種があり、教育水準の高低だけでは業績の優劣を論じることはできないが、業務内容に直接かかわってくる語学、技術教育は満鉄の経営にとって必要不可欠な教育であったことは間違いない。なお、実業補習学校創設時期の「内地」鉄道省の日給制「傭人」は従業員の六八・一%を占め、その教育水準は小学校卒業程度であった。[11]

第二の青年層に対する健全育成の場の提供については、殆どの日本人が中国語も中国事情も知らないまま「満州」に渡り、中国の生活に馴染めず、また娯楽のない生活の中で、不健全な道に足を踏み入れるケースが多く見られた。日本人居住者のまばらな満鉄付属地の日本人の生活は、大連、旅順といった日本人人口の多い地域とは違い、帰宅すると「小さな豆ランプのもとに身を横たへて、古新聞や古雑誌を読む[12]」ことを唯一の娯楽とする様な寂寞として味気ないものであった。一部の青年はこうした寂寞とした生活から逃れるために悪しき風潮に染まる者もいた。

第三の上級学校の肩代わり策については、一九一〇年（明治四三年）当時、満鉄付属地の日本人学齢児童は一、四五二人、前年度比一八・八％の増加で、小学生は一、三一九人おり、満鉄付属地という居住者のまばらな状況下にも関わらず就学率は九〇％を超えていた。また、それら小学生のうち卒業を控えた六年生は一二六人（男子六四人、女子六二人）いたが[13]、満鉄付属地にはこれら生徒の受け皿となる上級学校は設置されていなかった。それは満鉄経営陣の中に中等教育は満鉄の事業範囲ではないという意見が強かったことによるものといわれている。一部の生徒は「内地」の中学校に進み、一部の生徒は旅順の関東都督府中学校に進んだ。しかし、大部分の生徒は勉学の機会を失い、生徒の保護者の間に不満が高まっていた。そこで、満鉄としてはそれら小学校卒業者を実業補習学校の専門科に入学させ、中等教育の代用措置としようとしたのである。

第四の「内地」の「実業補習学校規程」の適用については、当時「内地」では井上毅文相による実業教育の振興が打ち出され、実業補習学校は一八九三年（明治二六年）三月、「諸般ノ実業ニ従事セントスル児童ニ小学校教育ノ補習ト同時ニ簡易ナル方法ヲ以テ其ノ職業ニ要スル知識技能ヲ授クル」（「実業補習学校規程」第一条）ことを目的として全国に六、〇〇〇校余り設置されていた[14]。さらに、一九〇二年（明治三五年）一月、同規程改正が行なわれ、これまでの実用教育に加え普通教育が行なわれることになった。満鉄は「内地」の実業補習学校教育の目的が、満鉄付属地の教育水準の向上、青年の健全育成、中等教育機関の設置といった課題解決につながると判断し「内地」の実業補習教育を積極的に導入したのである。

（1）矢内原忠雄著『植民地及植民政策』有斐閣　一九三三年　一六七ページ。一応ここでは矢内原の分類に従っておくが、日本人の「満州」への進出は矢内原の言う「移住植民地」とは、内容において異なっていた。その点の分析は別稿を期したいと考える。
（2）外務省通産局『人口問題ヲ基調トシテ満蒙拓殖策ノ研究』一九二七年　八二ページ
（3）前掲『満鉄経営教育施設要覧』九八ページ
（4）前掲『南満州鉄道株式会社十年史』一九三ページ
（5）前掲『満鉄付属地経営沿革全史』上巻　五六五ページ
（6）前掲『南満州鉄道株式会社十年史』一三〇ページ
（7）前掲『満鉄教育沿革史』一九〇七ページ
（8）前掲『満鉄付属地経営沿革全史』上巻　五六五ページ
（9）前掲『満鉄教育沿革史』一九一五ページ
（10）満鉄総務部人事課編『満鉄社員統計要覧』一九三三年　一八ページ
（11）武知京三著『近代日本交通労働史研究』日本経済評論社　二四四ページ
（12）前掲『邦人海外発展史』八八ページ
（13）前掲『関東都督府統計書』明治四三年版
（14）文部省社会教育局編『実業補習教育の沿革と現状』一九三四年　九五ページ

2　実業補習学校の状況

実業補習学校は満鉄付属地小学校、公学堂に付設され、授業は隔日で夜間二時間行なわれていた。修業期間は六ヵ月を一期とし、教科の性質によって数期にまたがることもあった。一教科一〇人以上の受講者のある場合に開講することになっており、殆どは小学校、公学堂の教員が授業を兼担していた。授業は普通教育を補習するための国語、算術などの普通科と土木、建築、電気といった職業技能教育を補習するための専門科に分かれていた。なお、中国語、日本語、露語、蒙古語といった外国語科目は普通科目とされていた。

一九一〇年（明治四三年）から三年毎の主な学科の受講者数は次の通りである。(1)

	生徒総数	国語	算術	日語	中国語	英語	露語	蒙古語	理科	製図	土木	建築	電気	商菜
一九一〇	六四二	一六八	二二五	｜	一八七	二二二	二四	｜	｜	三六	一二	一〇七	二九	二三
一九一三	二、二六〇	四四九	五二三	三一四	八五九	四五〇	六六	六五	四一	三六	八	二二	二三	六
一九一六	二、七五五	六一七	七七七	五六六	九七〇	五七九	七一	｜	一七二	二五	｜	四三	二三	八
一九一九	三、一一九	四三九	五一三	一九九	一、一一四	三八二	一一三	九	五四	一一	｜	一〇	五三	四三
一九二二	三、二九九	三三一	二五七	四四一	一、六四一	五九七	一八八	｜	｜	｜	｜	一四	一八	一一二
一九二五	二、三五九	四〇八	三七七	三一九	一、三〇六	四四四	一四七	｜	｜	｜	｜	｜	｜	六〇
一九二八	二、五四八	四〇一	四八三	二九七	一、六八四	三〇八	一五六	｜	｜	｜	｜	｜	一二	四五
一九三一	二、二八四	三六六	三九四	一七〇	一、八〇一	二一六	一八三	｜	｜	｜	｜	｜	七	六四

創設期は英語受講者が全受講者の三四・六％を占め最も多く、中国語受講者を上回っている。「満州」における英語と中国語の使用度から見ると、当然、中国語は日常的に必要とされる外国語であった。それにもかかわらず英語受講を志望する者が多かったということは、「内地」の英語重視の指向がそのまま「満州」に持ち込まれていたことがうかがえる。

(1)　前掲『統計年報』一九一〇年版〜一九三一版

3　中国語教育の状況

一九一三年（大正二年）一〇月公布の「付属地実業補習学校標準毎週教授時数、修業期間及教科課程表」によると、中国語は週六時間から三時間で、修業期間は二期から四期（一年から二年）、授業内容は「発音読方」「訳解」「語法大意」「会話書取」となっている。これは英語、露語、蒙古語とほぼ同じである。

一九二一年（大正一〇年）一二月、「満鉄実業補習学校規則」が改正され、新に「学科課程、修業期間数及毎週教授時数標準表」(1)が示された。同「標準表」によると中国語の授業時間は週四時間から六時間、修業年限は四期（二年）、授業内容は「会話」「書取」「読方」「訳解」「語法大意」となっている。改正によって授業時間数が多くなり、修業期間が長くなっている。なお、実業教育を行なう修業年限二年の学年制による商業科、工業科の科目の中にも週四時間の中国語が配当されている。(2)

教員は日本人教員と中国人教員が担当していた。日本人教員は公学堂教員が兼任する場合が多かったが、中国語担当の専任教員もいた。例えば、安東実業補習学校の溝口勳は、熊本県師範学校を卒業後、一九一三（大正二年）満鉄に入社し実業補習学校で中国語を教え、一九二〇年（大正九年）四月から一年間北京へ留学し、再び中国語教育に従事した教員である。(3) また、奉天実業補習学校の渋谷近蔵は、神奈川県師範学校卒業後、小学校訓導、師範学校教諭を務め、一九一七年（大正六年）満鉄に入社し、一九二七年（昭和二年）から同校校長に就任したベテラン教員である。(4) 中国人教員は囑託として採用されたが、一般に授業は不評で、先の『満鉄教育沿革史』では「華語教授ノ如キ特ニ然リトス華人教師ニ対スル指導法ヲ講スルハ目下ノ急務ナリ」(5)と指摘している。

全受講者に占める中国語受講者の比率は次の通りである。(6)

年	受講者数	中国語受講者の比率
一九一一年	一八七	二九・一
一九一二年	二八六	四二・三
一九一三年	四三一	三八・七
一九一四年	八五九	四四・二
一九一五年	九九二	五三・一
一九一六年	一、二〇六	五〇・〇
一九一七年	九七〇	四五・一
一九一八年	一、一三五	五〇・一
一九一九年	一、二五七	五六・九
一九二〇年	一、一一四	三八・七
一九二一年	一、〇六四	三六・二
一九二二年	一、六四一	五七・三
一九二三年	一、三八九	六〇・一
一九二四年	一、一五五	六五・六
一九二五年	一、三〇六	六三・七
一九二六年	一、四五二	八三・九
一九二七年	一、八七二	七五・二
一九二八年	一、六八四	七四・七
一九二九年	二、〇三七	八七・五
一九三〇年	一、九四三	八五・二
一九三一年	一、八〇一	八五・三

中国語受講者数は一九一一年（明治四四年）は一八七人であったが、一九一四年（大正三年）にかけて毎年二倍近い増加を示している。全科目に対する中国語受講者の割合も四〇％台で推移している。しかし、一九二〇年（大正九年）、一九二一年（大正一〇年）の二年間は受講者数は横這い状態となり、その割合も三〇％台に減少している。中国語受講者数と英語受講者は次の通りである。(7)

	中国語	英語
一九一九年	一、二五七	四六五
一九二〇年	一、〇六四	五一三

一九二一年	一、三六〇	八四二

一九一九年（大正八年）と一九二〇年（大正九年）を比較すると、中国語受講者が減少し英語受講者が増加していることが分かる。

また、一九二〇年（大正九年）から一九二一年（大正一〇年）にかけて英語受講者が急増している。英語受講者が急増した要因は、一九一九年（大正八年）、「内地」において「小学校令施行規則」が改正され、高等小学校の課程に英語を加設することが奨励策されたことの影響と考えられる。例えば、「小学校令施行規則」施行時の英語加設校は五五五校であったが、一九二二年（大正一一年）には九九一校に急増している。また、中学校の英語授業時間の増加措置が採られるなど「内地」の教育界では英語教育が盛んになった時期であった。こうした「内地」の状況は「満州」にも影響を与え、当時、関東州の小学校で英語を履修している男子生徒が三三・三%、中国語を履修している生徒が七・三%という数字となって表れている。また、中国語奨励策が採られていた満鉄付属地においても一九二二年（大正一一年）当時は英語を課す小学校四校、中国語を課す小学校一〇校、英語、中国語両方を課す学校が五校であり[8]、「満州」という地にありながら依然として英語教育が根強い力を持っていた。学校教育と実業補習教育を同一視することはできないが、当時の外国語教育における風潮として英語受講者増加を指摘することができよう。

しかし、一九二二年（大正一一年）より中国語受講者は増加に転じる。これは満鉄が中国語奨励の方針を採ったためで[9]、受講者は一六四一人に増加する。このうち関東州における実業補習学校在籍者数二〇三人を引くと、満鉄付属地の受講者は一、四三八人となる。さらに、満鉄付属地の実業補習学校適齢者（一五歳以上三〇歳以下）は二二、四九九人おり、これを単純計算すると満鉄付属地の適齢者の六・四%が実業補習学校で中国語を受講していたことになる。

その後、二年続けて中国語受講者は減少するが、一九二五年（大正一四年）から再び増加に転じる。これは一九二五年（大正一四年）三月、満鉄付属地の小学校に「中国語加設」の通牒が出され、高等小学校から中国語が必須科目となり、「支那語教授ノ一層重視セラレル」ことが決定され、再び中国語ブームが到来したことによるものである。

一九二六年（昭和元年）以降は、中国語の受講者は全受講者の七五％から八五％に達し、実業補習学校は「中国語補習学校」の観があったという。なお、中国語受講者の増加と共に英語受講者は減少傾向をたどる。一九二八年（昭和三年）、三〇八人（一三・六％）、一九二九年（昭和四年）、二三九人（一〇・一％）、一九三〇年（昭和五年）、二六七人（一一・二％）、一九三一年（昭和六年）、二一六人（一〇・二％）となっている。[10]しかし、英語は減少傾向にあったとはいえ、実用度の低い「満州」において一〇％台の受講者率を維持していることは注目すべきことである。それに対し、中国語は「満州」という現地にあり実用度が高かったにもかかわらず、満鉄が報奨金を含む奨励措置を講じなければならなかったということも検討してみる必要がある。

次に各実業補習学校における中国語受講者数の推移は次の通りである。[11]

	大連	金州	営口	遼陽	奉天	鉄嶺	公主嶺	四平街	長春	安東	撫順
一九一一年	―	―	―	一九	五八	―	二五	九	二〇	―	一二
一九一六年	―	四三	三七	一三一	二八	六八	一二四	四二	二五〇	―	五四
一九二一年	二五	―	四六	二一	三二一	四四	七二	三四	一三二	三七	一一六
一九二六年	二〇七	―	二七	一五	一九二	四六	三〇	三三	一二五	三二	一七六

一九三一年　一八三　―　二〇　一九　四六〇　四四　四九　六〇　―　一三六　二四〇

上記の表で、大連、奉天、長春、撫順の実業補習学校では中国語の受講者が多いが、金州、営口、遼陽、四平街、鉄嶺ではあまり多くないことが分かる。当然、各地域の日本人居住人口の多少にも関係があるが、大連、奉天、長春は「満州」の大都市であり、経済活動の盛んな地域であり、撫順は炭鉱開発の経済拠点でもあったことによるものであろう。それ以外に満鉄では一九二七年（昭和三年）以降、奉天、長春、撫順に中国語の専任教員を配置し、独立校舎を建てて施設の充実を図るなど実業補習教育の強化を図ったことにより[12]、特に多くの受講者が集まったものと考えられる。

一九二三年（大正一二年）、当時の各実業補習学校の出席率等の状況は次の通りである[13]。

	大連	金州	営口	遼陽	奉天	鉄嶺	公主嶺
出席率	七四・二	五三・七	八二・〇	六四・三	八六・一	七四・六	六八・三
入学者数	一〇四	二三	一四四	一一四	八〇八	二六	四五
受講者数	二三〇	二二	一七五	六一	四六九	一一	一〇一
中途入学者数	一〇一	一〇	四六	三〇	一三六	一五	二九
中途退学者数	二七八	九	一二二	一〇〇	四二七	一一六	一二五

	四平街	長春	安東	撫順	平均合計
出席率	七七・三	七二・〇	七四・四	七三・八	八三・三
入学者数	三九	三一八	九二	一六〇	二、九三〇

受講者数	五〇	三〇一	一四三	三三六	三、一五一
中途入学者数	一四	一一二	一三〇	一六一	一、〇八六
中途退学者数	四五	二六一	二四四	二一五	二、九〇五

注 出席率平均、受講者合計、中途入学者合計、中途退学者合計は全実業補習学校の数値を示す

出席率については、仕事をしながらの受講であることを考えれば良好と言えるが、中途入学者、中途退学者が非常に多いということが分かる。大連、遼陽、鉄嶺、公主嶺、安東の各実業補習学校では在籍者数、入学者数に相当する人数が退学し、数字の上では学校の運営が成り立たない様な状態にあり、なんとか中途入学者によって在籍者数を補うという状態が続いていた。時によっては受講期間に受講者の殆どが入れ替わるといった状況もあったという。満鉄従業員の場合は会社の補助金を貰って受講しているので、上司の許可なしに退学できなかったと思われるが、勤務時間の変更、転勤などによって受講できなくなることもあったと考えられる。入門、初級、中級といった程度の差のはっきりした語学教育において、受講者の定着率の低さは、教育効果において致命的ともいえる状況であった。

また、中途入学者、中途退学者の多さは植民地特有の人口流動性にも起因している。例えば、大連の場合、他の都市と比べて中途入学者率四三・九%、中途退学者率一二〇・九%と高い。これは大連が「満州」の入口に当たり、渡「満」者は先ず大連に暫時滞在し、「満州」各地に移動するというのが通例であったためである。その間、実業補習学校に入学して中国語、職業教育等を受けることが多かった。

実業補習学校の「中国語補習学校」化が進み、中国語科単独の実業補習学校も多くなった。中国語科のみ開設の実業補習学校を年度別に挙げると次の通りである。(14)

一九二九年　一〇校（大連埠頭、旅順、金州、普蘭店、熊岳城、海城、開原、公主嶺、范家屯、連山関）
一九三〇年　六校（旅順、金州、普蘭店、海城、公主嶺、連山関）
一九三一年　七校（普蘭店、海城、鞍山、開原、公主嶺、范家屯、本渓湖）

日本人の中国語学習者が増加したということが、必ずしも「日支親善」を願う日本人が増えたことを意味しない。満鉄が中国語奨励策を打ち出した背景には、「満州」における日本人勢力の後退と中国人勢力の発展がある。以前の様に中国側が腰を低くして取引きを求めてくる時代は終わりを告げ、日本が中国の経済圏の中に積極的に入っていかなければ「満州」での経済競争に敗退してしまう時代になっていた。そのためには中国人が日本語を学べばそれでこと足りるというのではなく、日本人が中国語を使って経済活動を行なう必要が出てきたのである。さらに、中国語だけでなく、中国事情に通じた人材も必要となっていた。

先の幣原坦は、こうした中国語学習者の増加に対し中国語の学習者が多いことは望ましいことではあると前置きした上で、実業補習学校は「多少物足らぬ感があるのは支那の事情を説明する科目がないことである……唯通訳的語学のみを授けて、支那人を如何に取扱はなければならぬか、支那の国情は如何か、国民性はどうか、並びに之に対する邦人の覚悟等に関して何等の説く所なく所謂口を練習して頭を作らないのは遺憾である」(15)と述べている。幣原の指摘は実業補習学校に対する批判というより中国語教育一般に対する批判でもある。満鉄の適地適応政策に基づいて中国語奨励策が採られることはいいが、その結果は、単に職務上中国語ができれば便利であるといった「通訳的語学」に終始するだけでは植民地経営を担う人材は養成できないと述べている。幣原は中国語教育の目的を問いかけつつ、幣原自身が関わってきた朝鮮の植民地教育の経験に基づいて「満州」の中国語教育の現状を批判したものである。

受講者の中には尋常小学校を卒業して実業補習学校に入り、後述する中国語検定試験の特等、一等に合格するという優秀な生徒もいたという。[16]『満鉄付属地経営沿革全史』によると、鞍山実業補習学校では、「殆ど支那語学校の観を呈していた。[17]」と述べている。また、公主嶺実業補習学校では「大正一一年より科目は支那語及露語のみとなり、昭和四年より支那語一科目となつた。支那語教授に関しては、毎年一回語学検定試験を施行し、合格者には奨励金を支給する等の方法が講じられ、当地においても相当の合格者を出し、好成績を挙げている[18]」と述べている。関東州においても、沙河口実業補習学校（一九一三年開校）、普蘭店実業補習学校（一九一三年開校）、金州実業補習学校（一九一四年開校）、大連埠頭実業補習学校（一九一五年開校）、旅順実業補習学校（一九一六年開校）、大連実業補習学校（一九一九年開校）が満鉄の社営として設置された。その中で規模の大きい大連実業補習学校では「本校は華語、英語、日語に分かれ、分教室は国語、算術、機関車を教授していた。華語科は第一期より第四期に分かれ、別に研究科」が置かれるという本格的なものであった。[19]満鉄の会社業務は鉄道以外に鉱業、電気、倉庫、土地など多岐にわたり、「満州」の経済の末端まで浸透しており、日本人従業員は中国人従業員と日常的に接触するだけでなく、一般の中国人とも接触していたわけで、中国語の習得は当然のことながら奨励されていた。「語学授業ニ於イテハ難渋ナル書籍ヲ講読解釈スルコトヲ後トシ先ツ応酬交際上ノ所要ヲ弁スヘキ会話ヲ主トシ勉メテ実用ノ便ヲ図ル」（実業補習学校ノ要旨[20]）ことを授業内容としていた。この点、東インド会社の様に少数の本国人が植民地経営を行なうやり方とは異なり、多くの日本人が現場で中国人と仕事をするといった植民地経営の方式が採られたため、現地の語学教育は極めて重要なものとなっていた。

満鉄では実業補習学校を推進するために、修了者に様々な特典を与えた。例えば、成績優秀者は南満州工業学校を受験させ、合格した者には毎月学費として一〇円以内の補助が与えれた。満鉄従業員以外の受講者に対しては満鉄の従業員養成所に入所させたり、「特別採用規程」を適用して、入社試験を免除し、入社させるといった措置が採られた。従業員に対しては成績によって臨時増給を講じるなどの措置が採られた。[21] さらに、実業補習学校の在籍者を対象とした通訳適任試験制度が設けられた。

確かに、実業補習学校における中国語教育、それに伴う通訳適任試験制度は中国語奨励策である。問題はなぜ「現地」という中国人と日常的な接触が持たれる場においてわざわざ奨励策を採らなくてはならなかったかということである。つまり、「現地」であっても奨励策を講じなければ受講者が集まらなかったという現実があったことも忘れてはいけない。また、その奨励策が公的な教育機関ではなく、実業補習学校で採られたということは、英語とは違って中国語を正規の外国語とは見做していないことを物語っているのである。おそらく中国語教育奨励策を作成し、政策執行した官僚自身は中国語を学んではいなかったと思われる。

(1) 前掲『満鉄教育沿革史』一九一〇ページ
(2) 前掲『満鉄付属地経営沿革全史』上巻　五七二ページ
(3) 満州日報社編『満蒙日本人紳士録』一九二九年　み一〇ページ
(4) 同前　一四ページ
(5) 前掲『満鉄教育沿革史』一九三一ページ
(6) 前掲『統計年報』各年版
(7) 同前　一九二〇年版、一九二一年版
(8) 前掲『満鉄付属地経営沿革全史』上巻　三八二ページ
(9) 前掲『満鉄教育沿革史』一九二七ページ
(10)、(11) 前掲『統計年報』各年版
(12) 前掲『満鉄教育沿革史』一九三二ページ
(13) 前掲『本社経営学事統計表』一九二四年版
(14) 前掲『統計年報』各年版

(15) 前掲『満州観』九四ページ
(16) 前掲『満鉄教育回顧三十年』一三八ページ
(17) 前掲『満鉄付属地経営沿革全史』中巻　四六四ページ
(18) 同前　下巻　二七〇ページ
(19) 前掲『関東州教育史』「実業教育」一二七ページ
(20) 前掲『満鉄経営教育施設要覧』一九一七年版　四〇ページ
(21) 同前　一九二一年版　五〇ページ

一四　青年訓練所における中国語教育

一九二四年（大正一三年）四月、清浦奎吾内閣は「国民精神作興ニ関スル詔書」の具体化を図るために文政審議会を設置した。この文政審議会は学校教練の実施、青年訓練所の設置など「国防観念ノ準備」を促す審議、提案を行なった。(1)さらに、一九二六年（大正一五年）四月、「青年訓練所令」（勅令七〇号）が公布された。これは勤労青年に対し普通教育と軍事教練を行なうというものであった。

関東軍においても担当官の関少佐に実施調査を命じ、一九二六年（大正一五年）七月、関少佐より次の様な「青年訓練所設立計画書」が提出される。(2)

本訓練の目的は、青年の心身を鍛練し、国体的観念を体得せしめ、国民の資質を向上し、併せて国防能力の向上を期するものにして、其の趣旨に於て非難在るべからざる所なるも、世上往々にして帝国の本施設を欧米各国に於ける軍事教練と同一視するものなきに非ざるを遺憾とす。抑々欧米に在りては、各国の国情に拠り目的を異にするもの大別して二種となす。即ち一は軍事専門教育の一部を実施するを目的とし、他は主として第二国民を養成する為の手段として軍事的教練演習を施すもの是なり。帝国の訓練は後者に属するものにして、所謂軍事専門教育の一部を兵営外に於いて行ふものにあらざるの本旨を充分諒解するの要あり。換言せば国家社会の何れの方面に活動する者に対しても、其の素質を向上する為行ふものにして、其の結果軍隊は素質良好なる壮丁を迎ふるの利益を得るものなり。而して軍隊の行ふ兵式教練は、この目的を達する為の軽捷たるを失はず……

関は青年訓練所設置の目的は「青年の心身鍛練」「国体的観念の体得」「国民の資質向上」の三つにあり、訓練内容は「軍事専門教育」ではないと抗弁している。その論旨は「趣旨に於て非難在る」現実を反映して、まわりくどい言い方になっているが、結局は「国防能力の向上」ということになる。「内地」においては「青年訓練所令」は勤労青少年に軍事教練を行なうものであるとして一部の青年団では反対運動が起こっていた。また、中国においては日本の第一次「山東出兵」、「済南事変」に抗議する全国的排日運動が起こっていた時期でもあった。こうした時期に関東州、満鉄付属地で学校教練、軍事教練を実施することが排日運動に油を注ぐ結果となることは火を見るより明らかであった。

さらに、関は訓練所設置の必要性について、「満州」には三、〇〇〇人余りの青年が学校に籍を置けない状態にあり、青年の資質向上は「内地」以上に緊要であるとし、「国防上ヨリ見ルモ青年ノ心身ヲ鍛練シテ健全ナル国民ノ養成ニ資スルコトハ国防ノ充実ニ寄与スルコトノ大ナルハ勿論之ニ依テ在営期間ノ短縮ヲ伴フカ故ニ延イテ国家産業ノ発展ニ於テ貢献スル所少クナイ」(3)と述べている。

一九二七年（昭和二年）六月、「関東州及南満州鉄道付属地青年訓練所規則」（関東庁令第三三号）(4)が公布され、同時に「関東庁青年訓練所規則」（関東庁令第三五号）、「満鉄青年訓練所規程」（社則第七号）(5)がそれぞれ公布された。この二つの規則、規程はその設置の目的について、「青年ノ心身ヲ鍛練シテ国民タルノ資質ヲ向上セシムル」にあるとし、その設置場所は関東州の場合は小学校、満鉄付属地の場合は実業補習学校とし、訓練期間は四ヵ年、訓練科目は「修身及公民科、教練、普通学科、職業科」、訓練内容は高等小学校卒業程度、対象は入所時に一六歳以上一七歳未満の者となっていた。ただし、「関東庁青年訓練所規則」には「訓練ノ要旨」として「勅語ノ趣旨ニ基キテ道徳上ノ思想及情操ヲ涵養シ……」「国家的観念及立憲ノ本義ヲ明徴ナラシメ……」といった国民精神の涵養に重きを置くことが述べられていた。しかし、「満鉄青年訓練所規程」では「勅語ノ趣旨」「国民精神の涵養」といったことが全て省略されていた。(6) 満鉄付属地では周辺の中国側行政地域に配慮して軍事的色彩を極力おさえ、いたずらに排日運動を刺激しないような配慮がうかがえる。青年訓練所は朝鮮、樺太にも設置されたが、なぜか台湾においては「特殊の事情を考慮し」という理由から一部地域を除いて実施されなかった。(7)

満鉄付属地には一九二七年（昭和二年）七月、鞍山、遼陽、奉天、長春、撫順、安東に、一九三〇年（昭和五年）四月、瓦房店、鉄嶺、四平街に設置された。関東州には一九二七年（昭和二年）七月、旅順、大連常磐、大連沙河口に設置された。(8)

満鉄付属地における青年訓練所の状況は次の通りである。(9)

年	一九二七	一九二八	一九二九	一九三〇	一九三一
訓練所数	六	六	六	九	九
職員数	五二	五七	五九	四九	七二
在籍者数	四九八	三八三	二二四	三四一	四五六
中途退所者	？	七〇	一六〇	二九九	二七二

修了者数	―	―	―	二五	四一

開所初年度の一九二七年（昭和二年）は入所者数四九八人が在籍していたが、二年後の一九二九年（昭和四年）には訓練生が半減している。これは世界恐慌のあおりを受けて「満州」にも不況の波が押し寄せ、中途退所者が増加したためである。開所初年度から四年間は学年累積があり、一般に自然増加が見込まれるものであるが、在籍者数が逆に減少している。「満州」の人口流動性の激しさを考えると、訓練期間四年は長すぎ、中途退所者が増加し、修了証書を手にする訓練生は極めて少数という結果となっている。

満鉄付属地の青年訓練所への入所率（入所者／適齢者）は次の通りである。[10]

	鞍山	遼陽	奉天	長春	安東	撫順	六校の平均
一九二七年	八八・〇	八七・五	五七・四	五四・五	七〇・〇	六四・〇	七〇・二
一九二八年	八三・三	六九・二	六八・八	七二・七	六八・二	六八・二	七一・七
一九二九年	七七・八	六〇・〇	八五・五	九一・五	五一・〇	八四・九	七五・一
一九三〇年	六六・七	七二・二	五〇・五	五六・一	五〇・〇	九一・〇	六四・四
一九三一年	九三・八	一〇〇・〇	五七・七	一〇〇・〇	五五・五	八九・七	八二・八

一九三〇年（昭和五年）の六校の平均入所率が低いが、これは奉天青年訓練所、長春青年訓練所、安東青年訓練所の入所率が五〇％台に止まったためである。これは満鉄の収益が前年度に比べ半減するといった不況の影響であろう。また、入所率は地域によって違いがあり、奉天青年訓練所、安東青年訓練所が低い。また、出席率は関東州

六四・一%、満鉄付属地六一・二%となっている。鞍山青年訓練所は入所率は高いが、出席率は低く、一九二七年（昭和二年）、三八・七%、一九二八年（昭和三年）、二八・八%で、正常な訓練が殆ど成り立たない様な状況であった。満鉄では青年訓練所後援会を組織し、通齢者の調査を行ない「個別訪問」[11]といった半ば強制的な勧誘工作が行なわれた。出席率の低下はこうした無理な入所勧誘の結果であると思われる。

「内地」の青年訓練所の状況と比べると、一九三二年（昭和七年）を例にとると、入所率は「内地」では三六%前後であったが、関東州、満鉄付属地では六五・九%が入所し、「内地」に比べて高い数値を示している。「内地」に比べて入所率が高いのは、関東州、満鉄付属地においては「内地」に比べて教育施設が少なく、収容人数、教育機関の種類が限られていたため、青年訓練所に教育の場を求める青年が多かったためと思われる。研修内容は修身公民が一〇〇時間、軍事教練が四〇〇時間、外国語を含む国語、数学等五科目の普通学科が二〇〇時間、その他に選択科目として職業科が一〇〇時間となっていた。共通科目の配当時間の七分の四が軍事訓練となっており、「軍事専門教育」を主軸とした教育が行なわれていた。中国語は普通学科に含まれ、他に外国語科目として英語、ロシア語があり、その内一科目選択するという制度になっていたために、開設当初は全体の教科に占める中国語の授業時間数はそれほど多くはなかった。

一九三〇年（昭和五年）四月、内務局長より「青年訓練所規則等改正ニ関スル件」という通牒が出され、関東州満鉄付属地においても青年訓練所の規則、規程が改正された。改正によって普通学科、職業科の枠が外された。また、訓練内容の改正も行なわれ、歴史地理科目、実用科目の配当時間数が多くなり、外国語科目は原則として中国語とすることになった。改正によって「満州」の特殊性が教科目の中に盛り込まれるようになり、「満州及蒙古其他一般支那ノ事情ヲ知ラシメ日支両国ノ地位其他ノ経済的関係ヲ理解セシム」[12]訓練が強化されることになった。

また、外国語科目とされた中国語については一九三〇年（昭和五年）三月、「関東庁令第二二号付則」により、

「外国語ノ時数ハ四年ヲ通シテ三百二十時迄之ヲ増加スルコトヲ得[13]」という付帯事項が追加された。その増減についでは現地の満鉄地方事務所長の裁量にまかされることになり、三二〇時間の制限時間いっぱい中国語が配当されていた青年訓練所もあった。

中国語の指導員は奉天、長春に各一人専任が置かれたが、それ以外は小学校、公学堂の教員が兼任していた[14]。また、満鉄社員が指導員になる場合もあった。例えば、瓦房店青年訓練所の中国語指導員鮫島国三は大連語学校支那語科を卒業後、一九二六年(大正一五年)、満鉄に入社し、満鉄の通訳をしていた[15]。また、各訓練所長の多くは小学校校長、実業補習学校長が兼任していた。

青年訓練所では現役尉官、下士官による野外演習、射撃といった軍事教練が行なわれ、毎年各青年訓練所による連合演習が行なわれた。一九三一年(昭和六年)には青年訓練所五周年記念として、金州において全訓練所の合同大演習会が開催された[16]。また、「満州事変」が起こると、各地の訓練生によって義勇団が組織され、軍司令部の下で伝令、運搬、偵察、夜警補助、慰問袋募集等の活動が行なわれた。奉天青年訓練所では中国語の堪能な訓練生を召集して旅団付き通訳として前線に派遣している[17]。

軍事訓練と職業教育を柱とした青年訓練所の教育は、先の実業補習学校の教育内容が重複する点があり、満鉄では統合案が検討されてきたが、関東州や「内地」の制度との関係から見送られてきた。一九三五年(昭和一〇年)四月、「内地」において実業補習学校を学校教育から切り離し、実業補習学校と青年訓練所を統合して青年学校とする制度が発足したことを受け、満鉄、関東局(一九三四年設置)においても、同年五月二六ヵ所の実業補習学校と一三ヵ所の青年訓練所を統合して青年学校が新設されることになった[18]。

(1)前掲『日本近代教育百年史』一巻二八六ページ

（2）前掲『満鉄教育沿革史』一九三五ページ
（3）同前　一九四六ページ
（4）前掲『満鉄学事関係規程』一八二ページ
（5）前掲『明治以降教育制度発達史』一二巻　三四一ページ
（6）関東庁内務局学務課編『関東庁社会教育要覧』「社会教育関係法規」一四ページ
（7）前掲『台湾教育沿革誌』一〇七五ページ
（8）前掲『関東局三十年史』二〇六ページ
（9）前掲『満鉄付属地経営沿革全史』上巻五八〇ページ、前掲『統計年報』各年版
（10）前掲『関東庁社会教育要覧』四〇ページ
（11）同前　四ページ
（12）同前「社会教育関係法規」三一ページ
（13）同前　一九ページ
（14）前掲『南満州鉄道株式会社三十年史』二一九三ページ
（15）中西利人編『満州紳士録』満蒙資料協会　一九四〇年　一〇二二ページ
（16）前掲『関東庁社会教育要覧』一九ページ
（17）前掲『満鉄教育たより』一九三五年一六号　三ページ

一五　職業教育における中国語教育

早期の職業教育施設としては、一九一八年（大正七年）五月設立の南満州工業学校付設職業教育部がある。[1] 一九一〇年代後半、日本の対「満州」投資拡大とそれに伴なう「満州」経済の一時的活況が生れた。関東州、満鉄付属地、居留地の日本人人口は、外務省亜細亜局編『関東州並満州在留本邦人及外国人人口統計表』によると、一九一六年（大正五年）の一一〇、三四九人から一九一八年（大正七年）には一三〇、五五八人と、二年間に一八・三％

の増加を示している一方、「満州」の活況とは反対に「内地」は大戦後の経済不況に落ち入っていた。つまり、「満州」の活況と「内地」の不況という構図の中で、渡「満」する日本人が増加したのである。これら渡「満」者は一定の技術を持っていた訳でなく、ただ、生計の糧を求めて渡「満」する者が多かった。そこで、急増した日本人に対する職業訓練を目的とした施設が必要となったのである。

南満州工業学校付設職業教育部の入学資格は高等小学校卒業程度、修業年限は二ヵ年、授業料は月金五〇銭、訓練科目は左官科、塗工科、鉛工科、電工科、木工科の五科に分かれ、[2]主に各科の材料工具施工法、実習が行なわれ、他に共通科目として修身、国語、算術等の普通科目と中国語、英語の外国語科目が週二時間配当されていた。中国語の授業内容は「日用語」「現場用語」となっていた。[3]

在籍者数については詳しいことは分からないが、一九二二年（大正一一年）の在籍者数を例に挙げる。[4]

	日本人	中国人	合計
入学	二三	八	三一
退学	六	一	七
卒業	二八	五	三三

在籍者数は少ない時は二人、多い時は三四人と人数の変動が激しかった。南満州工業学校付設職業教育部が開校した二年後（一九二〇年）、銀相場が高騰し、金本位制を採っていた「満州」の日本企業は軒並み打撃を受け、一転して不況となる。

一九二七年（昭和二年）四月、田中義一内閣が成立し、「国民精神ヲ作興シ経済的ニ産業立国ノ大旨ニ徹シ国民ヲシテ衣食住ノ安定ヲ得セシムニアリ、是レ教育制度ノ改善ト税制ノ根本的調整ヲ必要トスル所以ナリ」（宣言）[5]という実業教育重視策が掲げられた。既に「実業教育令」が改正され、実業学校が増設されていた。実業教育施設には職業教育的側面を持つ職業学校と実務教育的側面を持つ実業学校があるが、「満州」においては職業教育はあまり盛んではなかった。その理由は、第一に日本人保護者の多くが中流俸給者で経済的余裕があり、子弟を上級学校へ進学させようとする者が多く、普通教育を希望する者が多かったこと。第二に左官、塗工、採炭工といった現場の仕事は主に労賃の安い中国人に独占されており、個人商店でも中国語を解しない日本人を採用することは殆どなかったこと。つまり、現場労働に従事する者は被植民者である中国人の領域となっていたために、一般的に職業教育は自然と中国人を対象としたものとなっていた。しかし、奉天総領事吉田茂が指摘した様に、一九二七年（昭和二年）頃から在満日本人の勢力は衰退の一途をたどり「発展ノ前途甚タ望ナキヲ思ハシム」[6]といった状態に陥り、これまでの方針を見直し、日本人に対し職業教育を行なう必要が叫ばれる様になっていたのである。

外務省通産局編『人口問題ヲ基調トシテ満蒙拓殖策ノ研究』（一九二七年）は「日本人ノ退嬰」と題して次の様な具体的状況を指摘している。

第一は、満鉄付属地の日本人と中国人の人口比が一九〇八年（明治四一年）、五八対四二であったものが、一九一二年（大正元年）には四八対五二に逆転し、その差はますます大きくなっていること。

第二は、大連、営口、安東の三港の貿易額が中国は増加傾向にあるのに対し、日本側は減少傾向にあること。

第三は、商業特産物の取引量が一九二一年（大正一〇年）までは日本側と中国側が同等に推移していたものが、一九二二年（大正一一年）から三〇対七〇となり、さらに、一九二五年（大正一四年）には一五対八五と中国側の取引量が日本側を引き離してしまっていること。

第四は、大連の油房八二ヵ所中、日本人経営の油房が一〇ヵ所に減少してしまっていること。

第五は、豆腐屋、呉服屋、写真屋といったこれまで日本人が独占的に経営してきた職業に中国人が参入し、多くの日本人失業者が出ているということなど挙げて、その原因は「邦人ノ不真面目、軽佻浮華ノ戦時気分及成金気分ト依頼主義トカ今日ノ不振ヲ来シタ」[7]としている。

日本人は関東州、満鉄付属地において支配者として君臨してきたが、実は、その一人一人の素質は「不真面目、軽佻浮華」な人間が多く、満鉄、東拓、鮮銀といった国策会社の傘の下で、分け前に与かっていたに過ぎなかった。中国の民族資本が成長し、日本の勢力が窮地に立たされるに従って、無為徒食の一旗組は旗をたたんで帰国せざるをえない状況に追い込まれた。例えば、一九二〇年（大正九年）までは日本人と中国人の失業者比率はほぼ平衡して推移してきたが、一九二一年（大正一〇年）以降は日本人の失業者が中国人の失業者を上回るようになってきた。[8]こうした状況に対して、教育界で早くから警鐘を鳴らし続けたのが、満鉄地方部長保々隆也である。その保々は日本人勢力の後退について次の様に述べている。[9]

支那人ニ対シテ、例ヘハ実業教育ヲヤルカ、ヤラヌカ、是ハヤラヌ。原則トシテヤリタクナイ。何トナレハ我々ハ領土的ニ非常ニ発展出来ル機会カアレハ兎モ角、先ス経済的ニ発展シナケレハナラヌカ、日本ノ現状テハ飯ノ喰ヘヌ奴ハカリテアル……現在日本人ノ商権ハ段々支那人ニ取ラレテ行ツテ居ル。支那人ノ方ハ研究スルカ此方ハ研究シナイ。全ク情ナイ現状ニアルノテアリマス。夫レニ相手方ヲ猶更強クスル必要ハナイ

これ以上、中国人に対し実業教育を行なうと、日本人は経済的に劣性に追い込まれてしまう。その原因は「飯ノ喰ヘヌ」日本人が多くなったからである。それではどうするか、「飯ノ喰ヘル」日本人を養成することである。つまり、日本人に即戦力のある職業教育を行なう必要がある。また、保々は「日本帝国カ支那ニ発展スルニハ支那語

ヲ喋ル日本人ヲ多ク作ルコトカ満蒙発展ノ第一段階テアル」(10)とも述べている。保々は一九二〇年（大正九年）、満鉄に入社し、学務課長に就任した時から日本人子弟に対する中国語教育の必要性を説き、一九二五年（大正一四年）には中国語を高等小学校の正式科目とした中国語教育推進論者であった。「満州」は台湾とは異なる条件下にあり、台湾で行なったように日本人が中国人に日本語を強要し、日本語を準公用語としようとした試みは、「満州」では成功しなかった。日本の劣性を挽回するためには、農業、商業、工業方面の技能を備えた日本人が中国語を学び中国人の領域に入っていかなければならない状況になっていたのである。

(1) 南満州工業学校編『南満州工業学校創立十年誌』一九二一年　三一九ページ
(2) 前掲『満鉄学事関係規程』一六九ページ
(3) 原正敏「戦時下、旧満州における技術員・技術工養成」『調査研究報告』三〇号　学習院大学東洋文化研究所　一九九〇年　六九ページ
(4) 前掲『統計年報』一九二二年版
(5) 田中内閣編纂所編『田中内閣』一九二八年所収
(6) 佐藤元英『昭和初期対中国政策の研究』原書房　一九九二年　八二ページ所収
(7) 前掲『人口問題ヲ基調トシテ満蒙拓殖ノ研究』一一八ページ
(8) 今景彦著「在満州日本人の職業問題」『満蒙』第四五冊　一九二四年　三七ページ
(9) 前掲『満鉄教育沿革史』五六一ページ
(10) 同前　五六四ページ

1　実習所における中国語教育

一九二七年（昭和二年）、日本人勢力の後退を挽回するために、保々はこれまでの中国人実業学校を主に日本人を対象とした職業学校に改組するという方針を打ち出し、公主嶺農業学校、熊岳城農業学校を農業実習所とし、営

口商業学校、遼陽商業学校を商業実習所とし、撫順鉱山学校を工業実習所と改組したのである。

満鉄地方部長は実習所設立の趣旨として「各実習所ハ満蒙ノ地ニ永住シ堅実ナル農業商業又ハ工業ヲ営マントスル敢為力行ノ青年ヲ養成シ以邦人ノ満蒙ニ於ケル農商工業発展ニ一新生面ヲ拓カムトスルモノテアル」(1)と述べている。

「内地」の職業教育が職業技術を養成することを教育方針としているのと違い、「満州」における実習所は職業技術に加え体力、精神力、語学力を養うことを教育方針としている。これは「満州」という過酷な自然条件の中で仕事をするには、技能だけでなく、「粗衣粗食ニ甘ンシ困苦欠乏ニ堪フルノ習性ヲ」養う必要があったためである。つまり、「満州」の地に土着できるだけの「質実剛健」「農民たる信念」「心身錬磨」「真摯の気象」といった精神面教育が強調された点が「内地」の職業教育と異なるところである。(2)「満州」では結核、肺炎、消化器病による子供の死亡率が「内地」の二倍ということからも寒冷地の厳しい自然環境の中で、実際に仕事をしていかなければならないという状況がうかがえる。(3)

生徒数の推移は次の通りである。(4)

	一九二八年	一九二九年	一九三〇年
熊岳城農業実習所	二七(四九)	二六(〇)	一七(〇)
公主嶺農業実習所	二一(三二)	二五(一四)	三四(一三)
営口商業実習所	二五(五)	二二(六)	二二(六)
遼陽商業実習所	二二(九)	四九(一四)	四九(一四)
撫順工業実習所	—	五八(〇)	一〇八(〇)

注 （ ）内は中国人実習生数

一九二八年（昭和三年）の農業実習所の中国人在籍者が多いのは、農業学校の中国人在籍者を農業実習所に編入させたためである。熊岳城農業実習所、撫順工業実習所は一九二九年（昭和四年）から中国人実習生を募集していない。

(1)営口商業実習所

一九二八年（昭和三年）、営口商業実習所が開設された。所長の関野忽平は、神奈川県師範学校卒業後、明治大学専門部商業科を卒業し、神奈川県下の小学校の訓導をした後、満鉄に入社し、主に中国人教育に携わってきた教育者である。[5] 関野は営口商業実習所の教育方針として次の五点を挙げている。[6]

一、中国語教育の重視
二、珠算簿記等の商業知識の徹底
三、中国事情に精通した人材の養成
四、「満州」において日本人商人の「水先案内」となれる人材の養成
五、人物本位の教育

「営口商業実習所規則」第一一条には「満蒙ノ地ニ永住シ中国人ヲ顧客トシテ商業ヲ営マムトスル」人材を養成するとある。この「中国人ヲ顧客」として商業活動を行なうには相当高い中国語の水準が必要とされることはいう

までもない。中国語の到達目標として「入所後半年を出ずして日常会話には不便を感ぜず」という水準が示されている。その方法として、授業以外に寮生活における中国人との共同生活を通して習得する方法を挙げている。確かに営口商業実習所には毎年四、五人の中国人実習生が入所している。他の教育施設と違って、一室に日本人と中国人が同居する方法が取られ、食事も中華料理を主としたものであったという。一部中国人を入学させたのは日本人実習生の中国語の練習相手を兼ねていたといわれる。さらに、中国語教育だけでなく、中国事情の教育が重視されていた。人間と人間の関係を重視する商取引において中国人の思想心情、風俗習慣の理解が非常に重要であることはいうまでもない。また、教室における知識、技能、言語教育だけでなく「人物」教育が重視されていた。「満州」に永住して、中国人と共存していく必要があり、とかく陥りやすい「軽佻浮華」「一攫千金」「依頼主義」「傲慢」といった植民地日本人の悪癖に染まらない様にする必要があったのである。

中国語は第一学年は週一五時間配当で、授業内容は「発音、訳読」、第二学年は週一三時間で、授業内容は「訳文、時文」となっている。

営口商業実習所は中国語教育と実習教育が重視されていた。実習は「月末実習」「春季実習」「夏季実習」「秋季実習」「歳末実習」「年度末実習」と授業の進度に応じて行なわれた。「夏季実習」においては、二週間営口の中国人街商店に委託従業員として派遣し、商品名称、価格、仕入れ方法などを学ばせ、中国語による実際の販売を行なわせた。週一五時間で五ヵ月の中国語の授業で、山東訛の強い普通の庶民を相手にどこまで通じたか疑問であるが、週一五時間の教室の授業よりも効果的に中国語を習得できたものと思われる。「秋季実習」には訪問販売が加えられており、中国人家庭を回って商品販売を行なわせた。「満人（中国人）家庭に訪問販売をしたるは本所生を以て嚆矢とす」といわれるほど大胆な試みであったが、訪問販売は商店の店頭で中国人顧客を相手にするよりさらに高い中国語の会話力が必要とされた。さらに、「年度末実習」は外地出張販売として実習生を満鉄沿線、ハルピン、吉林、熱河まで派遣して行商販売をさせた。各地の方言にどれだけ対応できたか分からないが、一年間の実習を通じて高い中国語の水準に達したものと思われる。実習後の「実習採点表」には中国語について、特に「会話」「日訳」「華訳」の三項目について採点欄が設けられている。(7)

中国語教育と同時に中国事情教育も重視され、実習生には各自商業調査の課題が与えられた。課題は「営口市場を中心とした石鹸」「満蒙に於ける甘芋及薬用人参」「満州大豆の生産廻並に仕向地に就いて」「渤海沿岸に於ける主要港の現状及将来」などで、実習生の実地調査に基づいた報告書作成が義務付けられていた。これらの報告書作成のためにも一定の中国語水準が要求された。「満州」各地への行商販売や商業調査を行なう方法は初期の東亜同文書院の教育方法を思わせるものがある。

これまで商業学校等においても実践的中国語教育が重視されてきたが、日本人が植民地中国において優位な立場にたって中国語を使用するというものであった。これに対して実習所における中国語は中国人を「顧客」とするという立場に立って、中国人の職業領域に踏み込んでいくというものであった。こうした立場の逆転は、今までの様な満鉄等の大資本を背景とした「武士の商法」を以てしては中国人と競争に勝ち目がないという日本人勢力の劣性を反映したものであった。実習所はじり貧状態にあった日本人を救済するための職業教育施設でもあった。

営口商業実習所、遼陽商業実習所の修了生の進路は次の通りである。(8)

	自営業	就職	その他	計
一九三〇年	六	九	八	二三
一九三一年	三	一六	二	二一

第一期の卒業生の場合は自営業を起こす者が六人いたが、第二期は三人に減り、就職者が増加している。これは張学良の排日政策が厳しさを増し、日本人が店舗を開設したり、土地を購入することが難しくなったためである。

(2)撫順工業実習所

一九二九年（昭和四年）三月、撫順工業実習所が鉄道病院の病棟を教室として開設された。所長は撫順地方委員の棟久蔵が兼任所長として就任した。棟は開設に当たり、工業実習所の目的について「満州に於ける工業上の実務に従事せんとする敢為力行の日本青年を養成し、実際的の目的技能を体得せしめ、併せて勤労の習慣を涵養せしむる」[9]にあると述べている。

撫順工業実習所は、修業年限三年で、機械科、電気科、土木科、採鉱科に分かれ、「作業即実習、実習即作業」という方針で、毎日八時間の現場作業をもって授業とした。そのため撫順炭鉱機械工場、同発電所、同工事事務所、同採炭所の現場が教室となった。修身、国語、算術等の普通科目とともに中国語が週二時間配当されていた。[10]作業現場では日常的に中国人との接触があり、授業で習った中国語を使う機会が多かったに違いない。

実習生数、教員数の推移は次の通りである。[11]

	一九二九年	一九三〇年	一九三一年
在籍者数	五八	一〇八	一五五
教員数	八	一二	一四
季業者数	—	—	五〇

在籍者は学年累積によって増加している。退学者も少なく、約八五％が修了している。
一九三一年（昭和六年）第一期の実習生の進路は次の通りである。[12]

撫順炭鉱　三四、満鉄本社　一、満鉄鉄道局　五、満鉄以外の会社　二、「内地」帰国　三、死亡　五、計五〇

全体の七〇％が横滑り状態で撫順炭鉱に就職している。何らかの事情で「内地」に帰国した実習生もいるが、修了生の一〇％に当たる五人が死亡している。[13] 翌年の一九三二年（昭和七年）にも四人が死亡しており、炭鉱労働の苛酷さと実習即教育という方法に問題があったことが推察される。

農業実習所においては中国語教育はあまり重視されていなかった様である。授業内容は「簡易ナル中国語」として配当されていたに過ぎない。商業、工業と違い農業においては仕事の内容から中国人との接触もあまり多くなかったためである。

（1）前掲『満鉄教育沿革史』一八六二ページ
（2）前掲『満鉄付属地経営沿革全史』上巻　五五八ページ
（3）満鉄地方課『満州の邦人生活に就て』一九三三年　一四ページ
（4）前掲『統計年報』一九二八年版〜一九三〇年版
（5）前掲『満蒙日本人紳士録』二七八ページ
（6）営口商業実習所編『営口商業実習所概況』一九三五年　一ページ
（7）営口商業実習所編「営口商業実習指導要領」一九三四年。『研究要報』一号所収
（8）前掲『満鉄付属地経営沿革全史』上巻　五六〇ページ

(9) 前掲「戦時下、旧満州における技術員・技術工養成」九三ページ
(10) 同前　九四ページ
(11) 同前
(12) 同前
(13) 同前

2　従業員教育施設における中国語教育

(1) 満鉄鉄道部鉄道教習所

満鉄とその関連会社では、早くから社内の従業員を対象にした技術教育及び中国語教育が行なわれていた。最も早期に設置されたのが満鉄鉄道部鉄道教習所である。満鉄創設以前は野戦鉄道堤理部が鉄道輸送を行なっており、その従業員は「内地」の官営、私営の鉄道会社の技術員を採用していた。しかし、人員の補充が難しくなり、一九〇六年（明治三九年）六月、野戦鉄道部の機関士養成所が大連、遼陽、公主嶺の三ヵ所に設置された。期間は短期間で一九〇七年（明治四〇年）四月まで三回にわたる講習が行なわれた。(1)

(2) 鉄道従業員養成所

一九〇七年（明治四〇年）六月、満鉄は野戦鉄道提理部から引き継いだ地方駅務従業員の再教育を図るために「運輸事務練習所設置計画」を立て、機関車従業員養成所と運輸事務練習所を設置し、第一回の講習が始められた。しかし、一九〇八年（明治四一年）一二月、「会社分課規程」が改正され、両養成所は併合され鉄道従業員養成所となり、所轄も運輸部から調査部に移ることになった。(2) 鉄道従業員養成所は「普通学及鉄道ニ関スル諸般ノ知識ヲ与ヘ品性ヲ陶冶シテ勤倹忠実ナル美風ヲ涵養スル(3)」ことを目的としていた。運輸科、電信科、機関科、検

車科に分かれて、従業員教育が行なわれていた。また、日本人を対象とした本科の他に中国人を対象とした別科も設置されていた。各科の専門科目の他に共通科目として中国語、国語、数学が課されており、運輸科、通信科、検車科には英語も課されていた。入所資格は各科によって中学校卒業程度、高等小学校卒業程度と様々であった。(4)

(3)満鉄育成学校

一九〇七年（明治四〇年）九月、満鉄は見習採用試験の合格者の中から成績優秀者を選抜し、「普通教育及実務的知識技能ヲ授ケ併セテ品性ヲ陶冶スルヲ」（満鉄育成学校規則第一条）(5)目的とした正社員養成のための育成学校を設置した。普通科と専修科に分かれ、普通科三年を修了した者はさらに専修科を修めることになっていた。専修科は華語科、露語科、経理科に分かれていた。(6)修業年限は四年間で、昼間は会社の仕事をし、夜間に授業を受けることになっていた。各科共通の普通科目として中国語と英語が配当されていた。華語科の課程は、中国語（中国事情を含む）、修身、珠算、法制経済、教練、武道となっていた。授業は二学期制で、夏期休業、冬期休業を除いて一年を通して行なわれた。(7)「生徒心得」には「質実剛健」「規律遵守」「心身鍛練」「信義友愛」を尊ぶことと同時に「酒類煙草を用ふることを得ず」（第三条）という条文がある。育成学校は中国語教育が重視されており、中国語の教員には南満工業学校で教鞭を執っていた秩父固太郎、幸勉、木全徳太郎が兼任していた。(8)卒業生の多くは満鉄の正社員となったが、一部は上級学校に進学した。なお、一九四一年（昭和一六年）三月改組されて中等実業学校となった。

(4)職工見習養成所（大連鉄道工場工作工養成所）

満鉄では野戦鉄道提理部より引き継いだ鉄道人員では不足となり、従業員の現地採用、従業員子弟の縁故採用が行なわれる様になった。その多くは技能を持っていなかったので、先ず見習工として採用された。一九〇九年（明治四二年）、これら見習工を対象として職工見習養成所が設置された。その後、大連鉄道工場工作工養成所に改組された。修業期間は四年間、入所資格は高等小学校卒業程度、年齢は一八歳以下、教科目は修身、算術、代数、幾何、国語、国史、英語、物理、化学、体操、教練、製図、機械の他に中国語が年間一〇〇時間配当されていた。[9]入所時雇員として採用し、卒業後は正規の工作工、修繕手として現場に配属された。[10]

(5)満州電信電話株式会社社員養成所

一九一〇年（明治四三年）一〇月、満州電信電話株式会社社員養成所が設置された。電信科、電話科、技術科に分かれ、修業年限は三年、教科目は法制経済、業務大意、数学、物理、電信術などで、外国語として中国語、英語が課せられていた。[11]週四三時間の内英語が五時間、中国語が三時間配当されていた。英語の比重が大きいのは国際電信の場合は中国語より英語の方が使用範囲が広かったためであろう。

この他、撫順炭鉱現場員養成所、看護婦養成所、農業訓練所[12]などにおいても実践的な中国語教育が行なわれていた。

日本の「満州」支配が強化されるとともに、技術、商業、事務等の職業教育が各職場で行なわれ、中国語教育も職業教育として行なわれた。青年教育、職業教育の場で行なわれた中国語教育は学校教育と異なり、より実践的な側面を持っていたといえる。

（1）前掲『満州鉄道株式会社十年史』七八一ページ
（2）同前　八七一ページ
（3）満鉄産業部『在満工場ニ於ケル徒弟教育』（主トシテ邦人徒弟教育ニ関シテ）一九三七年　七ページ

（4）同前
（5）満鉄育成学校校友会編『育成』一九四三年　一六四ページ
（6）大中信夫著『満鉄庶務事情』満鉄社員会　一九四一年　二〇ページ
（7）前掲『育成』一六四ページ
（8）同前　一五〇ページ
（9）前掲『在満工場ニ於ケル徒弟教育』二二ページ
（10）前掲「戦時下、旧満州における技術員・技術工養成」六九ページ
（11）同前　八二ページ
（12）前掲『満鉄庶務事情』二一ページ

一六　中国語検定試験について

1　通訳適任試験

満鉄では会社の業務上の必要から日本人の中国語学習、中国人の日本語学習を奨励してきた。一九一〇年（明治四三年）四月より沿線各地に設置された実業補習学校は満鉄従業員の語学習得の場ともなっていた。しかし、実業補習学校はあくまでも満鉄の任意な機関であり、実業補習学校を修了しても公的教育機関の卒業資格としては認められなかった。そこで、先に述べた様に満鉄では実業補習学校の成績優秀者に対して南満州工業学校に給費生として入学させたり、社外受講者のうちで満鉄に入社を希望するものの入社条件を緩和したり、従業員に対して通訳資格を与え、給付金を支給するといった特典を設けていた。その中で最も多くの受講生がその特典にあずかったのが通訳適任資格である。

一九一五年（大正四年）三月、実業補習学校生の語学受講者に対し中国語と日本語の通訳適任試験制度が定められた。この満鉄の実業補習学校振興策が効を奏し、この年の実業補習学校の中国語の受講者は前年度に比べ二一・六％増加し、日本語の受講者は三三・九％増加している。(1)

通訳適任試験実施にあたり満鉄地方課は次の様な通牒を出している。(2)

沿線実業補習学校ハ明治四三年以来ノ設立ニ係リ爾来六カ年ノ星霜ヲ経、各科共相当効果ヲ収メ居リ、就中支那語、日語ハ日常業務上ニ直接利便不鮮、特ニ駅等ニ於ケル日本人、支那人ニシテ相当通訳ヲ為シ得ル者ニハ通訳適任徽章ヲ佩用セシメ候ハハ一般相互ノ便益有之。

「通訳適任」ということは、日常業務において通訳ができる資格を持っているということを指し、実業補習学校の生徒に対し、通訳適任試験を行ない、合格者を通訳適任者と認定し通訳適任徽章を付けさせることにした。例えば、駅頭で中国人が列車の発着時間が分からない時、通訳適任徽章を付けた従業員には中国語による質問ができるというものである。通訳適任試験は実業補習学校の生徒に対して学習の目標を持たせ、同時にその語学力を即仕事に活かすことを狙ったものである。

「通訳適任試験内規」によると、受験資格は実業補習学校の成績が八五点以上の受講者で、試験は会話を主とし、主に試験地の実業補習学校の担当教員が行ない、地方の知名者が立ち合うというものであった。成績八五点以上を二等、九五点以上を一等とし、合格者には通訳適任徽章が発行された。しかし、試験官が異なるために試験の内容、難易度が異なり、地域によって合格基準にばらつきが生じたために、半年後に「内規」は改正された。改正された「内規」は、受験資格に制限を設けず、予備試験と本試験に分け、満鉄本社で用意された試験問題によって統一的に予備試験を行ない、八〇点以上の受験者に本試験受験資格が与えられるというものであった。本試験は本社から派遣された試験官によって、奉天、大連等で行なわれ、成績が八五点以上の者に二等、九五点以上の者に一等の通訳適任者の資格が与えられた。[3] 第一回の通訳適任試験の受験者は殆どが満鉄従業員で占められていたが、第二回からは満鉄以外の受験者も増えてきた。

一九一六年（大正五年）、第二回の通訳適任試験の受験者数は次の通りである。[4]

	中国語受験者	日本語受験者
大連	二〇	二二
奉天	三九	一六
長春	二一	一一
計	八〇	四九

この年の実業補習学校の中国語受講者は九七〇人、日本語受講者は五六六人であり、中国語受講者の八・三％、日本語受講者の八・七％が通訳適任試験を受験したことになる。しかし、予備試験の合格点八〇点を取るのはかなり難しかった様である。

その後、満鉄従業員に限り通訳適任試験の合格者には奨励金が支給される様になった。また、合格基準も特等から三等まで四段階に広げられた。その四段階の基準は次の通りである。[5]

特等、語学ノ教授又ハ通訳等之ヲ以テ本職トシ殆ト本国人ト異ル所ナキ迄ニ上達シタル程度

一等、高等程度ニ自由ニ発表シ得ル程度
二等、一層之ニ熟練シテ発表シ得ル程度
三等、新聞ノ普通記事ヲ大体読解シ自己ノ意志ヲ綴リ又書取リ、日常普通ノ会話ヲ大体為シ得ル程度

特等の合格基準として「殆ト本国人ト異ル所ナキ迄ニ上達シタル程度」という極めて高い語学力が要求されている。また、一番下の三等でも「普通ノ新聞記事ヲ大体読解」できる程度とあるが、中国語の新聞記事を読解することはやはり中級以上の実力が要求される。当初は比較的簡易な通訳ができる程度を想定して制度が発足したが、整備されていくなかでかなり高度な水準が要求される様になっていった様である。そのため通訳適任試験の受験者は減少し、通訳適任者は依然として不足していた。

当時、満鉄の経営収支は第一次世界大戦後の不況の影響によって船舶、港湾、製鉄、旅館、地方部門はいずれも欠損を出し、経営は低迷していた。例えば、満鉄の主力である鉄道部門の経営の指標となる旅客運賃収入は次の通りである。(6)

	一九一七年	一九一八年	一九一九年	一九二〇年	一九二一年	一九二二年	一九二三年
旅客運賃収入	八一四	一、〇九一	一、四二四	一、四六六	一、二一九	一、二二九	一、三四三
貨物運賃収入	二、三七九	三、〇三八	四、六三一	六、二八七	五、九一六	六、九五二	七、二五八
全営業収支決算	六、九四二	九、六二五	一五、三一三	一七、四七四	一四、七一〇	一六、九九六	一八、五六九

旅客運賃収入、貨物運賃収入が一九二一年（大正一〇年）にマイナスに転じた後、低い水準で推移している。特

に旅客運賃収入は一九二〇年（大正九年）の水準を回復できないままで推移している。低迷する旅客運賃収入を増化させるには中国人乗客へのサービスに努める必要があった。各駅に通訳適任者を配することもサービスの一つである。こうした経営努力が要求されるようになった背景には、五・四学生運動を起点とする排日民族主義運動の高まりの中で、中国人乗客の意識に変化が起り、これまでの独占的鉄道経営が成り立たない状況があったからである。さらに、中国の民族資本、外国資本による「満州」進出は満鉄の独占的地位を脅かしつつあった。満鉄全体の営業収支から見ても一九二一年（大正一〇年）にマイナスに転じており、満鉄は経営難に落ち入っていた。[7]諸経費の中でも人件費の膨張が経営を圧迫しており、社員定員制と定年制の導入によって三回にわたり三千人余りの人員整理が行なわれた。満鉄では人員整理の材料として、各社員の怠勤成績、執務種目、家族関係、在勤年数などの調査が行なわれ、さらに体格検査にまで及んだ。[8]こうした人員整理の嵐の中で通訳適任試験合格という資格が威力を発揮したことはいうまでもない。

（1）前掲『続計年報』一九一五年版
（2）前掲『満鉄教育沿革史』二一四六ページ
（3）同前　二一四七ページ
（4）同前
（5）同前　二一五一ページ
（6）前掲『南満州鉄道株式会社二十年史』三七五ページ
（7）前場『近代日本における対満投資の研究』三〇八ページ
（8）宝性確成著『満州財界の鳥轍』一九二二年　一二三ページ

2　満鉄語学検定試験

満鉄は一九二二年（大正一一年）一一月、「語学検定試験規程」（社則第一四号）を制定して、通訳適任試験を拡大、整備し、中国語、露語、日本語の語学検定試験を実施することを決めた。第一回語学検定試験の実施に先立ち次の様な川村竹治社長の訓諭が発表された(1)。

　華語、露西亜語及日本語ヲ習得スルハ満蒙ノ地ニ於テ各般文化事業ニ従事セムトスル者ニトリテ必要ナルノミナラス、苟モ当会社ノ事業ニ従事スル者ニ在リテハ更ニ一層緊要ナルコトナリトス、今般語学検定試験規程ヲ制定シタルハ畢境之等語学ノ修得ヲ奨励シ一層社業ノ円滑ナル進展ト敏活ナル運行トヲ期セムトスルニ外ナラス

先の通訳適任試験実施時の会社通牒の趣旨に準じて、従業員の語学習得は「当社ノ事業ニ従事スル者ニ在リテハ更ニ一層緊要ナル」とその重要性が強調されている。さらに、語学水準を向上させるだけでなく「日華共栄共存ノ実ヲ挙ケル」ことを希望するとも述べている。

続いて地方部長の通牒が出された。その通牒は、特に、中国語未習得者を当地の実業補習学校等の施設に入れて受講させること、学習時間は勤務に支障のないようにすること、中国語履修者の出席状況、成績を逐次上部に報告すること、成績不良者、長期欠席者には戒告を与え反省を促すことといった具体的指示が示されている(2)。会社の業務命令にも相当する強制力を以て中国語を習得させようとしていたことが分かる。

「語学検定試験規程」によると、検定試験科目は「試験スヘキ語学ハ日本人ニ対シテハ支那語又ハ露西亜語、支

那人並其ノ他外国人ニ対シテハ日本語トス」[3]となっている。満鉄社員以外からも受験を認め、試験等級は特等、一等、二等、三等の四段階（一九二四年度から中国語に四等を設ける）とし、試験期日は年一回秋季に開催、試験方法は筆記、口述に分かれ、筆記試験は解釈、作文、書取り、口述試験は会話、読方、聞取りとなっていた。また試験は、筆記試験による予備試験と本試験に分かれ、本試験合格者に検定資格が与えられた。

「華語試験程度及標準」は、合格基準について次の様に定めている。[4]

特等　一、新聞雑誌ノ白話文程度ノモノヲ標準トセル会話、書取、聴取、読方、華文和訳、和文華訳ヲ差支ナク為シ得ル程度
　　　二、新開雑誌ノ記事及書簡文ヲ読解シ得ル程度
　　　三、時文及書簡文ヲ書キ得ル程度
一等　一、談論新篇程度ノモノヲ標準トセル会話、書取、聴取、読方、華文和訳、和文華訳ヲ差支ナク為シ得ル程度
　　　二、平易ナル時文及書簡文ヲ読解シ得ル程度
二等　一、官話指南程度ノモノヲ標準トセル会話、書取、聴取、読方、華文和訳、和文華訳ヲ差支ナク為シ得ル程度
三等　一、急就篇程度ノモノヲ標準トセル会話、書取、聴取、読方、華文和訳、和文華訳ヲ差支ナク為シ得ル程度
四等　一、極テ卑近ナル日常会話ヲ為シ得ル者ニシテ最平易ナル口語文ヲ書取、聴取、読方、華文和訳、和文華訳ヲ差支ナク為シ得ル程度

特等は、中国人と対等に話しのできる会話水準、談判等に必要な公文書、時事文が理解できる読解力が求められ、範囲を限定せずに中国の実生活など広い範囲から出題された。ここで注目すべきは「尺牘」と呼ばれる書簡文が課せられていることである。検定試験の目的があくまでも実用中国語の水準を計ることに置かれていることが分かる。

一等は、特等と同じ趣旨となっており、陸軍参謀本部派遣の北京留学生平岩道知と金国璞共著の『談論新篇』（一八九八年刊）の内容を、二等は、呉啓太・鄭永邦共著の『官話指南』（一八八二年刊）の内容を、三等は善隣書院の創設者である宮島大八著の『急就篇』（一九〇四年刊）の内容をそれぞれ試験の程度とした。『談論新篇』『官話指南』はいずれも中、上級程度の教科書として広く使用されていたもので、『急就篇』は初級から中級程度の内容で、戦前の中国語学習者で『急就篇』を知らない者はいないといわれたほど広く使用されたものである。四等は入門程度とされていた。

試験問題の中には、日文中訳の問題として「あの日貨排斥事件の騒ぎが長引けば長引く程お互いに不利益だと考えます」「日頃鼠賊《こそどろ》が盛んに這入るから戸締の用心をしなければいけません」（一等）といった世相を反映した問題や、「何日迄には必ず料金を納めて下さい。もしそれ迄に納めなければ給水規制によって給水を中止しますから御承知置願います。」、「お前は商売人の癖にこんなにつけつけ言ふもんぢゃないよ……」（一等）、「年末になれば相場が屹度下る」（四等）「私は当地へ店を一軒出し度いと思ひます」（四等）といった実用的な問題が多く出題された。[5]

語学検定の中国語受験者及び合格者（特等〜四等）の状況は左記の通りである。[6]

一九二二	一九二三	一九二四	一九二五	一九二六	一九二七	一九二八	一九二九	一九三〇	一九三一

受験者数	二四七	二三六	三六六	五七八	七七六	九五八	一、三八二	一、五四四	二、〇三九	一、九〇〇
特等合格数	一	一	二	三	二	二	五	七	五	四
一等合格数	二	一	九	六	一八	一二	一九	一一	二三	一二
二等合格数	六	八	一〇	二三	三二	二三	一〇六	七四	一二三	六八
三等合格数	三二	三〇	五一	六八	七七	一五七	三二〇	三六〇	三三六	一九八
四等合格数	｜	｜	六〇	六八	一〇七	一三六	一四〇	一二五	一六一	一〇九
合格者合計	四二	四一	一三二	一六八	二三六	三二六	五九〇	五八一	六四六	三九一

一九二二年（大正一一年）から一〇年間で、受験者数は七・七倍に増加しており、「満州」の日本人人口増率一・三倍を大幅に超えている。中国語受験者の増加は様々な要因が考えられる。

第一に川村社長の訓諭にも示されている様に、満鉄の中国語奨励策がある。先にも述べた様に、中国民族資本の形成とともに「満州」の日本人勢力は劣性に追い込まれ、中国人に日本語を学ばせれば事足りるという時代は終わり、日本人が主体的に中国語を学び中国人を相手とした事業を行なう時代となっていた。中国語は「満州」における日本人にとって必須科目に成りつつあったのである。

第二は職業構成の変化が挙げられる。一九二二年（大正一一年）と一九三一年（昭和六年）の職業構成を比べると次の様になる。(7)

	農漁業	鉱業	工業	商業	交通業	公務自由業
一九二二年	九三九	三、二四一	一三、一三四	一二、八一九	一一、四八〇	一一、五八五

一九三〇年	二、〇四四	一、八四八	一五、八三五	一九、六八九	一六、六八四	一八、二九九
変動率	二・一八	〇・五七	一・二一	一・五四	一・四五	一・五八
増減数	一、一〇五	(一、三九三)	二、七〇一	六、八七〇	五、二〇四	六、七一四

注　( )内は減少を示す

変動率から見ると公務・自由業、商業、交通業、農漁業が増加し、工業、鉱業が減少している。また、増減数から見ると、商業、交通業、公務自由業が増加するという傾向が見られる。これら商業、交通業、自由業は中国人と接触する機会の多い職業であり、中国語を必要とする職業でもある。つまり、中国語学習者の増加の背景に職業構成の変化があることが分かる。

第三は検定試験が公的な資格として認められる様になったことが挙げられる。満鉄の従業員以外にも受験者の範囲が広がるにつれて、検定試験が客観的基準となるという判断から試験の合否を学校、会社などで卒業、昇給の参考とすることを制度として取り入れるところも出てきた。例えば、満州医科大学では卒業条件として「華語三等以上ノ合格者」という規程が設けられていたし、[8]小学校の中国語担当教員に対しても「内規」として三等取得の条件が課せられていた。[9]さらに、満鉄の関連会社、地方警察、看護学校においても受験を奨励し、団体受験という形が採られるところもあった。

第四は中国語の独学者に学習の目標が生まれたことである。検定試験は先の実業補習学校の受講者を対象とする通訳適任試験といった限定されたものから、対外的に開かれた語学試験という形式が採られ、誰でも受験できるようになった。それによって中国語学習者は自分の学力を客観的に測定できる機会を与えられ、学習の目標が生まれ、仕事と直接関係ない学習者も受験を希望する様になった。語学検定試験の「合格証」は「満州通」の証明書の様に「満州」でも「内地」でも大手を振って威力を発揮した。しかし、中国語教育は「満鉄検定何等合格」という目標にのみ引きずられ変則的な方向に流れてしまう傾向が生じた。語学検定の状況について、那須清氏は、先の『覚え書』の中で次の様に述べている。「その影響は、あたかも今日の大学入試の英語教育に及ぼすものを思わせた。秩父固太郎の〈簡易支那語会話篇〉が昭和三年初版から同年一四年までの間に、実に一六六版を重ねたのは、もとより同書のすぐれた内容もあってのことながら、秩父氏が満鉄の試験委員をしておられたことと、当時の各種試験の初級の程度を示すのに同書が引用され、また試験問題もしばしば同書から出題されたからであろう(10)」。

このことは、試験参考書として挙げられた『急就篇』『官話指南』『談論新篇』などについてもいえることで、これらの中国語教科書が「満州」における中国語教育に枠をはめる結果にもなってしまったという評価も成り立つ。

実業補習学校の教科目として配当されていた英語は語学検定試験には含まれなかった。それは英語が公的な学校教育の教科目として帝国大学に至るまでエリートの外国語として配当されており、奨励策を採らなくても上級学校進学のための受験科目として重視されたからである。中国語はエリート・コースからはずれた「裏通りをあるく語学」とされてきたためである(11)。「満州」という日常的に中国人と接触のある「現地」においてさえ、奨励金支給というニンジンを目の前に釣り下げるといった奨励策を採る必要があったことの意味を考えてみる必要がある。なお、英語検定試験制度が始まったのは戦後の一九六三年（昭和三八年）からである。

合格者の等級別人数をグラフにすると難易度から考えて一般的に三角形を形成するのが一般的であるが、七五％から九〇％が三等、四等に集中し、特等、一等が極めて少数であるという結果になっている。これは特等、一等の問題が難しいというだけでなく、受験者の意識の反映ともいえる。中国語習得の目標をあまり高く置かず、せいぜい三等止りで、簡単な会話ができればそれで十分とし、特等、一等は初めから問題にしないという意識が一般的であった。中国語学習者は増加したが、高い水準の中国語を解する日本人は、「特殊任務」に就く者を除いて、そんなに多くなかったといえる。

(1) 前掲『満鉄教育沿革史』二一五三ページ
(2) 前掲『満鉄付属地経営沿革全史』上巻　六五〇ページ
(3) 前掲『南満教育』五一号　一九二五年八月　一〇三ページ
(4) 一九二一年（大正一一年）一一月公布の規程
(5) 前掲『南満教育』五二号　一九二五年九月　八五ページ
(6) 前掲『南満州鉄道株式会社十年史』一二〇六ページ
(7) 関東局編『関東局統計三十年誌』一九二七年　七四ページ
(8) 前掲『満州医科大学一覧』四七ページ
(9) 前掲『旧外地における中国語教育』三一ページ
(10) 同前　二八ページ
(11) 安藤彦太郎著『中国語と近代日本』岩波新書　一九八八年　一ページ

3　関東州における中国語検定試験

満鉄の語学検定試験に続いて、関東州においても一九二五年（大正一四年）七月、「関東庁及所属官署職員支部語奨励規程」[1]が制定された。同「規程」は次の様に述べている。

第一条　関東庁及所属官署ノ判任官、判任官ノ待遇ヲ受クル者及雇員ニハ当分ノ内支那語奨励手当ヲ支給ス、但シ巡査、支那語ノ翻訳生通訳生、学校ニ於テ支那語ノ教職ニ従事スル者及特別ノ規定ニ依リ支那語通訳ノ為手当ヲ受クル者ハ此ノ限ニ在ラス

第二条　支部語奨励手当ハ支那語奨励試験ニ合格シタル者又ハ試験委員ノ詮衡ニ依リ其ノ学力ヲ認定セラレタル者ニ限リ之ヲ支給ス

第三条　支那語奨励試験ハ各官署ノ長ニ於テ推薦スル者ニ就キ之ヲ行フ

第七条　試験ハ毎年一回之ヲ行フ但シ必要ト認ムルトキハ臨時ニ之ヲ行フコトアルヘシ

第八条　試験ハ左ノ科目ニ就キ之ヲ行フ　一、翻訳：及支那語及時文ノ国訳、国語支訳　二、会話

第九条　試験委員長ハ試験ニ合格シタル者及詮衡ニ依リ学力ヲ認定シタル者ニ対シ等級ヲ付シタル証書ヲ授与シ且関東庁庁報ヲ以テ之ヲ告示スヘシ前項ノ等級ハ一等、二等、三等、四等、五等トス

満鉄の語学検定試験と関東庁支那語奨励試験の違いは、満鉄の語学検定試験が満鉄社員以外にも門戸を開放したのに対し、関東庁支郡語奨励試験は関東庁内の職員に限られ、それも各官署の長の推薦によって受験できるとされていた点である。また、合格者に対して奨励手当が支給されたことである。

奨励手当は次の通りである。(2)

一等金二〇円　二等金一五円　三等金一〇円　四等金七円　五等金五円

証書を公布された月より、毎月奨励手当が二年間支給された。さらに、受験する場合は前回の等級より上の等級を受験することになっていた。大連商業学校教諭の細川廓信氏（広島県出身）によると、奨励手当は当時としては破格の手当であったが、一等合格者は殆どいなかったということである。(3)

同年一〇月に第一回支那語奨励試験が旅順師範学堂で実施された。第一回の試験科目は「国語支訳」「支那語国

訳」「支那時文国訳」「会話」の四科目となっていた。
第一回の和文中訳の問題には次の様な問題が出されている。(4)

和文中訳

一、南京方面には又戦争が始まつたそうだから貴君は上海に行くのなら津浦線を汽車でいくより船で行く方が好いでしよう。

二、馬賊が終始出没するので此辺の人民は財産ばかりでなく生命すら安全を期することができない。

中文和訳（日本語解答例）

三、聞けば君は昨日の正午から今日までずつと起きて居て一睡もしてないと言ふぢやないか何をしていたかは知らないが併しこんなに忙しくては仮令鉄で作つたやうな頑丈な人でも聊か造り切れまいね。

四、お前は商売人の癖にこんなつけつけ言ふもんぢやないよ、……話にはもう少し穏か味と云ふものがなくてはお客に対して済まん訳ぢやあるまいか、実際お前のやうな風では生意気すぎるといふものだよ。

時文和訳（解答例）

一、我国政府の提議に係る関税合議案は已に数日前各関係国に送付し非公式に其の同意を求め置ける趣なるが議程の具体的順序及条目等に関して未だ発表することを得ざるが外聞伝ふる所に拠れば前途尚ほ多少の曲折を免れ得ざれるべしと云ふ。

会話

問い　中国語は英語に比べてどうであるか

問い　中国人はよく言うは易し、行なうは難しと言ふがこの意味について和文中訳、中文和訳の問題の中には、満鉄の試験問題と同様に世相を反映した内容も含まれていた。

中国語検定試験はその後様々な職種に広がり、他に「関東局巡査補通訳兼掌試験」「関東軍憲兵支那語試験」「関東局職員支那語試験」「関東庁語学検定試験」「商工会議所支那語検定試験」等が実施された。(5)

巡査試験の問題は「オ前ガ遺失シタト云フ腕時計ハ是カドウカ好ク見ナサイ」「彼等ハ何ノ為メニ争ツテ居ルノカ君行ツテタズネテ来イ」「支那人カ日貨ヲ排斥スルハ日本商人ノ苦痛デアルノミナラス支那国民モ亦非常ナル損失ヲ受ケル」「子供ガヒキ殺サレタ車ノナンバーハ何番カ」といった現地で日常的に使用される警察用語を主としたものが出題された。

こうした様々な検定試験が始められ、それに伴って検定試験受験のための試験問題集が発行され、検定試験対策のための中国語の補習学校が各地に生まれた。

安藤彦太郎氏は『日本人の中国観』(6)（勁草書房）の中で「戦時中あれだけ「支那語」熱をあおっておきながら、インテリ養成の中枢コースである旧制高等学校には、ついに中国語を設置しなかったのである。中国語は「特殊」な「何の教養にもならぬ」実利語学と考えられたから、戦前の検定制度はことごとく「支那へいって支那人と親しく接触」するための「現地」試験であった」と述べている。まさに、語学検定試験は実利語学の象徴的制度といえよう。

一九二五年（大正一四年）八月、ラジオ講座が開始された。ＪＱＡＫ大連放送局が実験放送を始め、最初は英語講座が設けられた。中国語講座は一九二七年（昭和二年）四月から始められ、講師は秩父固太郎であった。先に述べた様に秩父は満鉄中国語検定試験の出題者の一人であったこともあり、大連放送の中国語講座は検定試験の受験勉強を兼ねて聴取する者が多かった。テキストは、注音符号とウエード法表記による発音篇の後に、第一課「指示代名詞」、第二課「動詞述語文」、第三課「動詞否定文」、第四課「也、都副詞構文」と続く構成となっていた。[7]

一九三〇年（昭和五年）一〇月、中国語雑誌『善隣』が中谷鹿二によって創刊された。表紙には「中国人情、言語、風俗の羅針盤」という添え書きが付いており、語学だけでなく中国事情の紹介に努めることを標榜していたが、号が進むにつれて中国語検定試験の「羅針盤」という内容が徐々に多くなった。「満州事変」以降は各検定試験の紹介と模範回答、模擬試験などが誌面の多くを占める様になった。[8]

（1）前掲『南満教育』五〇号　一九二五年七月　一〇三ページ
（2）同前
（3）「支那語奨励規程」について、注（1）の『南満教育』に掲載された条文と、那須清氏の『旧外地における中国語教育』（不二出版　一九九二年）に示されているものが若干異なる。『旧外地における中国語教育』は甲級と乙級に分かれ、それぞれ各三等に分かれており、等級が六級ある。
（4）前掲『南満教育』五三号　一九二五年一〇月　七六ページ
（5）大連善隣社『善隣』に問題が掲載されている。
（6）安藤彦太郎著『日本人の中国観』勁草書房　一九七〇年　一九三ページ
（7）秩父固太郎著『ラヂオテキスト初等満州語講座』満州電信電話株式会社
（8）編集発行者の中谷鹿二は善隣書院の出身で、従軍通訳を務めたのち、満州日日新聞の記者となり、大連善隣社を開き、中国語普及に努めた。

まとめ

満鉄は創業以来、実業補習教育、従業員教育を重視してきた。先述した様に、一九一〇年（明治四三年）、創業間もない満鉄は「実業補習学校規程」を定め、従業員、満鉄付属地の住民に対する実業補習教育を開始し、各地に三三校の実業補習学校を設けた。満鉄の実業補習学校は「内地」の「実業補習学校規程」に基づいて実施されていたが、「内地」の実業補習学校には設けられていない中国語、露語、蒙古語、日本語といった外国語科目が設けられていた。これは「満州」の実情を反映した科目といえよう。特に中国語教育が重視され、生徒の半分以上が中国語を受講し、昭和に入ると八割以上に増加した。満鉄では中国語受講者に対して奨励策として、通訳適任試験を行ない、合格者には通訳適任徽章を与え、日常業務において通訳を兼ねさせた。また、従業員以外の受講者の中から成績優秀者を優先的に入社させるという措置も採られた。

満鉄は実業補習教育の奨励とともに、企業経営という立場から職業教育を重視し、各地に農業、商業、鉱工業等の実業学校を設置した。それらの多くは中国人を対象としたものであったが、昭和に入ると主に日本人を対象とした職業実習所に改組された。その理由は、一九二三年（大正一二年）の旅大回収運動以降、東北軍閥による排日政策と中国民族資本の勃興を前に、日本は劣性に追い込まれ、これ以上中国人を利するような実業教育を行なうことは、日本人勢力の劣勢を加速させるだけであるという「中国人教育不要論」が満鉄幹部の間で主張されるようになったからである。職業実習所では実務教育と同時に中国語教育が行なわれた。特に営口、遼陽の商業実習所では中国人を顧客とした行商、露天販売を含む実習が行なわれ、そこでは中国人と中国語で商売ができるだけの中国語の水準が要求された。これまでの様に中国人に日本語を教えれば良いといった時代は終わり、この頃から日本人が積極的に中国語を学び、中国人を顧客とする経済活動を行なうといった時代が始まりつつあった。

一九二二年（大正一一年）一一月、「満鉄語学検定試験規程」が定められ、中国語、露語、日本語の検定試験が行なわれることになった。これは先の実業補習学校の通訳適任制度を満鉄外に広げたものであり、満鉄の中国語奨励策の一つであった。中国語検定試験の受験者は年々増加し、一九二八年（昭和三年）には一、〇〇〇人を超え、一九三〇年（昭和五年）には二、〇〇〇人を超えた。「満州」における中国語は実業補習学校と語学検定試験によって「教室」と「資格」を与えられ急増した。しかし、中国語教育は学校教育としてはあまり普及せず、中等学校以上の教育機関においては、一部の就職希望者を除いて中国語選択者は極めて少数で、依然として英語選択者が主流を占めていた。これは英語がエリート・コースを進む上で必要な教科目として学校教育の枠組みの中に位置付けられてきたのに対し、中国語は非エリート・コースの「裏通りを歩くの語学」という位置に置かれていたことの表われである。「満州」においては、こうしたエリートは英語を学び、非エリートは中国語を学ぶという構図が「内地」以上に極端な形で表われていた様に思われる。また、関東庁、満鉄当局の中には「満州」で中国語を必要とするのは、中国人と接触する権力の末端に位置する実務者であり、そういう人々が中国語を学べばこと足れりとする考えがあった。実業補習学校、中国語検定試験はまさに末端の実務者に対する奨励策であったのである。その後、満鉄だけでなく関東庁、軍、憲兵隊、警察、商工会議所といった組織による中国語検定試験が行なわれる様になった[1]。確かに実業補習学校、中国語検定試験などは「満州」の中国語普及に一定の役割を果したといえる。しかし、中国語が中国人に対する侮蔑や差別と裏腹に普及したために、「沿線支那語」「兵隊支那語」といわれる中国語が日本人の間で日常的に使われる様になった[2]。中国語を習得しようとする日本人の意識についての検討については今後の課題としたい。

（1）前掲『善隣』各号に関東庁、軍、憲兵隊等の中国語検定試験問題が掲載されている。
（2）前掲『中国語と近代日本』一一五ページ

一七　中国語教科書の編集

1　中国語教育の沿革

関東州、満鉄付属地においては、早くから公的教育機関において日本人に対する中国語教育が行なわれてきたが、それは「随意科目」「選択科目」といった任意の科目として配当されてきたに過ぎなかった。そのため中国語の教科書も編集されず、編集作業が始まったのは昭和に入ってからである。国語、算術といった科目は、「内地」の国定教科書を使うことができたが、中国語は「内地」の教科目に含まれておらず、正規の教科書のない時期が長く続いた。そのため中国語の授業は教師が黒板に板書するといった方法や、市販の簡易テキストを使用する方法で行なわれていた。また、中には手作りのガリ版刷りの教材を作成する熱心な教師もいたという[1]。

本節は「満州」における公的な中国語教科書の編集について述べるものであるが、まず「満州」における初等、中等教育における中国語教育の沿革をたどることから始めたい[2]。

一九〇七年（明治四〇年）六月、「安東尋常高等小学校規則」に基づき、同年より一九一二年（明治四五年）まで中国語教育が行なわれた。『安東居留民団十年史』には「高学年に清語を随意科目として課す[3]」とある。これは「満州」の公的な初等教育機関における中国語教育の嚆矢である。

一九〇八年（明治四一年）二月、「南満州鉄道付属地小学校規則」が公布され、「英語ニ代フルニ清語ヲ以テスルコトヲ得」と規定され、小学校に随意科目として配当される。

一九〇九年（明治四二年）三月、「関東都督府中学校規則」が公布され、「清語、法制及経済ハ随意科目トシテ之ヲ加フ」と規定され、中学校の科目に随意科目として配当される。これは「満州」の公的な中等教育機関における中国語教育の嚆矢である。

一九一九年（大正八年）一一月、「関東庁中学校規則」が公布され、「学科目ハ修身、国語及漢文、英語、支那語……」と規定され、正規の教科目として加えられたが、但書として「随意科目ト為スコトヲ得」という規定が付け加えられ、中国語は「正科ニ準ズ」る科目として見なされることになった。

一九二一年（大正一〇年）三月、「関東庁高等女学校規則」の一部改正が行なわれ、「外国語ハ英語又ハ支那語トス」と規定された。但書として「随意科目ト為スコトヲ得」という規定が付け加えられた。これによって中国語は関東州の高等女学校において「正科ニ準ズ」る科目として見なされることになった。

一九二一年（大正一〇年）四月、「南満州鉄道株式会社高等女学校規則」が公布され、「外国語ハ英語又ハ支那語トス」と規定された。但書として「随意科目又ハ選択科目ト為スコトヲ得」という文言が付け加えられた。これによって中国語は満鉄付属地の高等女学校において「正科ニ準ズ」る科目としてと見なされることになった。

一九二一年（大正一〇年）六月、「南満州鉄道株式会社中学校規則」が公布され、「学科ハ修身、国語及漢文、英語、支那語、歴史……」と規定された。中国語は「正科」として配当されることになった。

一九二五年（大正一四年）三月、満鉄ハ「小学校ニ中国語科加設ノ件」という通牒を出し、「高等小学校ニ於ケル外国語ハ中国語ヲ主トシテ正科ニ準ジ可成全児童ニ之ヲ課スコト」とされ、「男子ハ毎週四時間、女子ハ毎週二時間」配当されることになった。

一九二七年（昭和二年）四月、「関東州小学校支那語加設規程」が公布され、「関東州小学校ノ教科目ニ支那語ノ一科目ヲ加フ支那語ハ特別ノ事情アル場合ニ限リ民政署長又ハ民政支署長ニ於テ関東長官ノ認可ヲ受ケ之ヲ随意科目ト為スコトヲ得」と規定された。これによって関東州の小学校に「正科」として中国語が配当されることになった。

関東州、満鉄付属地における中国語教育は、先ず中等教育の場において「正科ニ準ズ」るという措置が採られ、その後に初等普通教育の場において「正科ニ準ズ」る科目として配当されるようになった。

中等教育の場で「正科ニ準ズ」という位置付けとなったが、公的機関で教科書編集は行なわれなかった。一九二五年（大正一四年）三月、「小学校ニ中国語科加設ノ件」と一九二七年（昭和二年）四月、「関東州小学校支那語加設規程」を受けて、初等教育機関で「正科ニ準ズ」る措置が採られて、初めて関東庁、満鉄合同の教科書編集組織である南満州教育会教科書編輯部（以下、教科書編輯部と略す）において教科書編集が行なわれるようになったのである。(4)

（1）大連大正小学校卒業生水野勉氏の談話資料によると、同校の中国語専科教員（氏名不明）作成のプリントを使っていたという。

（2）前掲『満鉄経営教育施設要覧』一九一七年版　一九二一年版　一九三三年版、関東庁内務部学務課『関東庁学事法規集』一九三六年より作成

（3）安東居留民団法実施十周年記念会編『安東居留民団十年史』一九一八年　二三九ページ

（4）教科書編輯部要覧編『教科書編輯部要覧』一九四三年　五ページ

2　教科書編輯部支那語科の設置と編集委員

一九二二年（大正一一年）一月、教科書編輯部の発足と同時に支那語科が設置され、中国語教科書の編集に着手することになった。発足当時の支那語科編集委員は次の通りである。(1)

秩父固太郎　満鉄教育研究所講師

岸本恒重　関東庁視学
白石　寛　大連尋常高等小学校訓導
田中清次郎　満鉄教育研究所講師
諸石熙一　南満中学堂教諭

秩父、田中、諸石は公学堂で教鞭をとった中国人教育の経験者である。秩父は、中国語テキストのベストセラーといわれた『注音対訳簡易支那語会話篇』(大連大阪屋号書店発行)を著した「満州」における中国語教育の重鎮である。(2) 田中は北京留学後に『注音華語速修篇』を著した。(3) 諸石は遼陽師範学堂の日本人教習を務めた経験を持つ対中国人教育の第一人者である。(4)

支那語科が設置されたが、全体の編集計画の中で、算術、歴史、地理、理科等の『満州補充教科書』の編集が優先され、「随意科目」である中国語の教科書は後回しになってしまった。

一九二五年(大正一四年)三月、先に述べた様に「中国語加設」の通牒が公示され、満鉄付属地の小学校で中国語が「正科ニ準ズ」る科目として配当されることになった。こうして「正科」となったことを受けて、教科書編集の準備が進められることになった。一九二六年(大正一五年)一月、岸本委員が辞め、次の三人が支那語科編集委員に加わった。(5)

渡部精元　大連伏見台小学校訓導
志田正一　鉄嶺小学校訓導
中山幸作　撫順第一小学校訓導

志田は一八八九年（明治二二年）生まれ、福井師範学校卒業、中国語研究のために六ヵ月北京に留学している。[6]中山は一八九五年（明治二八年）生まれ、福岡師範学校卒業、志田と同じ様に中国語研究のために北京に留学している。[7]なお、渡部は翌年編集委員を辞めている。

一九二七年（昭和二年）二月、次の四人の委員が追加された。[8]ちょうど「関東州小学校支那語加設規程」が公布された時期に当たる。

土方省三　旅順師範学堂訓導
合原金八　大連朝日小学校教員
赤塚吉次郎　編輯委員
馬冠標　編輯委員

土方は一八九五年（明治二八年）生まれ、山形師範学校卒業、公学堂教員を務めた後、中国語研究のために北京に留学し、帰任後関東庁視学を兼任していた。[9]赤塚は三重県出身で教科書編輯部編輯主事を務めていた。[10]馬冠標は一八九一年（光緒一七年）北京生まれ、東京高等師範学校を卒業後、旅順工科大学で中国語教員を務めていた。[11]ネイティブの馬冠標が加わることによって編集委員が強化された。

支那語科の編集委員は計一〇人となり、本格的な教科書編集が始まった。

（1）南満州教科書編輯部編『樗の木かげ』一九三二年　一一七ページ

（2）一八七六年東京府出身、東京外国語学校を卒業後、一九〇四年東京帝国大学工科助手、四川省澎県中学堂教習を務め、一九一二年満鉄入社、満鉄教員講習所講師、教育研究所講師、南満工業専門学校講師、南満州教育専門学校教授、関東庁視学を歴任する。秩父の『簡易支那語会話篇』は、秩父が満鉄語学検定の試験委員ということもあって一六六版を重ねた。
（3）満州日報社編『満蒙日本人紳士録』一九二九年　た七ページ
（4）前掲『満鉄教育回顧三十年』一六五ページ
（5）前掲『樗の木かげ』一一七ページ
（6）前掲『満州紳士録』五六ページ
（7）同前　二一二ページ
（8）前掲『樗の木かげ』一一七ページ
（9）前掲『満蒙日本人紳士録』ひ八ページ
（10）前掲『樗の木かげ』一〇二ページ
（11）前掲『満州紳士録』一二六六ページ

3　『初等支那語教科書（稿本）』の編集発行

一九二八年（昭和三年）四月、『初等支那語教科書（稿本）』（以下、『稿本』と略す）が完成した。続いて一九三〇年（昭和五年）までに次の五冊が発行され、小学校尋常科第四学年から高等科第二学年までの課程で使用されることになった。(1)

一九二八年（昭和三年）『初等支那語教科書（稿本）』巻一（一九三三年九版）
一九二八年（昭和三年）『初等支那語教科書（稿本）』巻二（一九三一年六版）
一九二九年（昭和四年）『初等支那語教科書（稿本）』巻三（一九三三年七版）

一九三〇年（昭和五年）『初等支那語教科書（稿本）』巻四（一九三三年五版）
一九三〇年（昭和五年）『初等支那語教科書（稿本）』巻五（一九三四年四版）
　注（　）内は私が寓目した版本の出版年を示す。大連図書館蔵

生徒用教科書と同時に教師用教授書である『初等支那語教科書（稿本）教師用』（以下、『稿本　教師用』と略す）が編集発行された。

一九二八年（昭和三年）『初等支那語教科書（稿本）教師用』巻一（一九三〇年二版）
一九二八年（昭和三年）『初等支那語教科書（稿本）教師用』巻二（一九三〇年再版）
一九二九年（昭和四年）『初等支那語教科書（稿本）教師用』巻三（一九三〇年二版）
一九三〇年（昭和五年）『初等支那語教科書（稿本）教師用』巻四（一九三〇年初版）
一九三一年（昭和六年）『初等支那語教科書（稿本）教師用』巻五（一九三一年初版）
　注（　）内は私が寓目した版本の出版年を示す。大連図書館蔵

これらはいずれも「稿本」とある様に試用本として発行された。

（1）『初等支那語教科書（稿本）』は東京書籍出版社の東書文庫、学芸大学望月文庫に所蔵されている。『初等支那語教科書（稿本）教師用』は学芸大学望月文庫に所蔵されている。

4 『稿本』『稿本　教師用』の概要

『稿本』の巻一、巻二は、文字を使用しない挿絵のみの編集となっている。例えば巻一は、次の通りである。なお、『稿本』は課題、課数が記されていないので挿絵の順に示すと次の様になる。

挿絵一：一人の生徒の起立、礼、着席の連続した動作
挿絵二：教員の入室、生徒の退室
挿絵三、挿絵四：教師の生徒に対する質問
挿絵五：習字と図画の練習
挿絵六：机と椅子
挿絵七：インク、ペン、小刀、鉛筆と生徒間の問答
挿絵八：帽子をめぐる教師と生徒の問答
挿絵九：机の上の教科書、筆箱、小物入れ
挿絵十：数の数え方、手の指、黒丸による数の提示
挿絵十一：家族の食事風景
挿絵十二：生徒の窓開け、戸閉め、入室、退室
挿絵十三：運動場で遊ぶおおぜいの生徒
挿絵十四：登校、休み時間、下校
挿絵十五：時計と時間

挿絵十六：台所

挿絵十七：教師の生徒に対する質問

『稿本』巻一、巻二の内容は学校生活に関することが多く、単語は教室用語が多く使われており、これに日常生活に関する題材を加えたものとなっている。学校生活を題材としているので、内容を生徒に理解させやすく、多くの説明を要しないということ、身の回りの材料を使うことによって、その場で実際に応用できるという特徴を備えていた。

『稿本』巻三は、最初に中国語の音声記号である注音字母表が載っており、注音字母を理解させることに主眼が置かれている。教科書の構成は挿絵と関連する新出単語を注音字母によって示したもので、依然として漢字による内容の提示をせず、教師が挿絵を示しながら単語、句文を読み、自然に課文の内容を理解させるという方法が採られている。

例えば図一は、「朝礼」と「体操」の挿絵が載っており、上段に注音字母で「早起体操」（あさの体操）と書かれている。『稿本　教師用』には次の様な課文が載っている。

毎天早起　（毎朝早く起きる）

学生排隊　（生徒が整列する）

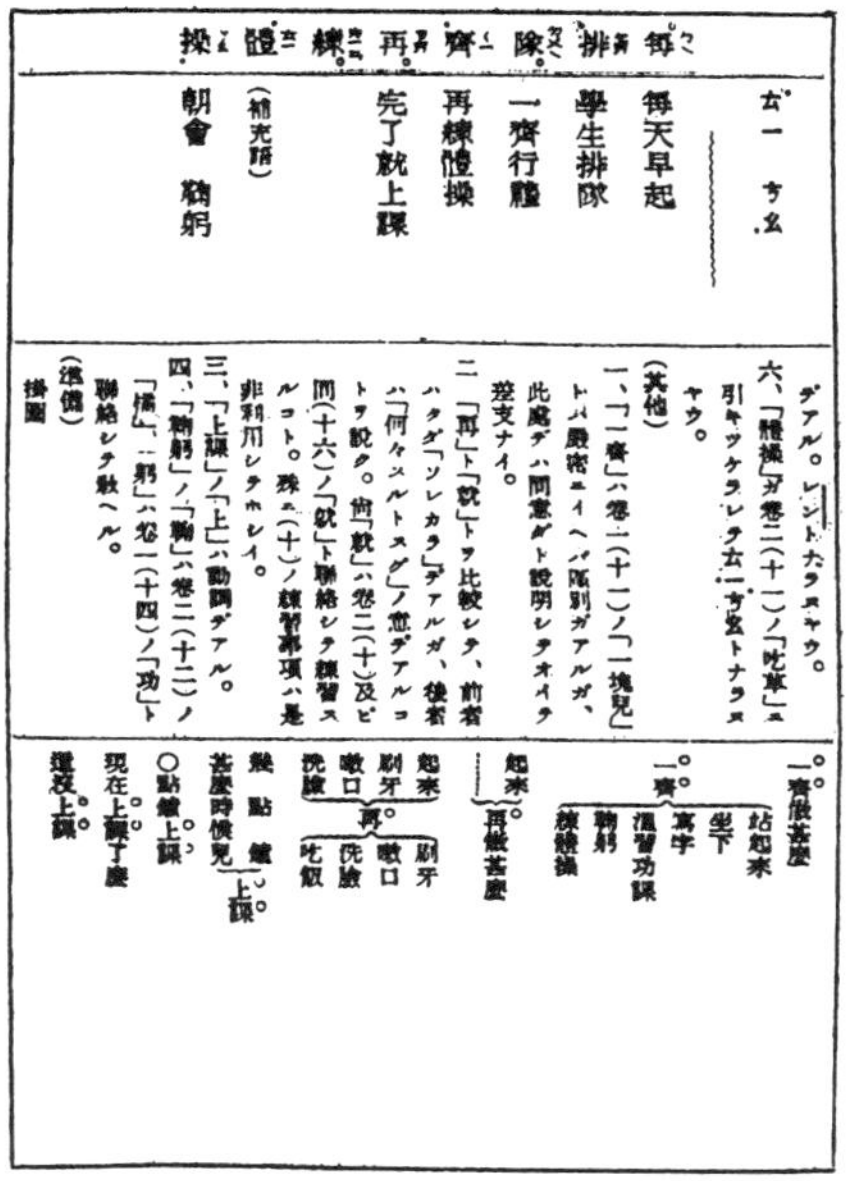
每 排 隊 一齊 再 練 體操

每天早起
學生排隊
一齊行禮
再練體操
完了就上課
（補充語）
朝會　稿粥

六、「體操」ガ巻二（十一）ノ「吃草」ニ引キツヅケテ……トナラヌデアル。
（其他）
一、「一齊」ハ巻二（十一）ノ「一塊兒」トハ嚴密ニイヘバ區別ガアルガ、此處デハ同意ダト說明シテオイテ差支ナイ。
二、「再」ト「就」トヲ比較シテ、前者ハタダ「ソレカラ」デアルガ、後者ハ「何々スルトスグ」ノ意デアルコトヲ說ク。尙「就」ハ巻二（十）及ビ同（十六）ノ「就」ト聯絡シテ練習スルコト。殊ニ（十）ノ練習事項ハ是非利用シタホレイ。
三、「上課」ノ「上」ハ動詞デアル。
四、「稿粥」ノ「粥」ハ巻二（十二）ノ「搞」、「粥」ハ巻一（十四）ノ「功」ト聯絡シテ敎ヘル。
（準備）
掛圖

一齊做甚麼
一齊　站起來　坐下　寫字　溫習功課　稿粥　練體操
起來　再做甚麼
起來　刷牙　漱口　洗臉　再　刷牙　漱口　洗臉　吃飯
幾點鐘　甚麼時候兒　上課
○點鐘上課
現在上課了麼
還沒上課

一斉行礼　（一斉に礼をする）
再練体操　（そして体操をする）
完了就上課（おわると授業である）
注（　）内は筆者訳

また次の様な文法解説が付されている、

一、「一斉」ハ巻一（十一）ノ「一塊兒」トハ厳密ニイエバ区別ガアルガ、此処デハ同意ダト説明シテオイテ差支ナイ
二、「再」ト「就」トヲ比較シテ、前者ハタダ「ソレカラ」デアルガ、後者ハ「何々スルトスグ」ノ意デアルコトヲ説ク。……
三、「上課」ノ「上」ハ動詞である。
（以下略）

解説の終わりに上記の構文を応用した次の様な練習問題が載っている。

毎天～～～
一斉～～～
～～～起来

〜〜再〜〜

巻四、巻五は場面、話題を中心として課文が構成されている。課文は次の通りである。

巻四

一、来客（客がくる）二、沏茶（茶を入れる）三、塩和糖（塩と砂糖）四、房子（家）五、像片兒（写真）六、早起的街上（早起きの街）七、洗澡（入浴）八、理髪匠（床屋）九、打開箱子（箱を開ける）十、栽花兒種菜（畑仕事）十一、売菜的（野菜売り）十二、坐船（船に乗る）十三、兄弟（兄弟）十四、中秋節（仲秋節）十五、収荘稼（とりいれ）十六、唱歌（うた）十七、舗蓋（布団をしく）十八、来信（来信）十九、回信（返信）二十、接哥哥（兄を迎える）二十一、雇車（車をよぶ）二十二、中国菜（中華料理）二十三、雇小孩兒（子供を雇う）二十四、猜謎兒（なぞなぞ）二十五、考試（試験）二十六、住店（旅館に泊まる）二十七、要昨天的（昨日のがほしい）二十八、布舗（呉服屋）二十九、日記（日記）三十、司馬光（司馬光）

巻五

一、到了第二学年了（二年生になった）二、学中国語（中国語を学ぶ）三、都有用処（それぞれ良いところがある）四、打電話（電話をかける）五、買花生（落花生を買う）六、蓋房子（家を建てる）七、端陽節（端午節）八、找人家（人をさがす）九、来客（来客）十、澆花兒（花に水をやる）十一、売魚的（魚売り）十二、討厭的虫子（いやな虫）十三、問道兒（道をたずねる）十四、遠看（遠方を見る）十五、運動会（運動会）十六、重陽節（重陽節）十七、吃的東西（食物）十八、車中会話（車中での話）十九、裁縫（裁縫）二十、新報（新聞）二十一、換銭（お金を換える）二十二、話匣子（蓄音機）二十三、開舗子玩兒（お店やごっこ）二十四、我的馬兒（ぼくの馬）二十五、別貪多（欲張ってはいけない）二十六、厚道的小孩兒（親切な子供）二十七、瞎子摸象（象をなでる）二十八、牌示（表示）二十九、修理鞋（靴を修理する）三十、畢業（卒業）

注（ ）内は著者訳

『稿本』と『稿本　教師用』はペアとなっており、『稿本』巻一、巻二、巻三についていえば、それぞれの巻の『稿本　教師用』なしでは教えることができない編集となっていた。これまでの教科書は課文があり、それに関係する挿絵が付いているというものが一般的であった。つまり課文が主であり、挿絵は補助的役割しか果たしていなかったが、『稿本』は挿絵を主とし、挿絵と関係する課文を『稿本　教師用』によって示すというものであった。こうしたことから教科書の発行日は『稿本』、『稿本　教師用』ともにほぼ同時発行となっている。

『稿本　教師用』「緒言」は『稿本』の特色として次の四点を挙げている。

第一は直接法を教授法の基本とした点である。

第二は主に対話法によって課文を表した点である。

第三は発音を重視した点である。

第四は日常使用する単語に限定し、単語数を少なくした点である。

5　『稿本』の特色

⑴直説法による教授法

『稿本　教師用』「緒言」は編集趣旨について次の様に述べている。

> 本教科書ニヨツテ教授スル場合ニハ、時ニ母国語ヲ以テ説明スルコトヲ便利トスル場合ガ無イデモナイガ、原則トシテハ母国語ヲ使用セズ、支那語ノミデ教授スルコトヲ常ニ念頭ニ置キ、直観物ヲ使用スル以外ニ、事物ノ状態及ビ動作・身振・顔容等巧ニ利用シテ、十分其ノ目的ヲ達成スル必要ガアル

「原則トシテハ母国語ヲ使用セズ、支那語ノミデ教授スルコト」という直接法による教授法は、対訳法が主流であった当時としては極めて革新的教授法であった。また、『稿本』の宣伝文句には「従来の眼より入る教授法を排して全然口と耳にて練習し、一語を覚ゆれば直に実用に供し得る様に組織をせり[2]」とその実用性が高いことがうたわれている。

「満州」における直接法による外国語教育は日本語教育の分野で広く普及していた。例えば、一九一二年（明治四五年）夏の井上信翁によるベルリッツ式教授法講習会[3]、一九一四年（大正三年）春開催された山口喜一郎によるグアン（Gouin.F　1831～95）の開発した教授法による講習会、さらに、鹿子生儀三郎の講習会[4]、一九二五年（大正一五年）三月のハロルド・パーマー（Palmer.H　1877～1949）の教授法講習会[5]、四年間のアメリカ留学から帰国し、英語教育を主とした大連語学学校を創設した岡内半蔵の教授法の普及活動など[6]、直接法は「満州」における語学教育においては既に一定の評価を得ていた。

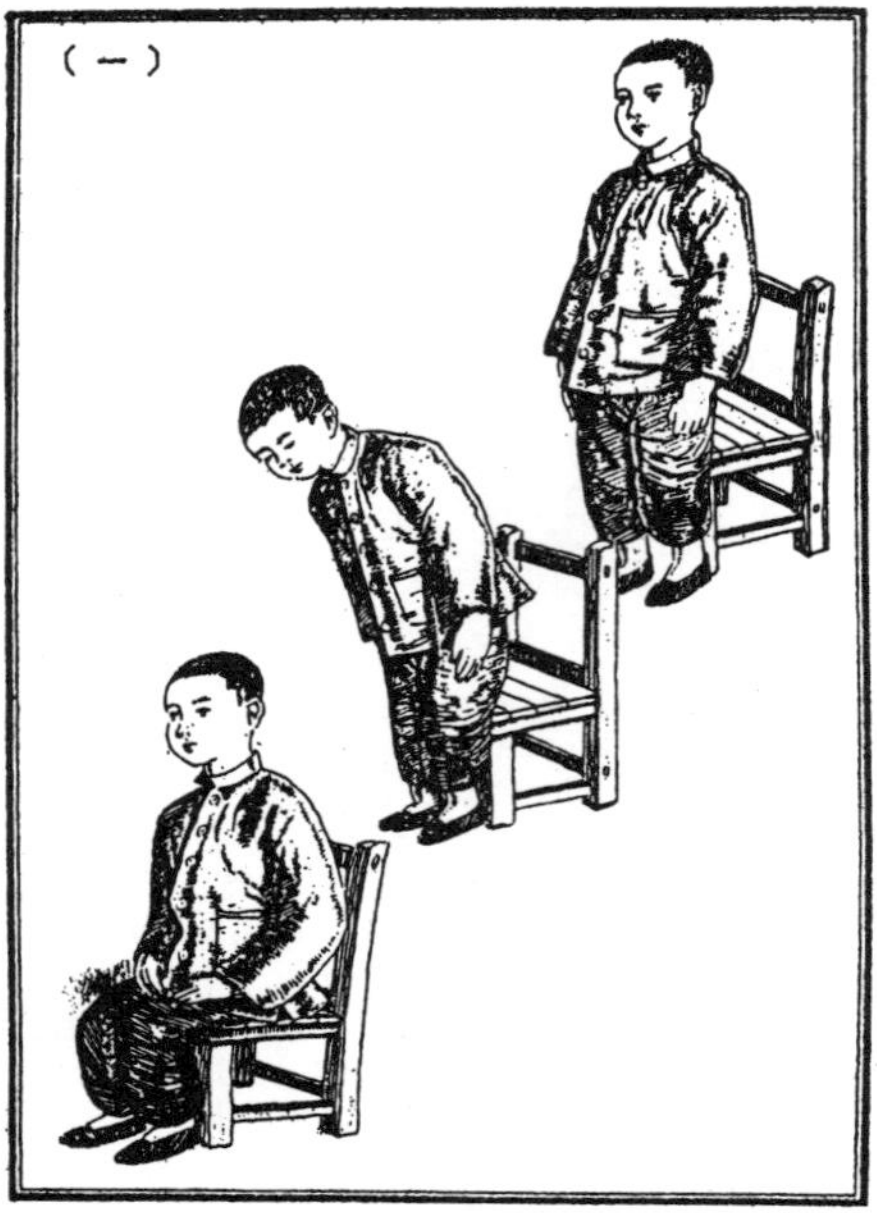
（一）

『稿本　教師用』は具体的な教案について、次の様に方法を示している。

例えば、上に示した挿絵一については、

「新漢字及ビ字母」省略
「教授要目」　站起来　行礼　坐下　你　我　他
「注意事項」（主眼）教室デノ作業ヲ支那語化する第一歩トシテ、「站起来」「行礼」「坐下」「你」「我」「他」等ノ語、並ニ現在完了及ビ疑問ヲ表スニ用フル「了」「麼」ヲ授ケル
（発音）一、最初カラ厳格ナ発音訂正ヲ行フコトハ困難デ、シカモ児童ニ嫌忌ノ念ヲ起サシメル恐ガアルカラ、本課デハ正シイ音ヲ聴クコトヲ主ニシ、特ニ甚ダシイモノノ外ハアマリ繰リ返シ訂正シナイ方ガヨイ
二、「站」ハ「ジャン」ニナリ易イ。但シ本課デハ舌葉音（所謂捲舌音）ノ指導ハ軽ク扱フガヨイ
（以下略）

当時、大連尋常高等小学校の小学生であった伊藤新次氏によると、右記の教案に基づいて次の様な授業が行なわれていたという。(7)

一、教師が模範となって「起立」「礼」「着席」の動作とともに、中国語で「站起采」「行礼」「坐下」と発音する。

二、教師が「站起来」「行礼」「坐下」をゆっくり発音しながら、生徒に復唱させる。

三、生徒に動作をさせながら復唱させる。

四、生徒の中から数人を指名して、前でやらせ、発音を矯正する。

五、日本語で訳しながら「站起来」「行礼」「坐下」を復唱させる。

次に「你」「我」「他」を指差しによって、意味を理解させる。

一、教師が「你站起来」「我站起来」「他站起来」といった文をつくり、動作とともに発音する。

二、自分、相手、第三者をそれぞれ指差しながら、主語をかえて「你站起来」「我站起来」「他站起来」を動作をまじえて発音し、生徒に復唱させる。

三、主語＋述語の構文を理解できたところで、教師がゆっくり発音し、生徒の発音を矯正する。

四、教師が日本語で訳しながら、生徒に「你站起来」「我站起来」「他站起来」を復唱させる。

教室という空間を利用し、生徒に動作をさせ、中国語で発音させながら教えていくという方法は、まさにグアン式教授法を取り入れたものであろう。日本語教育で行なわれていたグアン式教授法の一例を挙げる。(8)

題名　戸ヲ開ケマス
一、私ハ立チマス…………立チマス
二、戸ノ方へ向キマス………向キマス
三、戸ノ方へ歩キマス………歩キマス
四、戸ノ前ニ止リマス………止リマス
五、手ヲ伸バシマス………伸バシマス

これはグアン式教授法の中の心理式と呼ばれるものである。生徒は教師について復唱しながら立ったり、向きをかえたり、歩いたりし、日本語を習得していくという方法である。

グアンは事物の関係を目的と方法、原因と結果といった連動性の中で把握し、言語活動は動作と切り離すことのできないものであるという認識から、言語と動作を結びつけて習得するという方法を提唱した。『稿本』の「起立」→「礼」→「着席」という連動する動きを中国語で発音しながら覚えるという方法はグアンの方法を取り入れたものである。

次に挿絵二は「教員の入室」「生徒の退室」といった日常の連続した動作が示されている。これも「先生来了」(先生がきました)、「学生走了」(生徒が行きました) といった自然な行動の中から完了態「了」の用法を教えようとしたものである。

特に図一、二は「窓開け」「戸閉め」「入室」「退室」といった一連の動作が示されており、先に示したグアン式教授法用例をそのまま借用している。

当時、「満州」においては、先に述べたグアンやパーマーの教授法は日本語教育だけでなく、英語教育について

も実践されていた。安東高等女学校の英語の授業について、次の様な回想記がある。(9)

アルファベットを一通り終へ、やがて出て来たのが、Stand up, Sitでした。その課を終へると、先生のおつしやるのを開いてゐて、私達は何度も立つたり坐つたりしました

Stand up　ガタガタガタ

Sit　　ガタンガタン

Sit　　思はずカタンと立ち上る方

又Look at the doorと仰有るのに先生の指に従つて済ました顔で窓を眺めてゐたりしました。Stand up一語でもはつきり覚へる事は随分むずかしい事だつたらしい。

隣の授業がそつくり耳と目につくのでした。

Stand up　ガタガタガタ

当時「満州」各地の学校では、日本語教育、中国語教育、英語教育において直接法が採用され、授業が始まると、校舎のあちこちから「ガタガタガタ」「ガタンガタン」という音がしていたことと思われる。

(1)『稿本　教師用』「緒言」三ページ
(2) 前掲『南満教育』一九二七年三月号　一一九ページ
(3) 前掲『満鉄教育回顧三十年』飯河道雄「創業期の施設」一八二ページ
(4) 満鉄初等教育研究会第二部編『満鉄沿線に於ける日本語教授法の変遷』一九三二年　二ページ
(5) 前掲『南満教育』一九二六年五月号　三九ページ
(6) 幸勉編『岡内先生述　学園文叢』大連語学校蛍雪会　一九四〇年
(7) 大連高等尋常小学校卒業伊藤新次氏の談話資料による。

（8）前掲『満鉄沿線に於ける日本語教授法の変遷』三六ページ
（9）安東高等女学校編『安東高等女学校創立十周年記念』一九三四年　一一七ページ

⑵対話法

『稿本』は直接法を基本としながら、主に課文の構成は対話法を採用している。『稿本　教師用』「緒言」は対話法について次の様に述べている。

会話ヲ上達サセル方法トシテハ、アラユル機会ニ児童ヲ活動サセルヤウニ取扱フコトガ最モ肝要デアルカラ、カメテ教師ト児童、児童ト教師、若ク児童相互間ニ発問応答ヲ盛ニ行ヒ、教師独演式ノ授業ヲナルベク避ケテ、常ニ児童ヲ発問者ニ立タセルヤウニ仕向ケルコトガ必要デアル。

授業は「教師独演式」が一般的であった時代に、生徒を啓発しながら対話法によって授業を進めるということは、教師にとって労力のいる授業であった。

例えば、巻一の挿絵三は、教師が机の上の本、鉛筆を指差したり、手に持ったりしながら生徒に質問し、生徒がそれに答えるというものである。

『稿本　教師用』は挿絵三の授業の「主眼」として、「『筆』『墨』『書』等ノ名詞及ビ指定シタリ、問答シタリスルニ用フル、『這』『那』『是』『不是』『甚麼』『東西』等ノ語ヲ授ケル」と説明している。つまり、図三の「主眼」は「這是甚麼」「這是筆」といった会話を通して、「～～是～～」の構文を教えていくという方法が示されている。

これまでの中国語教育における伝統的な教授法である対訳法の一例を挙げる。

一、教師の「範読」(模範朗読)
二、文中の字の四声の説明
三、教師について生徒の「復唱」
四、教科書の内容説明
五、さらに、教師について生徒の「復唱」
六、個別朗読と発音矯正
七、語句の応用練習
八、本文の暗唱

以上の様な方法が広く行なわれていた。

宮島大八著『急就篇』などの教材には「会話篇」が設けられていたが、脈絡のない問答形式で文型、構文を教えるというより日常的によく使用される問答を並べたものであった。こうした意味で、『稿本』は革新的な教授法を取り入れて編集されたものといえる。

(3)発音重視

先に述べた様に旧来の発音教育は、ただ教師の発音の模倣に終始し、合理的な発音指導が行なわれていたとはいえない状態であった。

「内地」の師範学校を卒業して、満鉄教育研究所で教員研修を受けた旅順公学堂の鈴木直教諭の回想によると、三〇人位の教室で、教師が『急就篇』を声を張り上げ範読し、研修生は教師について復唱するという方法で、発音方法についての合理的な解説はなく、お経を読む様な練習で、中国語の時間を「支那語のお稽古」と呼んでいたという（談話）。

こうした傾向の中にあって、『稿本』は発音重視の姿勢を打ち出している。『稿本　教師用』「緒言」では発音教育について次の様に述べている。

支那語ハ発音ノ困難ナ国語デアル。発音ノ指導ガ不完全デアツタラ、其ノ支那語教授ハ半バ以上失敗ダト言ツテモ差支アルマイ。

従来の中国語教育は伝統的な漢文教育の延長に中国語教育を置いて考える傾向が強く、文字を見て意味が理解できれば十分であるという考えがあり、発音教育は軽視されてきた。これに対し、『稿本　教師用』「緒言」は、発音指導が十分に行なわれなければ、中国語教育は半ば失敗であるとまで断言している。『稿本　教師用』は新出単語について発音上の注意を付している。例えば、図二には次の様な発音に関する注意事項がある。

一、「来」ガ四声ニナラヌヤウニスルコト
二、「走」ト「坐」トヲ比較シテ、ソノ発音ト口形ヲ明瞭ニ区別サセルコト
三、「先生」ハ「センション」トナリ易イ
四、「生」ノ舌葉音ハ前課ノ「站」ト同様軽ク取扱フガヨイ
五、省略

「走」（zou）、「坐」（zuo）については、音声学の「先開後閉」と「先閉後開」の対立を示し、「生」（sheng）については、同じ「舌葉音」（捲舌音）である「站」（zhan）を例に出して説明している。また、「先生」は生徒が「先」（xian）の音と日本の「セン」の音を混同しやすいために注意をうながしたものである。発音について、合理的な説明をしようという姿勢が読みとれる。

発音重視の方針は音声記号として注音字母を採用していることにも表れている。『稿本』巻三に進むと、新出単語を注音字母によって提示する方法を採っている。

注音字母は、一九一八年（民国七年）から中国の小学校国語教科書に漢字の音声記号として使用されるようになったものである。日本のカタカナに倣い、漢字の筆画の一部をとって、中国語音声を三九の字母によって示したものである。本来は中国の国語音声教育として考案されたものであるが、中国語教育に採り入れられ音声符号として活用しようとしようとする試みがなされていた。

ただし、注音字母は北京音を標準音としているために、山東省からの移住者の多い関東州や、東北方言の強い「満州」では常用されている発音と異なることがあった。そこで、そうした単語には「地方ニヨツテ～～ト発音スル」という注を付け二通の発音が示されていた。

⑷日常単語の限定

旧来の教科書の中には軽妙な慣用語や街で使われている「大衆語」を採り入れ、内容を面白くしようというものがあった。しかし、慣用語や「大衆語」が必ずしも常用語とは限らず、実際の日常会話から遊離する場合があり、学習者に無駄な努力を強いる結果を生むこともあった。

『稿本　教師用』「緒言」は、使用単語について次の様に述べている。

本教科書ノ材料ハ「近ヨリ遠キ」ノ理法ニ従ツテ、カメテ児童ノ身辺カラ採ツタカラ、十中七八マデハ学校生活デ、僅ニ家庭生活ヲ混ヘテヰルニ過ギナイ。巻ヲ追フテ漸次一般社会生活ニ及ボス考デアル。

『稿本』の単語は、入門段階では学校用語を主として、家庭での生活用語を加え、初級から中級に進むに従って一般社会で使われている生活用語を用いるというものである。

『稿本』巻一の『教本』に使われている名詞を取り出すと、次の様になる。

先生、学生、墨、筆、書、卓子、椅子、鉛筆、小刀子、鋼筆（ペン）、墨水（インク）、帽子、書包（カバン）、筆盒兒（筆箱）、飯盒兒（弁当箱）、一、二、三、四、五、六、七、八、九、十、父親、母親、哥哥（兄）、妹妹、小孩兒（子供）、門、窓戸（窓）、屋子（部屋）、裏頭（内側）、外頭（外側）、学堂（学校）、朋友（友人）、功課（授業）、鐘（置時計）、手表（腕時計）

注（　）内は筆者訳。

学校生活に関する単語を多く使用したということは、対象が小学生であるということ、教授法として直接法を前提として編集されたということによるものであろう。

6　『稿本　教師用』が示した中国語教育に付随する問題

『稿本　教師用』は「諸言」に示された特色以外に中国語教育に付随する問題も提起されている。

第一に、日本人の間で使用されていたいわゆる「沿線支那語」の問題を取り上げている点である。例えば、『稿

本　教師用』は「沿線支那語」について、次の様に解説を加えている。

「你」「我」「他」ヲ「你的」「我的」「他的」ト言フノハ純正ナモノデナイ（巻一）
邦人ノヨク使フ「テンホー」ト言フ語ハ地方語「項好」ノ訛デアル（巻二）
日本人ハ「慢々的」ヲ「等一等」ノ意味ニモ用ヒルガ妥当デハナイ（巻二）
「給」ノ意味ニ「進上」トイフ語ヲ用フル日本人ガ多ク、ヒイテハ「飯進上」トイフ奇怪ナ言葉マデモ生レタコトヲ付説シテ、矯正ヲ計ツテホシイ（巻三）

学校の外では、大人たちの間で、「沿線支那語」と呼ばれる「中国語」が日常的に使われていた。「沿線支那語」は日本人が耳で開いた中国語を自分流に解釈して使用することによって、日本人社会に広まった「中国語」である。授業の時同じような表現が出てくると、生徒の中には「你」をなぜ「ニデ」といわないのか、「很好」をどうして「テンホー」といわないのかという質問をしたり、授業中にわざと「マンマンデ」「シンジョ、シンジョ」という言葉を使って、教師を困らせることもあったという。『稿本』は日本人社会で使用されている「沿線支那語」は正しくないものであることをはっきりさせ、教育の中で矯正していくことを主張している。

安藤彦太郎氏は「沿線支那語」について「数百万の日本人が兵士や『在留邦人』として中国大陸に渡ったが、その大部分は、中国語を学ぼうとはしなかった。かれら、とくに兵士たちが中国語と思いこんで用いた奇妙な言葉を、相手の中国人は日本語だとおもっていた」(1)と述べている。日本人は「沿線支那語」を中国語として使い、中国人は日本語と思って聞いているという構図は滑稽なものである。

第二に、中国人に対する日本人の差別意識に触れている点である。『稿本　教師用』は挿絵一の解説の中で次の様に述べている。

支那人ヲ指シテ「ニーヤ」ト言フモノガアルガ、コレハ呼ビカケノ語デ、「支那人」トイフ意味デハナイコト等モ知ラシメタガヨイ

「ニーヤ」は本来「你呀」（お前）と相手を呼ぶ言葉であったが、日本人の間では中国人が常用するということで、「中国人」という意味で使われていた。例えば、「ニーヤの店」「ニーヤの学校」「ニーヤの先生」といって、一段低いものとして軽蔑の念をこめて使われていた。これらはもともと「兵隊支那語」といわれるものが、在「満」日本人の間に流行語の様に広まり、使われていたものである。

第三に、中国語だけでなく中国事情についても生徒に教える様に進めている点である。『稿本　教師用』に次の様な記述がある。

支那ノ正月ノ行事ヲ略説スルト、本課ヲ理解サセルニ容易デアラウ（巻三）

最モ普通ノ支那料理ノ名称ヲ数種教ヘルトヨイ（巻四）

「端陽節」ハ「五月節」「端午節」等トモ言フ、日本デハ軒ニ蓬ヲ挿シ、粽ヲ食スル習慣ハヨホド廃レタガ、鯉幟ヲ立テタリ武者人形ヲ飾ツタリ柏餅ヲ食ベタリスルコトハ盛デアル（巻五）

十月十日ハ武昌起義ノ日デアル。其頃孫文ハ革命党ノ首領トシテ同志ヲ会合シ清朝ヲ倒シテ民国ヲ建設シヨウトシタ。……（巻五）

「正月十五日」ハ「元宵節」「灯節」ナドトモ言ヒ、絵ヲ描イタ灯籠ヲトモス日デアル。

支那ノ貨幣制度ハ複雑デアルカラ、児童ニ理解サセルノハ困難デアルガ、土地ノ状況ニヨツテハ「奉票」「銅子兒」等ニ説及ボシテモヨイ。（巻五）

『稿本』は登場人物、背景を中国の日常生活にとり、授業の中で教師が説明を加えることを求めている。中国人社会で生活していれば中国の風俗習慣は自然に理解できるもので、教師は強いて説明する必要などないという意見もある。しかし、「満州」の日本人社会と中国人社会は分離されており、日本人の生徒が中国人と接点を持つことはあまりなく、場所によっては「内地」と殆ど変わらない生活をしている日本人もいた。そうした意味で「満州」で暮らしていくための中国事情を教えることはやはり必要であった。

以上が『稿本』の特色である。

7　『稿本』の編集者

『稿本』編集をリードした編集委員は誰であろうか。一〇人の編集委員のうち長老格の秩父固太郎ではないかと考えられる。満鉄理事の大倉公望は多忙の中で、秩父の中国語の授業を三年間受け、「同君の教授法は余が今迄経験したことのない全く斬新なもので、支那語教授界に一新機軸を顕したものである」[2]と評価している。先にも述べた様に、秩父は東京外国語学校で中国語を修め、教員講習所、満鉄教育研究所では中国語と教授法の授業を担当した。また、ベルリッツ、グアンの教授法の理解者である南満中学初代堂長の飯河道雄（後述）の教科書作成にも参加している[3]。

ただ、当時の秩父が『稿本』のような型破りともいえる革新的教授法を考えていたとは考えにくい。秩父の考えを後押しして、具体化する役割を担った編集委員がいたはずである。それは北京留学グループではないかと考えられる。つまり、田中清次郎、志田正一、山中幸作、土方省三、合原金八の五人である。当時の北京はデューイ(Dewey)、マコール(McCall)、モンロー(Monroe)が相次いで来華し、中国の教育界に新教育のいぶきを吹き込み、外国語教育についても新しい教授法が採用されていた時代であった。[4]また、注音字母が小学校教育に取り入れられた時代であった。北京留学グループが北京で学んだこうした試みは、『稿本』編集に大きな影響を与えたと考えられる。さらに、北京留学グループの中の土方は注音字母の推進論者として有名で、一九三一年(昭和六年)に土方が著した『中学華語』(大連大阪屋号書店発行)は、注音字母を基礎とした教科書で、『稿本』の課文と重複する部分も見受けられる。

さらに、秩父と北京留学グループの編集方針を教科書編輯部全体の方針として認めさせる役割を果したのが、秩父と中国語の教科書編集など共同で手掛けたことのある親友飯河道雄ではないかと思われる。飯河は五人で構成される教科書編輯部評議員会のメンバーで、その職務は「編輯ニ関スル重要ナル事項ノ諮問ニ与ル[5]」という、編集方針について意見を述べる立場にあった。飯河は開封師範学堂の日本人教習を務め、一九一一年(明治四四年)、満鉄に入社以来、南満中学堂堂長、旅順第二中学校校長を務めた教育者で、中国語の教科書も多く著している。なかでも、『支那語促成講座』『続支那語促成講座』全一一巻はグアン、ベルリッツの教授法を取り入れたものである。『稿本』が編集された時期に刊行された飯河の『現代支那語読本』は、短い語句の問答による「会話要言」から始まり、挿絵を豊富に採り入れた記述体の短文からなっている。当時教科書に挿絵を入れることの殆どなかった時代において、斬新な方法であった。『稿本』は巻一、巻二だけでなく、全編を通して豊富な挿絵により構成されていた。

(1) 前掲『中国語と近代日本』一一三ページ

（2）飯河道雄編『現代支那語読本』「序」大蔵公望　大連大阪屋号発行　一ページ
（3）同前「序」大蔵公望　一ページ
（4）陳青之著　柳沢三郎訳『近代支那教育史』生活社　一九三九年　二五六ページ
（5）前掲『樗の木かげ』九九ページ

8　教育の現場から出てきた『稿本』の問題点

『稿本』が発行され、「満州」の各小学校に配本された。初めて『稿本』を手にした教師の多くがとまどいを感じたに違いない。同時に『稿本　教師用』が配られたが、『稿本　教師用』の教案に従って日本語を使わない直接法で、どの様に生徒たちに中国語を教えたらいいか悩んだことであろう。

那須清著『旧外地における中国語教育』に引用された「在満国民学校に於ける満語教育の回顧と教科書の編纂」は、『稿本』の問題点として次の四点を挙げている。[1]

一、取材があまりにも学校生活に偏し、児童を中心とする社会一般日常必須の教材に乏しく、為に実用の妙味を味わうことができなかった。
二、絵画のみの教科書は、学習の結果を復習することを困難ならしめた。
三、注音符号は大きな負担で、有って無きが如く、かえってじゃま扱いされる。
四、語学教授の本質からみれば、その編纂の方針は、最も理想に近いものであったと言えよう。しかしこの理想的学習教科書が実際家の歓迎するところとならず、改訂のやむなきに至った根本の原因は、教授者の実力を考慮に入れず又教授時間の寡少なるを無視したからである。即ち該教科書を使用して直接的教授をなすには、教授者に充分の語学的実力のあることを前提とし、教授時数においても、少なくとも隔日にはこれを課し、前時の取り扱い事項が未だ耳に残っているくらいの時間数を要求するものである。

問題は『稿本』が理念に走り過ぎたことにあった。確かに『稿本』は革新的な教科書であったが、教科書はそれを使う教員と、その授業を受ける生徒の問題抜きには考えられない。

教員についていえば、日本人教員養成機関として満鉄教育研究所、旅順師範学堂付属教員養成部があったが、どちらも対中国人教育に携わる教員の養成機関であった。また、満鉄、関東州では、年二、三人の教員を北京に留学させて中国語研修を行なわせていたが、その数は限られ、対中国人教育の教師が優先され、日本人の中国語担当教員を専門に養成する教育機関はなかった。そこで、各小学校では中国語のできる日本人を嘱託教員として臨時に雇用したり、満鉄語学検定試験の三等資格（中級程度）を取得した教員を専科教員として配置するなどしていた。また、中には中国人教員を採用する小学校もあった。一定の成功を収めた日本語教育と比べると教師の語学水準に格段の差があった。日本語教育の場合は、教員研修によって教授法の研修を受けた師範学校出身の日本人教員であり、中国人教員も旅順師範学堂の卒業生で、かなり高い日本語運用能力を持っていた。それに対し、中国語教育の場合は大部分の教員が直接法を運用できるような水準ではなかったのである。

生徒についていえば、先に述べた様に上級学校の受験科目でもなく、「内地」の教科目に含まれない中国語を履修することに負担を感じていた。また、「現地」で生活する上で必要であるという意義付けもあるが、中国人との接触の少ない日本人社会で暮らすかぎりあまり必要性は認められなかったし、まして、中国人に対して中国語を使って話しかけるという意識を持つ日本人はごく少数であった。

当時、『稿本』で中国語を習った鉄嶺小学校の卒業生である石田毅氏は「中国語は漢字表記であるという意識で中国語の勉強を始めたが、一向に漢字が出てこず、まる二年間は文字のない教育を受け、三年目に訳の分からない注音字母を習い、四年目になってやっと漢字が出てきたが、今まで習ってきた音と漢字が結びつかなくて困った」（談話）と述べている。確かに、四年目に初めて漢字が提示されるという方法では、学習の充足感を得られないと感じる生徒が多かったものと思われる。

教員の質と生徒の意識という「現実」と、『稿本』の直説法という「理想」は大きくかけ離れており、実際の授業において「理想」を追求することは、むしろマイナスの結果を生んでしまったといえる。

こうした問題点を含みながらも『稿本』は「稿本」のままで、長い間公的教科書として使用されていた。これは国語、算数といった主要科目と違い中国語教育があまり重視されてこなかったという証でもある。また、担当教員自身は教科書改訂だけでは中国語教育を活性化できないということをよく知っていたからである。

（1）前掲『旧外地における中国語教育』二九ページ

9　『初等支那語教科書』の編集発行

「満州事変」以降、日本の「満州」侵略が加速された。一九三四年（昭和九年）一二月、「関東州小学校支那語加設規程」が改正され、中国語教育重視の方針が出され、それと時期を同じくする様に、満鉄満州語教育委員会（注　中国語は満州語と呼ばれた）が開かれ次の五点が当局に要請された[1]。

一、満州語担任教員の養成

二、尋常第四学年以上には正科とすること

三、時間数について

四、教科書の改訂を可成早く着手せられたきこと
五、新任教員に満州語修得を奨励されたし

満州語教育委員会の「四、教科書の改訂を可成早く着手せられたきこと」という要請を受けて、『稿本』の改訂作業が開始された。
一九三七年（昭和一二年）三月、『稿本』の改訂といえる『初等支那語教科書』（以降、『新本』と略す）巻一が在満日本教育会教科書編輯部編集から発行された。その後の発行は次の通りである。

一九三七年（昭和一二年）『初等支那語教科書』巻一（一九四一年四版）
一九三六年（昭和一一年）『初等支那語教科書』巻二（一九四一年八版）
一九三八年（昭和一三年）『初等支那語教科書』巻三（一九四〇年三版）
一九三〇年（昭和五年）『初等支那語教科書』巻四（一九四〇年改訂再版）
一九三〇年（昭和五年）『初等支那語教科書』巻五（一九四〇年初版）
注（ ）内は私が寓目した版本の出版年を示す。大連図書館蔵

巻二が巻一より一年早く発行されている。そのため一九三七年（昭和一二年）度は第一学年が『稿本』巻一を使用し、第二学年が『新本』を使用するという授業となっている。さらに、巻三は一九三八年（昭和一三年）発行となっているので、一九三六年（昭和一一年）に巻二を使用した生徒は、第三学年で再び『稿本』を使用することになり、はなはだ変則的な授業となっている。この理由については分からない。また、巻四、巻五はなぜか『稿本』

をもって初版としている。

『新本』巻一の内容は次の通りである。課題、課数が記されていないので、挿絵の順に示すと次の様になる。

挿絵一、二人の日本人生徒が対話している
挿絵二、中国人生徒と日本人生徒が手をつないで野原を駆けている
挿絵三、机の上に筆、墨、ペン、鉛筆、紙、書などがおいてある
挿絵四、数字、生徒が指をおりながら数を数えている
挿絵五、挿絵六、中国人の生徒が日本人の家庭を訪問している
挿絵七、日本人の生徒二人が手に花を持って対話している
挿絵八、生徒が机に向かって習字をしている
挿絵九、二人の生徒が帽子を持って対話している
挿絵十、中国人家族が食事をしている
挿絵十一、教室で授業が行なわれている
挿絵十二、椅子と机、机の上にはカップ、花瓶がおいてある
挿絵十三、時計が置いてある
挿絵十四、三人の生徒が果物を食べながら話している
挿絵十五、一人の生徒が教室に入り、もう一人の生徒は教室を出ようとしている
挿絵十六、二人の日本人生徒が対話している
挿絵十七、生徒が中国人の商店で買い物をしている

（1） 満鉄教育研究所編『満鉄教育たより』一九三六年一月号 二〇ページ

10 『新本』と『稿本』の比較

『新本』は『稿本』の内容と比べて幾つかの点で異なっている。

第一は、『稿本』は巻一から巻二まで文字を示さず、挿絵によって示したが、『新本』は最初から漢字によって提示している点である。

挿絵一の内容は次の通りである。

你来 （あなたが来る）
我去 （私は行く）
他来不来 （彼は来ますか）
他不来 （かれは来ません）
你去不去 （あなたは行きますか）
我不去 （私は行きません）

注 （ ）内は筆者訳

『稿本』巻一は、先にも述べた様に挿絵だけ示し、課文の内容は教師が発音し、生徒が復唱するという方法が採られていた。その場合、生徒はその発音を片仮名、仮名で筆記することは禁じられていた。そのため保護者の中から「図画の教科書を使つて支那語を教える」という声が上がったという。教室を離れると復習もできず、休むとまるまる空白になってしまい、教師のみならず生徒も教授法にとまどい、勉強の充足感を得られないと感じるものが多く、まじめな生徒ほど不安を抱く者が多かったという（談話）。

それに対して、『新本』は入門段階から課文を漢字で提示することによって、生徒に漢字を媒介とする中国語は難しくないという意識を与えている。『新本』改訂に当たって、生徒の負担を軽くするということを編集の趣旨としたと述べている。これは教師の状況、生徒の意識に合わせて、教育していこうとする現状肯定型の改訂であるといえよう。

第二は、『稿本』は注音字母によって表記していたが、『新本』は東京外国語学校の宮越健太郎の考案した宮越式といわれる片仮名による表記に切り換えている点である。

『新本』が注音字母を採用しなかったのは、注音字母は国民政府の教育政策によって生まれたものであり、注音字母を導入することは「満州国」の言語政策に抵触するという考えが既にあったからであると考えられる。一九三七年（昭和一二年）当時、「満州国」内では注音字母は既に廃止されていた。

また、注音字母の使用については、日本人にとって中国語は漢字を媒体として教育できるという利点があるにもかかわらず、どうして面倒な注音字母を教えなくてはならないのかといった疑問もあった。確かに『稿本』巻三から注音字母が提示されていたが、実際は音声学的見地からではなく、単に日本語の平仮名、片仮名と同じ様に単なる振り仮名として使用されていたにすぎず、注音字母の発音教育にもたらす教育効果は殆ど上がっていなかった。

こうした理由から『新本』では、片仮名による表記が取り入れられた。

片仮名表記は日露戦争時期にも盛んに用いられ、特に「軍用支那語」、「商業支那語」といわれる会話本の類に片仮名ルビが打たれた。これらが先の「沿線支那語」の元となったと考えられる。

『新本』が編集された時期は、いわゆる「満州カナ」の使用が盛んになった時期と重なる。中国語のカナ表記には、宮越健太郎『華語発音全表』による宮越式、神谷衡平『支那語国語音表』による神谷式、竹田復、魚返善雄『支那語発音四声練習表』による竹田・魚返式と呼ばれるものがあった。この三つは四声表記、有気・無気音表記、捲舌音表記において若干異なるだけで、基本的に同じであった。『新本』では宮越式が採用された。『新本』のカナ表記は次の通りである。

一、你 ニ 来 ライ 我 ウオ 去 ちュ 他 た

二、了 ラ 麼 マ 走 ツォウ 快 こワイ 慢 マヌ

三、有 イオウ 没 メイ 甚 シェヌ 書 ）シュ

有気音は平仮名で表記し、捲舌音は語頭に「）」印を付け、四声は漢字の四角に「○」「●」印をつけて区別するといった規則があった。

先の魚返善雄は『日本語と支那語』の中で、中国語のカナ表記について「単なる『フリガナ記号』にあらずして、東亜共通文字の一種としてのカナ書き満語を造り出そうといふ時に、何を苦しんで支那的な反切形式などに束縛される必要があろうか」[1] と述べ、カナ表記を推進すべきことを主張している。こうした論調と軌を一にするように『新本』の表記がカナ表記に変わったことは、中国語を日本語に取り込んで「東亜共通文字」として、「満州カナ」を普及させようという言語政策が背景にあったことがうかがえる。

第三は、『稿本』の単語は教室用語が主に使用されたのに対し、『新本』は生活用語を主に使用している点であ

る。これは『稿本』が学校生活に中心の内容となっており、日常生活に応用がきかないという批判を補ったものである。

第四は、『新本』は『稿本』に比べ文法、構文の配列が整理されているという点である。もちろん、『稿本』も各課ごとに文法事項は示されていたが、直説法による教授法が先行していたために、各課の主眼となる文法事項が明確でない課があった。

例えば、挿絵十四は、『稿本 教師用』によると「学童」（学校）、「朋友」（友人）、「上那兒去」（どこへ行く）、「上学堂」（学校にいく）、「功課」（授業）、「完了」（終わり）、「回家」（帰宅する）といった単語が挙げてあるだけである。「授業があって」→「おわって」→「家に帰る」といった連続した動作を教えることを重視するあまり、文法的ポイントが不明確になってしまっている。

それに対し、『新本』は文法事項を柱としながら組み立てられている。

『新本』巻一の内容は次の通りである。

挿絵一、動詞述語文、肯定＋否定による疑問文、否定文
挿絵二、完了態、完了態疑問文
挿絵三、「有」の構文、疑問代名詞、「和」の構文
挿絵四、数、助数詞
挿絵五、形容詞、肯定＋否定による疑問文
挿絵六、「要」の構文、助数詞
挿絵七、形容詞述語文、指示代名詞

挿絵八、動詞の重畳形、動詞＋目的語の構文
挿絵九、「是」の構文、否定文「～的」の構文
（以下略）

第五に、『新本』は『稿本』と同じ様に対話法を取り入れているが、会話の形式が宮島大八の『急就篇』と同じ様に一問一答、二問二答の短い問答としている点である。

この一問一答、二問二答の方式はこれまでの中国語教科書で広く使われている方法であるが、『新本』は、日常よく使用する単語を使い、鸚鵡返しの方法で問答を繰り返すという方法を採っている。

なお、『新本』で使用されている課文は『急就篇』（一九〇五年）、秩父固太郎の『簡易支那語会話篇』（一九二八年）、飯河道雄の『現代支那語読本』（一九二三年）の課文の内容と導入部分の例文が非常に似ている。

これら四篇の教科書を比較すると次の様になる。

『新本』	『急就篇』	『簡易支那語会話篇』	『現代支那語読本』
来了　麽	来了　麽	他来了　罷	来了　麽
来了	来了	他来了	来了
走丁　麽	走了　麽	他走了　罷	走了　麽
走了	走了	他走了	走了
好不好	好不好	好不好	好不好

好　好　好　好
行不行　行不行　行不行　行不行
行　行　行　行
対不対　対不対　対不対　対不対
対　対　対　対
要不要　要不要　你要不要　要不要
要　要　我不要　不要

発行時期から見ると、『急就篇』の内容を『簡易支那語会話篇』、『現代支那語読本』が取り入れ、それを『新本』が取り入れたものであろう。『急就篇』の中国語教育における影響力は絶大で、『急就篇』の「来了（麼）、来了」で始まる句は有名で、少しでも中国語を学習した者なら口をついて出てくる親しまれた問答であった[2]。

第六は、『稿本』は中国社会を背景とし、登場人物は中国人であったが、『新本』は殆どが日本人となっている点である。これは英語の教科書などにはあまり見られないことである。

『稿本』は中国語による直説法により注音字母を使用し、中国語を外国語として教育していたが、『新本』は片仮名表記を使用し、日本人の日常生活を多く含む内容となっている。つまり、『新本』は中国語を日本語に近づけて教えようという傾向がみられる。

古典中国語に属する漢文を国語教育の一環として教育してきたことと共通するものである。先の「在満国民学校に於ける満語教育の回顧と教科書の編纂」は『新本』の発行された当時の中国語教育の状況について、「革新を標榜して発足したとはいえ、一向捗々しい進展を見せず、却って第一期（特定の教科書のない時期）の読方本位の対訳教授へと後退しつつある状態であった」[3]と述べている。しかし、『新本』を「対訳法への後退」と見るのではなく、『稿本』の様に直接法の理念を先行させ、教師、生徒の状況から遊離した内容となり、教育効果が上がらなかった『稿本』より、『新本』の様に、教師と生徒の実情に合わせ、必要以上の負担をかけることなく編集された、学びやすい教科書の方が良いという意見の方が主流であった。

（1）魚返善雄著『日本語と支那語』慶応出版　一九四四年
（2）前掲『中国語と近代日本』「急就篇をめぐって」四〇ページ
（3）前掲『旧外地における中国語教育』四一ページ

11　中等学校における中国語教科書

(1)『支那語教科書（稿本）』上巻、『支那語教科書（未定稿）』下巻の編集発行

関東州においては、一九二七年（昭和二年）五月、「関東庁中学校規則」の一部改正が行なわれ、中国語は「正科ニ準ズ」る科目となった。また、満鉄付属地においては、一九二一年（大正一〇年）六月、「南満州鉄道株式会社中学校規則」が公布され、中国語は「正科ニ準ズ」る教科目として配当された。しかし、教科書は編集されず、教材は教師にまかされていた。

一九二八年（昭和三年）『初等支那語教科書（稿本）』が編集発行されると、同時に高等小学校用、中等学校用の『支那語教科書』が編集発行された。

一九二八年（昭和三年）『支那語教科書（稿本）』上巻（一九二八年三版）
一九二八年（昭和三年）『支那語教科書（未定稿）』下巻（一九二八年再版）

注（　）内は私が寓目した版本の出版年を示す。大連図書館蔵

『支那語教科書（稿本）』上巻「緒言」に「本教科書ハ、満州ニ於ケル高等小学校・中等学校等ノ第一学年、並ニコレト同程度ノ児童・学生ガ支那語ヲ学習スル際使用スルヤウ編纂シタモノデアル」と述べている様に、高等小学校、中等学校で使用することを目的として編集されたものであり、『支那語教科書（稿本）』上巻は高等小学校、中等学校における最初の公的教科書である。

この『支那語教科書（稿本）』上巻は最初から課文を漢字によって提示し、同時に挿絵を付している。また、『支那語教科書（未定稿）』下巻は挿絵をなくし、文字だけとなっている。

『支那語教科書（稿本）』上巻の第一課は次の様な内容となっている。

図、筆、墨、天地人と書かれた紙

有筆　　　　(筆がある)

有墨　　　　(墨がある)

還有紙　　　(さらに紙がある)

紙上有三個字　(紙には三つの字が書いてある)

天字地字人字　(天の字、地の字、人の字)

『稿本』と同時に発行されているが、『稿本』の直接法、対話法、注音字母といった特徴を備えていない。『稿本』とは別の趣旨で編集されたように思われる。確かに『支那語教科書（稿本）』上巻「緒言」は次の様に述べて

支那語教科書（稿本）上巻　第六課

いる。

> 本教科書ノ教材ハ、昭和二年三月刊行シタ初等支那語教科書上巻児童用ノ挿絵ヲ基礎ニシテ作製シタノデアルガ、同書教師用ノ教授要項ニ比スルト多少複雑ニナッテヰル

「緒言」には『初等支那語教科書』上巻を基礎として作製したとある。その発行は「昭和二年三月刊行」とあり、『初等支那語教科書（稿本）』より一年前である。つまり、『初等支那語教科書（稿本）』の発行一年前に『初等支那語教科書』が発行されていたということになる。この『初等支那語教科書』は未見であるので詳しいことは分からない。「緒言」の記述から『支那語教科書（稿本）』上巻、『支那語教科書（未定稿）』下巻は『初等支那語教科書（稿本）』とは別の編集ルートによって作製されたということがうかがえる。

この『支那語教科書（稿本）』上巻、『支那語教科書（未定稿）』下巻は、「稿本」「未定稿」とはいえ、大連で作製されたこともあり、印刷装丁が悪く、挿絵が稚拙で、教科書としては生徒を引き付けるようなものではなかった。また、各課の文法項目の主眼とするものが散漫であり、文法配列も難易度に配慮が足ない様に思われる。たとえば第六課を例に挙げて示すと先の図の後に次の様な課文が載っている。

他是学生　（彼は学生です）
現在在写字　（現在字を書いています）
写完了　麼　（書き終りましたか）
還没完　（まだ終っていません）
他写了幾個字　（彼は字を幾つ書きましたか）
他写了六個字　（彼は六つ字を書きました）
写的好不好　（上手に書けましたか）
写的很好　（上手に書けました）
你会写（麼）　（あなたは書けますか）
我也会　（私も書けます）

注（　）内は筆者訳。

授業時間一ヵ月半程度でまだ初級段階であるにもかかわらず、色々の文法事項が提示されている。例えば、「是」の構文、動詞の前に置く「在」の構文、結果補語、不定代名詞「幾」、状態補語、可能助動詞「会」などの文法事項が一度に提示されている。一つの課文としては提示された文法事項が多すぎるし、その文法事項も「結果補語」、「状態補語」、「可能助動詞」、「在」など一ヵ月半の授業では難易度の高いものが含まれている。また、「写」（書く）という単語を軸として、用例を並べているが、意味の関連性も薄く、用例を羅列しただけになっている。

この教科書は短時間で編集されたらしく、問題点も多く、あまり使われなかった様である。

(2)『中学華語』の発行

先の『支那語教科書（稿本）』上巻、『支那語教科書（未定稿）』下巻が不評であったこともあり、中等学校においては柴野護夫、土方省三共編『中学華語』[1]が使用された。柴野は大連第一中学校教諭で、土方は先に述べた教科書編輯部支那語科編集委員である。

『中学華語』「例言」は次の様に述べている。

一、本書自一至七ハ注音字母ノ教授自八至十八其ノ練習ヲ目的トシタルガ故ニ殆ド新語彙ヲ提出セズ。学生ハ此ノ期間ニ於テ華語ノ正シキ発音ト其ノ正シキ標音法ヲ会得センコトニ努ムベシ

『中学華語』は注音字母を主体とし、発音教育を重視していることが分かる。例えば、第一課は「墨」、「筆」、「字」の書かれた紙の挿絵があり、その上にそれぞれの発音が注音字母で提示されている。第二課は手にペンを持った手の挿絵と本を指差している手の挿絵があり、注音字母によって「何をもっていますか」、「あれは何んですか」かといった問答が示されている。こうした問答が第七課まではすべて注音字母で示されている。

第一一課以降は、我ㄧˋㄠ ㄒㄧㄡ鉛筆（私は鉛筆を削る）你借ㄍㄟ˙我（私に貸してください）という様に既習単語は漢字で示し、未習単語は注音字母で示している。つまり、漢字と注音字母の混合文となっている。注音字母のルビを振った教科書はこれまでに発行されてはいるが、注音字母と漢字を混用した教科書は類をみない。著者土

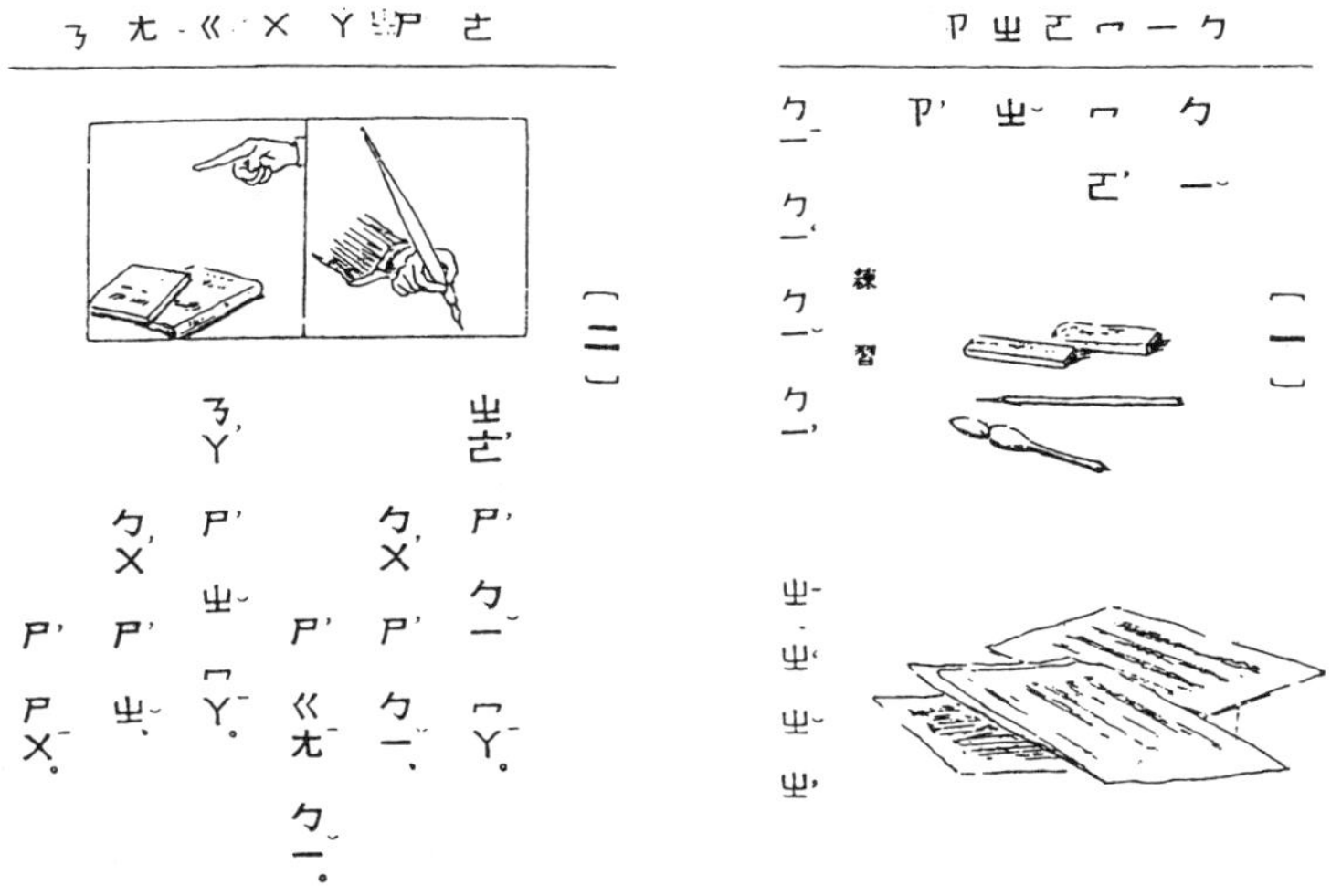

方の考えは注音字母を単に漢字に付属した発音記号とみなすのでなく、音声教育を主とするという考えのもとで注音字母で表記すべきであるという考えを持っていた。

倉石武四郎は早くから注音字母による中国語教育を提唱し、『支那語教育の理論と実際』において「漢字は何万あっても読みかたに苦労のいらないのは、この三七の符号を学んだ有難味で、この符号で訓練された者は、注音漢字の書籍ならば、貪るやうに読み破る」[2]とまで述べ、注音字母のルビを振った『倉石中等支那語』を世に出した。しかし、それより八年前に、課文の全文を注音字母で表記するといった教科書『中学華語』が発行され、公的中等教育機関で使用されていたということは注目すべきである。

『中学華語』の課文の内容は『支那語教科書（稿本）』を基礎としており、特に入門段階の問答は『支那語教科書（稿本）』から取ったものが多い。

『中学華語』の編者である土方は注音字母の推進者で、中国語教育におけるその効用についてことある毎に主張している。[3]当時、注音字母が難しくて、中国語が嫌いになるという論調があるなかで、土方は入門段階で音声学的知識と同時に注音字母を徹底的に教えれば、発音が安定し、自然と教育効果を生むということを主張していた。

当時、『中学華語』を使用していた先述の那須氏は「見なれぬ形の注音字母を覚えるのに苦労し、また、結合韻母の不合理な読み方に大きな抵抗を感じた。同時に、学び始めた英語で使用するフォネティックサインと比較して、いわゆる支那語の非文化的な印象を受けた[4]」と述べている。

（1）『中学華語』巻一は大連図書館蔵、巻二は波多野太郎編『中国語文資料』第四巻所収　不二出版　一九九五年
（2）倉石武四郎著『支那語教育の理論と実際』岩波書店　一九四一年　一五〇ページ
（3）前掲『南満教育』一九二五年二月号　五七ページ
（4）前掲『旧外地における中国語教育』一〇〇ページ

(3)『中等支那語教本』の編集発行

中国語奨励策を受けて、『初等支那語教本』に続く中等学校の中国語教科書の編集が始まった。

一九三五年（昭和一〇年）六月、満鉄中等教育研究会が新京で開催され、中国語教科書編纂について次の様な方向が確認された[1]。

イ、支那語教科書編纂の件

（イ）　編輯部の事業として編輯を依頼すること

（ロ）　委員数は約八名とすること

（州内四名、州外男二女二）


中等学校の教員の研究会組織である中等教育研究会が教科書編輯部に要請するという形で教科書編集が行なわれることになった。いっこうに重い腰を上げようとしない教科書編輯部にしびれを切らしての決議であった。

具体的には「秩父固太郎氏を顧問として州内外より各三名乃至四名の委員を選出し、年四、五回の委員会を開き

明年明後年の二年間に完成するやう取行ふこと」が決った。その後、編集委員には奉天中学校の三原増水教諭（大分県出身）、新京中学校の辻原八二三教諭（奈良県出身）が任命された。(2) なお、三原は秩父の東京外国語学校の後輩に当たる。

一年後の一九三六牛（昭和一一年）八月、関東局在満教務部教科書編輯部より『中等支那語教本』（以下『中等教本』と略す）が発行された。以下巻五までの発行は次の通りである。

一九三六年（昭和一一年）『中等支那語教本』巻一（一九四一年七版）
一九三七年（昭和一二年）『中等支那語教本』巻二（一九四一年六版）
一九三七年（昭和一二年）『中等支那語教本』巻三（一九四一年改訂再版）
一九三九年（昭和一四年）『中等支那語教本』巻四（一九四〇年三版）
一九四〇年（昭和一五年）『中等支那語教本』巻五（一九四〇年初版）

注（　）内は私が寓目した版本の出版年を示す。東京大学東洋文化研究所　倉石文庫蔵

中等教育研究会の要請を受けて、教科書編集が始まり一年余りで巻一が発行され、続いて巻二、巻三と順調に発行されていったが、なぜか巻四、巻五は発行が大幅に遅れている。

各巻四〇課で、週二時間の授業となっていた。巻四、巻五は内容も難しく、上級学校進学を控えた四年生以上の生徒にどこまで授業が出来たか疑問である。大連第二中学校の卒業生の話によると、中国語の授業は三年生で終り、巻四、巻五は使用されなかったという。

巻一の内容は次の通りである。

注音字母表
第一謙　你、我、他
第二課　他来　他去
第三課　一、二、三、四、五
第四課　你去　麼　我去　他去　麼　他也去　都去　麼　都去
第五謙　你来　麼　我不来　他来不来　他也不来　都不来　麼　都不来
（以下略）

各課の後に中文日訳と日文中訳の短文練習が付いている。

最初に注音字母を載せ、各課の新出単語には注音字母が付けてあるが、漢字のルビとして位置付けているに過ぎない。『中等教本』には中川富太郎著『教科書編輯部編中等支那語註釈』（大連図書館蔵）という自習用の補助テキストが付いているが、これには課文の全編に片仮名ルビが振ってある。おそらく授業で注音字母を学習し、家では片仮名で読むといった二通りの学習方法が採られていたものと思われる。

『中等教本』は入門段階から漢字で提示し、挿絵も少なく、課文の内容から直接法を前提としない内容となっている。当時、直接法は否定された訳でなく、一九三六年（昭和一一年）三月、奉天千代田小学校で、満州語委員会が開かれ、秩父固太郎の「満州語教授の際に於ける態度について」、山口喜一郎の「語学教授の根本的態度について」と題する講演があり(3)、直接法によって授業を行なうべきことが強調されている。しかし、実際には教育の現場から直接法は遠ざかりつつあった。

『中等教本』の編集者の一人である先の辻原八二三は、『中等教本』の編集に携わった時期に、雑誌『善隣』誌上に「支那語教授法の研究」という文章を発表している。(4) 辻原は直接法の長所と短所について次の様に述べている。直説法の長所は、一、生きた言語習得。二、会話力がつく。三、練習の機会が多い、としている。それに対し、短所は、一、教授法が難しい。二、漢字を軽視する傾向がある。三、時間的に不経済であるとしている。そこで、辻原は、中国語教育においては漢字を重視し、同時に発音を重視するという立場に立って、さらに練習問題を繰り返すことによって、運用能力を高めることができると主張している。辻原の意見がどの程度『中等教本』に反映されているか分からないが、漢字を基本にしている点や多くの練習問題を取り入れている点などは反映されている点もある。

(1) 前掲『満鉄教育たより』一九三五年八月号　八ページ
(2) 同前　一〇ページ
(3) 同前　一九三六年四月号　一四ページ
(4)『善隣』善隣社　一九三七年四月号　八四ページ

まとめ

「満州」における中国語教育は、早期から公的機関において行なわれてきたが、正科としてではなく、随意科目として配当されてきた。一九一九年（大正八年）に「関東庁中学校規則」が改正され、「正科ニ準ズ」とされたのに続いて、満鉄付属地の小中学校、関東州の小学校においても「正科ニ準ズ」という措置が採られた。中国語は正科になったものの正規の教科書はなかった。そこで関東庁、満鉄の合同の教科書編集機関である南満州教育会教科書編輯部において、中国語教科書の編集が始まった。教科書編集委員には「満州」における中国語教育の重鎮である秩父固太郎を初めとして土方省三等北京留学グループが加わった。

一九二八年（昭和三年）から一九三〇年（昭和五年）にかけて『初等支那語教科書（稿本）』五冊が発行された。同時に、『初等支那語教科書（稿本）教師用』五冊も発行された。『初等支那語教科書（稿本）』は巻一、巻二は文字を使用しないで挿絵だけで内容を提示し、巻三で注音字母を使って内容を提示し、巻四、巻五で初めて漢字を使って内容を提示するという革新的な構成になっていた。『初等支那語教科書（稿本）』はこれまでの対訳法を排し、直接法による教授法を前提として編集されたもので、特に発音教育を重視したものとなっていた。当時、日本語教育においてはグアン式教授法、パーマー式教授法が取り入れられ、直接法はかなり普及していた。しかし、日本人が日本語教育において直接法を使うのと、日本人が中国語教育において直接法を使うのとは大きな違いがあった。特に中国語教員の中国語の水準は高くはなく、『初等支那語教科書（稿本）教師用』に示された教案を実践するのは難しかった。教師だけでなく生徒も「内地」の教科目にない中国語より、上級学校受験科目を重視するあまり学習意欲に欠けていた。つまり、『初等支那語教科書（稿本）』は直接法の理念が先行し、実際の状況からかけ離れていたために、大きな成果を収めないままに改編された。

一九三七年（昭和一二年）、『初等支那語教科書』が発行された。替わって編集された『初等支那語教科書』は学び易さが強調され、課文は導入段階から漢字と「宮越式カナ」による表記によって示され、対訳法を基本としていた。この『初等支那語教科書』の編集の背景には「満州国」の言語政策が働いており、中国語を外国語としてではなく、日本語に取り込むかたちで編集されていた。

一九三六年（昭和一一年）、中等学校用の『中等支那語教本』が発行された。『初等支那語教科書』と同じ編集方針が採られ、第一課から全文漢字による提示となっており、挿絵も少なく、叙述式の課文が主となっていた。

「満州」における中国語教育は、在「満」日本人にとって、中国語が軽視されているという不利な状況のもとで、一部の先進的な人びとによって、国民政府が制定した注音字母を採用し、直接法を導入するという方法が模索された。しかし、日本の中国侵略の進行とともにかれらの経験は排され、かれら自身も「カナ」採用の方針に組み込まれていったことは、一種の悲劇でもあった。一方、日本国内では後発の倉石武四郎によって、あの戦時下に注音字母が新しい中国語教育の方法として評価されるにいたった。これは倉石はアカデミズムの「権威」であったためで、「現地」である「満州」と日本国内との奇妙な対照を成していたことは別に論じる必要があろう。

本章は『初等支那語教科書（稿本）』『初等支那語教科書』『中等支那語教本』などの紹介にすぎない。今後これらの教科書を使用した教員、授業を受けた生徒の状況について調べていきたい。

第六章　保々隆矣略伝草稿

熊本県菊池郡大津町陣内の光行寺の境内に「保々隆矣先生の碑」が建っている。大津町は鞍の形をした鞍岳と俵の形をした俵山を結ぶ阿蘇外輪山の西の大津平野にあり、光行寺は町の南端の陣内村にある。碑の建立者は満州教育専門学校同窓会陵南会で、学校創設六〇周年を記念して、一九八四年九月に建立されたものである。碑の「由来記」には次の様な言葉が刻まれている。

保々隆矣先生は、満州教育専門学校の創設者であります。明治一六年（一八八三年）光行寺（熊本県菊地郡大津町字陣内）第一〇代の住職保々普寅氏・同夫人ミテ様の四男として、この世に生をうけられました。その後長ずるに及んで第五高等学校から、東京帝国大学に進まれ、東大では恩賜の銀時計を受けて卒業されました。

卒業後ただちに内務省に入られ、愛知県を経て大陸経綸の一翼を担うことになりました。若き日の先生は、広範な満鉄付属地全域にわたる教育行政を一手に握る重責を負われたのであります。（中略）多くの異なった民族を内包する大陸の教育政策に期するものを懐かれる先生は、満鉄就任間もなく欧米の教育視察のために遊学されました。そして国家興隆の途は、世界的視野に立った国民教育の根本的刷新にあることを痛感され、それを実現するためには、優秀な教師の養成こそが必須な条件であるという信念を固められました。そして、帰任後は一途に満鉄ならびに文部省に対して、精魂を尽くして革新的な教師養成学校の設立を説かれました。

大正一三年（一九二四年）満州奉天（藩陽）の地に設立された満州教育専門学校こそは、先生の信念と情熱の結晶だったのであります。（後略）

上記由来記にある様に、保々隆矣（ほぼたかし）は天台宗比叡山延暦寺の末寺光行寺住職保々普寅の四男として生まれた。三男正見が一一代目住職を継ぎ、五男輝雄は京大医学部を卒業し外科医となった。六男隆基は九大採鉱冶金科を卒業し三菱鉱業に勤め、後に奉天中学教諭となった。[1]当時、大津町陣内は戸数五八〇戸余りの村落で、[2]子供たちは陣内小学校を出ると農家の働き手となった時代にあって、兄弟三人が揃って帝国大学出身という秀才一家の評判の高い家であった。保々家は加藤清正の旧臣保々清太夫の長男清伍が出家して光行寺を建立して以来七〇〇年続いた名家である。歴代保々家の中で、保々法撞の話は有名で、彼は一七四五年（延享二年）に生まれ、七歳で孝経忠経を習い、一三歳で論語孟子を学び、一五歳にして諸子百家、仏書を読むという秀才で、比叡山、高野山で学究を極めた高僧となったということが伝えられている。[3]光行寺のある陣内はもともと延暦寺の寺領であり、寺は延暦寺の出先を兼ねていた。大津町はまた、好学の地としても知られ、幕末に私塾遜志堂を開いて二、五〇〇人の門人を育てた渋江晩香[4]が移り住み、新たに紫翠塾を開き、門弟数百人を数えた地であり、保々の少年時代は紫翠塾の他に渋水塾、手島塾などがあった。[5]
保々は、一九〇七年（明治四〇年）、五高から東大法学部政治学科に入学した。保々が入学する二年前、日露講和条約に反対する戸水教授休職問題が起こり、美濃部達吉と上杉愼吉の「天皇」を巡る解釈で論争があったことは周知のことである。また、講義は「衆民主義」（デモクラシー）の紹介に大きな役割を果した小野塚喜平次の政治学講義、新渡戸稲造の植民地政策、吉野作造の外交史などがあり、(6)比較的自由な雰囲気の中で勉強できる環境にあった。吉野作造をして「眼を開かせてくれた恩人」(7)といわしめた小野塚喜平次の政治学講義は、保々にとっても思想的に大きな影響を与えていると思われる。保々は東大在学中に高等文官行政科の試験に合格し、一九一一年(明治四四年)恩賜の銀時計を携えて、内務省に入った。「大逆」のかどで幸徳秋水等が処刑された年で、時代は「威圧」の時代に向かう空気が濃厚となりつつある頃であった。その後、保々はこの「威圧」の椅子に座って内務官僚の道を歩む。最初の椅子は、警視総監付きの秘書警部で、未来の警視総監を約束されたポストであった。ここでは保々と同郷、同窓の亀井英三郎警視総監の下で二年ほど本庁勤務をした。亀井は第二次桂内閣の警視総監に就任し、山県の腹心警保局長有松英義の下で特高警察を強化し、社会主義運動撲滅を進めたいわゆる「冬の時代」を作り出した人物である。(8)

一九一五年(大正四年)、保々は警察界の博士という異名をもつ愛知県知事の松井茂に見込まれ、警視として新栄町警察署長に就任した。新栄町署は、保々の就任する二年前、五〇年間無実を訴え続けた吉田石松翁の取調べにあたった警察署で、署員二〇〇名を数える愛知管内でも最も規模の大きな警察署であった。保々は当時県内唯一人の警視で、三二歳とはいえ年俸一、〇〇〇円、官舎付きという高等官であった。しかし、保々の高給も署員二〇〇名の大所帯にあっては冠婚葬祭費、異動に伴なう餞別、交際費で大方消えた。特に事件落着による特別賞与は保々の機密費を大きく上まわっていた。(9)ちなみに、当時、警察官の初任給は年俸で一五〇円くらいであった。

保々の警察署長としての初仕事は、一九一五年(大正四年)一一月、大正天皇の名古屋離宮駐泊に伴なう警護である。大正天皇の前方が丸茂警察部長、後方が保々という配置で天皇を挟むような形で騎乗警護を行なった。(10)

保々の名古屋時代に起こった最も大きな事件は米騒動である。富山県の漁村で起こった主婦達の米価の急騰に抗議する「女一揆」はまたたく間に全国に広がった。一九一八年八月九日、名古屋でも「米価問題に関する市民大会」が市内の鶴舞公園で開かれ、米穀取引所のある米屋町を中心として全市で毎夜騒動が繰り返された。[11] 保々が署長を務めた新栄町警察署は愛知県庁と名古屋市役所に挟まれた位置にあり、鶴舞公園や米屋町と同じ様に騒動の標的にさらされた。『新栄町警察沿革史』には、米騒動当時の署内の様子を次の様に述べている。[12]

同年八月部民々心ノ動揺甚シク各所ニ小集会開催気勢ヲ揚ゲ米穀商有産者宅等ニツキ隊伍ヲ以テ暴行騒擾ヲナスニ当リ鎮圧部隊、予防警戒隊、予備隊、検挙部隊ノ四部隊ヲ編成シ、鎮圧部隊ヲ中隊別トシテ隊長次席警部之ニ当リ、外勤甲乙警部補小隊長巡査部長四名巡査四十二名専ラ暴動民ノ鎮圧ニ当リ、予防警戒隊ハ小隊別トシ内勤警部補小隊長ニ巡査部長三名巡査三十一名ヲ以テ之カ視察内偵ニ当リ…

ついに軍隊の出動となり、騒動の鎮圧と参加者に対する「厳重なる制裁」（名古屋新聞）措置が採られた。名古屋市の検事処分者は山口県についで多く、有罪判決を受けた者が全国の約一割に相当する四六九名に上った。[13] 保々は弾圧する者として陣頭指揮を執った。米騒動の取締に当たった警察官の生活も非常に苦しいものであった。米騒動の前年の七月に新栄町警察署が調査した「巡査生活状態調査書」によると、毎月の生活費を欠く者が三八％に上った。新栄町警察署ではラングーン米の共同購入をし署員に配給している。[14]

名古屋時代に保々は工場課長もやっている。一九一六年（大正五年）、第一次大戦の影響によって労働争議が急増し、内務省警察部では工場の多い道府県一〇ヵ所に高等官の工場監督官を置くことにした。名古屋の労働争議も大正八年には一〇〇件を越え、参加者も一五、〇〇〇名に上った。[15] 工場課長は「工場法」の適正な運用を監督することであったが、実際は労使調停に名をかりた警察による争議弾圧であった。

保々は警察署長、工場課長を勤めたことから中京財界との結びつきも強く、戦後の好景気によって大儲けした財界人を説得して、私的な奨学資金を作った。貧困家庭の子弟で上級学校進学を希望する者を対象とした奨学金である。保々の仲介によって進学できた生徒は一二、三名に上る。戦後参議院議員となった民主党顧問鬼丸義斉もその中の一人である。保々が「秀才ブローカー」の異名をとった背景である。(16)

当時の保々の仕事振りについて、保々の電話書記をしていた加古源一郎は『保々先生を偲ぶの記』（一九七五年、私家版）に次の様に述べている。

各警察署は年に一度は警察部長の検閲があった。丸藤警察部長は多くの部下を引連れて来て業務の整理が出来ているかどうかの調査があった。特に業務用書類には署長が眼を通しているかどうか其の結末が出来て居るかどうかであった。先生は大抵の場合には其の要点を聞かれて一々其の書類に印を押されないのが常であった。さあ検閲となると、多数の印を急造させて、それを各主任者に渡しておいて適当に捺印しておけと云われた。そのようなやり方は満鉄の学務課長時代も地方郡長時代も同様であった。具体的な問題になると小さなことは決して何とも云われない。大要を聞かれるのが常であった。

なお、「丸藤警察部長」とは一九三五年（昭和一〇年）より一九三九年（昭和一四年）まで大連市長を務め、その後、華北政務委員会顧問を務めた丸茂藤平のことである。(17)

こうした内務省のエリート官僚の道を歩む保々に満鉄赴任の話が飛び込んできた。当時、満鉄は原内閣による政友会人事が先行した時代で、野村龍太郎が総裁に返り咲き、副総裁に政友会の中西清一が実権を握り、後に台湾総督に就任した中川健蔵、片山義勝、島安次郎等が重役となり、人事の大移動が行なわれていた。同時に機構改正も進められ、新たに学務課や衛生課が満鉄の付属地行政を担っていた地方課から独立し新設され、保々に学務課長に

就任するように打診があった。保々は就任の事情について次の様に語っている。(18)

当時私は名古屋で事務官をして居たのであるが、先之、全国に亘る大正七年の米騒動は名古屋が最も甚しく、私は内務部長代理として文字通り三日三晩、洋服も脱がず、県庁の椅子の上で居眠りして所謂不眠不休で働いたが、この事が内務省の監察官に認められた相で、時偶々、守屋氏の後任物色を中西氏から内務省に依頼された折、私は第一候補に推薦された訳で、省令で上京を命ぜられ満鉄赴任をすすめられた。

なお、「守屋氏」とは中川健蔵の同級の守屋源次郎のことで、初代学務課長となったが、中川の下に就くことを嫌って茨城県の内務部長に転任して、学務課長のポストが空席となっており、保々に白羽の矢が刺さったという訳である。(19)

米騒動も激しかっただけに「所謂不眠不休で働いた」その労が「内務省の監察官」に認められ満鉄に推薦された訳である。保々にとって内地に残ってエリート官僚の道を進むか、待遇のいい満鉄に行くか人生の岐路であった。当時、保々の家は家族に病人が多く経済的に困っていたこともあって、満鉄入社に傾いていた。いろいろ迷った末、保々は当時の愛知県知事の宮尾舜治のところに相談に行った。(20) 宮尾は保々の直接の上司でもあり、関東庁の総務長官を務め、満州の事情に明るかったからである。

相談に行った宮尾の口をついてでた言葉は「君、満鉄など行くなよ」という答えであった。宮尾は満鉄に入れば給料も二、三倍に跳ね上がるが、せいぜい課長止りで、内地に帰っても現官以上には復職できない。渡満するなら勅任官になってから行けというものであった。保々は宮尾の助言を「今思ひ出す毎に背汗淋漓たるものがある」と述懐している。確かに、後年、保々と同期の者は次官クラスや貴族院の勅選議員などになっている。宮尾の意見はもっともである。保々は宮尾の意見に従って、すぐに上京して中川に辞退を申し入れた。中川は保々を中西副総裁に会わせ説得を続けた。赤十字病院に入院中の中西を訪ねた保々は、いっぺんに中西に惚れ込み満鉄入りを承諾してしまった。[21] この時、保々は公費洋行の条件を出している。

後年、保々はこの人生の選択を『「終生の大失敗であった」と噬臍の悔を感じる』（回顧）と言切っている。「私は宮尾さんの此の助言を今想ひ出す毎に背汗淋漓たるものがある。…当時の仲間は次官にも民政長官にも貴族院の勅選にもなって居る。知事などには悉くなった。…想えば人間の運命と言ふものはどうして定まるか、真に解らぬものであると今は不平の持ち行先が無い。後悔を愚痴るのみである。」と憤懣やるかたない気持ちを述べている。[22] 東大の恩賜の銀時計の栄誉に輝く保々はそれら仲間のトップを切って走り、高級官僚としても実績を上げていた。実績を上げていたからこそ見込まれたのである。満鉄学務課長のポストは将来のことを考えれば保々にとって決して「栄転」ではなかった。しかし、この後戻りできない「後悔」の念こそ保々の「満州」での原動力となった。保々は内地の同期生のできない様な後世に残る仕事をし、「後悔」の念を打ち払いたかった。「後悔」の念を引きずりながらも渡満させた理由の一つに保々の自由奔放な性格もあった様だ。官僚的作風を嫌う型破りの気質はいずれにせよ役所仕事に早晩ピリオドを打ったに違いない。

（1）加古源一郎著『保々先生を偲ぶ記』一九七五年　私家版　三三ページ
（2）熊本県内務部地方課編『第三三回熊本県統計書』「町村戸数及人口」一九一三年　四六ページ
（3）熊本県警察本部編『管内実態調査書　阿蘇編』一九五九年
（4）荒木精之著『熊本県人物誌』日本談義社　一九五九年　二四八ページ
（5）前掲『管内実態調査書　阿蘇編』
（6）東京大学百年史編集委員会『東京大学百年史』一九八六年　一一八〜一四〇ページ
（7）井出武三郎著『吉野作造とその時代』一九八八年　二九ページ

(8) 萩野富士夫著『特高警察体制史』せきた書房　一九八八年　五八～八一ページ
(9) 前掲『保々先生を偲ぶ記』八～九ページ
(10) 愛知県警察史編集委員会編『愛知県警察史』第二巻　一九七三年　七〇七ページ
(11) 伊藤英一著『愛知民衆運動史』一九八七年　二七一～二八〇ページ
(12) 前掲『愛知県警察史』　六四〇ページ
(13) 井上清・渡部徹編『米騒動の研究』第一巻　有斐閣　一九五九年　一八八ページ
(14) 前掲『愛知県警察史』六五八ページ
(15) 同前　五七〇ページ
(16) 後藤春吉著『満州回想』「保々隆矣先生小伝」一九六一年　私家版　一一五ページ
(17) 前掲『満州紳士録』一五八六ページ
(18) 前掲『満鉄教育回顧三十年』「思ひ出るまま」二ページ
(19) 前掲『満州忘じがたし』二二ページ
(20) 前掲『満鉄教育回顧三十年』三ページ
(21) 同前
(22) 同前　四ページ

一　満鉄入社

一九二〇年（大正九年）一月、学務課長として満鉄に入社した。[1] 保々、三七歳の冬であった。病気がちの妻と三歳の長男隆一郎、二歳の長男愛子をつれて寒中の大連埠頭に立った保々の脳裏に去来したものは何だっただろう。保々一家に与えられた家は浜町のロシア時代の埠頭の近くにあり、ロシア式の大小八室も部屋のある二階建ての社宅であった。二人の女中さんが生活の世話をした。[2]

保々が学務課長に着任する前は、守屋源次郎の後を山西庶務課長が兼任という形を採っていたので、保々は正式には第三代目の学務課長となる。当時の学務課は、庶務主任に岡本辰之助、視学に法貴慶次郎、飯河道雄、教育研究所に秋山真造等がいた。岡本は東京府視学から満鉄に入社し、満鉄創業期の教育行政を手掛けた。(3) 法貴は京師大学堂、(4) 飯河は開封優級師範学堂でそれぞれ教習（外国人教師）経験を持ち、(5) 中国の教育界事情に通じていた。保々の一年前に赴任した秋山は東京府立第二高女教諭から満鉄に入社し教科書編集を行なっていた。(6) 満鉄という一会社が付属地の学校経営を行なうようになった経緯は、一九〇六年（明治三九年）八月、逓信、大蔵、外務の三大臣より「其会社ハ政府ノ認可ヲ受ケ鉄道及付属事業ノ用地内ニ於ケル土木、教育、衛生等ニ関シ必要ナル施設ヲ為スヘシ」という命令書を受け付属地の教育事業を行なうことになった。関東州では関東都督府が直接教育事業を行なったが、満鉄付属地は行政権があいまいであるため満鉄会社に委託するかたちで行なわれたのである。つまり関東州の教育事業は関東都督府が行ない、満鉄付属地の教育事業は満鉄が行なうということになった。満鉄は一九〇七年（明治四〇年）一〇月よりこれまで居留民会が経営していた瓦房店、大石橋、遼陽の三小学校を社営とし、一九〇九年（明治四二年）六月、「付属地公学堂規則」を公布して中国人教育を開始した。保々が着任した時は、満鉄会社による教育事業も既に一一年を経ており、学務課の仕事も多岐にわたっていた。日本人を対象とした教育機関として、小学校が二〇校、教員数二六〇名、生徒数七、四八三名、中学校が一校、教員数二五名、生徒数五〇五名、高等女学校が一校、教員数二〇名、生徒数四二六名、その他に家政女学校一〇校、実業補習学校三三校等があった。また、中国人を対象とした機関としては、公学堂が一一校、教員数六二名、生徒数二、三九五名、その他、中学校一校、日語学堂二校、実業学校二校があった。専門教育機関として南満医学堂があった。朝鮮人を対象とした普通学校が二校あり、さらに幼稚園、補助学校等があった。(7)

（1）　保々の満鉄学部課長の辞令は一月八日付、渡満は一月二八日である。

（2）前掲『保々先生を偲ぶの記』一三ページ
（3）前掲『満鉄教育回顧三十年』「初代教育係主任岡本辰之助君を偲ぶ」一三ページ
（4）同前「満鉄在職当時」一三ページ
（5）同前「創業期の施設」一八一ページ
（6）前掲『満州紳士録』四一一ページ
（7）前掲『満鉄付属地経営沿革全史』二七九〜五八七ページ

二　厳冬の付属地視察

保々は着任早々に飯河視学の案内で付属地の学校教育の視察に出掛けた。厳冬の「満州」のこと、春まで待って出掛ければいいものを引越し荷物を解く間もない視察であった。大連を発って最初の視察地熊岳城で初めて体験する「満州」は、「雪は降るし、夜は暗い、支那馬車の上は氷る様な、真の闇夜に私は沿線最初の巡視として州外の第一夜を彼処で過した折は、満州を全く砂漠の如く想って一夜を過したものであった。[1]」と述べている。心中たいへんなところに来てしまったという思いを噛みしめながら、鉄道付属地に点在する学校の視察を続け、厳寒のハルピンまで足を延した。厳寒の地の教育事情を知るには厳寒の季節でなければ分からない。保々がそこで最初に見たものは、南は熊岳城から北は長春までは学校が整備されているが、日本人の子供が一人として戸外で遊んでいないということであった。ロシア人の子供が零下三〇度のハルピンの公園で元気に遊んでいるのと比べ「この日本人の有様は何たることぞ、これでは到底発展はできぬ[2]」と感じた。当時の子供たちの服装は殆どが着物に袴といった姿で、とても戸外で遊べる服装ではなかった。満鉄付属地の生徒は、四〇日の冬休み間は屋外には一歩も出ないという生活が普通であった。防寒着が普及していなかったのは不景気の影響もあった様である。社員の給料がインフレに追い付かず、社員の退社が相次いだ。社員たちは生活防衛のために消費組合を組織し、生活必需品を確保した時代であった。[3] 保々は子供たちの防寒着の普及を痛感し、その年の秋、再び見本の毛皮襟に綿入の外套を携えて付属地に出かけ、父兄を集めて「厚い外套を子供に着せよ。戸外に運動させよ。スケートをさせよ。[4]」と呼びかけた。新任の学務課長の初仕事は生徒の防寒着の普及であった。それも一片の通達でことを済ませるのではなく、自ら普及に努める新任の学務課長の行動は現地の教職員、父兄たちの目にこれまでの課長とは少し違うという印象を焼きつけた。さらに、保々は防寒着を新調する者には一着に付き五円の補助金を出すことを決定し、防寒着の補助金九、〇〇〇円、見本調製費一、〇〇〇円計一万円の予算を組んだ。父兄達の経済状況を知っての上の措置である。当時の付属地の小学生八、七〇〇名の二三％、約二、〇〇〇名がその補助金を受けた。[5] その年から冬休みを中止し、冬季戸外スポーツとしてスケートが奨励される様になり、その夏には各小学校の教員を集めて体操講習会が開かれた。スケート普及を早くから提唱していたのは、撫順小学校の校長鈴木重憲で遼陽小学校校長の頃、外国人教師から習った下駄スケートを生徒に指導していた。保々がそのことを知り早速、追加予算を組んで各学校にスケート場を設けスケートを奨励したのである。翌年一月、保々の呼びかけで満鉄奉天氷滑部リンクで、一九校二四八名の生徒が参加して初等学校氷滑大会が開催され、[6] 付属地のスケート熱を一層盛り上げた。警察官の訓練を日々眼にしてきた保々にとって「知育」よりまず「体育」という考えがあったのだろう。狭い日本人社会に閉じこめられ遊び場もなく、室内にこもりがちな「満州」の子供たちの姿は、厳しい風土に押しつぶされんばかりにひ弱で生気に欠けるものであった。着任早々の三七歳の学部課長の強引なやり方には会社の内外で非難の声があったが、防寒着の着用と戸外スポーツの普及は、厳しい風土と伝染病が猛威を振う地で、日夜子供たちの健康に気を使う父兄たちの心を捉えた。

（1）前掲『満州教育回顧三十年』五ページ
（2）前掲『満鉄付属地経営沿革全史』三八五ページ
（3）社史
（4）前掲『満州教育回顧三十年』五ページ
（5）前掲『満鉄付属地経営沿革全史』三八六ページ
（6）満鉄初等教育研究会編『初等教育研究会第一部沿革史』一九三七年　一四五ページ

三「内地延長主義」教育批判

視察旅行で保々が眼にした日本人生活は、内地の生活そのままであった。厳冬の異境の地で、着物姿で畳敷の部屋で炬燵に入り、たくわんに味噌汁で食事をしている。これでは「満州」に根を張ることはとうてい難しい。まず「満州」に適応できるような衣食住を確立することから始めなければならない。教育も同じことで、内地の国定教科書を使って内地の教育に沿った授業が行なわれていた。これでは「満州」という環境の中で教師の言葉や教科書の内容が浮き上がってしまい、生徒の思考を混乱させ、いたずらに「内地恋しや」といった気持ちを増大させ教育的効果は上がらない。保々はそう考えた。

保々は視察から帰ると、すぐに満鉄付属地の小学校校長会議を召集した。保々の訓示は警視上がりの着任二ヵ月の課長とは思えないほど、在満教育界の抱える問題を突いていた。

満鉄教育の現況は全く内地教育の延長であり、而も生気なく全く眠った模倣である。其土地気候風俗人情政治の異る環境にあるものは同じ日本人教育であっても、内地のものと自ら其教材内容方法を異にすべきである。特に、満州の地に将来大活躍をなし、国家の第一線に先達となって働くべき人間を預る日本人教育は特に意を用ふべきものがあるべきだ。換言すれば、同じ日本人教育には内地教育内容に加ふるに満州特有のXが加はらなければならぬ。然るに諸君の実施してゐる教育を見るとXの何等見るべきものがない。之は甚しく教育を毒するものであって教育者としての誠意と努力の認むべきものがない(1)。

着任早々の課長から、付属地教育が「生気なく全く眠った」状態にあると批判された校長連は、無能呼ばわりするにも程があると、その夜、定宿になっている富士屋に集まり悲憤慷慨した。警視上がりの教育の門外漢である三七歳の課長に何が分かるかという声が大勢を占めた。付属地の校長たちの多くは満鉄教育に長い間かかわってきたベテラン教師であり自負もあった。結局、翌日の会議で、創業時から在満教育にかかわっている奉天春日小学校校長の河村音吉が保々の指摘した「満州特有のX」は既に研究されてきている問題であることを説明し、千田遼陽小学校校長が具体例を上げて説明した。さらに、満鉄教育の創業期から昌図、大石橋、遼陽、撫順の小学校校長を務務めた鈴木重憲は、視察に同行した飯河視学が案内役を務めているにもかかわらず、かかる誤解を生じせしめたのは何事かと、飯河視学の個人攻撃を始め会議は混乱した。この模様は隣の社員食堂にも聞こえ、新任の課長の弾劾集会が行なわれているという情報が満鉄の社内を駆け抜けた。結局、議論は噛みあわないまま会議は終わった(2)。

保々は何を基準にして「満鉄教育の現況は全く内地教育の延長」という言葉を吐いたのだろう。保々が想像していた状況よりは内地的であったかもしれないし、または保々が望んだものと距離があったのかもしれない。

前掲『満鉄教育沿革史』は満鉄草創期の日本人教育方針について「手段ニ到リテハ自ラ環境ノ異ルニ従ヒ又特殊ノ教育方法ナカルヘカラス、会社ノ此ノ方面ニ対スル教授上ノ方針ハ果シテ如何。会社ノ教育方針ハ一言ニシテ之ヲ謂ヘハ適応主義ニ在リトモ云ヒ得ル。当時ノ会社ノ当局者ハ『満州ノ土地ニ適応スル方法ヲ学校運営者ハ考究セヨ』ト訓フル所カアツタ」（「適応主義（適地主義）」一八六ページ）と述べている。つまり、満鉄ではその草創期から日本人教育方針を適地適応主義教育においていた。その提唱者は外でもなく先の河村音吉、鈴木重憲等であった。また、彼らは教育現場の実践家でもあった。具体的には保々の着任する五年前、「訓練要項」が制定され内地延長主義教育を脱し、適地適応主義教育への礎石が固められつつあった。(3) しかし、理念だけが先行し「教育方針ノ特ニ注意スヘキ一ハ「訓練要目」ノ創定テアリ、一ハ学務当局ノ抱ケル教育方針テアル、創業期ニ於テ叫ハレタル適応主義ノ教育ハ未タソノ根底固カラズ(4)」という現状であったことも確かである。保々は当時の付属地の校長たちを二つに分類している。「第一は内地では思ふ様にならぬから満州で金でも貯へて来ようと考え渡満した人。第二は国士風で、日露戦争後、居残って満州併呑論を胸に秘め雄心勃々たる人々である。(5)」この傾向は校長だけでなく教員にも当てはまる。おおざっぱにいえば、前者は内地延長教育でお茶を濁して時期が来れば帰国しようという人が多く、後者は適地適応主義教育によって土着的な教育をめざし、永住覚悟で長く在満教育に携わってきた人が多い。こうした国士型の教員によって形成されてきた適地適応主義教育はどうしても心情的に走りやすく、具体的な教育論まで深められない傾向がある。しかも、在満教育「一四年の実績」がある種の自信を生み出し、ベテラン教師たちの思考をマンネリ化しつつあったことも事実であった。保々は学務課の岡本、法貴、飯河といった草創期からの事務官吏とベテラン教師たちの築き上げてきた「一四年の実績」を否定することから始めなければ、満鉄教育界の刷新はできないと考えた。適地適応主義教育が不十分であるという指摘では、今後努力しようということになってしまう。その逆に付属地の教育は全く内地延長主義教育だ、という断定を下せば爆弾の威力は大きくなる。そしてまず着手したことは、補助金付きの防寒着の普及と戸外スポーツの奨励である。教育の門外漢である保々にとって、着任早々から具体的な授業内容や教材といった教育本来の改革を打ち出しても、「一四年の実績」に跳ね返されるのが落ちであった。

保々はこの会議でもう一つの提案をした。これまでの一クラス四〇名制を改め六〇名制にするというものである。一クラスの生徒数は一挙に五〇％増員されることは、現場の教員にとって負担増につながり教育効果が半減することはいうまでもない。当然多くの反対意見が出されたが、激しい議論の末一クラス五〇名制に改めるということで落ち着いた。(6) これは保々一流の官僚的駆引で、一クラス六〇名収容できる教室など「満州」中探してもあるはずがなく、せいぜい五〇名が限度であった。落ち着くところに落ち着いた訳である。議論の激しさはこの問題が教育上の問題だけでなく、その裏に教員の人員整理といった問題がからんでいたからである。一九二〇年（大正九年）当時は世界恐慌のあおりを受け、満鉄の台所は火の車であった。収入は伸び悩み、諸経費の中でも人件費の膨張が経営を圧迫していた。そこで満鉄では野村社長と中西副社長のもとで社員定員制と定年制の導入に伴なう人員整理が検討されていた。(7) この校長会議の直後、職員雇員二割、傭員一割五分の解雇が断行されている。その後三回の人員整理が行なわれ、三、〇〇〇名以上が解雇された。事実その二割の解雇者の中にはクラス減によって余剰人員となった三名の校長と二三名の教員が含まれていた。(8) 一クラス四〇名制は付属地教育の目玉として挙げられてきたが、満鉄の経営はその余裕を失っていた。

後年、保々自身が「学務課員や、沿線の校長諸君に御詫びしたい気持ちがするのは、私が学務に関して相当熱心であった為もあるし、又一つには性来の多弁で、会議や、其の他で腹にもなく悪罵して今も感情を害してゐる人も相当あるだろうと思ふ。私は「すまぬ気」がしてならぬ。(9)」と述べている。「悪罵」ならまだしも、教員の「首切」までやってのけた警視上がりの課長の就任は、教育関係者を震え上がらせたことだろう。また、保々は口癖の様に「俺のツラがまずいから、ヤツらは怖がって敬遠しやがる。なかなか俺の話をわかろうとはせんのじゃ。(10)」と話していたという。確かに保々は厳つく恐持てな面構えをしている。談笑の間も相手の腹の底を見透かす様なするどい眼光は威圧感があったに違いない。

(1) 前掲『満鉄教育回顧三十年』「満鉄教育の特殊性」一五〇ページ
(2) 同前 一五一ページ
(3) 伊豆井敬治『「訓練要目」制定前後に於ける満鉄付属地小学校の訓練概況』一九三五年 『研究要報』七輯 教育研究所 二五〇ページ
(4) 前掲『満鉄教育沿革史』(草稿)(前掲『「満州・満州国」教育資料集成』一六巻所収 三三八ページ)
(5) 前掲『満鉄教育回顧三十年』「思ひ出るまま」九ページ
(6) 前掲『満鉄教育沿革史』「拡張期」三七二ページ
(7) 社史 一四一〜一四二ページ
(8) 前掲『満鉄教育回顧三十年』「満鉄教育の特殊性」一五二ページ
(9) 同前「思い出るまま」一二ページ
(10) 前掲『満州忘じがたし』「保々先生の素描」六〇ページ

四 中国語教育の奨励

保々の「満州特有のX」についての提案が出されると、それを待っていた様に具体案を出したのが満鉄の教育研究所である。教育研究所では「満州特有のX」の一つとして中国語教育を取り上げた。それが「支那語教授改善に関する問題」である。提案は中国語教育の必要性について次の様に述べている。

一般に母国人が土着人の言語を了解するのが植民地経営上切要であるといふことは各国の例に見ても明らかなことで最早多く議論するの余地がない。而して本邦人をして支那語を習熟せしむる為には種々の機関と方法とがあるであろうが、小学校の教科目中に支那語を加へてこれを強制するに勝ることはあるまい。……児童の側から見るのに、満州に居住する彼等の多数は将来此の土地に生活し活動する運命を負へる者と見られるから、彼等が早くから支那語を知るといふことは大なる利益と謂はねばならない。又これを国策上から見ると、彼等が幼少のときから満州生活に必要なる知識として支那語を解するといふことは、軈て彼等を此の土地に永住せしめ更に発展の地歩を確保せしめる所以の方便となると謂ふ利益がある。又教育の満州化を主張する論を正当とせば単に個々の教材を満州的にする外に、満州的な教科目を置く方が更に根本的で然も徹底的であると謂はれ得る。此の点からも支那語を課する理由が成立する。(1)

教育研究所では、具体的に小学校五六年から必須科目として毎週二時間配当すること、中国語の講習会、北京留学制度を作り教員の中国語のレベルアップに努めることを挙げている。

満鉄では、既に一九〇八年（明治四一年）二月、「付属地小学校規則」を制定し、その中に「第六条　英語ニ代フルニ清語ヲ以テスルコトヲ得」という規定を定め、(2)高等小学校の随意科目に「清語」（中国語）を加え、付属地の小学校経営に着手した時から中国語を配当していた。さらに、一九一二年（明治四五年）二月からは尋常小学校五年から随意科目として配当していた。しかし、実際は一部の学校を除いて中国語の授業は行なわれていなかった。

教育研究所の意見という体裁を採っているが、教育研究所の所長は学務課長が兼任することになっているので、保々の意見といってもいい。内地の教材を「満州的にする」より、「満州的な教材を置く」こと、つまり、内地にはない中国語を必須科目として課すことをという主張は、「満州」の地で学ぶ生徒にとってある意味で当然のことの様に思われる。しかし、中国語選択者の現状は男子生徒の七・五％、女子生徒の三％(3)に過ぎなかった。こうした現状を知った上で一挙に必須科目として配当することを主張したのである。「満州」の地で生徒に中国語を教えることは日本の国策からみても「彼等を此の土地に永住せしめ更に発展の地歩を確保せしめる」上からも利益のあることである。この保々の意見は正論である。しかし、生徒は中国語に対し「冷淡テアリ課セラルルカ故ニ無意味ニ学習スルカ如キ消極的態度」[4]であり、学校も「無関心ノ態度」を取る学校が多かった。各小学校が中国語教育に消極的なのには理由があった。関東州では小学校の配当科目に中国語を加えていないという現状にも表われている様に、やはり現場の教師の間では付属地でも内地延長主義教育の傾向が強かったことである。さらに、父兄たちの多くは「満州」永住を望んでおらず、時期がくれば内地に戻るつもりであった。また、子弟たちに対しても上級学校の数が少ない「満州」より内地で進学させた方がいいという考えを持っていた。こうしたことから父兄たちは内地と同一、同質の教育を受けることを望み、中国語を必須科目に加えることによって国語、算数といった本来の教科目の時間が減らされることを恐れていたのである。満鉄では適地適応主義教育の象徴として中国語教育を行なうことを規則に銘記していたが、実際は一人の日本人担当教員もおらず[5]、教材もなく、「付属地小学校」規則も条件が有ればやってもいいという程度の強制力を持たない随意科目であり、極めて不満足な状況にあった。

こうした現状を承知の上で、中国語の必須科目配当を打ち出したのである。防寒着普及は生徒の健康管理という観点から無理を通しても父兄の賛意を得られたが、中国語の必須科目設定は当然抵抗があった。おそらく教育畑上がりの学務課長だったら現状や教員、父兄の反応から無理な提案はしなかったであろう。保々は教育に関し素人である。しかし、素人であればこそ玄人には出来ない型破りなことができるという面を持った人物であった。しかし、ただ「型破り」ということではなく、意識的に「型破り」を演じるという冷静な側面をも持っていた。学務課サイドでは中国語必須科目設定について「尋常科ノ生徒ニ支那語ヲ教授シテモサシタル効果ナキハ之ヲ認ムルモ、所謂満蒙中心教育ヲ徹底セシムルノ空気ヲ養フノ利益アリ、加之小学校教育ハ元来『効果』ヲ数量的ニ求ムルニアラスシテ『其ノ空気』ヲ養フニアリ[6]」と述べている。提案が通ることが目的ではなく、議論を巻き起こし教育界に「満州特有のX」を浸透させるための「空気」をかもしだすことに主眼があり、いわば世論作りであったことが分かる。結果は満鉄幹部より「主義トシテ研究ノ要カアル」という反対意見が出され、あっさり否決された。しかし、満鉄教育界を大いにかき回し、「満蒙中心教育ヲ徹底セシムルノ空気ヲ養フ」ことには成功した。その後、一九二二年（大正一一年）、授業開始時期を二年繰り上げて尋常五年より中国語科目を随意科目として配当する様になり、一九二五年（大正一四年）には中国語科目は「正科に準ずる」科目となり、高等小学校より男子に毎週四時間、女子に毎週二時間の中国語か配当される様になった。[7] 保々が「満州特有のX」を提起してから五年たっていた。保々は着任早々に強引なやり方で幾つかの改革を行なった。厳冬の「満州」教育視察を行ない、生徒の防寒着普及と戸外スポーツの奨励を呼び掛け、四〇名クラスを五〇名クラスに改め、余剰人員となった教員の「首切」を断行し、中国語必須科目設定を提案し、付属地教育界に適地適応主義教育を基本とする議論を巻き起こしたのである。

（1）前掲『満鉄付属地経営沿革全史』上巻　三八〇～三八一ページ
（2）前掲『満鉄経営教育施設要覧』七二ページ
（3）前掲『満鉄付属地経営沿革全史』上巻　三八二～三八三ページ
（4）前掲『満鉄教育沿革史』九四五ページ
（5）前掲『満鉄付属地経営沿革全史』上巻　三八二ページ
（6）前掲『満鉄教育沿革史』九一八ページ
（7）前掲『満鉄付属地経営沿革全史』上巻　三八四ページ

五　教育研究所の拡充

「満州」の初等教育は大きく三つの系統に分かれる。つまり、日本人に対する小学校教育、中国人に対する公学堂教育、朝鮮人に対する普通学校教育である。内地で師範教育を受けて赴任した教員が直面する問題は、「満州」という特殊性であり、中国人、朝鮮人という民族の壁であり、言語の壁である。そこで、内地から派遣された教員は任地に赴任する前に事前研修を行なうか、又既に任地で授業に携わっている教員に対しては再研修を行なう必要がある。こうしたことから満鉄では、一九一三年（大正三年）二月、教員講習所を開設し、教員の研修を行なうようになった。教員講習所の主な目的は中国人に対する公学堂教育に携わる教員研修を目的とし、日本人教員に対しては中国語、中国事情、日本語教授法を、中国人教員に対しては日本語、各科教授法、教育学を教えた。研修期間は一年間、定員は各一〇名であった。一九一五年（大正四年）四月、教員講習所に教育に関する調査研究部門を加えて名前も教育研究所として発足した。

教育研究所では教員研修と同時に、一九一四年（大正三年）より中国人用の教科書の編纂を行なってきた。主に朝鮮総督府の編纂した教科書を参考として『公学堂日本語読本』を刊行し、続いて『算術教科割』『唱歌』『日本語語法提要』などを刊行した。

保々は教育研究所がその役割を発揮すれば付属地教育は刷新することができると考えた。そこでまず先の法貴、秋山といった教育研究所のベテランスタッフの意見を入れて教育研究所の改革に乗り出した。これまで教育研究所は主に対中国人教育に当たる教員研修と中国人用教科書の編纂を柱として仕事を行なっていたが、保々は日本人教育にも重点をおく必要があると考えた。そこで教員研修については、一九二〇年（大正九年）、「教育研究所教育従事員養成規程」を改正し、小学校教員養成部を設置して、内地採用の新任教員に対し、半年間の中国語、中国事情、歴史地理などの集中研修を行なうようにした。さらに、一九一五年（大正四年）廃止された小学校教育部講習を復活し、在職の教員を対象に半年間の中国語、中国事情の集中研修を行なうようにした。また、教科書編纂については、「満州特有のX」を含む日本人用の「満州補充読本」の編纂を指示した。これまでは文部省の国定教科書があるので充分であるという考え方が主流を占めていた。保々は「満州補充読本」編纂について次の様に述べている。

日本は世界に稀なる国定教科書制度を採用して居るから、北海道の児童も琉球、台湾の子供も同一時季に同一の事柄を教へられて居るが、自然の風物は相違して居るから児童には不可解なる事実に対する努力に倦怠の色が見える。例えば茅屋の竹垣、蛍飛ぶ夏の夕闇など、天国の話と大差はないと満州産れの子供は思って居る……同一教材のみを以て教育することは人の特異性を没却する欠陥ともなる（「満州の教育」）

早速、編纂が進められ、その年に「満州補充教科書尋常五年地理算術の部」「満州理科教科書尋常四年及五年」を作成させ、翌年から使用させるという急ピッチな編集作業であった。さらに、「満州補充教科書尋常六年用、歴史、地理、算術の部」も完成し、国定教科書と併用して使用されることになった。

「満州補充教材」の必要性は既に、一九一五年（大正四年）の付属地教育の方針というべき「訓練要目」制定をめぐる議論の中で提起されていた。「安奉線撫順部会研究報告」には「満州地理の教授を適切にすべきこと」「満州の景物を本とすべき唱歌を裁定し教授すべきこと」「満州に於ける史蹟を訪問せしむべきこと」といったことが挙げられている。また、当時内地では所謂「新教育」が起こり郷土教育の重視が叫ばれた時期であり、こうした教育運動が第二郷土「満州」を重視した教育となってたものと思われる。

また、中国人用教材は「日本語読本」「速成日本語読本」を除いては上海商務印書館発行の中国の教科書「新修身」「新国文」「新算術」「新歴史」等を使用していたが、それらの中には「日本既滅琉球又窺朝鮮」「日本亜州小国」等といった排日的な表現があり、教育研究所で中国人用の教科書の編纂も同時に進められ「公学堂理科教科書」「公学堂初等科算術書」等が続いて発行された。

その後、関東州と付属地では別々に行なっていた教科書編集を一本化してはどうかという意見があり、一九二三年（大正一二年）一月より満鉄と関東州の合同編輯ということになり、南満州教育会教科書編輯部が設立され、教育研究所内で教科書編輯が行なわれる様になった。関東州では内地延長主義教育の傾向が強く、付属地が関東州の影響を受けるのではないかという危惧をもつ研究所所員も多かったが、保々が関東庁の今井学務課長に説得されるかたちで教科書編輯部が設置された。

保々はこれまでの教育研究所が行なってきた教員研修と教科書編纂という業務に加え教育研究所が名実ともに「満州」の教育に関する研究機関となることを要求した。保々は教育研究所について次の様に述べている。

満鉄の教育研究所は満鉄付属地に於ける初等中等の教育研究所であらねばならぬ。随つて内外に亘る教育上に於ける新智識を紹介し沿線各学校の指導に任じなければならぬ。又各学校に於て不審な点があれば之を研究所に質し教育上の新思想があれば其批判を乞ふと言ふが如き研究所は常に沿線の指南役とならねばならぬと言ふのが私の意見である。

教育研究所は、学務課長が兼任する所長と各科目の講師がおり、主に教員研修に力を入れていた。一九二〇年

（大正九年）七月、保々は「各講師諸君と談合もし激論もし」調査機関を設置した。最初に各国植民地教育事情、欧米の教育事情等の調査を行ない、教育調査資料として教員に配布した。付属地沿線の点在する学校をつなぐ情報誌的な役割をになった。

（1）前掲『満鉄教育沿革史』二〇三一ページ
（2）教育研究所編『教育研究所要覧』一九三六年　一ページ
（3）前掲『満鉄教育沿革史』二〇九四―二〇九五ページ
（4）同前　二〇三四ページ
（5）前掲『教育研究所要覧』二ページ
（6）保々隆矣著「満州の教育」一九三二年　『岩波講座教育科学』第十冊所収　八ページ
（7）前掲『「訓練要目」制定前後に於ける満鉄小学校』四〇ページ
（8）前掲『満鉄教育沿革史』二一〇一ページ
（9）前掲『満鉄教育回顧三十年』「教科書編輯部」二四六ページ
（10）前掲『満鉄教育沿革史』二〇三五ページ

六　教員研究会の改組

関東州、付属地では早くから教員の教学に関する研究会組織があった。しかし、どちらかというと関東州の方が活発で、旅順、大連、金州の三地区に分かれて地域の特色に合わせた研究会が行なわれていた。[1] 付属地でも一九一〇年（明治四三年）四月に付属地小学校教務研究会が発足した。教務研究会の目的は「区域内小学校教育の改善方法を調査研究し兼て一般教育の改良発達を講究する」[2] というものであったが、実際は「行政当局者との協議の産物」で「官僚的色彩の頗る濃厚な」[3] 組織であり、役員人事、研究会の開催日時、内容、参加者まで満鉄の地方課長の裁量で決められるという上意下達の研究会で、鉄道沿線に南北に伸びる付属地の中に学校が点在しているという地理的条件と教員数も五〇名余りと少なく、なかなか集まる機会がなかった様である。

その後、対中国人教育者の「支那人教育研究会」が発足し、公学堂教育に関する研究会が行なわれた。こちらは「私的なるものであって、したがって他の制約を受くること少く、自由にして且つ自治的なるもので」[4]、「経費は会員に於て其実費を分担」（会則七条）するというものであった。草創期に於いては対日本人教育より対中国人教育のほうが問題を抱えていた。台湾の経験を参考にしながらもやはり未知の分野であった。学校を敬遠する中国人をどの様に説得したら子供を入学させるようになるか、日本語をどの様に教えたらいいか、教科書の選定は、学用品は、寄宿舎はと問題は次々に出てきた。この時期は、「学校経営上百般の問題を討議研究せる時代」[5]であった。

結局、付属地小学校教務研究会はこれといった活動をしないまま自然消滅してしまい、対日本人教育者、対中国人教育者の合同の満鉄教務研究会が発足した。しかし、「不合理と感ぜられた開会の日時、会場、付議事項、会合者の範囲」「役員の選定」等は地方課長の権限によって定められ、「何等新鮮味を見出すことが出来なかった」[6]。

保々は教務研究会について次の様に述べている。

沿線の小学校は其位置が三〇哩乃至四〇哩離れて居る。教師も各県からの集合であるから教務に就て研究する機会が少ない、早い話が何処かで落合ふと久し振りであるから牛肉でもつつき寒暖を叙すると言ふ。凡そ教務に関して研究討論の機が少い。……切瑳琢磨の足らないのはやがて「停止」である。日進の時代に「停止」てふ事は比較的に言えば退歩である。……だから諸君は教務研究会に臨んでは大に気炎を挙げて欲しいものである。[7]

数員の質を高めるには教員研修と同様に教務研究会の活性化は教学改革の要である。それは本来教員の自発的活動であるべきであるにもかかわらず学務課が管理運営を行なっている様では活性化できない。そこで、保々が行なったことは、まず研究会の役員の人事権を教員にゆだね、選出された役員によって研究会の企画、運営を行なうようにした。旅費の支給をやめ、一律に手当てとして二円を支給し、補助金を削減した。[8]これは自らのふところから参加費を捻出することによって会員の自覚を高めようとしものである。南北に延びる付属地を五区域に分け区域の研究会を基礎とする体制にした。一九二一年（大正一〇年）六月、第一回の総会が奉天春日小学校で開かれ沿線四〇数校三四四名の会員が集まった。[9]当時の付属地の初等教育担当の教員数は四〇二名（小学校教員二六五名、公学堂教員七四名、日語学堂五名、普通学校一一名、幼稚園四七名）であるので、その殆どが参加したことになる。議題は「満鉄教育の振興策如何」というものであった。最初に春日小学校校長の河村音吉が保々の学務課長就任以来の功績を評価し、「御就任以来は鋭意熱心満州教育の改善に関し熟慮慎重各方面より観察して其の欠陥を矯め、又邦人が此の満州に進出し来り将来大陸に於て大いに活躍せしむ為には単に内地教育の延長を以て満足せず能力体力に於ても、国際関係上よりするも新に立案し、新教育を施すべき必要ありとし重要なる方針を示し教授訓練等に対しても種々指導を賜りしことは吾等一同の深く感謝する所であります。[10]」と謝辞を述べている。

保々はこの研究会で挨拶をし次の様に述べている。

此の社会は信ずるに足ると思って之に触るれば驚くべし恰も第三期の梅毒の如く膿の出る位の状態である。斯る社会的状態を改造するには一に教育に俟つ外はない。……凡そ何物によらず伝統に捉はるるは不可である。模倣は進歩の母なれども盲信的模倣は退歩の母である。模倣を手段とするは可なれ共目的とするは大いに非なり。私は此の見地より総ての物を白紙的に望まむとするのである。[11]

新天地「満州」であるからできる試みがある。しかし、それをせず、「第三期梅毒」の症状にも例えられる様な状態にある内地の模倣に終始している様では良い教育は出来ないし、膿にただれた社会を改造するには教育しかない。「教育令」に捕われることなく大いにやるべしという保々一流の怪気炎を揚げている。着任一年四ヵ月、批判を受けながらも断行してきた試みが実を結びつつあることを感じさせる発言である。

研究会では幾つかの提案が出された。それは、教育研究所の奉天移転、中国人教育のための師範学校設置、体育教育の振興、中国人教育の改善と日本語科目の配当、児童の学力差から生じる時間的ロス、綴り方教育の改善、郷土史教育等である。

その後、保々のやり方は成功し研究会は急に活性化した。例えば、その年の研究会の回数は六一回（日本人教育部三一回、中国人教育部三〇回）が開かれ、翌年は一七七回（日本人教育部一一五回、中国人教育部六二回）が開かれ、教育の現場の実際的改善に大きな役割を果たしたことはいうまでもない。(12)

(1) 前掲『満鉄付属地経営沿革全史』上巻　六三七ページ
(2) 満鉄初等教育研究会編『初等教育研究会第一部沿革史』一六七ページ
(3) 前掲『初等教育研究会第一部沿革史』一六七ページ
(4) 初等教育研究会編『初等教育研究会第二部沿革史』一九三七　二ページ
(5) 同前　九ページ
(6) 前掲『初等教育研究会第一部沿革史』一七三ページ
(7) 前掲『満鉄教育沿革史』二、一三七ページ
(8) 前掲『満鉄付属地経営沿革全史』上巻　六四〇―六四一ページ
(9) 前掲『初等教育研究会第一部沿革史』一七五ページ
(10) 前掲『満鉄教育沿革史』二、一三五ページ

(11) 同前　二、一三六ページ
(12) 同前　二、一三七ページ

七　中学校の増設

満鉄は逓信、大蔵、外務の三省から付属地教育事業を委託された時から内部には中学校経営には異論があり、中学校設立には一貫して消極的であった。[1] しかし、一九一五年（大正四年）末の付属地小学生数は三、四六二名であったが、一九一九年（大正八年）には七、六二六名に倍増するという状況[2]によって、満鉄は重い腰をあげ、一九一九年（大正八年）二月、奉天中学校が設立された。満鉄が教育事業を開始してから既に一二年の歳月が経っていた。奉天中学校が設立される以前は、付属地の中学進学希望者は旅順、大連に行くか、内地に戻るしかなかった。満鉄付属地に住む父兄たちにとって奉天中学校の設立はまさに吉報であった。さらに、二年後には付属地の小学校の卒業者は五〇〇人を越え、[3] 付属地の受験競争がさらに激しさを増した。当時、付属地の小学校では「上級学校入学の児童に対して受験準備の為規定の教科目の授業を欠き又は其の教授時数を増減し或は教科目の変更をなす学校あるやの噂を聞く」[4]といった過熱ぶりであった。条件のある父兄たちは子弟を内地の学校に進学させようという内地指向の風潮に拍車がかかった。また、各地に起こった排日運動は在満日本人の間に「内地恋しや」といった帰国ムードを駆り立てていた。こうした帰国ムードを少しでも和らげるには、子供の教育設備を充実させ安心して教育を受けることのできる環境作りが一つの方策ともなっていた。

こうした状況の中で保々は新任の早川社長に撫順、鞍山中学校の増設を提案した。満鉄は経営合理化の最中にあり、学校の増設はとんでもない話であった。同席した保々の直接の上司に当たる中川地方部長が提案を取り下げる様促したが、早川社長がその場で承諾し、中学校増設が具体化した。[5] 保々は、早川社長について「非常に温情のある方で、社員一人として反感を持って居なかった…自分が原さんに満鉄行をすすめられ、御承けしたのは満州に文化を樹立せむ為である。自分はなによりも先づ学校を造りたい。[6]」と教育について語り、銀行家とは思えない発想の持ち主であったと回想している。「満州に生まれたものは満州にて教育を完成」すべきであるという保々の考えが早川を動かしたといえる。なお、早川社長は翌年視察途中、急死した。

保々は中学校増設によって進学熱の緩和への対応を行なうと同時に入試制度の改革にも意欲を示した。保々は中学入試の学科試験を中止して、内申書による判定を行なうことを打ち出したのである。当時としてはかなり大胆な政策であったが、後年実現した。[7]

(1) 前掲『満鉄教育回顧三十年』「中等教育の創始」一二八ページ
(2) 前掲『満鉄付属地経営沿革全史』上巻　四〇二ページ
(3) 前掲『満鉄教育回顧三十年』「中等学校の創始」一二九ページ
(4) 前掲『満鉄教育沿革史』一、四九五ページ
(5) 前掲『満鉄教育回顧三十年』「思ひ出るまま」七ページ
(6) 同前　六ページ
(7) 前掲『満鉄教育沿革史』一、四九六ページ

八　欧米視察旅行

保々が「満州」教育の改革に明け暮れている最中に、病弱の妻は幼い二人の子供を残して他界した。保々は当時の心境を次の様に語っている。

私は大正一〇年早々妻を喪って、幼若の子供を擁して居た。中西さんはやめられたので約束の洋行も命じられ出発を延期して居た折、早川さんが就任せられ右の言葉があったので、嬉しくもあり、洋行もしたい。毎日甘苦しい気持で居た。(1)

保々着任のほぼ一年後の真冬のことである。外地の生活は病弱の妻には無理があったのだろう。殆ど家を空けがちの保々の留守を守り、二人の子供の世話をしながらの闘病であった。

外遊の話は、保々が満鉄入社の条件として中西清一に持ち出したもので、既に満鉄より公費外遊の許可が下りていた。しかし、妻が亡くなり悲しみの中にあり、二人の幼児のこともあった。それに仕事も軌道に乗ってきた時期だけに、やり残した仕事を中断して洋行するのも心残りであった。迷ったあげく外遊を決意した。保々は大連の社宅を引き払い、二人の子供を預けるために亡き妻の実家のある沼津を訪ね、沼津で代々医者をしている水野欽に子供の世話をたのみ、その足で横浜から一路欧米視察旅行に出発した。(2) 一九二一年（大正一〇年）一〇月のことであった。イギリス、フランス、ドイツ、イタリア、スイス、アメリカ等各地の教育事情を視察して回った。当時、満鉄の海外視察費は、年額一万円で、さらに、在職中の給与が支給された。(3) 当時のレートが約一ドル二円であったから十分すぎる額であった。

保々の外遊の模様は、帰国後書いた『帝国の危機と教育の根本的改造』（私家版）によって断片的ではあるがうかがうことができる。

保々は、序の冒頭で次の様に述べている。

我日本の現況は、万般の事が行き詰りである。内地にあれ、外交、植民乃至貿易にあれ、悉く深憂すべきである。此険難を排除し、向上発展の新路を拓くには、悠長なる話の様であるが、「人間らしき人間」を多く養成するより外に方策はないと思ふ。……内容の空疎、不明なる所謂「思想の善導」を絶叫する為政者の如きは正に憐むべき徒であると思ふ。（二ページ）

「『思想の善導』を絶叫する為政者」とは、「新教育」「左傾思想」の取締りと、「軍事教育」の導入を柱とする「思想善導」策を強化しようとする加藤高明内閣を指すことは明らかであり、保々の著作の目的が分かる。

保々は好奇の眼を持って欧米の教育事情を見て歩いた。最初の訪問国イギリスでは議会を中心とする政治体制と日本の政治との落差のあまりにも大きいことを目のあたりにし「議院に歳々繰返さるる車夫馬丁の為すが如き狂態は、心ある国民をして『立憲政治』そのものを疑わしむる有様に立到らしめ……我国の政治家達は『政治とは野心家の野望を逞うする術』と思って居るのでは無いだろうか？『政綱』とは羊頭を掲げて狗肉を売る衆愚偽瞞の表看板である[4]」と日本の政治を痛烈に批判し、「日本憲法には、国民に『権利すらない』ことになったのである[5]」とまで断じている。国民に諸権利がないことは事実であるが、それを指摘することは勇気のいる時代である。

保々はかかる状況を脱するには「青年に政治教育を施すべきである[6]」という。保々のいう「政治教育」とは「真正の政治を解する力」を養うことである。「東洋では、治者階級が被治者に臨む教化はあるが、平面的関係、『社会』がない[7]」つまり、「平等」という観念もなく、「自治」も発達しない。この点、欧米の政治思想に学ぶべきである。その要となるのが学校教育である。「日本の教育は独乙の教育の翻案である。独乙教育は主知である。米国の一教育家は、余に語つて云ふ、『独乙の教育は、What do you know?』であり、『英国の教育は、What kind of fellow getting on?』であり、然り而して『我米国の教育はWhat can you do?』であると。……独乙の教育に欠けて居る『社会生活訓練』即ち、『公民教育』は、遂に輸入されなかった」[8]のである。日本では修身の時間に「公民教育」に近いものを行なっていたが、それは「国体ノ精華ヲ知ラシム」ことを目的としたもので、大正デモクラシーの風潮の中で国体思想を維持するための教育であり、保々の主張する「善良なる市民の習俗を、訓練する」[9]ための教育とは異なっていた。「教育勅語御下賜以来三〇年、世態、人情は変化して居る。元田、井上両先生の草案時代とは万般の事が違つて居る。儒教主義の徳目を文字通り解説しては、今日の時勢に適合するとは言われぬ。」[10]と述べている。教育の根本である「明治天皇の教育勅語」を時代遅れと公然と批判したのである。保々は一評論家ではない、教育行政の中心にいた人物である。しかし、直言してはばからない保々の言葉は読む人に妙に共感を与え「非国民」のレッテルを貼られることなく読まれた。保々の直言はこれに止まらない。保々は「日本の教育に科学的態度が欠如して居る」こと、それは「学術と宗教とを、混同して居るから」[11]起こることを指摘し、「日本では正体も判らぬ神様でも批評すれば、非国民の如く言はれる。」[12]と批判をしている。保々は決して「危険思想」の持ち主であった訳ではない。ただ、欧米の民主主義の尺度でみると、日本はあまりにも非常識が大手を振って歩いていた。このことを「改造」しなければ、まさに「帝国の危機」であると指摘したに過ぎないのである。視察を通して保々の眼は日本の教育に対しますます批判的になっていった。

アメリカでは「米国のボストン市郊外のハーバード大学に行き、教育ある米人達の懇切にして開放的な『気宇』に感心しながら見せてもらった。バンカー・ヒルの記念碑を訪ねて、独立戦争当時の愛国者の『自由の精神』が、この偉大なる今日の米国を建設したことを思った。[13]」保々はアメリカで「自由」というものを体感した。教育が「自由」を奪う様な精神を作り上げる手段となってはいけない。教育は本来「自由」であるべきで、そのことによって教育が進歩するということを実感した。保々はアメリカの教育に異質なものを発見したのではなく、保々自身が求めていたものを現実の姿として見たのである。日本の画一的学制、国定教科書によって縛る教育内容、法令に基づく入学卒業資格に対し、「満州」の特色を生かし適応した教育を実現するために「郷土教育」「満州補充教科書」「中国語教育重視」「筆記試験の廃止」等はいずれも文部省学校令の範囲を越えた教育を目ざした保々の小さな「自由」を求めての改革であった。

保々が一番心を動かされたのはベルサイユ条約後のドイツであった。保々は次の様に述べている。

ドイツが困窮の極にあったある日、私はベルリンより遠からぬポツダム離宮に出かけた。見ると、離宮にあまり遠からぬ地点に新たに立派な建物ができかかっている。〈何であろう?この窮迫の時代に〉と私は自問しながら尋ねると、『それはアインシュタインの相対性原理の研究所を造る。』とのことであった。〈学問のため、真理のためには、あえてこのような大金をかけるものか。戦争に敗れても、世界文化の先頭を行こうとするドイツ国民の意気ごみがこれだ。〉と感嘆したものだった。

それから間もなく、ドイツ新聞をみていると、プロイセンの教育改革案が出ていた。『国民の水準を高めるには如何にすればよいか。それは国民学校教育をよくすることである。良くするにはどうすればよいか。国民学校の教師を良くするにある。教師を良くするにはどうするか。それは教師の教養を高め、同時に教師の社会的地位を向上させることにある。そのためには、在来の師範学校を廃し、すべての教養を大学並みとし、初等学校教諭は一四か年、中学校教諭は通計一七か年を要することとした。国民学校六か年、ギムナジューム七か年、教育研究所一か年を経て、はじめて教師になれる。』それは、日本の専門学校よりはるかに高い教養を初等学校教師が持つことになっていた。そこで、私は、できるだけ多くの初等・中等学校を視察した。(14)

敗戦国ドイツで保々が見たものは、天文学的賠償を抱えながらも教育に力を入れる姿である。戦勝国日本は大戦景気のあおりで、薄給の教員志望者が少なくなり、まして「満州」まで出かけて教員になろうという人材はなおのこと少なくなっていた時代であった。師範学校の教育が一段低く見られている風潮はなんとしても是正しなければならない。教師の地位向上と待遇改善がなければ優れた人材を教育界に集めることはできない。教師の人格と学識が高まれば、よい教育が行なわれるようになり、教師も社会的尊敬を集めることができるようになる。保々はドイツの教育を視察して「よい教育はよい教師の手によって」という自身の信条を固めた。

教育界の極めて当りまえの常識を正論をもって論じ、論じるだけでなく実行する。これは保々が教育の門外漢であるからできたことともいえる。

（1）前掲『満鉄教育回顧三十年』「思ひ出るまま」七ページ
（2）前掲『保々先生を偲ぶの記』一四ページ
（3）同前
（4）保々隆矣著『帝国の危機と教育の根本的改造』大阪屋号書店　一九二四年　七ページ
（5）同前　一一ページ
（6）同前　一二ページ
（7）同前　四七ページ
（8）同前　五八ページ
（9）同前　六七ページ
（10）同前　六〇ページ
（11）同前　七九ページ
（12）同前
（13）前掲『満州忘じがたし』二四ページ
（14）同前　二三ページ

九　満州教育専門学校の設立

保々は一九二三年（大正一二年）五月、外遊を終え帰国し、審査役に任命された。[1]審査役は総裁直属で特例事項をまとめて具申するという役職で、当時、鞍山製鉄所の貧鉱処理、撫順炭坑の油母頁岩除去といった調査が行なわれていた。総裁直属といっても第一線を離れた古参幹部の調査具申機関で、いわば閑職であった。新しい社宅は南山麓の楓町の閑静な住宅地にあり、外遊の成果をまとめるにはうってつけの環境であった。先の『帝国の危機と教育の根本的改造』はこの時期にまとめたものである。

保々は、まず「巡査と小学教師は、都市に於て貧民の代名詞の如く呼ばれて[2]」いる現状を打破し、教師の質を高め、社会的地位を向上させることから始めるべきであると考えた。「満州」の地において教鞭を執る「多くの教員の中には、純粋に教育愛に燃える人ばかりはいなかった。一旗組の金銭欲の強い人もあった…第一次大戦以後の好景気につれて、薄給の教員志望者が少なくなり、各府県がだんだん教員の出向をむずかしくした。特に、満鉄が望むような優秀な教員を容易に手離さなくなった[3]」。例えば、一九二三年（大正一二年）度は、七七名の採用を予定していたが実際は三八名しか採用できなかった。

外地においては、特に教師の質が問われる。内地の師範学校出身の教師は、外地という特殊性な環境の中で様々な教育問題に出くわし、たえず難問山積の状況にあった。満鉄が適地適応教育を標榜する限り、現場の教師は授業に工夫を必要とする。付属地の教員の殆どは、師範学校の新卒者を採用し、渡満後、再教育を行ない配属するというシステムを採っていた。しかし、再教育の時間的制約もあり教員が「満州」の事情を十分に把握できないままに配属されることが多く、「満州」の地に適応した教育を十分行なうことが出来ないでいた。そこで、満鉄では自社経営の師範学校を創って「満州」の地で教員養成を行なってはどうだろうかという意見が早くからあった。同じ問題を抱える関東州では、一九二〇年（大正九年）に中国人教師のための旅順師範学堂に小学校教員養成部を設置し、日本人教員の養成に乗り出した。(4)満鉄の監督官庁に当たる関東州の措置は、当然満鉄にも影響し、自社経営の師範学校構想が急遽具体化する運びとなった。満鉄では法貴学務課長を中心に二年制の師範学校二部制案が検討具体化し、既に予算措置も付いていた。(5)

保々は外遊から帰りこの師範学校案を知り、練直しを指示した。保々は外遊によって欧米の教育施設を見て回り、その政策を知り、日本の師範教育に疑問を持つようになっていた。先の『帝国の危機と教育の根本的改造』は、保々イズムともいうべき教育論に基づいた日本の師範教育批判でもあった。保々は内地の師範教育の焼直しともいえる師範学校設立には反対であった。保々はドイツの師範教育に範をおいた学校の設立を模索していた。教育を良くするには教師の教養を高め、教師の社会的地位を向上させることにある。そのためには在来の師範学校を廃し、すべての教養を大学並みとする必要があると考えた。当時、中学校程度となっていた師範学校を大学レベルまで引き上げることは難しかったが、せめて専門学校程度までは引き上げたいというのが保々の構想であった。「是非とも専門学校を」と設立趣意書を持って重役の間を回ったが、皆一様に難色を示した。理由は、初等教育担当の教員は師範学校で養成するという内地の制度を飛び越して師範専門学校を創るまでには機が熟していないということであった。ついに、保々は上京のため乗船しようとした村上社長に大連埠頭で待ち受け直訴し、大蔵公望理事に一任するという言を取り付けた。(6)幸い大蔵理事は賛成してくれたので、関東都督府の了解を得て、文部省、陸軍省、拓殖局の了解を得て満鉄に帰ってきたところ、経理部から予算と違うということで異義が出たが、なんとか社長決済を得ることができた。正式申請書を文部省に提出したところ、目的が初等教員養成では程度が高すぎるということで再び暗礁に乗り上げてしまった。文部省の認可のないまま入学試験を実施した。結局、学則の「初等教育に従事する教員養成」の「初等」を削除するという苦肉の策で文部省の認可を得ることができた。(7) 満鉄社内は一貫して冷淡であっただけでなく、卒業生を迎える立場の付属地小学校の教員も世代交代の波を感じてか冷ややかであった。

難産であったが満州教育専門学校は開校した。大阪高津中学校長の三沢糾が校長候補に上ったが、台北高等学校校長に転じ、保々が学務課長と校長を兼任することになった。

満州教育専門学校の設立趣意書には五つの設立目的が掲げられている。(8)

1. 満州に於ける教育振興上特に優秀なる教員の養成
2. 指導者の地位に立つべき主要教員の養成
3. 満州の事情に通じ土地に適応した教員の養成
4. 教育の方法に関する研究の中心機関たらしめる
5. 初等科教員の採用難の解消

入学資格は中学校卒業以上、修業年限三年、文科一部（国漢）、二部（地歴）と理科一部（博物）、二部（理数）に分かれ、各部の定員が一〇名で、一学年計四〇名であった。全寮制、授業料無料、月額三〇円の給費制を採り、卒業後は満鉄社員（本給七三円）という破格の待遇が保証されていた。内地の高等師範学校に近いものを目ざしていたことが分かる。教授陣も内地の数倍の俸給を出し、高級社員用の社宅を準備し、蓮の大賀一郎博士、遠藤隆次博士（元埼玉大学学長）、唐木順三（元明治大学教授）など三〇名近くを招いた。(9) 学生一人を卒業させるのに一万円掛るといわれ、満鉄重役たちからは、金食虫だといわれたが、保々はすぐれた人材を養成するには金がいるのは当然だといって頑張った。満州教育専門学校の事績については、同窓会編『満州忘じがたし』に詳しく紹介されている。

保々は二〇倍の難関を突破してきた第四期生を前に「本校の使命」と題して次の様な式辞を述べている。

今日の師範教育は、1．生徒が物質的に恵まれて居ない事、2．若きより「人の師」たる事の教育にのみ重心を置く所の所謂師範教育を受けた為、青年は其自然の感情を抑圧され、人性を矯められ、その結果「青年らしき」時代を失ふのではあるまいか、3．所謂国民道徳を高調し過ぎた為め、思想上の批判力を失ひ、口に「創造教育」を説くも、実際を盲目的、服従的に化して居る等の欠点がある。更に智識上に於て、普通師範は勿論高等師範も外国語の力に不足している。……余輩は本校を出来る丈け「明るい学生」「原書の読める学生」「頭の固陋ならぬ」学生を養ふ処としたい考があるから敢て教育専門学校と呼称したのである。……一国家、一民族の興亡はその国民が有する風習、教養が時代に適応しているか否かによって岐るるものである。……然るに我国の現情は怪しげなる代用教師や、準訓導、僅々普通師範四カ年を修業した凡才連が大都市の真ん中に於てすら、人の子を託されて居る。これで果たしてよいのか。人間と言ふ万物の霊長を取扱ふ教師は「先生と呼ばるる程の馬鹿でなし」と挨拶されて居る。…欧米は勿論、支那に於ても、教師は何よりも有力なものである。新興の日本人にかかる大誤算がある事は、国家の凶兆である。……諸君を此の尊い仕事に当る人として学校は養成するのである。(10)

保々はよく「在来の教師を大船に乗せて太平洋の真中に捨ててしまえ、そうしなければ日本の教育はよくならぬ。」(11)と過激な発言をしていた。「師範」専門学校としないで「教育」専門学校としたのも「今日の〝師範〟はいわゆる師範臭味があって、何となく局外者から嫌悪されている」(12)からで、少しでも既成の師範教育と異なることを強調したかったからであろう。

内地の枠にはまった師範教育からはいい人材が生まれない。だから教育はできるだけ自由にする必要がある。保々は教科選択を自由にした。一九二四年（大正一三年）秋、「満州」を視察した後藤は、大連に立ち寄り満州教育専門学校と南満工業専門学校の学生を前に講演し、「大連に来て、工業専門学校あり、教育専門学校あるを聞く。諸君、専門とはカタワの異名じゃ[13]」といって驚かせたといわれる。保々の考えにもこれと共通するものがあって「専門」という名前を付けてはいるが、「常に全体を知れ。部分にちぢこまるな[14]」ということを口癖にしており、卒業後の進路についても「札幌農学校から、新渡部稲造博士が出たり、有島武郎氏が出ても結構である。将来一流の、国家有用の材として働ける人であればよい[15]」という自由な考えを持っており、給費制度を採ってはいたが、就職先を教職に縛ることはしなかった。

保々は体育と語学にも重点を置いた。大陸の生活に耐える体力は教員生活の前提であった。オリンピック日本代表の斎藤兼吉、ハーバードに体育研究のため留学した岡部平太を招請して体育指導に当らせた。斎藤は「満鉄小学校体操要目」を作成し、その後「満鉄体操」として広く行なわれた。保々はかつて中国語を小学校の必修科目にすることを提案したが、「満州」の地で教鞭を執る者は中国語は必修科目であるという考えのもとで、東京外国語大学出身の秩父固太郎を招請して中国語教育を重点的に行なった。在学中に満鉄の語学検定試験の難関といわれた一級に合格するものが続いた。

保々は学生に制服として背広を義務づけた。イートン・ハーロウ風の若い紳士を念頭においてのことであろう。給費制度という規制の中で萎縮し貧乏臭さだけが残る師範出身の教師像を一新するにはまず、服装から変えなくてはならないと考えた。

保々が満鉄を去る年に教員実習の場として加茂小学校が設立された。先の『満州忘じがたし』に加茂小学校の記録が載っている。それによると、加茂小学校の運営は「因襲の破壊」が旗印であった。全校児童を教員全員が接することのできるように時間割が作られ、「学級王国」のセクショナリズムを廃し、クラスも少人数主義が採られた。運動会、学芸会、夕涼みの会に至まで、すべて教師と生徒が一緒になって準備し、教師は二四時間生徒と一緒にいるように努力した。朝礼を廃止し童話の会とし、鶏、豚、山羊が飼われ小屋作りから糞の世話まで生徒の手でなされた。教室の机は五、六人が組になって座る楕円形のテーブルとし、夏には楡の木立の中に野外教室が作られた。自動車を購入し、できるだけ郊外に生徒を連れ出し、草花昆虫に接しながら授業をするようにした。優秀児童による学級指導が行なわれがちな級長制を全廃し、全員が手分けして何らかの役割を担えるようにした。[16] こうした加茂小学校の教育実践は、保々の目ざした「共同作業を為す習慣」「同情ある奉仕」「社会団体の有為なる一員とならしむる事」といった教育理念と大正の新教育運動の教育実践の流れを汲むものであった。

保々の満州教育専門学校に寄せる情熱はなみなみならぬものがあった。保々は「教専は僕の私生児だ。それだけに一層可愛い[17]」といっていた。殆ど学校の仮寄宿舎から大連本社へ通うという生活であった。学校が奉天に移転すると専任校長として居を奉天に移して教壇にも立った。平日は保々が甘栗をどっさり買い込んで、寮に泊まり込んで学生たちと議論に花を咲かせる光景がよく見られた。また、日曜日の保々の家はさながらクラブの様で、親元を離れた学生たちの憩いの場と化した。保々の銅像が卒業生、教職員によって校庭に建られたのはこの頃のことである。

保々は満鉄経営陣とは学校経営や教育方針を巡っていつも対立してきた。しかし、一面、満鉄という器があって、初めて保々の教育理念が実現されたともいえる。

一九二八年（昭和三年）七月、山本条太郎が社長となり、松岡洋右が副社長になり、保々は地方部長に昇進し、三省堂顧問の前波仲尾に校長を譲って大連本社に移った。[18]

一九二七年（昭和二年）、最初の卒業生を世に送り出してから四年たった一九三一年（昭和六年）一月、生徒募集を停止し、一九三三年（昭和八年）廃校となった。内地の師範学校も修業年限が延長され、内地から人材を得ることができる様になったことを主な理由としているが、本当は経営合理化の犠牲になったものである。

保々は、欧米視察によって児童本位の自主的、創造的教育の新しい教育思潮にふれ、満鉄教育に体現しようとした。大正デモクラシーの潮流としてあった「新教育」「自由教育」と軌を一にしたものであったが、その影響というより保々自身がアーサー・ダブリュー・ダンの『小学校に於ける公民教育』、アール・ブレヤーの『倫敦に於ける教育組織』を翻訳した紹介者でもあった。しかし、内地では大正デモクラシーの終焉とともに、岡田良平文相による「新教育」規制と「左傾思想」の取締が進んでいた。

この時期、保々は一冊の本を訳している。ホークス・ポット著『支那史概説』である。[19]北京大学教授の胡適に会った時、科学的立場で書かれた中国の歴史書がないことが話題となり、教育専門学校の学生のために探していたところ『支那史概説』を見付け、仕事の合間をぬって翻訳したものである。保々は「序文」の中で、日本の中、高等学校における中国史の講義が「浅薄なる」内容で、「六カ敷き固有名詞の行列が不断に続き」、学生が嫌悪している現状を指摘し、もっと興味を持って読める歴史書が必要で、その点本書は「滔々五千年の経過を、汽車の窓より外を眺むる如く、近きもの大に、遠きものを小に、新に描ける」と評価している。なお、ホークス・ポット博士は在華四〇余年の「中国通」で、王正廷、顧維均等が学んだ上海セント・ジョーン大学の校長である。

（1）保々の帰任の時期について、前掲『保々先生を偲ぶ記』は、「大正一二年八月先生が帰任される」（一五ページ）とあり、前掲『満州忘じがたし』は「大正一〇年一〇月出発、一二年七月帰社」（一三ページ）とあるが、前掲『帝国の危機と教育の根本的改造』には「著者は大正一〇年末、満鉄より欧米視察を命ぜられ同一二年五月帰社致したものです」（二ページ）とある。本人の記述を尊重して、五月帰社とした。

（2）前掲『帝国の危機と教育の根本的改造』九五ページ

（3）前掲『満州忘じがたし』二一ページ

（4）前掲『関東庁施政二十年史』一九二六年　一七一ページ
（5）前掲『満州忘じがたし』二八ページ
（6）同前　一一七ページ
（7）同前　三一ページ
（8）前掲『満鉄付属地経営沿革全史』上巻　五四四ページ
（9）前掲『満州忘じがたし』三五ページ
（10）同前　三五〜三六ページ
（11）同前　一七二ページ
（12）同前　六一ページ
（13）同前　一〇〇ページ
（14）同前　一〇一ページ
（15）前掲『満州回想』一一九ページ
（16）前掲『満州忘じがたし』一二〇〜一二四ページ
（17）前掲『満州回想』一一九ページ
（18）同前　一一九ページ
（19）ホークス・ポット著・保々隆矣訳『支那史概説』文教書院　一九二八年

一〇　職業教育の奨励

保々が地方部長に就任した時期は、華北の在留日本人引上げが検討されるほど緊張状態にあった。軍事的には国民革命軍の北伐が長江一帯に及び、経済的には金銀為替相場の変動により日本企業はことごとく収益を落としていた。奉天総領事吉田茂は「在満邦人ハ今ヤ既設事業不況ト新事業不振ノ為メ経済的飽満状ヲ呈シ此侭ニテハ発展ノ前途甚タ望ナキヲ思ハシム」（「満州経営ニ関スル件」）と述べている。(1)一九二七年（昭和二年）四月、田中義一内閣が成立し、「国民精神ヲ作興シ、経済的ニ産業立国ノ大旨ニ徹底シ国民ヲシテ衣食住ノ安定ヲ得セシムルニアリ、是レ教育制度ノ改善ト、税制ノ根本的整理ヲ必要トスル所以ナリ」（「宣言」[2]）とし、実業教育の徹底を施政方針の一つに掲げた。既に一九二〇年（大正九年）、第一次世界大戦の好景気に刺激され「大ニ経済力ノ増進ヲ要求シテ」実業学校令が改正され、実業学校が増設されていたが[3]、「満州」では実業教育の対象は日本人の下で働く中国人が主であり、日本人に対しては実業補習学校において臨時的に実業教育が行なわれてきた。ところが、吉田が指摘した様な経済不況の中で、実業教育に本腰を入れる必要が生じた。一九二八年（昭和三年）、保々は本来中国人の職業学校として開設していた熊岳城、公主嶺の各農業学校、営口、遼陽の各商業学校を改組し、中国人に併せ日本人をも対象とする職業学校とし、名称も実習所と変更した[4]。先の『満鉄教育史』には職業教育について「職業上漸次侵蝕ヲ受ケルカ如キ状況下ニ在ル邦人ヲ救済スル」（一、八六一ページ）とあり、既成の中国人学校に割り込む様な形で日本人を対象とする職業学校を作るという方法を取らざるを得なかったことは、経費面を含めて日本人の職業教育がかなり切迫していたことを示している。また、在満日本人は多くは、中国人との競争に勝ち目がなく、じり貧状態にあり、中国人の職業教育より日本人の職業教育を優先させるべきだという意見が強かった。

保々は設立の趣旨として「各実習所ハ満蒙ノ地ニ永住シ堅実ナル農業商業又ハ工業ヲ営マムトスル敢為力行ノ青年ヲ養成スル[5]」と述べている。保々は商業実習所について「出来得ル限リ実地ニ就キ商店経営ノ要訣ヲ会得セシメ、特ニ中国語ニ練達シ中国人ノ習俗、嗜好、満蒙ニ於ケル商習慣、金融関係等ニ通暁[6]」することを主眼とし、工業実習所については「満州ニ於テ各種工事ノ現場監督者又ハ職工長トシテ日華職工ノ指導訓練ニ任スヘキ日本人ノ実際技術者ヲ養成スルコトハ極メテ肝要デアル[7]」と述べている。また、実習方法として、「実習生ハ総テ之ヲ各其ノ寄宿舎ニ収容シ、職員及ヒ実習生ヲ以テ一団トスル一大家族トシテ共同ノ生活ヲ営マシメ、其ノ日常ノ生活ノ如キモ出来得ル限リ之ヲ支那式トシ[8]」としている。特に中国人と接触の多い現場の技術者を養成するには適地適応主義を徹底させる必要があり、如何にも保々らしい指示である。

実習所の設立以前は、主に職業教育は実業補習学校が担っていたが、職業教育強化の方針の下に、一九二一年（大正一〇年）一二月の実業補習学校規則が改正され、教育内容がこれまでの普通教育中心から実業教育中心に変わった。さらに翌年、実業補習学校振興策が打ち出され、校舎独立、専任教員の配置、商業科、工業科の設置、修業年限の延長（二年）等を実施し、実業補習学校は一層職業教育の比重が多くなった。保々は、こうした実業補習学校の実績に立って、より専門的技術を持つ「満蒙ノ地ニ永住」できる人材を育てることを考え、各実習所を設置したのである。巨視的に見れば、日本の政治情勢が要求したものであったが、職業教育を適地適応主義教育の延長として重視してきた保々の考えに基づくものでもあった。

一九二六年（大正一五年）、内地小学校令が改正され、農、工、商業の実業科目を必須科目に加えられたことに関連して、満鉄社営の小学校の高等科に工、商業「実業」科が必須科目として加えられた。(9) また、関東州では「支那語加設規定」が公示され、中国語が小学校の正科として加えられることになった。(10)

(1)　佐藤元英著『昭和初期対中国政策の研究』原書房　一九九二年　八二～八四ページ
(2)　田中内閣編纂所編『田中内閣』一九二八年
(3)　国立教育研究所編『日本近代教育百年史』一九七三年　三四六ページ
(4)　前掲『満鉄付属地経営沿革史』上　五五六～五五八ページ
(5)　前掲『満鉄教育沿革史』一八六二ページ
(6)　同前　一九六三ページ
(7)　同前　一九六四ページ
(8)　前掲『満鉄付属地経営沿革全史』上巻　五七一ページ
(9)　同前　四〇二ページ
(10)　関東庁『関東庁庁報』昭和二年四月二八日付

一一　満鉄退社と『邦文外国雑誌』の発行

一九二九年（昭和四年）七月、張作霖爆殺の責任を取って田中義一内閣が総辞職し、替って民政党の浜口雄幸内閣が発足した。浜口内閣は経済立直しのため緊縮政策を持って臨んだ。田中内閣時代の地方長官の入れ替えが行なわれ、少数の知事、内務部長を残し民政党が人事を握った。満鉄でも山本条太郎総裁と松岡洋介副総裁が辞任し、民政党の仙石貢が総裁に就任した。それに伴って山本総裁時代の理事も辞任した。一連の民政党人事とは別に、満鉄の経営も悪化していた。一九二六年（昭和元年）を百とした利益指数は一九三〇年（昭和五年）には六〇まで落ち込んでいた。ついに一九三〇年（昭和五年）六月、翌一九三一年（昭和六年）七月の二回にわたり高級社員五〇人を含む二、九一三名の大量解雇を断行した。[1]保々が学務課長に就任した年に七、五〇〇名を解雇した時から数えて五回目の人事整理である。海を渡った浜口内閣の緊縮政策と満鉄自身の経営悪化の結果である。

保々はこの人員整理の発表される前の五月、満鉄を去った。[2]一〇年前、病弱の妻と二人の幼子を連れて上陸した大連港からの帰国であった。外遊を挟んでの在満生活一〇年、付属地教育のために奮闘した一〇年であった。恩賜の銀時計を胸にエリート官僚の道をトコトコ登って行く生き方を捨て満鉄に入り、満鉄教育界に保々イズムを巻き起こしたが、城明け渡しのような帰国を余儀なくさせられた。満鉄就職を前に「君！満鉄など行くなよ」といわれた宮尾舜治の言葉が心のどこかでこだましていたかもしれない。帰国後、保々は満鉄時代の知り合いの多く住む世田谷代田に居をかまえた。内地の生活を始めると、「満州」にいる時は聞こえてこなかった東大の同期の仲間の消息を耳にするようになる。後年「全く満鉄にグズグズして居る間に当時の仲間は次官にも民政長官にも貴族院の勅選にもなって居る。知事などには悉くなった。[3]」と歯軋りする様に語っている。保々四七歳、まだまだ隠居できる歳ではなかった。「悠悠自適の生活」は保々にとって耐えられない日々であったようだ。

一九三一年（昭和六年）三月、保々は一つの事業を始めた。『邦文外国雑誌』の創刊である。満鉄時代の足掛け二年の外遊は大きく保々の心を揺り動かした。欧米の教育事情を見聞することによって、日本が見えてきた。それは「帝国の危機」であった。この「危機」を伝えたくて『帝国の危機と教育の根本的改造』を著した。しかし、多くの人は振り向いてくれなかった。そこで保々は再び外国を紹介することによって日本の「危機」を伝えようと思ったに違いない。

保々は創刊之辞で「世界各国は、愈々其関係を複雑化して来た。今や吾々は嫌でも応でも世界人として考え、呼吸し、彼等の言行を知らねば一等国民として世界に立つことが出来なくなった。吾等が邦文社を起し『邦文外国雑誌』を発行するには正に此時代的要求に応じ文章報国の志を尽さむと欲するからである。……飽迄世界の与論を明鏡の如く本誌に反映、縮写せしめ大衆への世界智識の主要なる供給者とならむと欲するものである。」とその目的を述べている。

当時編集を担当した後藤春吉（満州教育専門学校一期生）は「満州事変勃発の前年のことで、そろそろ職業軍人達の高天原独断論が強くなりかけていた頃としては、広く世界の与論に耳を傾けるということは、日本の運命を考える上にも最も必要な時であった。先生も密かにそうした祖国の前途を憂うる気持もあって、この事業を思いつかれたのかも知れない。(4)」と述べている。日本人が井の中の蛙では軍部の独走を許してしまい、「帝国の危機」が訪れる。保々は「黙っていれば一生食うに困らないだけの退職金(4)」を全額投入し、東京駅丸ビルの四階に事務所をかまえ、編集支配人に元改造編集長の秋田忠義、編集長に後に明大文学部長となった吉田甲子太郎を招き、教え子の後藤春吉、東大英文科新卒の吉田忠一の二人を編集員とした。秋田は、林扶美子が若い頃、彼の家で子守をしていたといわれており、文学者との交友も広く宇野千代、尾崎士郎等が『邦文外国雑誌』の事務所に出入りしていた。尾崎の『空挺部隊』の主人公は秋田を、馬込村の村長は編集長の吉田をモデルしたといわれている。吉田は探偵小説の翻訳を『新青年』に連載していた童話作家であった。保々は雑誌を創刊するなら『改造』『中央公論』に負けない一流のものを世に出すべきで、経費は惜しまないという考えを持っていた。執筆料、翻訳料をはずみ、上質紙を使い、派手な広告を出した。(5) 一流のものを創り出すには金がいる。だから金は惜しまない。満鉄に居るとき予算を無視して、必要と思われる事業には経費を惜しまず、学務課をして「保々赤字軍団」と呼ばれたのと同じ経営方法を採った。保々にはもう一つ「経営機関車論」という考えがあり、経営は機関車の発進と同じで、発車時は非常な力を要するが、発車してしまえば加速され動力は少なくて済むという保々流の経営論である。「赤字軍団」方式と「経営機関車論」による運営は、満鉄という大企業の中では通用するかもしれないが、保々の個人企業においては、その後経営悪化を余儀なくさせることになる。創刊号は「ソヴエート五年計画検討」（M・メンデルソン）を巻頭に、ムッソリーニ論「ファシスト・イタリーの思想抑圧」（C・Hアバット）等欧米の情報を満載している。四月、五月、六月と欧米の論説が紙面を埋めているが、七月号から「満蒙の問題」として松岡洋右の「満蒙問題とは何ぞや」を掲載している。八月号以後は「日本と世界」という欄を設け張学良の「日支親善論」、天津大公報の「日本の経済侵略を警戒せよ」等の文章を載せ、九月号では「支那満州研究特輯」を組み保々自身「満州に於ける鮮人排斥の真因」という万宝山事件について書いている。翌年第二巻からは編集方針を変え「満州」問題を中心とする特集記事が雑誌の三分の二を占めるようになる。「張学良を中心に外交秘事・対策を語る座談会」「満蒙時局対策座談会」等が組まれ松岡洋右、中野正剛、大川周明、山本条太郎等が参加している。

この時期、保々は『邦文外国雑誌』の別冊というべき『打倒日本』を出版している。『打倒日本』は保々が地方部長をしていた時、大川周明（東亜経済調査局局長）、田所耕耘（満鉄審査役）等と編集した中国の排日教材の抜粋である。(6) 満州事変直前、『日支の関係は愈々益々複雑化し、悪化しつつある現状に鑑み、その根本的原因をつきとめる有力なる一資料として、これを天下に知らしめる」（序文）ことを目的に再刊したと述べている。また、保々は解説の中で「本書を一覧して彼等の主張に見られれば明である如く、現代及今後の支那人を満足せしむる為には、阿片戦争以後に於ける支那の一切の損失を補償する意味で、関東州の返還は勿論、朝鮮、琉球を放棄し、台湾を返還する所までは少くとも決行しなければならない。」と主張している。日本では中国の地を蹂躙している事実を隠蔽するかのように「日支親善」「共存共栄」といった言葉が氾濫している。これを中国側から見れば「打倒日本」となる。侵略という事実があるから侵略する側は「親善」という言葉が口にする。言論統制の厳しくなってきた中で、日本の言葉としては語れない主張を外国人の言葉として紹介することが『邦文外国雑誌』創刊の保々の気持ちだったのではないだろうか。

しかし、『邦文外国雑誌』は「経営に苦闘の限りを尽くし」ていた。「所謂理想的なものを造れば、正直の所、売れない。識者の称賛を博す程のものでは、大衆は一顧も与えて呉れぬ。故に営利的に大いに売ろうとするには、低調、旧弊の趣味に媚び、時代の進歩に伴はぬ真似をする外に良い方法はありません。」（「一周年を迎えて」）と苦悩の色を滲ませている。雑誌の改名を考えたり、「各国短篇探偵小説名編集」「海外小説四篇」等を入れて娯楽性のある内容にしたが部数はいっこうに伸びなかった。結局『邦文外国雑誌』は返品の山の中で僅か一年で廃刊に追い込まれた。

保々はすべての退職金をつぎ込み一文無しになってしまった。「満州」では保々の理想を実現できる「満鉄」という組織があった。だが、帰国して一人になったドンキホーテ保々はただ理想のみが先行し、敢えなく敗退してしまった。現在、『邦文外国雑誌』は国会図書館等数ヵ所でしか見ることのできない「稀書」となってしまっている。(7)

保々が帰国して出会った悲しい出来事がある。それは長男隆一郎の突然の死である。三歳の時、保々に連れられて「満州」に渡り、その後東北大学法学部を卒業し、「満州国」官吏を志望し大同学院在学中に病死したのである[8]。隆一郎は保々の生きざまを見て育ち、「満州」を愛するようになり「満州国」官吏養成のための大学である大同学院に留学したのであろう。保々は大連で妻を亡くし、長春で長男を亡くした。

（1）満鉄編『南満州鉄道株式会社第三次十年史』一九三八年　一〇三ページ　龍溪書舎復刻版
（2）前掲『満州忘じがたし』四六ページ
（3）前掲『満鉄教育回顧三十年』「思ひ出るまま」三ページ
（4）前掲『満州回想』一二一ページ
（5）後藤春吉著『わが生涯の足跡』潮汐社　一九九二年　三五～四〇ページ
（6）東亜経済調査局編訳『支那排日教材集』一九二九年、保々隆矣『打倒日本』邦文社　一九三一年
（7）神奈川大学経済研究所、天理大学、大阪市立大学、明治大学、北海道大学の各図書館に所蔵されている。
（8）前掲『保々先生を偲ぶの記』三三ページ

一二　満州国協和会顧問

退職金の全てを投じた『邦文外国雑誌』が廃刊のやむなき結果に終わり、長男隆一郎を亡くし失意の底にあった保々に「満州」行きの話が舞い込んだ。それも協和会理事としてである。協和会という組織は、一九三二年（昭和七年）七月創立され「王道の実践を目的とし軍閥専制の余毒を削除する」[1]ことを目的とした「満州国」の翼賛団体である。名誉総裁溥儀執政、名誉顧問本庄繁関東軍司令官、会長鄭孝胥国務院総理で、理事四一名、日本人理事は橘樸、中野琥逸それに保々の三人であった。橘は半ば顧問格で、中野は事務局次長なので、保々は常任の理事ということになる。『満州国協和会の概要』に創設初年度の活動が紹介されている。それによると「満州国」国旗を

三八〇万枚配布し、「王道政治思想の宣化」する目的にそったポスター一〇〇万、ビラ五〇〇万、パンフレット七五万配布している。このほか講演会、座談会、映画会を各地で頻繁に開催し、さらに、日本語学校三〇校を設立し、在校生三、〇〇〇名に独自に編纂刊行した教科書を配布している。この他、従軍宣撫工作、反国家思想の摘発なども行っている。

協和会創設の一ヵ月後、陸軍の定期移動によって本庄関東軍司令官以下、司令部の幕僚の殆どが交替した。後任に武藤信義大将、小磯国昭中将が就任した。「満州国」の属国化をめざす軍部は「民族協和」を掲げる協和会の存在が邪魔になりだし、協和会潰しに動いた。山口重次が協和会事務局次長になってからは、軍部と協和会の矛盾は抜き差し成らぬ状態になっていた。そこで、金井章次は軍部と協和会の橋渡し役に保々を選んだのである。小山貞知の「保々は大物ごなしだから、彼を東京から引っ張って来て常任理事にしよう」(2) という発案がまとまり、金井が保々を説得して協和会に引き込んだ。保々はかつて満州青年連盟結成には金井、中西敏憲以上に陰で援助したことがあり、協和会サイドにたって、満鉄、帝大閥の政府官僚を動かし、協和会を有利にすることができると考えたのだろう。

一九三三年（昭和八年）、保々は協和会常任理事として再び渡満した。保々は自分が軍部と協和会との橋渡し役として「満州」に呼ばれたことはよく理解していなかったようだ。確かに、三宅光治関東軍参謀長とは何回もあっていた様であるが(3)、いくら「大物ごなし」の保々であっても軍部との対立を和らげることはできなかった。保々は調停工作役というより、どちらかというと自分の考えで独断専行して、まわりと矛盾を生み調停してもらう方の人間であった。保々としては常任理事というから協和会の企画運営を委されるものと思って渡満したものの実権は中央事務局の山口事務局次長、小澤開作（小澤征爾の父）などが握っていて、保々の出る幕ではなかった。保々は通訳をつれて長春を中心に要人と会談する日々を送った様である。しかし、「日をふるにつれて、来満当時の颯爽と建設の熱意に燃えておられた姿から、次第に意気消沈の様子が見え始めた。これはいわゆる「専務」理事として、協和会のことは全部自分に委されたものと思い込んで来満されたものの、現地の事情はなかなか複雑で、先生の思うようにはならず[4]」短期間で匙を投げる様に協和会を去って帰国した。『満州国と協和会』理事の中に保々の名前がないのはこうした経緯を物語っているものと思われる。

保々がなぜ協和会の常任理事を引き受けたのかは分からない。『邦文外国雑誌』が順調にいっていれば引き受けなかっただろう。もしかしたら「満州国」建国は保々の心をゆさぶり、「民族協和、軍閥専制削除」を掲げる協和会の活動に同調する気持ちを起こさせたのだろうか。保々の軍部嫌いは有名で、関東軍の独走を誰はばかることなく批判していた。『満州忘じがたし』では保々が協和会を辞めた理由として「本質的に自由主義であった先生の思想と、大本を関東軍が握っている現地の考え方とは結局合致し得なかった点にあったと想像される。[5]」と述べている。

帰国後は平生釟三郎文部大臣に頼まれ、神戸市の甲南高等学校校長を務め、また日満教育協会理事長を務めた。[6]

（1）小山貞知編『満州国と協和会』満州評論社　一九三五年　七六ページ
（2）山口重治著『満州国建国の歴史』栄光出版社　一九七三年　二七八ページ
（3）前掲『満州忘じがたし』二三二ページ　三宅光治は退役後、協和会中央本部長に就任する。
（4）同前　二三三ページ
（5）同前
（6）前掲『保々先生を偲ぶの記』三一ページ

一三　戦後の時代

戦争は終わった。保々の世田谷の家は隣家まで火の手が迫ったが、幸い奇跡的に戦災をまぬがれた。

保々は日本の敗戦と戦後民主主義の潮流の中で、何かをしなければと考えた。そしてもう一度世の中に向かって発言した。一九四八年七月に『社会科のありかた』と『民主化への道』いう二冊の本を刊行した。保々は戦後民主主義の潮流を目のあたりにして、心中「快哉」と叫んだに違いない。今常識になりつつある民主主義については、二〇年以上前に『帝国の危機と教育の根本的改造』で述べたことではないか、その当時は「普通大抵の教育者などは、丸で狂人の言説の如く冷笑した[1]」ではないか、どうして一人でも多くの人が耳を傾けてくれなかったのだと悔しさをぶちまけている。現在は「昨日迄は教育勅語の一点張りであったのに、その正反対な民主主義理念の上に立つ[2]」新しい社会科を前にして、教師達は「『困った、困った』の嘆声のみである」。また、戦時下の統制から解き放された「八千万の親羊は迷うだけで、口では『民主日本』『文化日本』と百万遍言ったとて、封建道徳から一歩も前進すること断じて出来ない。率直に言うと、私が此の書を公にするのもかかる迷える大小の羊群に些少ながらも『心の糧』を与えて、現下の急に応ぜんとする微志に外ならない。[3]」保々は序文でこう述べている。

『社会科のありかた』は「総説」「民主主義の道徳」「新憲法の要綱」「産業の民主化」「文化日本の建設」「貿易立国と国際智識」の六編に分かれている。「総説」では「民主政治」「基本的人権」「市民」といった言葉の定義から説き、保々が二三年前アメリカを訪れた時に入手し『帝国の危機と教育の根本的改造』の中で紹介した「社会公民科」授業のパンフレットを再び紹介している。ここでは「公民科は善良な国民としての習慣の訓練である」とし、そのために「政治的知識を発達せしめ、若き国民として不日の活動に備えしむること[4]」と述べている。これは『帝国の危機と教育の根本的改造』の中で「正当な意味の『政治教育』を学校から駆逐し、青年に真正の政治を理解する力を失わせた」ことを「危機」として捉え、「政治教育」の必要性を説いたことにつながる。さらに、コロンビア大学付属小学校を参観した時の、「公民科」授業の実例を挙げ、(5)さらにはシカゴのマツコシ小学校の標語を挙げている。(6)これも『帝国の危機と教育の根本的改造』とほぼ同様の内容である。「民主的学校」の条件として、「自治」と「協力」の精神を備えた学校でなければならないとし、満州教育専門学校を例に挙げている。「自慢ではないが」と前置きして、「此の学校では完全な「自治」を許した、寄宿舎などは後に舎監もやめて生徒委員に任せたが、生徒は『範を天下に示す』との意気で、勉強にも運動にも復その言行にも専門学校としてなら、日本の如何なる学校にも劣らぬ実力であった」(7)と保々はいう。『帝国の危機と教育の根本的改造』を理念だけで終わらせることなく、満州教育専門学校の教育実践においても体現させた自信のほどをのぞかせている。「総説」では「日本は今日民主国としては『赤ン坊』である。だからアメリカを真似るとしても、それは少なくとも二三十年前のCivicsの程度で充分である」と性急な模倣に警告を発している。

続けて「新憲法の要綱」では「立憲政体」「天皇」「国会」「内閣」「司法権」「地方自治」について述べている。保々は「立憲政体」の章で「君主政治」を山と「民主政治」を平野に例えて違いについて次の様に述べている。

> 君主政治は山の政治で、それは社会を不平等と見る政治である。上位者は生まれながらにして上位、血統や家柄の力で命令権を有つのが当然とする階級主義の国家である。かかる政治を正当づけるには、血統を神聖なるものとすることが絶対に必要である。(8)

保々は象徴天皇の地位について、「その権能は一般国民以上のものとて何もない」(9)状態となったことを歓迎し、再び「天皇を神様にしたり、又統治権の主体としたり[10]」してはならないと述べている。かつて『帝国の危機と教育の根本的改造』において、「日本では正体も判らぬ神様でも批評すれば、非国民の如く言われる[11]」と言論統制を批判した保々にとって、天皇の人間宣言は遅きに失したものであった。

保々は憲法九条について「これこそ人類史上空前の声明であるだけ幾久しく尚武の精神で鍛え上げられた同胞の内には或いはかかる声明を見て、敗戦の結果、余儀なく強いられるものだから、今に時期到来すればと考えている人も多いかも知れないが、これこそ許されない事である。[12]」「戦争抛棄の声明、これこそ真に吾々が文化国民として生きる途であると共に、その奥に秘められたことは日本民族への天の大使命である[13]」と戦争放棄の意義を強調している。保々は反戦論者であった訳ではない。しかし、保々の軍人嫌いは有名で、「軍人共は向こう見ずなことをする。このまま進めば大戦争になり、日本はしまいには諸外国から袋叩きに合うことになる[14]」とよく話していた。

『社会科のありかた』と同時に刊行された『民主化への道』は日本弘報社から「民主文庫」のシリーズの一巻として出版されたもので、その中には中島健三の『農村と文化』も収められている。『民主化への道』は次の様な書き出しで始まる。

　全国の皆さん！私は今、各階層の貴下方を交々と胸に浮かべては『どうすれば祖国は救われるでしょうか』『日本を再建するには何からすべきでしょうか』と独語しつつ、その一助にもと思って茲に筆を執っているのです。申すまでもなく、お互八千万は、民主国民となりました。これは『至上命令』であって、お互の好悪によって取捨選択を許さるべきものではありません。[15]

この言葉には、戦後民主主義の中で心の高ぶりを押さえることができないほど興奮していた保々の姿を彷彿とさせるものがある。

『民主化への道』を執筆したのは「『民主主義』に頗る誤解が多い」からで、その誤解とは「民主主義と云えばそれは社会主義か共産主義であらねばならぬがの如く思い込んでいる人が多い(16)」ことである。保々が『民主主義への道』を書いた目的が「ソ連流の民主々主義」批判にあることが分かる。

保々は「ソ連流の民主々主義」は、「昔の専制君主制と比して何の相違があるのか、人はパンの分配を紙の上で公平にされたからとて、幸福になれるものではない。……只自国を理想の如く教え込まれている。これは曾ての士官学校の我が教育の如く何れは悲惨な暴露の日が来るであろう。(17)」と述べている。保々は欧米の視察によって「自由」の素晴らしさを体得して、戦時体制の中でも「服従する道徳」ともいえる「教育勅語」の精神を否定し、国民に権利すら与えない帝国憲法を否定し、「形式中毒」に埋没する官吏を批判してきた。そして、「自由」と「進取」を否定する「ソ連流の民主々主義」は日本の軍国主義につながるものとして保々の考える民主主義とは相容れないものであった。

保々は日本の敗戦を契機にして、「転向」したのではない。欧米視察によって「民主主義」を実感し、日本も欧米にならって民主主義を実践すべきだと考えた。それには、まず、民主主義の基盤となるべき市民層の育成、つまり青年に対する「政治教育」から始める必要を感じた。そこで軍国主義の隙間をぬうようにして満州教育専門学校という形で実現させた。満州教育専門学校の設立は保々の精一杯の体制への異議申し立てであったのだ。

(1) 保々隆矣『社会科のありかた』日本弘報社　一九四八年　二ページ
(2) 同前　一ページ
(3) 同前　四ページ

(4) 同前　二八ページ、前掲『帝国の危機と教育の根本的改造』六七ページ
(5) 同前　二九ページ、同前　六八ページ
(6) 同前　三七～三八ページ、同　五六～五七ページ
(7) 同前　四一～四二ページ、同前　六二～六四ページ
(8) 同前　六七ページ
(9) 同前　一一四ページ
(10) 同前　一二六ページ
(11) 前掲『帝国の危機と教育の根本的改造』七九ページ
(12) 前掲『社会科のありかた』一二七～一二八ページ
(13) 前掲『満州回想』一二二ページ
(14) 保々隆矣著『民主化への道』日本弘報社　一九四八年　一ページ
(15) 同前　五ページ
(16) 同前　九ページ
(17) 同前　一六ページ

あとがき―保々隆矣略伝草稿配布の経緯

竹中憲一早大助教授（執筆当時）は『日本の在外教育の研究』というテーマから『陵南会編・満州忘じがたし』を読まれたのが端緒で、卒業生後藤春吉等に面接され、保々明子等に幾度か電話して熱心に労作を続けられ、一九九四年（平成六年）三月、『保々隆矣略伝草稿』（四二頁）をまとめられ印刷したものを送られました。後藤は草稿を訂正補筆して返送し、保々明子は電話の中で誤りを訂正した外、若干の資料を送りました。私もその草稿を恵送された一人であるが、多大の感銘と感謝の手紙を差出しながら何かに取り紛れてどこかに保管したまま忘却しておりました。

二年後の本年四月、あるものを探して図らずも意外のところから同草稿を発見し再読して驚異的感銘を新にしました。且つ、当時、筆者に宛てた所感と御礼状の〔控〕も同封してありました。補足的な事項に次の様なことを書いております。

安東省初代次長別宮秀夫氏（昭和一〇年、鹿児島県内務部長から満州国に招聘、次いで奉天省次長、大連市長で終戦、ソ連軍占領下に二〇数万の邦人の言語に絶する困難を経て、二三年最終船で引揚後、悲劇の自決を遂げらる）が同省学務科長であった私に、その昔、保々先生が愛知県工場長であったときの先輩の逸話を語られた中に、『保々さんという人は面白い人でした、普通恩賜の銀時計は家宝として大切に蔵っておくのに、保々さんは役所の机の抽き出しの中に入れて忘れておったのを引継ぎの整理のとき他の人に見つけられました』

三期生の那須専太郎が他の数人と保々先生宅へ食事に招かれたとき、先生から直接きいた笑話として、創学六〇周年の多磨霊園での集会で次の様に発表しております。

『愛知県下の郡長のとき独りで自転車で出かけた。ハンドルを切り損ねて川に落ち服が濡れたので太陽で乾かしてから行った。村長以下がいくら待っても郡長は見えない。偵察を出して、偉そうな人が供を連れて通らなかったかときいても誰も来ないという。暫らく遅れて紋付羽織袴姿の村長の前に郡長として現れたのは村吏員が偵察に行き道路傍で尋ねたその人であった』

同じ記念祭で二期の松崎勇は、奉天新校庭で松崎選手と百米競走を誘われた時の話をしている。

『二〇米程のハンディをつけて競走して敗けられると、今度は二〇米程のハンディにしてもう一度走られたがこれも松崎の方が速かった。偉い校長先生が学生と一緒になって裸で接して下さったのが生涯の思い出である。』

この他、保々語録とも謂うべきものも書き添えてある。又昭和一七年、最愛の一男隆一郎が満州国高級官吏養成の大同学院在学中突如病死のとき、急遽、飛行機で夜間遅く火葬場に到着され、暗い電灯の下で棺を開けて長く語りかけられた落胆悲愴のお姿のことも附け加えてある。

早速、早稲田大学法学部竹中憲一氏宛に手紙を差し上げ、数日後に電話して、『保々隆矣略伝草稿』は出版に到らず未定稿のまま引続き取材調査を進めていること、色々新しい事実を把握していること、付属小学校（？）の如きは単に記録に留めるだけでなく今日に再現してもらいたいとさえ思われること、六〇数年も前の甲南高等学校の大水害に際し校長として災害復旧工事の先頭に立たれたことが、先般の阪神大震災の復旧に写真入りで激励記事に成っている等のこと、いずれ上梓して世に問うご内意を知ることが出来ました。

私は陵南の生存者の現状をお話して、部外者である竹中憲一先生の斯の立派な略伝を同窓の生前に是非伝えてやりたい願望を述べ、原草稿のままを条件とし内部配布を承諾してもらいました。

ここに重ねて衷心から陵南一同の感謝を申し上げ、さらなる御労作によって御満足の伝記が世に問われ遺される日の到来を祈念いたします。

竹中憲一先生は「略伝草稿」について、若し誤りがあればその訂正とその他の補足を所望されております。特に前半卒業生の御協力を願えれば幸甚です。

なお、本年八月一〇日、都内多磨霊園の「保々家之墓」の碑の側面に、同家のお許を得て、卒業生堀文吾の謹書した次の文言を刻み、我々一同のこころを後世に残すよすがと致したことを付記します。

満州教育専門学校創学の父
保々隆矣先生ここに眠らる
陵　南　会

この小冊子の印刷から配送に至るまですべては㈱ミズオ印刷所の方々のお世話によります。茲に厚く御礼を申し上げます。

平成八（一九九六）年一〇月一日

陵南会長　森　山　誠　之

付　中国における日本語教育

はじめに

中国における日本語学習者は二〇〇万とも三〇〇万（注　一九八一年当時）ともいわれている。テレビ、ラジオによる学習者を含めると更に多くなると思われる。日本語学習者の急激な増加は、主要には中国の対外開放政策の定着と日中交流の多面的広がりによるものと思う。つまり、外国文化の導入に対する政治的な規制が緩和され、同時に実務面においても日本語を必要とする場が急速に広がったことによるものである。また、過去の日本の中国侵略の「遺産」として旧「満州」地区を初めとして優れた日本語運用能力を持った人材がいたこと、同じ漢字圏の言語として親近感を持って受け入れられ、知識層の枠を超え幅広い学習者層を持っていることなども上げられる。筆者は一九八一年より一九八六年にかけて北京の在中国日本語教師研修センターにおいて中国人日本語教師の研修に携わった。在中国日本語教師研修センターは外務省・国際交流基金の「対中国日本語教育特別計画」に基づき、一九八〇年から一九八五年までの五期にわたって全国の大学の日本語教師に対し日本語・日本文学の研修を行なう機関として北京に設置された。五年間に五九五名が研修に参加した。その間、得た情報に基づき本稿を作成したものである。

中国における日本語教育機関を類別すると次の様になる。公的日本語教育機関としては科学院（アカデミー）、大学院、大学（勤労者を対象とした夜間大学を含む）、高級中学（高校）、職業学校、大学付属の留学予備教育機関、通信教育、中学教師研修機関などがある。非公的日本語教育機関としては各職場の日本語訓練班、地域の青年館や文化館の主催する日本語学校、民間日本語学校、個人教授などがある。また、この他にテレビ、ラジオによる日本語教育、独学者用の定期刊行物も発行されている。

こうしてみると、中国の日本語教育の裾野はかなり広いといえるがそれだけに問題点も多い。

一　日本語教育前史

アヘン戦争以後、西欧列強の中国植民地化に危機感を強めた清朝の改革派は政治改革と西洋科学技術の導入を主張し、洋務派と呼ばれるグループを形成した。その賛同者の一人である咸豊帝の義弟恭親王奕訢《えききん》は、一八六〇年、中国最初の外国語学校というべき京師同文館の設立を建義した。一八六二年、イギリス公使の斡旋によりバルトンというイギリス人講師を招いて英語科が設置され、一三歳から一四歳の満州八旗の子弟一〇名が入学した。一八六三年には、フランス語科とロシア語科が増設された。しかし、日本語科は長い間設置されず、京師同文館開校三九年目にやっと開設された。新中国成立後も外国語大学に日本語科が設立されたのは十数年後のことである。一九〇二年、京師同文館は北京大学の前身の京師大学堂に編入され京師訳学館となり、学生数も四〇〇名余りになった。京師大学堂に付属する官吏養成のための仕学館、教員養成のため師範館には、一九〇二年、東京大学助教授の服部宇之吉、京都大学教授の厳谷孫蔵が教習（外国人教師）としての招請されたが、訳学館には長く日本人教師は招請されなかった。

服部宇之吉が京師大学堂の教習として招請される以前に、日本人の開いた日本語学校が中国各地に開かれていた。一八九八年、福州に東文学堂、杭州に日文学堂があいついで開設された。その後、泉州彰化学堂、天津東文学堂、厦門《アモイ》東亜学院、南京同文書院、金陵東文学堂、北京東文学堂などが中国各地に開設された。こうした日本人による日本語学校の開設の背景には「支那保全論」があった。西欧列強による中国分割の危機を日本の危機として捉え、教育工作を主眼とした近代化を「輸出」することによって「支那保全」を成し遂げようとした。文部大臣外山正一は次の様に述べている。

予は各種の人物が支那の為めに努力せんことを希望するもの、政事家も行く可し、外交家も行く可し、軍人も行く可し、学者も行く可し、技師可なり、僧侶可なり、而して新思想を啓くの第一着歩として、大いに学校を興すべし、……これ興国の第一歩

また、上海に東亜同文書院を設立した東亜同文会は、『東亜時報』（一八九九年）の社論において日本語教育について次の様に述べている。

支那の各要地に、我国人自ら日本語学校を建設し新進俊秀の子弟を教ゆべし、而して我国人の力能く更に力を伸すに足らば、進んで其内地の要所にも亦建設すべし。……日本語の学び易く、読み易きは、彼支那人の自ら知れる所なるが故に、彼らに新知識を与へんと欲すれば、先づ語学校より始めざるを得ず。

こうした日本国内の論調と呼応するかのように清朝は教育制度の改革に乗り出した。一九〇二年から一九〇四年にかけて、「欽定学堂章程」「奏定学堂章程」が発布され、京師大学堂、京師法政学堂などの近代的教育機関が開設された。これらの大学堂に多くの日本人が教習として招請された。実藤恵秀氏の推定によれば、一九〇五年頃には五〇〇～六〇〇名の日本人教習が一八省、一八〇ヵ所で教育に携わっていたという。しかし、日本語教師の内訳は極めて少なく三～五％を占めるに過ぎない。当時としては中国人による日本語教育の比率も高くないと思う。してみると、基礎的な日本語教育は殆ど行われていなかったのではないだろうか。教習として中国に渡った二葉亭四迷や吉野作造は日本語で授業をしたはずである。日本人教習の授業には殆ど中国人通訳が付けられた。

一方、先の民間による各地の東文学堂は衰退していった。主には資金難が原因であるが、「欽定学堂章程」発布による近代学校制度の導入により中国の教育機関が整備されたことにより学生数が減少したことによるものである。更に、一九〇七年頃を境に、政府レベルでの教育機関で教鞭を執る日本人教習の数も減少に向かう。その原因は西欧のミッション系の学校が豊富な資金力をバックに各地に進出したことや、出稼ぎ教師と称される日本人教習の質が問われる事件が発生したりして、清朝政府の不評を買ったことによるものである。もともと中国人が日本人教習を必要としたのは固有の日本文化を吸収するためではなく、西洋文化の輸入に成功した日本を通じて西洋文化の吸収を行なおうとしたからに外ならない。日本語教師が日本人教習の三～五％に過ぎなかったことは、日本語運用能力を持った専門分野の人材を必要としていなかったことの現れではないだろうか。八千人から五千人いた日本国内の中国人留学生の中にも、隣国で生活様式も近く物価の安い日本で西洋文化を学ぶといった意識があった様に思う。

その後、中国における日本語教育は台湾、朝鮮、「満州」における植民地型日本語教育が主流になる。一八九五年六月、台湾総督府の学務部長伊沢修二は台北郊外に日本語学校を開き、台湾における日本語教育の基礎を作った。台湾における日本語教育は植民地同化政策の中心をなすもので、伊沢修二は全力を傾けたが、島民の反日意識が強くあまり成果を上げえなかった。しかし、山口喜一郎らの直接法による教授法が確立し、台湾総督府による強権的日本語教育により全島の五〇％が日本語を理解するまでになった。勿論、学校教育の場で日本語教育が強制されたことはいうまでもない。それだけではなく、日本への服従を踏み絵とした「国語の家」という標識を家々に付け、家族ぐるみの日本語の強制が強いられた。

一九三九年、台湾、朝鮮、モンゴル、華北、華中、「満州」の代表を加えて「大東亜共栄圏」の共通語としての日本語を目ざした国語対策協議会が開かれた。文部省の指導の下で日本語教育振興会が設立され日本語教材編集、雑誌『日本語』の発行、教員養成と植民地への教員派遣が行なわれた。中国各地の日本占領地域では学校教育の中に日本語の授業が取り入れられた。こうした中国における植民地同化政策としての側面を持った日本語教育は敗戦まで続いた。日本語教育の歴史にとって極めて不事な時代といえる。

一九四九年一〇月、中華人民共和国が成立し、その後も日中間には国交のない不正常な状態が続いたが、北京大学に日本語科が設置され日本語教育が再開された。一九五四年、民間による日中貿易に対応するために北京対外貿易学院に日本語科が設置された。同時に、各地の大学に公共外国語（非専攻外国語）としての日本語の授業が再開された。一九六〇年の中ソ論争を境にして、英語、独語、仏語、日本語が見直され始めた。特に、ソ連からの科学技術援助が得られない状況の下で、西側の科学技術情報を手に入れる必要が出てきたのである。やはり英語が主流ではあったが、日本語教育機関も設置され始めた。一九六二年には北京外国語学校（外国語中等専門学校）に日本語科が設置された。一九六三年には吉林大学、北京外国語学院に日本語科が設置された。一九六四年には大連日語専科学校が設立され、日本から一二〜一三名の日本人教師が招請されて、本格的な日本語教育の体制作りが始まった。この頃は、ほぼ全国の外国語学院には日本語科が設置された。しかし、文化大革命が始まった一九六七年頃から一九七二年頃まで日本語教育は中断する。日本語ができるというだけで「外国と通じている」という烙印を押され迫害されたり、戦前「満州国」で日本語を教えたことのある教師は歴史を遡って処罰を受けた。英語、独語、仏語、日本語のできる人は一様になんらかの形で迫害を受けた。

一九七二年九月、日中共同声明によって日中国交正常化が実現し、友好往来も活発になった。各大学には続々と日本語科が設置され日本語熱が高まった。しかし、本格的な日本語ブームの到来は一九七六年一〇月の文化大革命終了後である。中国政府の対外開放政策と工業、農業、科学技術、国防の現代化政策により日中交流が広がり、日本語学習者も飛躍的に増加したのである。

二　大学院における日本語教育

一九八六年現在、一九七七年度から始まった新大学制度の七年間の実績の上に立ち、大学院の制度改革が進められている。最近の新しい傾向は大学院を大学の管理から切り離し、大学院大学として独立させようという動きがある。中国では大学だけでなく研究機関、国家行政機関、地方行政機関が独自の大学院を設置できる。例えば、社会科学院（アカデミー）は大学と異なる研究機関として独自の大学院を持ち研究者を養成してきた。この社会科学院の大学院は社会科学院に対して半ば独立したかたちで機能してきた。おそらく中国の目ざす大学院は教育という枠を取り払い、研究者養成のための大学院大学を目ざしているものと思われる。

中国の大学院入試は全国統一試験の形式が採られ、例年二月中旬に行なわれる。入試科目は年によって異なるが、政治、外国語、専門の三科目である。日本語専門の場合は各大学院独自に入試問題を作成している様である。中国の大学院生は経済的には優遇を受けている。例えば、入学以前に働いていた院生は入学時の賃金が毎月支払わ

表1 日本語専攻大学院生の入学状況

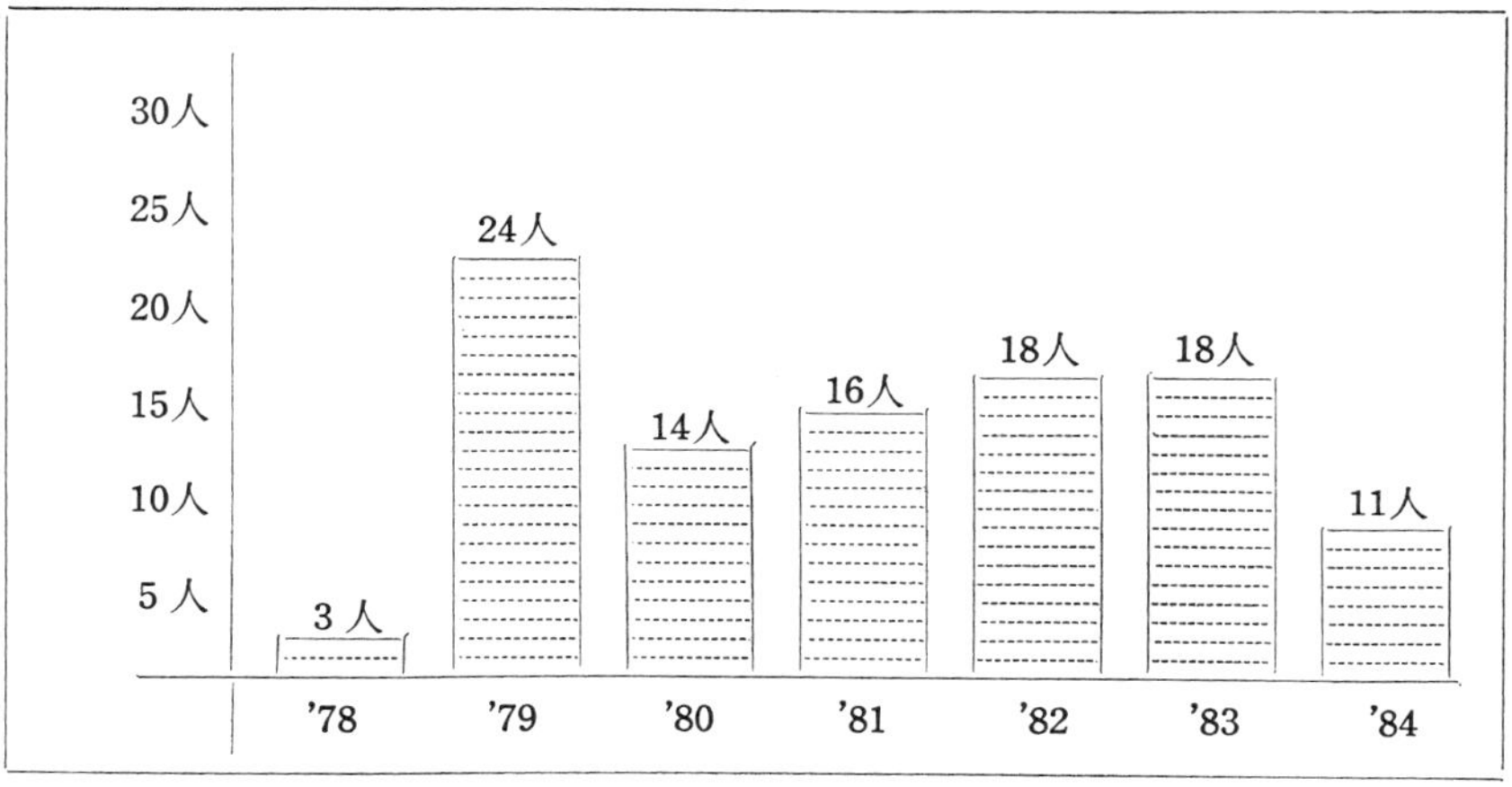

表2 大学院修了者数　　　単位：人

	合計	工科	農林	医薬	師範	文科	理科	経済	政法	体育	芸術
解放前最高年	424	24	32	6	27	106	131	…	98	…	…
1949年	629	94	21	83	78	119	87	121	26	…	…
1952年	2,763	508	90	…	115	878	57	908	168	10	29
1957年	3,178	628	223	239	724	686	419	112	5	139	3
1965年	4,546	1,808	395	248	…	306	1,740	14	10	18	7
1978年	10,934	4,011	331	1,474	693	1,358	2,774	49	…	62	182
1980年	21,604	7,206	724	3,651	1,704	2,628	4,705	451	171	200	164

1980年「中国高等教育簡介」

表3 大学院設置機関

	大学院設置機関数						大学院生数（人）					
	合計	高等学校	中国科学院	社会科学院	国務院各部委	各省市自治区	合計	高等学校	中国科学院	社会科学院	国務院各部委	各省市自治区
1965年	234	134	81	…	19	…	4,546	3,528	943	…	75	…
1978年	370	208	73	18	71	…	10,934	8,396	1,381	405	752	…
1980年	586	316	89	21	102	58	21,604	17,728	1,393	594	1,577	312

1980年「中国高等教育簡介」

れる。大学卒業後に入学した院生には毎月五一元（平均給与六〇元）が支払われる。また、修士論文制作費として四〇元の補助金も支給される。

一九八五年現在、日本語専攻科のある大学は一六校である。しかし、その全てが修士号の認定資格を持っている訳ではない。修士号認定校は上海外国語学院、吉林大学、北京大学、黒龍江大学、洛陽外国語学院の五校に過ぎない。認定校以外の大学院を修了した院生は認定校に行き、論文審査を受けなくてはならない。認定校の少ない原因は指導教授の不足のためであるといわれている。

日本語教師研修センターの研修生に対するアンケート調査によると、一九七八年に復旦大学に三名の日本語専攻の大学院生が入学して以来、一九八四年までに一〇四名の大学院生が入学している。表1は日本語専攻の大学院生の入学状況を表にしたものである。

教育部（現国家教育委員会）の統計によると、一九八〇年現在、大学院は五八六ヵ所あり、大学院生は二一、六〇四名である。この数字から見ると日本語専攻大学院設置校、日本語専攻大学院生の比率は非常に少ない。現在、日本の外務省・国際交流基金と中国の国家教育委員会が共同で、在中国日本学研究センターという大学院を北京に設置している。言語・文学コースと社会・文化コースの二つのコースに分かれ、日本人派遣講師（常時一五名）によって授業が行なわれている。これも新しい形式の大学院といえる。表2、表3は大学院生の専攻別数と大学院の設置機関である。大学以外に研究機関、行政機関が独自に大学院を設置していることが分かる。

授業内容は政治、英語、中国語が共通科目となっている様であるが、日本語専攻については各大学の指導教官の専門によってカリキュラムが組まれている様である。授業は教授、助教授クラスが担当しているが、日本人専門家の担当比重が高い様である。一九八五年現在、日本語科の教授数は全国で六～七名（審査中の助教済を含む）といわれている。更にその殆どが高齢で授業数も限られていることが原因である。一九八一年現在、全国の教授数は

表４　日本語・日本文学専攻大学院の情況

大学名	募集実績	入試科目	授業内容
吉林大学 （長春）	'79　２名 '81　６名 '82　６名 '83　７名 '84　５名	政治 英語 漢語 日本語 基礎日本語 文学 言語 口頭表現	１年 哲学・英語 文学史 古典文学 近代文学 言語学概論 文法学 語彙 ２年 同上 日本概況 日本史
北京外国語学院 （北京）	'79　４名 '80　５名	政治 漢語 日本語 精読 文学 古典	１年 哲学，英語 日本語概論 日本文学史 古典文学 古典文法 ２年 同上
南開大学 （天津）	'79　４名	政治 英語 日本語 基礎日本語 作文 日本文学	１年 哲学，英語 古典文学 近代文学 日本語文法 古典文法 作品講読
広州外国語学院 （広州）	'82　３名 '84　３名	政治 英語 漢語 日本語 基礎日本語 文学 言語 ２次試験あり	政治 英語 漢語 文学史 古典文学 音声学 言語学

大学名	募集実績	入試科目	授業内容
天津外国語学院 (天　　津)	'80　3名 '81　3名 '83　3名	政　治 英　語 漢　語 (現代・古代) 日本語 　基礎日本語 　翻　　訳 　文　　学	政　　治 英　　語 漢　　語 日本文化史 文　学　史 文　　法 精　　読 音　　声
東北師範大学 (長　　春)	'82　2名	政　治 英　語 漢　語 日本語 　言　　語 　文　　学	哲　　学 英　　語 漢　　語 日本文学史 文　　法 語　　彙 日本語概論 古典文法 翻　　訳 表　　記
北京大学 (北　　京)	'79　2名 '81　3名	政　治 英　語 古代漢語 現代漢語 言語学 日本語学	
上海外国語学院 (上　　海)	'79　7名 '82　1名 '83　3名	政　治 英　語 漢　語 基礎日本語 　文　　法 　翻　　訳 　語　　彙	政　　治 (哲学，経済) 英　　語 漢　　語 文　　法 古典文法 語　　彙 日　本　史
華中工学院	'81　3名	政　治 英　語 漢　語	政　　治 英　　語 漢語(古典，作文)

大学名	募集実績	入試科目	授業内容
(武　漢)		日本語 基礎日本語 文　学	文　法 古典文法 文学作品購読
武漢大学 (武　漢)	'82　3名 '84　1名	政治 英語 漢語 日本語 基礎日本語 音韻音声 文　法 語　彙 文学翻訳	音声学 翻　訳 文学史 語　源 政　治 英　語 日中語対照研究 漢　語
復旦大学 (上　海)	'78　3名 '81　1名 '83　2名	政治 英語 漢語 日本語 日本文学 日本語	
国際関係学院 (北　京)	'79　5名	政治 漢語 日本語 翻　訳 文　法 口頭表現	1年 哲学，英語 日本文法演習 古典文法 文学史 翻　訳 2年 経済，英語 日本文法演習 古典文法 日本概況
厦門大学	'80　6名	政治 漢語 日本語 作　文 精　読	1年 哲学，英語 音声学 精　読 音声実践

大学名	募集実績	入試科目	授業内容
        （アモイ）		基礎日本語	翻訳 古代漢語 2年 英語 古典文法 古典精読 精読 作文 文学史
黒龍江大学 （ハルビン）	'82　1名 '83　1名 '84　2名	政治 英語 漢語 日本語 言語 文学	
四川外国語学院 （重慶）	'82　2名 '83　2名	政治 英語 漢語 日本語 基礎日本語 文学	政治 英語 古典文学 現代文学 他
北京対外貿易学院	準備中		

注　本表は1985年，日本語研修センターの研修生に対するアンケート調査をまとめたものである。

五、二九二名（二％）、助教授数は二三、四〇九名（九％）である。中国の場合、教授、助教授の認定は大学が行なうのではなく省の教育局が認定を行なっている。

専攻分野は日本語と日本文学に分かれている。その比率は日本語専攻が七〇％を占めてる。最近は学部で日本語を専攻し、大学院で日本の経済、政治、教育、歴史といった分野を専攻を希望する学生が多くなっている。しかし、社会科学院を除いて一般の大学では指導教官が不足しているため研究の場がないのが現状である。

表４は在中国日本語教師研修センターの大学院修了者にアンケート調査を行った結果をまとめたものである。不完全なものであるが参考として掲載した。

三　大学における日本語教育

中国における日本語教育の主流は大学である。大学には日本語を専門とする日本語専攻科のための専門日本語と一般外国語科目としての公共日本語の二つのコースがある。

表５は中国教育部高等教育第一司長の付克氏の報告を元にして作成した中国の大学・高等教育機関の外国語教育の状況である。

外国語教育の中で最も大きな比重を占めているのは英語教育である。英語は文化系の殆どの大学で専攻科を持っている。日本語は全国五二校に専攻科が設置され、日本語専攻科の教師数八七三人、専攻学生数三、五九一名となっている。外国語教育のほぼ一割を占めている。公共日本語科の大学数は類推すると次の様になる。外国語科目の中に日本語のある大学は確認できるだけで一八二校（日本語教師研修センター参加校一五七校、教育部文書による確認六校、日本学研究センター参加校一九校）に上る。もちろん専攻科を持つ大学の殆どが公共日本語科を有して

表５　中国の大学・高等教育機関における外国語教育の状況

高等教育機関における対象外国語	専攻としてある学科数	左に勤務する教員数	専攻の学生数
英　　　語	234	6,269人	22,211人
日　本　語	52	873	3,591
ド イ ツ 語	20	431	1,268
フ ラ ン ス 語	27	696	1,613
ロ シ ア 語	55	1,079	1,348
ス ペ イ ン 語	8	174	117
ア ラ ビ ア 語	6	112	34
その他の外国語		268	208
			60（専攻不明）
計　33か国語		9,902	30,450

1983年５月７日，中国教育部高等教育第一司長付克氏の報告による

表６　日本語科の規模からみた学生数

	人数	専攻科	非専攻科
1.	1 ～ 50（名）	7（校）	15（校）
2.	51 ～ 100	36	18
3.	101 ～ 150	8	14
4.	151 ～ 200	3	9
5.	201 ～ 250	2	13
6.	251 ～ 300	0	9
7.	301 ～ 400	1	6
8.	401 ～ 500	0	7
9.	501 ～ 600	0	1
10.	601 ～ 700	0	1
11.	701 ～ 800	0	4
12.	801 ～ 900	0	0
13.	901 ～ 1000	0	2

１校に専攻科，非専攻科が併設されている場合は両方に記載した
本調査は1985年度のものである

いるので確認できる公共日本語科を有する大学は一八二校に上る。また、公共日本語科のみ有する大学は一三〇校である。参考までに、日本語教師研修センターに参加した大学の専攻科と公共科の学生数は表6の通りである。

現在の傾向としては公共日本語選択者の数が非常に伸びている。それは日本の研究文献を読む必要から日本語選択者が多くなっている。各研究機関、大学には外国の研究文献を専門に翻訳する情報所という部門がある。これらの情報所は外国語の文献を直接読めない研究者のための情報提供機関としての役割を担っている。しかし、現在では専門分野の細分化と情報量の増大のため十分機能していないのが現状である。そこで、研究者は直接に必要な文献を読む必要が出てきた。現在、こうした研究者が大学の公共日本語の授業を選択している。この傾向は理工科系の学生にも見られる。

中国の大学入試は毎年七月に行なわれる。学生は志望学科と数校の志望大学を入学願書に記入して国家教育委員会に申し込み、全国統一試験を受ける。その結果、成績が大学入学の水準に達していれば、第一志望から順に個別に大学と交渉して大学を決める。ただし、大学入学水準に達していても志望学科の成績が悪いと不合格となる。勿論、大学が決定権を持っているので、その大学の教育方針に沿って決定する。日本語科は志願者が多く合格ラインも高く、合格点を超えていても大学によっては他の外国語科に回されることもある。最近の傾向としてフランス語、スペイン語は志願者が減少傾向にある。

日本語科のクラスは通常「快班」（既習者クラス）と呼ばれる高級中学校（高校）で、日本語の基礎力を修めたクラスと、「慢班」（未習者クラス）と呼ばれる発音から始める入門クラスに分かれている。大学入試の時、外国語として日本語を選んだ学生は「快班」に入り、大学三年程度の日本語のレベルからの授業を始める。

大学は基本的に全寮制で外国語教育の環境としては恵まれている。北京のある大学の授業時間割表は表7の通りである。

表7　外国語学院の時間割例

第一学年前期

	月　曜	火　曜	水　曜	木　曜	金　曜	土　曜
一時限	日語精読	日語精読	日語汎読	日語精読		日語精読
二時限	日語精読	日語精読	日語汎読	日語精読		日語精読
三時限	国際政治			漢語	日語汎読	
四時限	国際政治			漢語	日語汎読	
五時限	体育	共産党史	政治学習		体育	
六時限		共産党史	政治学習			

第三学年前期

	月　曜	火　曜	水　曜	木　曜	金　曜	土　曜
一時限	文学選読	古典文学	文学選読	日語作文	文学選読	新聞閲読
二時限	文学選読	古典文学	文学選読	日語作文	文学選読	新聞閲読
三時限		文学選読	第二外国語	日本史		第二外国語
四時限		文学選読	第二外国語	日本史		第二外国語
五時限	哲学	世界経済	政治学習		中国史	
六時限	哲学	世界経済	政治学習		中国史	

注　一時限は60分，文学，古典，新聞はいずれも日本語教材

表8　主な使用教科書

東京外国語大学編『日本語』	45校	大連外語学院編『基礎日本語』	5校
湖南大学編『日語』（理工系）	27校	天津大学編『日語』（理工系）	4校
上海外国語学院編『日語』	18校	華南工学院編『日語』（理工系）	4校
吉田弥寿夫・他編『新しい日本語』	15校	吉林大学編『日本語読本』	4校
北京大学編『基礎日語』	5校	日本語リンガフォン	3校
早稲田大学編『初級日本語』	5校	東北農学院編『基礎日本語』	3校
『日本語読本』文化庁	5校		

本調査は1985年度のものである。

日本語の時間数が他の科目に対して非常に多いことが分かる。日本の大学の場合は専門以外に一般教養科目も必修となっているが、中国の場合は専門科目の授業時間の比率が高い。もう一つの傾向は、日本語の授業数の割合に比べ日本事情の授業数が少ないことである。社会主義体制の下で資本主義国家の事情を学習することに政治的規制があることも考えられるが、対外開放政策を採る様になった現在でも日本事情に関する授業は少ない。筆者は日本語教師研修センターにおいて日本史（日中関係史）の授業も併せて担当したが、日本史の知識は極めて低かった。政治的規制と同時に日本事情を教える教師不足も上げられる。新中国成立後は半鎖国状態にあった訳であるから文献の入手や留学も不可能であった。日本事情を担当できるのは、帰国華僑教師と戦前の一部留学生であった。しかし、日本事情軽視の最も大きな原因は、日本文化を吸収するための日本語ではなく、西欧文化の通路として日本語教育を位置付けてきた伝統的考えが根強く残っているためではないだろうか。現在の理工系の公共日本語の選択者の急増の背景にもこうしたことがあると思う。日本語専攻の学生の傾向としても語学的運用能力に比べ、日本事情についての知識が極めて低く、固有の日本文化に対する関心も薄い。戦前の中国人留学生が日本で西欧の近代を学ぶという考えを持って日本語を勉強した傾向がいまだに続いているのかもしれない。

学生は総じて学習意欲を持っているし、日本語の運用能力においてもかなりの水準にあると言える。新中国成立後、ロシア語教育が外国語の主流になった。それと同時に、パブロフの条件反射を応用したソ連式の教授法も導入された。当時の外国語教育は円周式文法教育が採られた。一年で比較的基本的な第一円周の文法学習が行なわれ、二年、三年と内容を重複させながら円周の輪を拡大していく反復方式である。また、語彙教育においては一日平均一五〇語を目標に、二週間で二五〇〇語をマスターさせるという「突撃運動」が繰り広げられ成果を上げたという記録もある。さらに、初級学習者に「ソ連邦共産党史」を一ヵ月で読めるようにする速成法も行なわれた。こうした伝統は現在の教育の中にも多少残っているようだ。例えば、一、二年段階では徹底した暗記教育が行なわれている。早朝の自習時間は教科書の暗記に費やされている。一時間の授業時間のすべてを使って宿題を暗記したかどうかを確認する作業に当てられることもある。また、学生の暗記力も驚くほど高い。多少遠回りではあるが、この徹底した暗記を基礎とする学習方法は外国語の運用能力を高める上で成果を上げていると思う。

大学生は卒業すると国家教育委員会によって職場が決められる。「重点大学」と呼ばれるエリート校の卒業生は日本関係の機関、企業、大学、研究所に振り分けられる。師範大学の卒業生は殆どが大学、中学の日本語教師になる。外国語学院の卒業生の殆どが日本関係の職場に付いている。一九八五年度のある外国語学院の日本語専攻科の卒業生の進路を調べてみたところ、大学教師一名、外交部（外務省）三名、放送局一名、婦人団体一名、大学院進学二年、新聞社一名、日本留学一名、企業六名という結果になった。また、中国では貿易部（省）、外交部（省）などの政府機関が直属の大学を持っている。こうした大学の卒業生は殆ど所轄の政府機関に就職することになる。

教材は大学独自に編集した教材か、または日本の留学生用教材を使用している。表8は日本語教師研修センターでのアンケート調査による使用教材の状況である。

東北地区では東京外国語大学編「日本語」（三分冊）が多く使用されている。これは東北師範大学（長春）において続けられている赴日留学生予備教育において、東京外国語大学編の「日本語」が使用されていることと関係があるものと思われる。東京外国語大学編「日本語」を使用する大学は年々増えている。一九八五年度は前年度に比べ一五％程度増えている。華中、華南地区では上海外国語学院編「日語」が多い。この地域には上海外国語学院の卒業生が教鞭を取っている大学が多いことによると思われる。理工系大学では湖南大学編「日語」（理工系）が多く使われている。この教材は一九七八年に出版され、理工系の公共日本語教科書として使われてきた。この他、吉田弥寿男他編「新しい日本語」も聴解教材、副読教材として使われている。一九八〇年頃までは日本語の教材は殆ど中国独自で開発していた。それは教科書の内容に政治性が要求されたからである。日本の公害問題、老人問題、少年の非行問題、労働問題などが資本主義に内在する問題として教材に取り入れられていた。筆者も一九七八年から一九七九年にかけて北京外国語学院外国語学校の精読の教科書を作成したが、学校側から本文の内容に対し政治性のあるものを入れるようにと何度か注文を付けられたことがある。

大学における日本語図書蔵書数は極めて少ない。主な原因は長い間続いた外国図書に対する政治的規制措置の結果である。もう一つは中国の抱えている外貨事情によるものである。大学で日本語図書を必要とする場合、まず学科、学部の承認を得て大学の手持ちの外貨の枠内で購入を決定する。次に中国外国図書貿易公司という外国図書の輸入専門会社に申し込むという面倒な手続きを必要とする。大学によっては寄贈図書の多い大学もあるが、一般には日本語図書の蔵書数は少なく、特に専門書が少ない。蔵書数の少なさと同時に図書の利用制度がオープンでない面が指摘されている。

筆者は、一九七九年から一九八〇年にかけて、五千冊ほどの日本語図書を日本から寄贈してもらい北京友誼賓館の自室にミニ日本語図書室を開設したことがある。対象は大学生、開室は週二日、貸し出し期間は二週間とした。予想以上の反響で二〇〇人余りが登録し、一年間に延べ三千冊余りが利用された。利用傾向としては社会科学関係の利用は極めて少なく、日本文学関係の図書の利用が多かった。なかでも明治・大正文学より星新一、大江健三郎などの現代作家の作品の利用が高かった。特に推理小説は人気の的であった。

殆どの大学には「電教室」と呼ばれる視聴覚教育のための管理センターがある。テープ・レコーダー、ビデオ、ＬＬ教室などの設備を備えているが、テープ教材、ビデオ教材といったソフト面での教材が不足している。

中国の日本語教師は歴史の様々な断層を持っている。表９は日本語教師研修センターの参加校の日本語教師の年齢別構成表である。

大学の日本語教師は年齢的に大きく四つのグループに分けられる。第一は日本の長期的、組織的植民地支配の下

表9

1．20代……………………462（名）
2．30代……………………290
3．40代……………………180
4．50代……………………295
5．それ以上………………132
6．年代不詳……………… 48
注）教師数不明大学校… 30

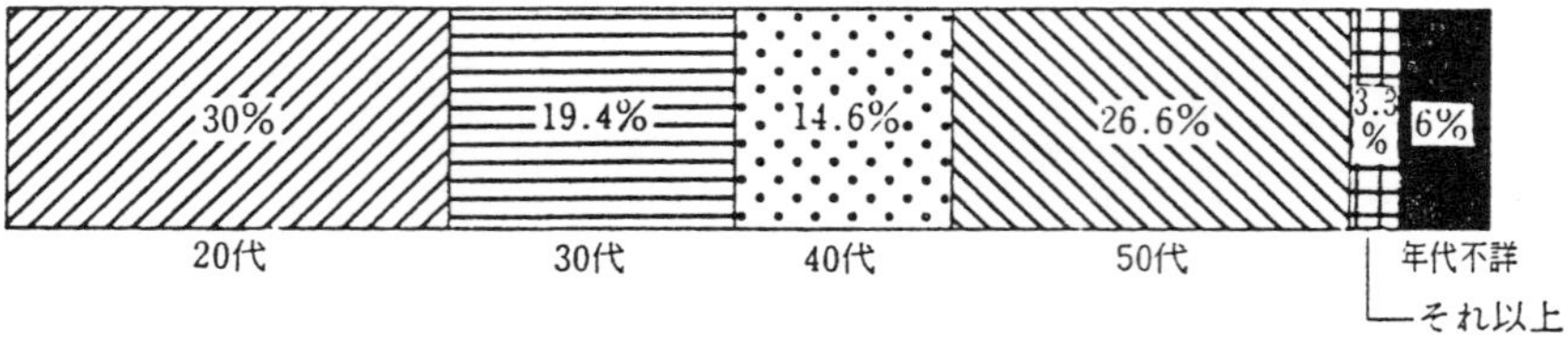

本調査は1985年度のものである。

で日本語教育を受けた人たちである。現在、五五歳以上で高い運用能力を有する教師の多くは中国東北、台湾で少年時代に「国語」として強制的に日本語教育を受けた人たちである。現在でも東北地区の日本語教師は吉林省延辺朝鮮族自治州出身者や旧「満州」の学校卒業者が多い。また福建省、広東省には台湾出身の日本語教師が多い。延辺朝鮮族自治州では中学校の外国語選択者数は日本語が英語を圧倒している。福州、厦門《アモイ》でも中学校の日本語教育が盛んである。

第二は日本からの帰国華僑の人たちである。日中両国は一衣帯水の間柄といわれるだけに古来より人的往来も多く、現在、六万人の在日華僑が定住している。中華人民共和国が成立した後、第一陣として一九五三年前後に多くの華僑が帰国した。この人たちは新中国建設のために様々な部門に派遣された。その一部は日本語教師になって教壇に立った。また、第二陣として一九六五年ごろ帰国した二世の華僑は、そのネイティブな日本語運用能力を買われて教師になった人も多い。この二世の華僑グループは母国語としての中国語の運用能力に欠けている点はあるが、日本語と中国語の対照研究、比較文学において活躍している。第三は日本留学経験を持つ人たちである。戦前の中国人留学生は最盛期には一万人を超えたといわれている。戦前の中国人留学生の総人数は相当な数に上ると思われる。これらの留学生は専門分野の研究を目的として日本に滞在していたのでインテリ層が多く、現在、中国の大学の日本語教育においても指導的立場に立っている人が多い。ただし、戦争末期の留学生を除けばかなりの高年齢である。

以上の三つのグループに共通する点は、一般に日本語運用能力が高く、日本人の思考、風俗習慣までも理解できるという長所を持っているが、日本語を客体化して学習していないので、外国語教育としての日本語教育という観点に欠ける点がある。中国の日本語教育の特色の一つとして、運用能力と研究能力のアンバランスが指摘されてきたが、ここにも一つの原因があるのかもしれない。しかし、新中国成立以後の日本語教育を担い、今日の日本語教育の基礎を築いたのはこの三つのグループである。

第四は新中国成立後に大学で正規の日本語教育を受けた人たちである。このグループはさらに三つに分けることができる。一つは文化大革命以前に大学の日本語専攻科を卒業した人たちで、年齢的には四〇代の教師である。この人たちはテキスト、日本語図書、教育機器など非常に不備な学習環境の中で日本語を学習し、文化大革命中は外国語を専攻したという理由だけで批判され農村に追いやられ、日本語教育、研究の道を断たれた人たちである。日本語運用能力は若干劣るが、文化水準の高いインテリ層である。現在は日本語科の主任クラスの役割を担っており、運営などの雑務に追われ現在も日本語研究に専念できないでいる教師群である。もう一つは文化大革命中に入学したいわゆる「労農兵」出身の人たちで、年齢的には二五歳から三五歳ぐらいの教師である。文化大革命中は試験による大学入試を廃止して労働者、農民、兵士出身の学生を優先的に入学させた。現在、文化大革命の落とし子の様に扱われているが、学力もあり、社会経験もあり、現在、名実ともに中国の日本語教育を担っているのは「労農兵」出身の教師群である。また、優れた運用能力の上に研究方法を身につけ着実に伸びつつある世代である。更にもう一つは、文化大革命後の新学制によって試験を受けて入学した人たちで、年齢的には二五歳以下の教師群である。非常に恵まれた学習環境の中で育まれた世代である。今後の中国の日本語教育の担い手となっていくであろう。他にロシア語教師がロシア語選択者減少によって専門を替え、日本語を学びなおして日本語教師となった例もある。

この他に大学における日本人教師の役割も大きい。日本人教師は大きく三つに分けることができる。

第一は中国政府の正式の招請を受けて中国に来た日本人教師である。「専家」（専門家）と呼ばれ、専家局という政府機関を通じて各大学に配属され、日本語、日本文学、日本事情などの授業を担当している。個人、大学間の交換教授、地方自治体派遣の高校教師、団体派遣の教師などである。一年あるいは二年契約の長期滞在者と短期滞在者がいる。中には新中国成立以後も中国に残り日本語教育、日本関係の仕事に携わっている日本人専家もいる。一九八三年一〇月の日本語教師研修センターの調査によると、全国に八六名の日本人専家が日本語教育に携わっている。最近は日本人専家の数が更に増員されている。

第二は何らかの理由で中国に残っている日本人教師である。専家待遇は受けておらず、一般には外籍教師と呼ばれている。現在はかなり高齢で多くは退職しているが、日中間の国交がなかった時代に日本語、日本事情を教え日中間のパイプ役を果たした教師群である。

第三は文化系、理工系大学で日本語専攻科がなく「専家」招請の枠がない大学で日本人教師を必要とする場合、中国語を勉強しながら日本語を教えるという形の日本人教師を招請している大学がある。また、国語教師の免許を持っている日本人留学生、駐在員の奥さんを教師としている大学もある。

中国では教員の地位は高いが待遇は高くないと言われ、師範系の大学を敬遠する傾向もある。特に、外国語学院卒業レベルの外国語水準を持っていれば引く手あまたである。企業が大学に二万元のスカウト料を払って日本語教師をスカウトしたという話も聞いている。

四　中等学校における日本語教育

中国の中等学校は日本の中学に相当する初級中学（三年制）と日本の高校に相当する高級中学（以前は二年制であったが最近は地域によって三年制となった）に分かれている。中国ではかなり以前から中等学校段階での外国語教育に力を入れてきた。一九五〇年代は小学校でもロシア語教育が行なわれた。一九六〇年代に入り中ソ関係が険悪になってくると英語教育が主流を占めるようになってきた。中等学校における外国語教育は二つに分けることができる。第一は中等外国語専門学校である。全国には北京外国語学校（現北京連合大学）、北京外国語学院付属外国語学校（一九八七年廃校）、上海外国語学院付属外国語学校、武漢外国語学校、西安外国語学校（現西安外国語師範学校）、天津外国語学院付属外国語学校、南京外国語学校、長春外国語学校の八校である。設立には二つの目的があった。中学校教師養成と外国語学院のレベル・アップである。例えば、一九六三年に設立された北京外国語学校の卒業生の多くは中学校の外国語教師になり、一部は大学に進んだ。しかし、外国語学院付属の外国語学校の場合は大学教育のレベル・アップに比重がおかれ、卒業生の多くが親大学に入学している。北京外国語学院付属外国語学校の場合は小学校四年生で入学し、全寮制という環境の中で週六時間の外国語と一般科目を学習する。大学に入学するまでに六年間外国語を学ぶことになる。英語科、フランス語科、ドイツ語科、ロシア語科、スペイン語科があり、それぞれ外国人教師を抱えている。

第二は一般中等学校での日本語教育である。北京市の場合は区によって英語以外の指定外国語が決めてある。日本語は西部の海淀区、西城区が指定地区となっている。筆者は、一九七九年の夏と冬の二回、北京市の中学の日本語教師の研修指導を担当した。教師の多くは北京市外国語学校と北京師範大学の卒業生であった。運用能力もあり教育に熱意を持っていた。当時、北京市には十数ヵ所の中学で日本語を教えていた。なかでも北京市西城区にある月壇中学は日本語教育が盛んで、日本語のサークルも生まれ、大学の日本語専攻科に入学する生徒も多かった。しかし、その後、中学の日本語科は減少し、一九八六年、調査したところ四校（確認できる数）に減少している。その原因は外国語の需要が高まるとともに、日本語教師が大学に入ったり（多くの教師は中等専門学校卒業）、転職したりして教師の絶対数が不足したことによるものである。筆者の知るかぎり、一九七九年の北京市中学日本語教師研修に参加した九割の教師は転職した。

教科書は外国語専門学校では独自の教科書を作成している。一般中学の場合は市の教育局で作成した教材を使っている。大学入試の日本語試験問題は北京、上海、長春と、それぞれの市で毎年持ち回りで作成している様である。そのため教育内容と試験問題に開きが出て、地域によっては試験が不利になるといった問題があった。一九八六年、国家教育委員会中等教育司で全国統一教科書が作成され、人民教育出版社から試用本として出版された。筆者の聞き書きによる調査ではあるが、北京以外の都市の日本語科のある中学校は次の通りである。長春約二〇校、大連三校、天津五校、フフホト（内蒙古）約二〇校、成都三校、厦門《アモイ》三校である。

中学段階から日本語を学びたいという生徒は増えているが、教師の確保、教材の整備、日本語による大学入試の改善が課題となっている。

五　学校教育以外の日本語教育

中国の日本語教育の最も大きな裾野を形成しているのが学校教育以外の日本語教育である。大きく分けてテレビ、ラジオによる日本語講座と民間の日本語学校（職業学校を含むが）が主流である。テレビの日本語講座は一九八二年四月より中央テレビ局が、毎日曜日「たのしい日本語」という番組を放映している。内容は日本映画、日本紹介、簡単な日本語の解説、インタビューなどである。英語教育番組「星期日英語」（日曜日の英語）は英、米の制作した英語教育のためのフィルムを利用したソフトのしっかりした番組であるが、「たのしい日本語」は日本の都道府県の公報映画や日本映画をそのまま放映するといった内容にとどまっている。現在は国際交流基金の援助とＮＨＫの協力により大連外国語学院作成の「学日語」（日本語を学ぼう）という入門段階の日本語番組が、中央テレビ局より週三回放映され好評を博している。「学日語」はテキスト発行部数が二〇〇万冊を越えるといわれる人気番組である。この他、済南市でも山東大学の協力によって日本語講座が放映されている。

現在、中央テレビ放送大学（一九七九年二月創立）では一九八七年九月より日本語講座の開校を準備している。二年間で週三時間の放送と週六時間のチューターを組合せたカリキュラムを組み、理工系の学生が日本に留学して勉強できる程度の日本語水準を目ざしている。日本語講座の受講者は二〇万人を予定している。

ラジオによる日本語講座は殆ど全国で放送されている。ＮＨＫの国際放送「やさしい日本語」は人気があり、一九八四年版は八〇万部、一九八五年版は一〇〇万部印刷されているが間に合わず、中国国内で相当数の海賊版が出回っている。

民間日本語学校は日本語教育の底辺を形成している。筆者の調査では、一九八五年現在、北京市には日本語を教える民間学校が二一校あり、うち七校は日本語教育専門、残る一四校は英語、ドイツ語なども教える外国語学校である。民間・日本語学校の総生徒数は約三、〇〇〇人余りと推定される。この様な民間の外国語学校の生徒募集の広告が新聞に出る様になったのは一九八〇年頃からである。学校経営の多くは退職教師による個人経営であるが、民主党派と呼ばれる共産党以外の党派やＹＭＣＡなどの団体によるものもある。

民間日本語学校の管理は市成人教育局が行なっている。成人教育局は大学以外の成人教育の管理と育成を行なっている機関である。市当局は財政的な援助はしていないが、憲法第一九条に「鼓励私人辦学」（民間学校を育成する）とある通り、側面的な援助を行なっている。収益については免税措置が施されている。殆どの学校が小学校、中学校の校舎を借りて授業を行っている。規模の大きいところでは五〇〇人余りの学生を抱えており、場所の確保と同時に教師の確保も頭の痛い問題となっている。大学の若手教師がアルバイトをしている学校も多い様だ。学校間の生徒の奪い合いも激しく、人気のある教師を多く抱えていることが学校経営のポイントとなっている。学生はホテル従業員、技師、医者、店員、教師、機関の幹部と多岐にわたっている。日本語を使う職場にいるという学生も多いが、大学卒業の資格が得られる「高等教育自学試験」を受験するためという学生もいる。「高等教育自学試験」というのは一教科ごとに大学卒業資格がもらえる制度のことで、一九八一年から一九八三年にかけて一九四五人が日本語の大学卒業資格を得ている。最近の傾向は大学受験のための高校生、浪人生が多くなったようである。また、外国語をマスターすると技能給や昇進に有利になるという理由で民間学校で勉強している勤労者もいる。

授業時間は週二回（夜間）で毎回二時間、学費は月三元から四元（平均給与六〇元）となっている。使用テキストは東京外国語大学編「日本語」（三冊）が圧倒的に多い。

この他に、北京市には二九校の「職工大学」（勤労者大学）がある。「職工大学」は中央機関や労働組合が主催するもので、半数以上の学校に日本語科がある。区立の七校の「職工業余大学」にも日本語科が設置されている。四年制で一七六〇時間の授業を受け、日本語専攻大学の二年生のレベルに達することを目標にしている。

他に区立の青年館、文化館でも日本語教室が開かれている。

六　日本からの援助による学校

一九七二年九月、日中国交回復以来、様々の分野の交流が広がった。一九七八年、国際交流基金派遣の日本語教師により日本語教育短期巡回指導が北京大学を会場に行なわれた。全国の大学の日本語教師が参加した。全国から日本語教師が集まり日本人専門家による研修を受けるということは初めての試みであった。研修は大変好評で、翌年は会場を上海と長春の二ヵ所に分け一〇〇名の研修生が参加した。この短期巡回指導は不定期ではあるが現在も続けられている。

一九七九年三月から長春の東北師範大学において国際交流基金と文部省留学生課の主催による赴日留学生予備教育が始まった。文部省が招く国費留学生に対する日本語と一般科目の予備教育を行なうものである。一九七九年より一九八三年までに三六一名の学部留学生が日本へ留学した。

一九八二年二月から大学院段階の国費留学生に対する予備教育が、長春の東北師範大学と大連の大連外国語学院で行われている。毎年一五〇名の大学院段階の留学生を日本へ派遣している。

一九八〇年八月、「対中国日本語特別計画」に基づき、大学の日本語教師に対する日本語研修を目的とした日本語教師研修センターが北京語言学院に設置された。外務省・国際交流基金と中国教育部（現国家教育委員会）が協力して運営にあたる政府間レベルの常設日本語研修センターである。中国の大学日本語教師を一二〇名ずつ一年間研修を行い、その間、一ヵ月の在日研修を行なうというものである。授業は日本人派遣講師（五年間の総数九一名）によって行われ、五年間で五九四名が研修を修了した。地域的にはチベット自治区、寧夏回族自治区、雲南省、青海省を除く全ての省自治区の大学から研修生が派遣され、参加大学数も一六二校に上った。

一九八五年九月、「第二次対中国日本語特別計画」に基づき、これまでの日本語教師研修センターを改組して日本学研究センターが北京外国語学院に設置された。大学の日本語教師に対する日本語研修に加え、新たに大学院が誕生した。大学院は言語・文学コースと社会・文化コースに分かれ二年間授業を受け、その間、半年、在日研究を行うものである。三年目に修士論文を提出し審査を受ける様になっている。教師研修は三〇名、大学院は各コース一五名である。社会・文化コースが設置されたことは中国の日本語教育が新しい段階に進んだことの現われである。日本学研究センターには開かれた日本語、日本学に関する情報資料センターが付設されている。この計画は一九九〇年まで続けられる。

この他、国際交流基金による全国大学、研究機関に対する日本語図書、機材の寄贈が始まって一〇年になろうとしている。

現在、中国からの留学生が急増している現状の中で、中国国内における日本語教育に対する援助は質的に変化せざるを得ない。日本語の研究レベルに援助の重点を置くのか、日本語の基礎教育に重点を置くのか、教材、図書、視聴覚機材といったソフト面の援助に重点を置くのか討論の必要なところである。

七　日本語教育の展望と課題

一九七八年、教育部の主催による全国外国語教育会議が開かれ、中国の外国語教育の三つの方針が決定された。第一は外国語教育の質を高める。第二は中等学校の外国語教育を重視する。第三は大学の公共外国語を強化するというものである。

第一の外国語教育の質を高めるということは教師の外国語の水準を上げるということである。日本政府の「対中国日本語特別計画」の柱となった大学の日本語教師の再教育機関として日本語教師研修センターが設立されたことはこの方針に沿ったものと思われる。また、中国独自に黒龍江大学など三ヵ所で「助教培訓班」（大学の助手クラスの研修所）を開いて再教育を行なっている。日本語教師研修センター修了者五九四名、大学院修了者約一〇〇名、中国独自に開いた「助教培訓班」修了者、日本留学帰国者など、これらを合計すると日本語教師の約七割以上に相当する。こうした一連の教育の効果は着実に現われている。現に優れた論文も数多く発表されているし、教授法の面についても様々な実験が成されている。

第二の中学校の外国語教育を重視することは日本語教育に限っていえば十分とはいえない。現在、中学校の外国語教師は全国で一五万人いるが、教師不足と教師の語学水準は満足のいくものではない。日本語教育についていえば、北京市の場合は教師不足により日本語科を持つ学校は五分の一に減少している。師範系の日本語科を卒業しても中学校の日本語教師になりたがらない卒業生が多いのが現状である。教育以外の日本語の需要はいくらでもあるという中国の現状の中で、日本語教師を養成することは至難の技である。一九八三年度の教育部の統計によると東北、内モンゴル地区には二〇数万の中学生が日本語を学んでいるということである。そこで教えている日本語教師は六〇歳近くの老教師が多いということである。しかし、教育部は全国七〇〇ヵ所の重点中学校（教育部指定のエリート校）と各県に一校の割合で外国語教育重点校（全国で四、〇〇〇校）を置き実験教育をやり、同時に全国に七校ある外国語中等専門学校を強化し外国語教師養成機関とし、更らに北京、上海、四川など四ヵ所に中学校の外国語教師のための研修所を作り、教師のレベル・アップに努めるという方針を出してはいるがまだ実現していない。

また、大学入試における外国語の点数を三〇点から一〇〇点に引き上げることも検討している。全国統一の日本語教科書が編集出版されたことも中学における日本語教育の整備の一つの措置である。

第三の大学の公共外国語を強化するという方針はこれまでの専攻科偏重の外国語教育を見直すということである。教育部では外国語専攻科の学生はこれ以上増やす必要はないという考えを持っている。同時にこれまでの傾向としてあった語学偏重教育の反省に立ち、日本事情や一般教養科目の授業を増やすことも考えている。少数の総合大学では外国語専攻科の学生に人文社会科学を学ばせ、複数の学位を取らせることも計画されている。北京大学では外国語専攻科の在学期間を延長して英語教育に力を入れている。つまり、二つの外国語に精通した学生の育成を目ざしている。公共外国語の授業時間を文化系で二八〇時間から三二〇時間に増やし、三年生も引き続き履修できるように措置を講じている。また、理工、医学系では公共外国語の集中授業も準備されている。具体的には華東工学院を始め一七大学で集中授業が試行されている。公共外国語の全国統一試験を実施して各大学の公共外国語の進度調査を計画中である。

この三つの外国語教育の方針はこれからも実施に移されていくものと思われる。

おわりに

今年（注　一九八七年）は、一八九八年九月、福建省福州に中島眞雄、岡田兼太郎等によって東文学堂が創設されて九〇年になる。中国における日本語教育の歴史が九〇年の歳月を刻んだ訳である。この九〇年の歴史は日本の中国侵略という不幸な歴史を背景とした日本語教育に対する反省なくしては語れない。中国における日本語教育はアメリカやヨーロッパにおける日本語教育とは異なる歴史的背景を持っていることを忘れてはいけないと思う。

（一九八七年八月）

主要参考文献

中国教育年鑑編集部編『中国教育年鑑』一九八四年
阿部洋編『日中教育文化交流と摩擦』第一書房 一九八三年
さねとう・けいしゅう著『増補・中国人日本留学史』くろしお出版 一九七〇年
木村宗男著『日本語教授法』凡人社 一九八二年
大原信一著「中国の大学と外国語教育」『人文学』同志社大学人文学会 一九六一年七月

あとがきにかえて

本書は、「はじめに」も書いた様に満州の教育史に関する初期の論文をまとめたものである。発表してから大部時間がたっており、その間、研究の進展もあり、今から見て、処々、訂正、加筆したい所もあるが、現在の健康状態がそれを許さない。早稲田大学在職中にパーキンソン病を発症し、二〇年以上の闘病を続けている。症状は現在、ステージ四に到っている。手足が不自由で、筆記もままならない状態にある。従って、今回刊行するにあたり、新たに付した「はじめに」とこの「あとがきにかえて」も、その作成にあたっては、主に筆者の口述等に基づいており、緑蔭書房の南里知樹氏の手を煩わせた。この場を借りて感謝申し上げる次第である。

本書は今日から見れば不十分な点は多々あると思うが、満州における中国人、朝鮮人教育や、とりわけ中国語教育・日本語教育については、この分野の研究は少なく、研究の発展に少しでも寄与できればと考え刊行した次第である。さらに、日本における労働力人口の減少に伴ない、近年、外国人労働者の流入が増大しており、その子弟の教育をどうするかは急務の課題となっている。同時に、在日外国人に対する教育をどの様に進めればよいのか多くの課題と問題を抱えている。戦前における日本の外国人教育は、植民地教育という性格を持つが、異民族教育を効果的に進めるための多くの経験を蓄積している。満州における中国人、朝鮮人等異民族教育の歴史を知ることは、今日の在日外国人に対する教育を考える上でも、参考になるかと思われる。本書がそれに少しでも寄与できれば幸いである。

二〇一九年八月

竹中　憲一

収録論文初出一覧

第一章

「露治時代における関東州の教育」『社会科学討究』第一二三号　一九九六年一二月

第二章

「日本の関東州、満鉄付属地における中国人教育――満州国成立以前――」早稲田大学法学会『人文論集』第三一号　一九九三年二月

第三章

「南金書院民立小学堂と岩間徳也」『社会科学討究』第一一九号　一九九五年八月

第四章

「清末民国期の中国の間島における朝鮮人教育政策についての一考察」早稲田大学法学会『人文論集』第三七号　一九九九年二月

第五章

「「満州」における中国語教育」早稲田大学法学会『人文論集』（一）～（五）

（一）はじめに、一～四　第三二号　一九九四年二月

（二）五～一〇　第三三号　一九九五年二月

（三）一一～一二　一三～一六　第三四号　一九九六年二月

（四）一三～一六　第三五号　一九九七年二月

（五）　一七　第三六号　一九九八年二月

第六章

「保々隆矣略伝草稿」満州教育専門学校同窓会　陵南会発行　一九九六年一〇月

付

「中国における日本語教育」早稲田大学社会科学研究所『社研研究シリーズ』二二号　一九八八年三月

著者略歴

竹中憲一（たけなか　けんいち）

1946年、長崎県生まれ。早稲田大学文学部卒。日中学院講師を経て、1978年より80年まで北京外国語学院在籍。1981年より86年まで在中国日本語教師研修センター（外務省・国際交流基金）講師。

早稲田大学法学部名誉教授

著・編書
『「満州」植民地日本語教科書集成』全7巻（編・解説）緑蔭書房　2002年
『「満州」植民地中国人用教科書集成』全8巻（編・解説）緑蔭書房　2005年
『大連歴史散歩』皓星社　2007年
『人名事典「満州」に渡った一万人』（編著）皓星社　2012年
『近代語彙集』（編著）皓星社　2015年
『日本と中国のあいだで　安斎庫治聞き書き』（編）皓星社　2018年

満州教育史論集

2019年9月30日　第1刷発行

著　　者　竹中憲一
発行者　南里知樹
発行所　㍿緑蔭書房
〒173-0004　東京都板橋区板橋1-13-1
電話　03(3579)5444　FAX　03(6915)5418
振替　00140-8-56567
印　刷　長野印刷商工株式会社
製　本　ダンクセキ

ISBN978-4-89774-334-9　C3037　¥5000E